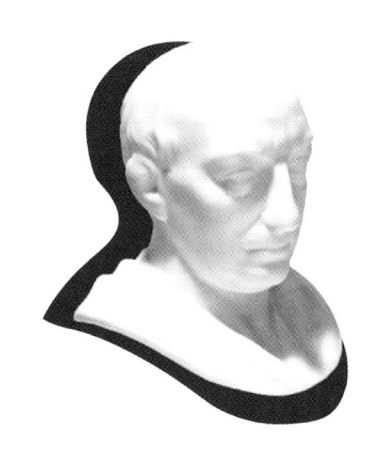

中国莱布尼茨研究丛书　｜　刘孝廷 主编

中西间
——莱布尼茨研究文选

■ 李文潮 著

Between China and the West:
Selected Essays
in Leibniz Studies

中国社会科学出版社

图书在版编目(CIP)数据

中西间：莱布尼茨研究文选 / 李文潮著． —北京：中国社会科学出版社，2023.8

（中国莱布尼茨研究丛书）

ISBN 978-7-5227-2045-6

Ⅰ.①中… Ⅱ.①李… Ⅲ.①莱布尼茨(Leibniz,Gottfried Wilhelm Von 1646-1716)—哲学思想—思想评论—文集 Ⅳ.①B516.22-53

中国国家版本馆CIP数据核字（2023）第102451号

出 版 人		赵剑英
责任编辑		冯春凤
责任校对		张爱华
责任印制		张雪娇

出　　版		中国社会科学出版社
社　　址		北京鼓楼西大街甲158号
邮　　编		100720
网　　址		http://www.csspw.cn
发 行 部		010-84083685
门 市 部		010-84029450
经　　销		新华书店及其他书店
印　　刷		北京君升印刷有限公司
装　　订		廊坊市广阳区广增装订厂
版　　次		2023年8月第1版
印　　次		2023年8月第1次印刷
开　　本		710×1000　1/16
印　　张		21
插　　页		2
字　　数		306千字
定　　价		128.00元

凡购买中国社会科学出版社图书，如有质量问题请与本社营销中心联系调换
电话：010-84083683
版权所有　侵权必究

《中国莱布尼茨研究丛书》编委会

顾　　问　孙小礼

名誉主编　江　怡　李文潮

主　　编　刘孝廷

编　　委　（以姓氏拼音首字母为序）
　　　　　　陈　猛　董春雨　范　杰　季国清　郭　菁
　　　　　　李少兵　李天慧　刘　钢　马　骁　瞿旭彤
　　　　　　苏志加　孙　维　田书峰　王成兵　王冰清
　　　　　　王　琦　吴玉军　徐克飞　杨关玲子
　　　　　　杨渝玲　张秀华　张　璐　张　涛　朱会晖

总　序
走向莱布尼茨研究的新时代

　　莱布尼茨是古往今来公认的哲学和科学史上的通才巨擘，可惜关于他的研究却远逊于其实际历史地位。这当然可简单归因于他的文献浩繁而散杂，并长期被封存，其实也还因为莱布尼茨长期在主流的学院之外，作为一位非书斋化学者很少有精力和机会将自己的研究成果系统整理与传播。所幸随着一百多年来基础文献的逐步清理和陆续出版，对莱布尼茨的研究也大为改观，相关的学术机构和期刊等也都日见规模，各国的译介和高水平研究也纷纷跟上，一个莱布尼茨学的新时代渴望会于不久到来。

　　中国人了解莱布尼茨也有百余年历史，而规模化的译介和研究则主要是晚近之事，特别是近40年来出现了一种加速化趋势，译著、专著、学位论文等增长已呈某种放射状，相关的研究机构也多了起来，与国际莱布尼茨学术组织的交流互动则日趋频繁并达一定规模和水准。《中国莱布尼茨研究丛书》正是这一背景推动下的成果展现。

　　该丛书依托北京师范大学中德莱布尼茨国际研究中心组织编辑出版，内容也以中心成员的研究成果为主，并适当吸收其他学者的高水平论著。北京师范大学自1991年安文铸教授等完成《莱布尼茨和中国》（1993年版）一书至今，已走过30年莱布尼茨研究历程。本世纪以来更是依据对莱布尼茨学术研究发展态势的总体审度，发扬沉潜体悟精神，在基础人才的培养方面下大气力，新兴的一代学者都在德国专业机构受过严格学术训练；特别是2013年在德方有关机构和学者支持下，经学校批准成立了中德莱布尼茨国际研究中心后,这种学术推动工作更进入了建制化的快车道,为未来中国莱布尼茨学的发展奠定了坚实的人才基础。或许,以此为基础的莱布尼茨研究才不仅是"中国"的,更是"世界"的。

由于中国译介和研究莱布尼茨的时间还很短,既无力像德法英美意西甚至日本那样对莱布尼茨思想做全面的拉网式研究,也无法像国内已繁盛多年的康德黑格尔研究一样马上步入更为精细化的探求,目前国内莱布尼茨研究的多数工作还都是偏向宏观层面和拓荒式的,意在补足国内莱布尼茨研究的诸多空白,特别是关于莱布尼茨的科学、历史学、政治学、文学和众多书信等很少被及时关注而其中却有大量真知灼见还未被时人所知的领域。这样说并不意味着中国的莱布尼茨研究水平就很低,而恰恰是日后广泛开展莱布尼茨的精细化探求和再接再厉所必有的"原始积累"工作与铺路环节。

莱布尼茨生前对中国充满敬意,还特意编辑出版了《中国近事》一书。为此,丛书希望通过这样一种方式和持续努力,向这位伟大的科学家、哲学家、史学家、政治学家、文学家和百科全书式学者等等集于一身的思想大师遥致敬意,向中国莱布尼茨译介和研究的前辈与开拓者表达敬意和谢忱,也为国内同道提供进一步扩展研究的积极信息与对外交流平台。期望在不久的将来,中国的莱布尼茨学能快速拉近与国际学术研究的距离,配得上莱布尼茨先生的崇高情感及中国学术大国和强国的身份。

《中国莱布尼茨研究丛书》编委会
2019 年 9 月 19 日

Preface
Towards a New Era of Leibniz Studies

Leibniz has been widely recognized throughout the ages as an encyclopedic thinker in the history of philosophy and science. It is a pity, however, that research on him has been far from befitting his historical stature. This can be simply attributed to the vast scope and general disorder of his manuscripts, which had been sealed for ages. There is, in fact, another main reason. Being an unconventional scholar outside the mainstream academies, Leibniz had little energy and few opportunities to systematically organize and disseminate his research results. Fortunately, with the gradual rearranging and publication of his primary texts over the past 100 years or so, research on Leibniz has made impressive progress. Relevant academic institutions and journals have increased and grown, and translations of his writings in other languages and notable research results have continued to emerge in various countries. There is hope that a new era of Leibniz studies will dawn in the near future.

Leibniz has been known to the Chinese for over a century, yet large-scale translation of his works and their studies did not occur until the elapse of a considerable time. The past four decades have in particular witnessed an accelerating, radiating increase of translations, monographs and dissertations on Leibniz in the Chinese academic community. Relevant research institutions have also increased, and their exchanges and interactions with international academic institutes on Leibniz have become more frequent and have now reached a considerable scale and level. This favorable academic context has contributed to the appearance of *China Leibniz Studies Series*.

This series is edited and published under the auspices of the Sino-German Leibniz International Research Center based at Beijing Normal University. Most of the works in the series are the research results of members and associated academics of the center; some excellent monographs by other scholars are also included. Leibniz studies at Beijing Normal University started with the completion in 1991 of *Leibniz and China* (in Chinese, published in 1993) by Professor An Wenzhu and others. Since the beginning of this century, following an overall review of the trends in Leibniz studies which highlights the importance of solid academic foundation, great efforts have been made to facilitate the growth of the next generation of Chinese scholars on Leibniz, all of whom have received rigorous training in German professional institutions. This process has entered the fast lane of institutionalization with the establishment in 2013 of the Sino-German Leibniz International Research Center with the support of relevant German institutions and scholars. As a result, a solid foundation of human resources has been laid for future Leibniz studies in China, a foundation that will, in our humble opinion, make "Chinese" studies of Leibniz truly "international" as well.

Due to the short history of Chinese translation and study of Leibniz, Chinese scholars are not yet able to carry out comprehensive, inclusive studies of Leibniz's thought, to the extent that is possible in Germany, France, Britain, America, Italy, Spain, and even Japan. Neither can they immediately enter the field of more refined research, as is done in Chinese Kantian and Hegelian studies which enjoy many years of rich research. At present, Chinese research on Leibniz is oriented towards the macro level and pioneering work, intending to fill many of the gaps in current studies, especially with regard to Leibniz's writings on science, history, political science, literature and his numerous letters. Some of those writings have received little timely attention, but they contain many great insights that remain unknown to contemporary people. This does not mean, however, that Chinese research on Leibniz is at a very low level. What is being done at the present stage is precisely the indispensable work of "primitive accumulation" that paves the way for both extensive and refined research in future.

Leibniz was full of respect for China, and made special efforts to edit and publish a book on China, *Novissima Sinica* (1697). It is hoped that the publication of this series can be considered as a continued effort in that direction. We regard the series as a tribute to this great thinker, who was at once a scientist, philosopher, historian, political scientist, writer and encyclopedic scholar, as well as a way to express our respect for and gratitude to the predecessors and pioneers in translating and studying Leibniz in China. This series is further expected to serve as a platform for our Chinese colleagues to acquire information for expanding their research and to engage in exchanges with international scholars. We cherish the hope that Chinese studies of Leibniz can catch up with the international research level in the near future, befitting Leibniz's sublime sentiments for China and the status of China as an academic hub.

The Editorial Board of *China Leibniz Studies Series*
September 19, 2019

告 读 者

本书收集了作者近年来在中文书刊上发表的以莱布尼茨与中国为主题的几篇论文，包括作为代序及代跋的两篇采访。乘结集之际，纠正了各文中明显的错误，尽量统一了外国人名地名书名的翻译，删除了某些重复的段落章节，对《年表》做了较多的补充。各文发表时脚注中的引文方式保持了原样。为了节省篇幅与重复，引用较多的文献使用缩写，不用书名括号（见引用文献缩写表）。为了方便读者查阅订正，特别鉴于诸多人名的翻译不规范，对文中提到的外国人物做了简单介绍，增添了一些简单的注释（见人名介绍）。

在最初的设想中，应该收入的还有作者就技术哲学以及中西文化交流为主题发表的文章。在结集过程中改变了这一计划。书名保留，取从主题到语言以及行文脚注等兼顾中西又非中非西不伦不类之意。

几位国内学生帮助做了收集、补正、校对等工作。尊重他（她）们的愿望，不一一注明。匿名致谢。

承蒙上海《文汇报》不弃，2009年及2018年刊登了两次采访，这次用作代序与跋。对任思蕴和李念两位女士特此致谢。

作　者
癸卯清明于德国柏林

目 录

代序　莱布尼茨甚至可能超前于我们这个时代 …………（1）

《莱布尼茨著作与书信全集》简介 ……………………（11）
　　一组数据 ……………………………………………（12）
　　巨大的精神财富 ……………………………………（13）
　　历史的呼吁 …………………………………………（16）
　　步履维艰的世纪之梦 ………………………………（18）
　　冷战不冷 ……………………………………………（20）

莱布尼茨与中国年表 ……………………………………（23）

《中国近事》——主题，历史与意义 …………………（126）
　　莱布尼茨与中国文字 ………………………………（129）
　　莱布尼茨与闵明我的通信 …………………………（140）
　　《中国近事》中提到的阿拉伯文手稿 ……………（160）
　　莱布尼茨与新教传教活动 …………………………（164）
　　来自新教人士的反响 ………………………………（168）
　　耶稣会与《中国近事》 ……………………………（170）
　　莱布尼茨与礼仪之争 ………………………………（173）
　　莱布尼茨研究的现实意义 …………………………（179）

德国早期启蒙运动中的孔子形象 ……………………………… (181)
  介绍孔子及其学说的两部巨著 ………………………… (183)
  莱布尼茨与《中国哲学家孔子》 ………………………… (188)
  托马修斯与"夫子曰" ……………………………………… (193)
  克里斯蒂安·沃尔夫以及《关于中国哲学的讲话》 …… (198)
  毕尔封格的比较研究 ……………………………………… (204)

"自然神学"问题——莱布尼茨与沃尔夫 ……………………… (208)
  概念 ………………………………………………………… (209)
  自然神学在基督教接触外来文化时的作用 …………… (211)
  莱布尼茨的自然神学 …………………………………… (212)
  自然神学与沃尔夫的《中国讲话》 ……………………… (215)
  对上帝的"模糊"认识与"清晰"认识 …………………… (218)

龙华民及其《论中国宗教的几个问题》 ………………………… (222)
  龙华民其人 ……………………………………………… (223)
  龙华民的《论中国宗教的几个问题》 …………………… (225)
  龙华民《论中国宗教的几个问题》一文的传播与影响 … (229)
  语言困境与论述霸权 …………………………………… (231)
  龙华民提出的异议 ……………………………………… (233)
  结论 ……………………………………………………… (238)
  附录:莱布尼茨《中国自然神学论》 …………………… (240)

科里斯蒂安·科托尔特与莱布尼茨的《中国自然神学论》 …… (246)
  塞巴斯提安·科托尔特与莱布尼茨致雷蒙的信 ……… (247)
  塞巴斯提安与拉克洛茨的通信 ………………………… (249)
  科里斯蒂安·科托尔特为莱布尼茨辩护 ……………… (254)
  结论 ……………………………………………………… (257)

莱布尼茨与欧洲对中国历史纪年的争论 ……………………（259）
　17 世纪欧洲对中国上古编年史的争论 ……………………（261）
　莱布尼茨对中国历史纪年的兴趣及态度 ……………………（270）
　中国犹太人 ……………………………………………………（275）
　莱布尼茨与开封犹太人 ………………………………………（278）
　结语 ……………………………………………………………（284）

代跋　莱布尼茨的启发：如何带着理性宽容彼此交流 …………（286）

附录1　外国人名简介 ……………………………………………（301）

附录2　引用文献缩写表 …………………………………………（321）

代序　莱布尼茨甚至可能超前于我们这个时代[*]

文汇报：欧洲在17世纪开始关注中国。您一直以来从事17世纪伟大思想家莱布尼茨的研究工作，他也是西方较早关注中国的代表人物。当时莱布尼茨是如何关注到地理上相隔如此遥远的中国的？

李文潮：首先，在西方进入近现代的时候，也就是16、17世纪时，欧洲对中国的发现，尤其是对中国文化的发现，是欧洲思想史上非常重要的事情。稍加比较：欧洲人进入拉丁美洲时，看到的是一种原始的社会状态，而欧洲发现中国时，看到的是高度发达的千年文明。由此确定了欧洲当时面对的外来文化时的两大主题。其一是原始淳朴尚未开化甚或野蛮。其二是文明发达近于奢靡颓废，至少是和欧洲文明旗鼓相当。当时的欧洲人无疑是持欧洲中心主义的，当他们发现东方文明的时候，感受到了巨大冲击。

莱布尼茨生于1646年。当他开始读书思考写作时，欧洲对中国文化的诸多领域已经有了详细的第一手的资料：从历史、风俗习惯、中国学者文人的嗜好怪僻、神秘的汉语、图画一般的中文、瓷器的绚丽、溺杀女婴的罪恶、儒家的经典、道家的长生不老丹、针灸脉经、风水八卦，直至长城的高度宽度。把这些单一的报道拼起来，便出现了一幅有关中国社会的五彩缤纷的图画，一幅与哥伦布发现的土著美洲完全不同但同时又相得益彰互对互补的景象莱布尼茨与众不同的地方有两点：时间长

---

[*] 首次发表：《文汇报》2013年7月29日，记者任思蕴。

达 50 年，涉猎的知识范围相当广泛。欧洲学者中不乏对中国历史或中国语言文字或中国医学等单一领域感兴趣的人，但莱布尼茨可以说是当时唯一一个对中国的语言、文字、历史、医学、技术、数学、政治制度和法学等各方面都有涉猎的学者。他不仅好学，或许在当时已经感觉到了知识爆炸的趋势，其中包括对外来文化的信息与知识。

文汇报：《中国近事——为了说明我们这个时代的历史机遇》是莱布尼茨关于中国的一本书，能否帮我们介绍一下这本书的意义？

李文潮：我们现在总是习惯于以简洁的形式给书命名，但在17世纪，欧洲巴洛克时期的人们喜欢用很长的书名。莱布尼茨这本在1697年四月编辑出版的文献的全名是：《中国近事 —— 为了照亮我们这个时代的历史机遇，我们将在本书中展示给大家一份第一次带到欧洲的有关中国政府首次正式允许基督教在华传播的报告。此外，本书还提供很多迄今为止鲜为人知的情况：欧洲科学在中国的发展，中国人的风俗习惯与道德，特别是关于皇帝本人的高尚精神，以及关于中俄之间的战争及和平协议》。这么长的副标题显示了书的意义所在。从副标题可以看出，莱布尼茨不仅关注到了中国，也认识到中国的文化是一种高度发达的、和他所在的欧洲文化平等的文化。他看到了一个历史性的机遇，这就是与中国的文化交流和互补。机不可失，因此必须紧紧抓住。这就是莱布尼茨发表这本书的意旨。他清楚地看到了，中国是一个依赖于皇权的政治体制，在当时的皇帝（康熙）对欧洲比较感兴趣的时候，必须紧紧抓住这个时机。他担心万一中国换个朝代，皇帝对欧洲不感兴趣了，那么时机也是失去了。

此时，莱布尼茨也关注了俄罗斯，这也是一个了不起的超人的远见。1697年初，沙皇彼得大帝化名带着一个庞大的俄罗斯访问团离开哥尼斯堡，经柏林，到汉诺威，到荷兰，再到英国。彼得大帝在荷兰的阿姆斯特丹港口学习造船，到英国学习军舰技术。当时的欧洲舆论对沙皇的报道很多是片面的，欧洲人觉得俄罗斯人不开化。彼得大帝不使用东道主为他准备的舒适的床铺，而是依旧喜欢睡地板；在伦敦时，俄罗斯人把接待者的花园别墅弄得乱七八糟；而且还酗酒。这些报道莱布尼茨也看到过，但他关注的是，俄罗斯人虽然看上去粗暴野蛮，但是他们对欧洲敞开了怀抱，渴望学习先进的西方，这就是需要抓住的机会，是需要关注的地方。还有，莱布尼茨看到了俄罗斯的另一端连接着中国。所以在他看来，中国和欧洲携起手来，互补共赢，俄罗斯位于于东西方之间，两端联合带动中间地带。这其实已经有点全球化的视野了。莱布尼茨已经从世界体系的角度来观察中国了。其目光之长远确实令人惊奇。

文汇报：当时的大环境已经促使西方世界开始关注东方世界吗？还是应该理解为，这只是莱布尼茨的与众不同和超前之处？

李文潮：一定程度而言，莱布尼茨是个失败者——他的很多设想都没有实现。因为他太超前，不仅超前于他那个时代，甚至可能超前于我们这个时代。超前的意思是，在学理上是正确的，但是受制于现实。比如，他终生致力于建立科学院，为此奔波于柏林、维也纳、德累斯顿等地，多次写信给彼得大帝，甚至在和法国在华传教士通信中，也敦请他们建议康熙皇帝在北京成立一个科学院。如此的目的不仅仅在于在全球范围内促进科学的发展，更重要的是，这是一个精神的王国。国与国之间会发生矛盾和利益冲突甚至战争，学者之间、科学院之间的联系应该是超越国界的。比如给彼得大帝建议在彼得堡建立俄罗斯科学院时，在信中特别提到，科学院应该对所有学者开放，不管是哪个民族。这是非常超前的，到现在也没甚至无法实现的一个思想。科学并非单纯服务于某个政府和某种政治体制，而应超越民族、文化和人种，服务于整个人类。这是何等伟大的构想！

文汇报：莱布尼茨有意识地把中国和德国、东方和西方的文化在形而上的层面上进行沟通和比较。从您已经整理出来的莱布尼茨的资料来看，中国在莱布尼茨的整个思想体系中，或者整个学术研究范围看，具有怎样的地位？

李文潮：莱布尼茨也提到过朝鲜、日本和印度。当时的印度不是现在的印度，是不同的诸侯小国。莱布尼茨如果有机会接触更多的其他文化，他应该也会感兴趣的。他特别关注中国，当然也是因为他看到了中国的地位。从大小来讲，相当于整个欧洲；从人口数量看，甚至多于欧洲人口总和；从历史角度讲，有着比欧洲更古老的文化传承。所以当时莱布尼茨就说，当希腊文明的诞生的时候，中国文明已经产生了，中国文明远比欧洲文明要古老悠久。而对当时的人来说，既然古老悠久，则必然有其合理性，否则无法延续至今。因此，莱布尼茨非常强调中国的经验。中国作为一个和欧洲平等的文明，在莱布尼茨的视野中占据很独特的地位。这点是完全可以肯定的。他也重视俄罗斯，但是除了中国之外，欧洲以外没有一个民族能够如此受到他的重视。

文汇报：您目前在整理的莱布尼茨遗留下来的文献中，包括了很多他当时写往中国去的信。这些信都谈到些什么内容呢？我们从中可以提取出怎样的信息？

李文潮：莱布尼茨第一次提到中国是1666年，其内容与中国的文字即汉字有关。1689年应该是非常重要的一年，那一年他来到了罗马。原本是作为历史学家，从汉诺威出发到德国南部再到意大利北部，想在图书馆档案馆里搜集一些资料，可是到了威尼斯的时候，他决定借机去罗马。在那里莱布尼茨认识了意大利耶稣会在华传教士闵明我。闵明我是康熙派到欧洲的使者（具体使命至今不明）。莱布尼茨和他频繁交谈，还提出了32个很具体的问题，包括火药、造纸、养蚕、风车、哲学、几何等。假设他如同一般人那样对中国感兴趣，能在旅途中偶然而轻松地提出32个关于中国的而且是非常具体的问题吗？可见，莱布尼茨在1688—1689年之前已经了解了不少中国的情况。闵明我当时告诉莱布尼茨，中国皇帝（康熙）对欧洲科学很感兴趣，而且还有大批耶稣会士进入中国，他们中除了神学家外，还有医学家、、天文学家、数学家以及其他科学技术人员。莱布尼茨对单方面地把欧洲知识输入中国感到担忧，因此提出中国也应该派文化传播者到欧洲来，以便使欧洲能够同样从东方文明中汲取自己没有的知识。这一视角决定了他的通信内容。莱布尼茨写给在华传教士的信和他收到的从中国发出的信，我们这里已经整理出来的约有70多封，包括很多内容：中国语言、文字、字典、历史、地理、火药、哲学、祭礼、宗教、政治制度、人文习俗等。

有些内容现在看来是常识，当时是闻所未闻的信息与知识。比如，西方不知道契丹在哪里，以为契丹和中国是两个不同的国家，直到两名耶稣会士沿陆路从土耳其经波斯从今日阿富汗附近进来到北京，并没有找到契丹后，大家才发现契丹原来就是中国的北部几省。另外，莱布尼茨还向在中国的耶稣会士报告了欧洲的新发现。根据自己掌握到的资料，莱布尼茨断言，传教士在中国是不可能在传教方面取得很大进步，从而把中国人彻底归化为基督徒的，其中的一个理由很有趣——多妻制。莱布尼茨写过这样的话：中国人不会放弃多妻制，天主教会不能容忍多妻制，尽管在《圣经》中找不到反对多妻制的教义。另一方面，莱布尼茨并不认为传播文化交流、促进科学发展和基督教是相悖的。当然这是近代意义上的完全理性化了的基督教，或者说是自然神学。自然神学的意思并不是说把自然当作神，而是依赖自然的力量、天生的理性和自然之光认识到自然的创造者。人可以通过两种方式认识上帝：一种是神启、天启的办法——上帝把自己的儿子送下来了，这就是《圣经》里的故事；另一种是理性推理。莱布尼茨讲，自然界处处显示出某种秩序，而研究自然的时候，就会发现这是一种创造物，由谁创造呢？上帝。莱布尼茨认为中国的文化是遵循这种方式认识到上帝的。所以他的观点是，科学越发展，人们对自然认识越多，离创造的那个上帝越近，就越爱他，因为他创造的是一种完美。这样就构成了一种理性的体系。我们现在当然不会接受这种观点，因为我们现在对科学的认识与理解和莱布尼茨的时代完全两样了。

文汇报：您在柏林—勃兰登堡科学院负责整理的莱布尼茨的资料，据说要到2055年左右才能全部整理清楚。我们比较好奇的是，您的研究兴趣是怎样和莱布尼茨结合在一起的？

李文潮：全部整理清楚的意思是完全出版，到时会有120多卷问世，每卷的平均 800 多页。这种整理工作比较枯燥，但喜欢的话也充满乐趣。更重要的是，这的确是一项为后代进行资料积累的工作。即使仅仅把这堆材料的现有索引编成一本书，也可堪称是 17、18 世纪的百科全书。

我 1982 年在国内本科毕业后到德国，先是读日耳曼文学，对托马斯·曼感兴趣。在博士答辩的时候，答辩委员会有位哲学系的老师，他和我聊了聊，问我愿不愿意去他那儿作 17 世纪欧洲传教士传教活动的研究。他是一位有名的哲学历史学家，也是一名虔诚的天主教徒。他想知道 17 世纪欧洲传教士把哪些欧洲文化带到拉丁美洲、亚洲，特别是印度和中国，这些民族又有什么反应。后来的 10 年我就专门研究这些问题。不仅如此，导师想知道的是中国人对欧洲文化的反应，我除此之外还想知道欧洲人对中国文化的反应。这样就自然而然碰到莱布尼茨了。因此可以说说，我在研究传教士的时候，莱布尼茨已经多次出现在注释中了。传教士的项目结束后，我把研究专著作为教授资格论文提交给校方（柏林自由大学哲学系）。在教授资格考试时，委员会中有个研究莱布尼茨的大家，他问我能不能把注释中的莱布尼茨作为一个专门的课题来研究。就是这样一步步走过来。当我发现自己对莱布尼茨这个项目非常感兴趣的时候，我就开始学习拉丁语、法语等。语言是至关重要的，多了一种语言就多了一把钥匙，多了一片天地。

文汇报：莱布尼茨的这批卷帙浩繁的资料是由怎样被保存下来的？

李文潮：当我们说哲学家的时候，应该注意，当时的哲学的含义和现在的哲学的含义是不一样的。17 世纪的时候，所有自然科学都是属于哲学学科。所以当说道莱布尼茨是哲学家的时候，是指广义的哲学家。而他主要的工作，也就是给他发工资的那份工作，是历史学家，任务是编纂汉诺威皇家历史。这个项目他写了一辈子，最后还是没完成。皇家希望莱布尼茨给皇家修家谱。莱氏说汉诺威是欧洲的一部分，欧洲又是世界的一部分，所以修家谱应该从汉诺威地区的古人类史开始写，一直写开去，写下去……。他是个全才，没有时间完成一项具体的工作。照我的看法，莱布尼茨和当时的皇家都不简单。放在今天，单位还不解雇你？在完成这个项目的过程中，莱布尼茨搜集了很多原始文献与资料，在他去世后（1716年11月14日），皇家担心在他搜集的资料中会有不利于自身的东西，但又没有人也没有时间仔细挑选甄别，所以就干脆把这些材料整体封存起来。

莱布尼茨后来收入相当高，人到中年已经是世界著名的学者了。他去世后，因为没有子嗣，皇家把他的货币遗产给了他的继承人，即侄子，而文献遗产被皇家折价保存下来了。这一措施的积极作用是，这份非常难得的人类文化的遗产几乎被全部保留下来了。消极作用是，在莱布尼茨死后的近200多年，他的思想未能产生大的影响。直到19世纪，才慢慢开禁。20世纪初，当时的普鲁士科学院，也就是我领导的这个研究所的科学院的前身，开始投资大规模地全面启动这份遗产的整理出版工作。

文汇报：您讲座中提到，85％的材料是新发表的，这是20世纪初以后的事情？

李文潮：对。莱布尼茨在世的时候发表的东西极少，大部头的专著就是1710年发表的《神义论》，再就是在学刊杂志上发表过一些东西。和遗留下来的我们现在整理的20万多张（其中包括大约1万5千封信）的内容比，是微乎其微的。在我们现在整理出版的文集中确实有大约85％的资料是第一次公布的。

文汇报：所以我们对莱布尼茨的发现就起码晚了200年？我们可以这样说，莱布尼茨是一个重新被发现的大家？

李文潮：应该这样讲，莱布尼茨本来就是个大家，他在世的时候就很有名。至于大到什么程度，现在才逐渐清楚了。我们所要整理的是莱布尼茨书信著作全集，全到什么程度呢？只要有一行字是莱布尼茨写的，就会把它收进去。如果莱布尼茨在看过的书上注释过，我们就把这一页书收进去。当然时而会有人催促，整理的速度能不能快一点？能不能挑选一些整理呢？我认为这项工作是要对后代负责。如果要加快，要挑选，那由谁来决定挑哪些呢？每个时代都有自己的莱布尼茨形象。为什么我们现在认为莱布尼茨是个哲学家呢？是因为19世纪有人整理出版了7卷本的莱布尼茨哲学文集，所以莱布尼茨"就是哲学家"了。如果整理出数学方面的文集，那么他就是数学家了。我们所作的既然是《全集》，那就要尽可能做到全面。这是一项不能太快的工作。我说过一句话：对于千秋功业来说，50年是个可以忽略不计的时间段。

文汇报：傅敏怡教授在论坛上讲到，德国哲学注重理论哲学，中国哲学注重实践哲学。在您整理的莱布尼茨文档中，可否看出莱布尼茨作为一个西方哲学家，是怎样看待中国哲学的？儒、道在他眼里是宗教吗？

李文潮：这个问题可以分几个层次讲。莱布尼茨在《中国纪事》中，就提出了中国文化重实践，重经验，西方重抽象思维的观点。他也是受到了所接触到的资料的影响。不管怎样，最晚自莱布尼茨开始，就有了这样的提法，而且一直延续到了现在。但至于这个模式对不对，我持怀疑态度，我甚至认为这是不是欧洲人从一开始就形成的偏见。实际的经验性的东西看得见摸得着，比较好理解，因此当人们接触一个陌生文化时，首先看见的是比较具体的技能与知识，而不是不太容易理解的抽象的、理论性的思维。因此，尽管莱布尼茨是这么说的，而且这个模式延续了下来。这是一种偏见。

好在莱布尼茨同时意识到了经验背后的深层理论。这里就出现了一个从形上学理上打通的问题。莱布尼茨作为一个西方哲学家，坚持认为真理只有一个。不同文化到了形上层次，都是对同一个真理的不同表现。他在《单子论》中有一个比喻，说真理就像一座城市，我们每个人都是从自己的角度去观看，看到了城市的一部分，只有上帝是从高处看，能看到全部。所以，每个单一的个体都是对整体的独特表现，这是一种优点。但这种独特的表现又应该得到反思，也就是你必须同时认识到，也有别的视角存在。莱布尼茨对中国哲学感兴趣，称其为自然神学论，他试图探讨《易经》中的阴阳爻卦，将其看作是上帝创世的图像，都是想在形上的层面上将中西方打通、沟通起来。他阅读过儒家经典的拉丁文翻译，对道家知之甚少，这也是受当时条件的限制。另外值得注意的是：

不管称儒家是哲学还是宗教，我们都是用西方的、现代的范畴去框架本来不属于这些范畴的"东西"。

文汇报：莱布尼茨在数学、哲学、历史、法学上都很有造诣。他生活的年代，还有牛顿、伏尔泰、狄德罗这些人物，而我们现在似乎无法这样包容、贯通知识。

李文潮：从某种意义上——也可能是因为我研究莱布尼茨的原因——莱布尼茨比牛顿的知识面要广得多，而且比牛顿在心胸上也广得多。莱布尼茨晚年为了和牛顿争论费了很大的精力。莱布尼茨确实觉得，每天早上起来的时候，脑袋瓜里都有非常多的想法，把它们记录下来一天时间根本不够。他没有家室，不做饭，旅馆给送，在旅途路上也是不停地写作。揣摩一下他的心理，我觉得他感觉到了人类的知识在不断增加，一个人要把握这种知识已经有一定困难了。所以他非常重视怎么把这些知识固定于一个体系，比如他提出了通用语言问题，发明术的问题等等，都是为了应对学科的分离。如果在所有的科学中使用同样的语言，语言就可以起到统一不同学科的作用，如果能把科学的发现提炼成一种发现的艺术，成为概念的进化、组合，也能够保证这种统一。莱布尼茨看到了这一点，可能也是最后一位能把握几乎所有学科研究的全才学者。现在是不可能了。但问题是同样的一个问题，只是更加紧迫：如何把已经相互分离的学科重新统一起来，成为一个知识体系？譬如对莱布尼茨来说，科学理性包括了如何应用科学知识的伦理原则，伦理与科学合一。我们的时代却是一个无处不伦理的时代。

文汇报：伟大的人物是否在当时就意识到，我的思想、我的研究是会影响后世的，因此要把自己想到的东西马上记下来，他是否当时就有这种抱负和担当？

李文潮：我觉得是。随着莱布尼茨声望的增长，别人能在汉诺威见他一面，就是非常荣幸的一件事情。他已经感觉到自己在精神界的重量，完全有这个意识。他是一个非常风趣的人。从他写信的艺术，里面的自嘲也可以发现这一点。具体到你们的问题，莱布尼茨写了这么多东西，自己进行过清理、分类，有相当一部分是很成熟的，马上可以发表的。为什么没有发表？有人说他是没有时间，有人认为他担心有些东西发表后会损害他和天主教会的关系——莱布尼茨作为一个路德教教徒，不愿意和天主教会搞得太僵，部分原因是担心那样就会得不到天主教传教士从中国寄往的资料。

莱布尼茨终身的愿望是有一个科学院，为此需要资金支持、明主保护。他自己也提出了一些今天看来有点幼稚的"创收"的设想比如皇家科学院可以受皇家政府的委托制造日历、监督书籍出版，甚至植桑养蚕（他确实让人在柏林开办养蚕厂，学习中国的养蚕技术，现在还能看到当年的几棵老树）。还有防火保险、基金会等等，他都想到了。莱布尼茨会不会是等待着这一天的到来，那么他只需把自己的卡片拿出来分给不同的研究人员接着研究？

《莱布尼茨著作与书信全集》简介[*]

《莱布尼茨著作与书信全集》科学院版,局部

图片来源:波茨坦莱布尼茨编辑部。

---

[*] 首次发表于《文景》2008年12月总第51期,第66—73页。

一组数据

原始资料：二十多万张已经发黄的手稿，大约百分之四十用拉丁文，百分之三十五用法文写成，其余则是德文，极少数是英语、荷兰语、意大利语及俄语，大部分稿件经过数次改动后已经有些面目全非。文稿中包括一万五千多封与世界各地一千一百多人的通信，还有大约一百本作者阅读参考过的书籍，上面同样布满了行注、眉批、加重号等使用过的痕迹。把这些三百多年前写成的文稿一张张地铺在地上，总长度大约是六十公里。文稿涉及到的内容则囊括了欧洲甚至全世界 17 到 18 世纪的所有知识领域：政治、经济、法律、哲学、数学、逻辑、医学、物理、技术、地理、游记、历史、语言、神学、博物馆学，其中包括中国的历史、哲学、文化等等。在几乎每一个领域内，手稿都既代表了那个时代的最高成就，同时体现了作者个人思考与解决这些问题时表现出来的天才性。无疑，这是一笔欧洲甚至人类历史上非常珍贵的文化与精神遗产，是一个时代的缩影。

任务：为同代人的研究发掘这一宝贵的精神财富，为后代人使用这一遗产奠定基本的文字基础，把这些文稿一张一张地整理出来，按照其形式、性质及内容划分为八大系列，按照文稿产生的时间顺序排列，对每篇文稿（长到数百页的专著，小到一句话）进行严格的历史批判性的编辑、校勘、注释。编辑的意思是把每份草稿按其本来文字誊写成可以刊印出版的论文，严格保持当时的文字使用习惯，编者所作的每一处改动均须用方括号注明，并说明改动的原因；校勘的意思是把草稿中每个删改的地方还原出来罗列在每页的下面，在针对同一问题有数份草稿同时存在的情况下，罗列出其不同之处；注释的意思是对文稿中提到的人物、历史事件、地名、关键词、书名、引语等尽可能地给以说明，注明人物生活的年代，担任的职务，历史事件发生的时间及前因后果，书籍编撰者的名字，出版社，出版时间，引语的具体出处，在可能的情况下，给出版本页数行数等。

人员及资源配置：由于百分之八十五以上是从未发表过的手稿（草稿），相对来讲这便是一件耗时耗力的事情。从以往的经验来看，一个受到良好的专业与语言训练的博士毕业生大约需要三年的工作实践，才能单独胜任自己的工作。这样，完成一本九百页的文集，三个专业人员需要三到四年时间，把工资与日常开销及资料费用加起来，完成这样一本文集的费用大约在五十到六十万欧元左右。目前德国共有四个编辑室在联合完成这一巨大工程，每年大约投入一百二十到一百四十万欧元。

期待达到的成果：全部项目结束后，将有一百二十多本巨著出版。每本平均八百到一千页，除正文外包括导言、编辑例则、文献总录、人名索引、关键词索引、圣经引用索引、勘误等。目前已有四十六本问世，尚有三分之二的工作有待完成。

项目资助年限：至2055年12月31日。

以上是有关《莱布尼茨书信与著作全集》科学院版的几个重要数据。这是当代德国规模最大、投资最多、时间最长的人文精神学科基础研究项目之一，这组数据充分显示了莱布尼茨思想的历史重要性与当代意义，同时显示了德国政界、学界、社会以及公众舆论对这一文化与精神遗产的高度重视。

巨大的精神财富

为了研究撰写布伦瑞克家族的历史与家谱，莱布尼茨遍访欧洲诸多图书馆与档案馆，收集了不少鲜为人知的原始资料。1716年11月14日莱布尼茨逝世后，布伦瑞克家族按照当时的习惯做法，更出于担心与皇家不利的有关资料外流，即刻派人查封没收了莱布尼茨的所有文字资料。回头来看，这一措施有利有弊。弊在同时"查封"了莱布尼茨对18世纪哲学、逻辑、数学、自然科学等学科发展可能发生的影响，利在为后人的莱布尼茨研究保存了丰富的物质基础。在人类思想史上，恐怕没有第二个人的文字遗产能够保存得如此完整：小到一张药店凭据，大到学者自己使用过的图书，几乎全部被保留下来了。更独特的是，莱布尼茨自己似乎也想到了这一点：发给他人（包括远在北京的耶稣会传教士）的信件，莱布尼茨要么誊写了复件，要么留下了底稿，而且显然从年轻时起，莱布尼茨就有意识地把自己的一纸一屑细心保存起来了。至于为什么这样，还是一个有待研究的问题。另外，手稿中涉及的绝大部分内容是至今未有人知晓的，因为莱布尼茨虽然一生笔耕不辍，但生前却几乎没有发表一本有适当规模的系统的著作。研究编辑莱布尼茨遗留下来的手稿，大部分情况下可以清楚地追踪作者的思维步骤。莱布尼茨似乎是一个善于通过写作进行思维的学者，同时在写作的同时大脑中已经对写出来的东西进行了修正。通过研究整理手稿中的无数的改动，补充，删除以及语句调整可以比较清楚地还原出作者的每一个思想即观点的形成过程。观察其手稿，有时如同观察一个正在处于紧张思维之中的大脑或者正在进行运算的计算机。更幸运的是，这一珍贵财富不像几乎所有学者们的遗产那样遭到破坏或者被淹没流落在为人所不知的角落里，而是几乎被完整地保存下来了，绝大部分至今被封藏在汉诺威图书馆手稿部的保险柜里。无情的岁月虽然也在这些纸张上留下了难以抹去的痕迹，但这也只能说明尽快整理编辑这一财富的紧迫性与必要性。

　　要对这一庞大复杂的学者遗产进行全面彻底的编辑整理，当然有一系列的直至今天甚至可以说恰恰在今天仍然具有很大挑战性的难题：莱布尼茨一人单独涵盖的学科领域非当代学者可以想象，从严格的形式逻辑科学到自然科学的各个领域以及神学、文学、笑话、宫廷应酬诗歌、古代法律文献等等无所不包，以至于当年的一位普鲁士皇帝称赞莱布尼茨一人就是一个科学院，而对每一个领域的文稿的整理都需要该领域的专业人才才能完成；与通常的学者遗产不同，莱布尼茨遗留下来的大部分是从未发表过的手稿，这些手稿中的相当一部分是充满了删除、改动的草稿或者笔记。要把这些草稿整理成严格意义上的可供研究界使用的文本，除了语言方面的严格要求外，做数学的要计算检验计算，做文化史的需要核对地名山名人名。多年的丰富经验是必不可少的；只有为数很少的手稿可以被明确地确定其写作年代，因此一个按年代顺序进行编辑的版本便面临着具体如何确定各篇著作的年代的问题。能够帮助解决部分问题的一个办法，是检查原始文稿所使用的纸张上的水印。目前收集到的莱布尼茨使用过的稿纸上的水印共有大约两千五百个，但这也仅仅能够提供一定借鉴作用。根据题目（如果有的话）、纸质、内容以及与其他文献（特别是书信）之间的可能联系来猜测判定文稿产生的时间，便成了在莱布尼茨文集编辑过程中的一个特定的需要大量经验才能形成的专门学问。最终还有一个选择的问题。莱布尼茨阅读了大量的古代及当时的著作，其中包括相当数量的手稿，并且作了比较详细的笔记，是否必须把所有的读书笔记全部整理发表？为了同一问题，莱布尼茨经常不断思考，不停地寻找新的思路与解决办法，这样为了同一问题便留下了各自不同的文稿，在数份文稿如何确定主文稿，以便能够在校勘注释中顾及到其他文稿，也是编辑者经常遇到的一个难题。

以上几点至少说明了像《莱布尼茨书信与著作全集》这样的一个人文精神学科项目所面临的各种不同的挑战以及困难。这样的一个项目之所以一个世纪以来多次得到重整而又多次面临失败，编辑工作的难度，对编辑者所提出的语言及各种专业上的要求，均是非常重要的原因。更值得钦佩的是，在经历了两次世界大战、德国分裂等创伤之后，《莱布尼茨书信与著作全集》这样的一个项目竟然能够存活下来！

莱布尼茨手稿，纸条

图片来源：汉诺威莱布尼茨图书馆。

历史的呼吁

"当一个人考虑到自己并把自己的才能和莱布尼茨的才能来作比较时,就会弄到恨不得把书都丢了,去找个世界上极偏僻的角落躲藏起来以便安静地死去。"这是莱布尼茨逝世半个世纪之后,法国启蒙运动的主要学者之一狄德罗在其编撰的《百科全书》中写的一段话。狄德罗接着写道:"没有任何一个人比莱布尼茨读得多、研究得深、思考得多、写作得多,尽管至今还没有一个莱布尼茨的著作全集问世。这样的一个伟人给德国带来的荣誉大大超过柏拉图、亚里士多德以及阿基米德一起给希腊带来的荣誉的总和,而德国竟然至今还没有把源自莱布尼茨笔下的财富收集整理出来!"对莱布尼茨崇拜得五体投地的狄德罗到底见到了多少莱布尼茨的著作呢?充其量不过是被保管在德国汉诺威图书馆保险柜里的莱布尼茨手稿的百分之十五!

呼吁收集整理出版莱布尼茨文集的,并非狄德罗一人。早在1717年,莱布尼茨当年的助手埃克哈特(Johann Georg Eckhart)就出版了莱布尼茨在世时亲自收集准备的语言学文集《词源汇总》(Collectane Aetymologica);1720年德国学者科勒(Koehler)翻译出版了《单子论》(Monadologie);1765年拉斯普(Rudolf Erich Raspe)收集出版了《人类理智新论》和另外几篇著作。特别是迪唐(Louis Dutens)经过几年努力,把能够得到的已发表的莱布尼茨的信件与著作汇总在一起,于1768年出版了著名的六卷本《著作集》(Opera Omnia)。不过所有这一切都是在没有对莱布尼遗留下来的浩如烟海的手稿进行比较整理的基础上进行的。对这一丰富庞杂的遗产进行整理编辑,真正开始于19世纪。开其先河的是埃德曼(Johann Ed. Erdmann)1839至1840年出版的《莱布尼茨全集》(Opera Philosophica)。不过这一版本很快受到了为莱布尼茨立传的居劳尔(G. E. Guhrauer)的批评,此人在1838年1840年编辑出版了两卷本的《莱布尼茨德语文集》(Deutsche Schriften)。更重要的是,凭借着普鲁士科学院院士的身份,居劳尔打算争取得到科学院的推荐与支持，启动出版《莱布尼茨书信与著作全集》这样的一个巨大工程。

在1840年4月2日召开的普鲁士科学院大会上，居劳尔亲自提出了这一提案，但没有取得任何效果。后来曾参与过莱布尼茨全集编辑工作的历史学家舍尔（Scheel）猜测，其原因可能是这一提案在当时的历史情况下不可能实现，因为出于政治的原因汉诺威不可能把莱布尼茨遗稿提供给普鲁士科学院使用。但当克鲁普（Onno Klopp）1864年开始编辑整理时，到1884年出版了十一卷书信后便被迫中断，原因是汉诺威归属普鲁士后，普鲁士政府禁止使用保存在汉诺威的手稿。在此之前，普鲁士科学院院士、历史学家佩尔茨（Heinrich Pertz）成为汉诺威图书馆的馆长后，从1843年开始准备编辑出版莱布尼茨文集，出版了四本后便无法继续做下去了，原因是他虽然可以使用手稿，但面对浩瀚庞杂的资料，颇感力不从心。

尽管如此，在当时的情况下还是出现数个从遗稿中整理编辑而成的版本。在没有更好的版本之前，人们也只好采用这些版本。譬如说卡雷尔（A. Foucherde Careil）1859至1875年编辑的七卷本《著作》（Oeuvres），普鲁士科学院通讯院士格哈特（Carl Immanuel Gerhardt）1849至1863年编辑的《莱布尼茨数学著作集》（Mathematische Schriften）和1875至1890年编辑的《莱布尼茨哲学著作集》（Philosophische Schriften）。最晚到了1903年，人们发现这几个版本在其选材上都是偏于一隅的，因而难尽人意，因为它们都没有顾及到莱布尼茨思想领域的其他几个重要方面。在这一年，库图拉（Louis Couturat）出版了他搜集到的莱布尼茨未刊的逻辑文稿（Opusculeset fragmentsinédits），从而为莱布尼茨研究提供了与19世纪所习惯的形而上学式的解释不同的逻辑进路。1906年戈尔兰德（Ernst Gerland）出版了莱布尼茨的物理与技术文集，在此之前，1860年，哈斯（Carl Haas）已经编撰整理了莱布尼茨神学方面的部分文稿。

这样，到了19世纪与20世纪之交，至少有三点便很清楚了：有必要出版一个能够满足科学研究要求的历史校勘版本；要完成这一工作需要不同学科的专业学者，因为只有他们才有可能看懂遗留下来的有关文献；要完成一个以时间顺序为标准的囊括所有手稿的真正意义上的《全集》，首先必须对所有能够搜集到的尚存的文稿有一个整体上的了解，并且对其编目。

步履维艰的世纪之梦

这样，在1901年召开的国际科学院联合会（Association International edes Académies）首次会议上，便出现了一个编辑整理莱布尼茨手稿出版莱布尼茨全集的提案。会议委托位于巴黎的法兰西科学院（Académie des Sciences），法兰西道德与政治科学院（Académie des Sciences moral eset politiques）与德国的普鲁士科学院一起为启动这样一个符合科学研究要求的莱布尼茨全集项目做准备工作。这一工作的首要目的是在全欧范围内进行系统的调查，以期对被保存下来的莱布尼茨手稿有一个总体的了解，其中包括莱布尼茨使用过的纸张的产地、年代、特征，还有和莱布尼茨合作过的助手、秘书的名单以及他们的笔迹等等。法国负责在意大利的调查工作，德国方面的调查范围则包括奥地利、丹麦、瑞典等国。法国方面的负责人分别是两个科学院的院长，科学家彭加勒（Henri Poincaré）和哲学家布特鲁（Emile Boutroux），普鲁士科学院则为此成立了一个专业委员会，其成员中包括哲学史家迪尔茨（Hermann Diels），哲学家狄尔泰（Wilhelm Dilthey），历史学家哈纳克（Adolfvon Harnack）以及物理学家普朗克（Max Planck）等。这些显赫名字代表了当时德国甚至世界范围内科学研究的最高水准，充分显示了计划完成的这一著作版本应当具有的崇高地位。

短短两年之后，根据在欧洲范围内的调查，整理出了一个大约七万五千多页的手抄目录，其目的是试图以编年日月为顺序对发现的手稿进行初步整理。起初，几家科学院曾准备以此为基础，出版一部每卷为一千页的十卷本目录，但由于费用的原因，这一计划很快被放弃了。尽管如此，这一调查奠定了后来成为著名《里特目录》（Ritter-Katalog）的基础（共四十六盒，八万多张卡片）。1907年，国际科学院联合会委托参与了这一准备工作的三家科学院正式编辑整理出版莱布尼茨全集,并且确定巴黎的两家科学院负责数学、认识论、逻辑、自然科学、医学、法律及自然法文稿,柏林科学院负责政治、国家理论、国民经济、历史、语言学、民俗学、地理学以及科学组织、科学管理等方面的著作,另外还有所有的信件以及备忘录、建议书、悼文等。对形而上学以及神学方面的文稿则暂时没有做出决定。德国方面的总编是上面提到的以其莱布尼茨手稿目录著名的里特(Paul Ritter)。人们计划在1911年之前出版前三卷,在三十到四十年的时间内完成所有工作。

从一开始,面对如此庞大的资料,如何对其编目分类便成了一个非常具体的难题,因为分类本身就是对资料的评价与判断。早在1906年柏林科学院就向法国方面"建议"莱布尼茨一生活动与思考的主要领域构成了一个内在的统一体,不宜将其分开。这里的意思是不主张以年代时间为标准,而应以主导领域为轴心进行整理出版工作,而当时所说的主导领域则是上面提到的库图拉,还有罗素所提出的认识论、逻辑以及数学。到了1908年,专家们估计莱布尼茨全集大约将在五十卷(四开本)左右。也许是为了加快出版速度,有人建议放弃起初的设想,不再进行严格的校勘注释等工作。尽管如此,这里提出的五十本也只能说是过于乐观的设想。在1915年的一次科学院会议报告中写道,书信第一卷本来应在1914年年底出版,但战争的暴发导致了无法完成这卷中书信的校对工作。事实是,当时所说的这一卷到现在也没有问世!

第一次世界大战之后,普鲁士科学院终止了与法国科学院的合作,不过一再重申不管在任何情况下都必须完成莱布尼茨全集的编辑出版。这样,莱布尼茨手稿的整理便成了一项德意志民族的国家任务。也就是在这个时候形成了今日仍然采用的八大系列分类法:

第一系列:一般性政治与历史通信

第二系列:哲学通信

第三系列:数学、自然科学、技术学科通信

第四系列:政治、文化、神学、宗教文集

第五系列:语言与历史文集

第六系列：哲学文集

第七系列：数学文集

第八系列，自然科学、医学、技术学科文集

但在一点上没有变化，这就是为了节省时间放弃对文本的历史性注释。这样，1923年完成了第一系列第一卷的编辑工作，但由于通货膨胀的缘故，推迟到1924年才印刊。以这种节省求快的方式，到1938年年底总共出版了六卷。这六卷中，属于第一系列的有三卷，其余三卷则分别属于第二系列（哲学通信）、第四系列（政治文集）和第六系列（哲学文集）。数学、自然科学以及技术科学方面则没有任何进展。出现这一局面的原因，是因为当时的两位负责人都是哲学家的缘故，但也成了纳粹政府试图操纵莱布尼文集的一个重要借口。1938年12月23日，时任柏林科学院代院长的数学家法伦（Theodor Vahlen）以莱布尼茨全集进展缓慢，对外没有任何影响为由，解散了当时的莱布尼茨委员会。这一不无政治色彩的行为带来的一个直接后果是，数学被看作是莱布尼茨一生的核心以及主要贡献，因此必须由一个数学家领导主持莱布尼茨手稿的整理出版工作。在1939年11月16日新组建的委员会中，除一人外（Nicolai Hartmann）其余均是纳粹党成员，多数是来自科学院数学自然科学部的专家。莱布尼茨全集编辑部中的唯一一位犹太学者，被迫流亡美国。

冷战不冷

如果说在二战最后几年工作人员的主要任务是转移手稿、目录以及已经得到初步处理的文本的话，那么战后的主要任务则是重新开始。为莱布尼茨全集作出巨大贡献的库特·米勒（Kurt Müller）后来回忆道："1945年德国纳粹统治垮台后，柏林的莱布尼茨委员会以及文集编辑部的工作处于一种荒芜状态。转移到外地的文本只有工具以及部分手稿被运送回来，几个箱子已经破碎，手稿不知流散何处。昔日的工作人员到了1945年没有一个留在科学院或者重新回来。没有人负责。我当时住在（德国北部城市）敖登堡（Oldenburg），听到这些后，我与以前的莱布尼茨委员会的主席斯彭郎格（Eduard Spranger）和哈特曼（Nicolai Hartmann）商量，决定1946年接受当时的德意志科学院院长斯托鲁斯（Johannes Stroux）的召唤，把编辑莱布尼茨全集的重任继续下去。当时的下萨克森州立图书馆馆长以及下萨克森国家档案馆馆长即刻同意，为在柏林的编辑工作提供协助。"

1950年，由莱布尼茨建立的科学院成立两百五十周年，在这一年，第一系列的第四卷得以出版。但这一工作后来由于柏林墙的修建被迫中断，东西柏林的分裂同时切断了当时居住在西柏林的工作人员与位于东柏林的科学院的联系。这样，把工作的重心转移到汉诺威，筹建今日的莱布尼茨档案馆便成了燃眉之急。与此同时，明斯特（Münster）大学正在极力推进莱布尼茨研究所的建立。根据与当时的（位于东柏林的）德意志科学院签订的协议，明斯特莱布尼茨研究所在1956年开始了自己的编辑与研究工作。这样，就形成了一个持续了近五十年的三角鼎力而合作的局面：当时的德意志科学院（即今天的柏林—勃兰登堡科学院的前身）负责第四系列即政治文集；位于汉诺威的莱布尼茨档案馆负责第一（一般性政治与历史通信）、第五（语言与历史，尚未启动）、第三（数学，自然科学，技术科学通信）以及第七系列（数学文集）；明斯特的莱布尼茨研究所负责第二（哲学通信）及第六系列（哲学文集）。2001年，柏林—勃兰登堡科学院正式启动了第八系列编辑工作。这样，德国目前共有分属两个科学院的四个研究所在联合完成这一巨大工程，它们分别是归属哥廷根科学院的汉诺威莱布尼茨档案馆、明斯特大学莱布尼茨研究所、属于柏林—勃兰登堡科学院的柏林编辑部和波茨坦莱布尼茨研究所。

长期项目是多长？由于历史以及联邦政体的原因，德国没有一个相当于国家级的科学院。以人文精神学科为重点的科学院主要是位于柏林的柏林—勃兰登堡科学院（其前身即普鲁士科学院）、成立于1751年的哥廷根科学院、位于慕尼黑的巴伐利亚科学院（1759年）、位于莱比锡的萨克森科学院（1846年）、海德堡科学院（1909年）、梅因茨科学与文学院（1949年）、位于杜塞尔多夫的北威科学院（1970年）以及汉堡科学院（2004年）。由几家科学院组成的科学院联盟则负责研究项目立项以及资金调配。这些项目被称作科学院项目。科学院联盟目前协调二百零二个研究所的一百五十七个研究项目，2009年支配的研究资金为四千七百三十万欧元。

从20世纪80年代起，莱布尼茨档案馆、明斯特莱布尼茨研究所、波茨坦莱布尼茨研究所的工作先后被列入科学院长期项目，分别获得直到2055年的长期资助，2001年建立的柏林编辑部也被列入长期项目，有了潜心工作研究四十年的物质保障。在目前已出版的四十六卷中，二十七卷是纳入科学院长期项目以后完成的。无疑，开始于20世纪初的《莱布尼茨书信与著作全集》项目经历着自己最顺利也最成功的阶段；而长达四五十年的长期资助，则保证了项目的连续性。

一个世纪以来，莱布尼茨全集的编辑出版工作曾受到过不同的来自各个方面的责难（譬如太缓慢，过于昂贵，这样细致的编辑意义何在等等）。此类的指责实际上并不奇怪，奇怪的是经过了两次世界大战，经过了纳粹统治以及后来德国的分裂，这样的一个耗时费钱的人文精神科学工程不仅还活着，而且越来越受到科学研究界、政界以及公众舆论的关注。在这样一个表面上注重考核实际上非常浮躁的时代，莱布尼茨手稿的整理出版确实如同沙漠中的一片绿洲，闹市中的一块净土。这里所作的是一件利于千秋后代的事业，因为这个工程竣工之后，后人不会、也没有必要再次投入如此大的人力与物力；与千秋相比，一百多年充其量也只是个瞬间而已。

莱布尼茨与中国年表[*]

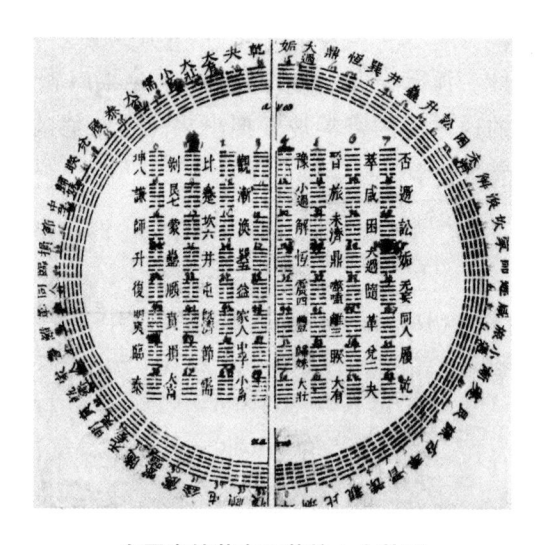

白晋寄给莱布尼茨的六十卦图

图片来源：汉诺威莱布尼茨档案观，通信，编号：LBr 105，第27—28张

按：由于历史带来的机遇，莱布尼茨能够有可能终生关注中国的文化以及在中国发生的一切。根据目前掌握的资料来看，莱布尼茨第一次提到中国是在写于1666年的《论组合术》一文中，最后一次是1716年10月写给法国学者雷蒙的一封信。我们可以说从二十岁起直到生命的最

---

[*] 此表由读书笔记拼凑而成。点到即可，抛砖引玉为愿。第一稿以《编年表：莱布尼茨与中国》为题发表在《中国近事》，第158至231页。随着《全集》（特别是第一系列）的进展，会有更多的文献问世。

后一刻（1716年11月14日），长达五十年的时间里莱布尼茨一直关注着中国、欧洲与中国的文化交流以及欧洲人特别是其中的传教士们在中国的活动，并且在这方面留下大量还有待整理、翻译、出版与研究的珍贵文献，其中包括谈话记录、论著、书摘、论文、书信；其中书信部分又可分为三类：与生活在中国的传教士的直接通信、与欧洲学者专门讨论中国问题的书信以及提到中国的其他书信。在这五十年间，几乎每年都能找到或多或少论述中国的文字资料。这些文献涉及的范围非常广泛：中国的语言、文字、历史（特别是上古编年史）、日常技术（其中包括古籍中记载的技术）、科学思想、文学、风俗习惯、宗教仪式、政治（制度）、哲学思想与流派等等。随着莱布尼茨全集出版计划的进展，将会有更多更详细的这方面的资料被发掘出来。莱布尼茨对中国的兴趣，从下面比较详细的年表中可见一斑。

1666

在《论组合术》（De ars combinatoria）一文中，莱布尼茨提到中国的文字，这种文字不是由字母组成的（格本 IV, 73；全集 VI, 1, 202）

1667

莱布尼茨论及记忆术时指出中国文字、埃及象形文字的特点，这类文字符号直接指向所表达的事物。莱布尼茨使用的资料是基尔歇（Athanasius Kircher）的著作《Oedipus》（全集 VI, 1, 278）

1670

4月6日：莱布尼茨在一封信中提到英国学者威普（John Webb）一年前发表著作[①]，此书的作者把中国语言看作是人类最原始最古老的语言（全集 II, 2, 37）

---

① An Historical Essay Endeavouring a Probability, That the Language of China is the Primitive Language。

8月31日：莱布尼茨写信给德国虔敬主义鼻祖施贝内尔（Phil. Jakob Spener），说自己读了一份在印度的传教士写的《年度报告》，在报告中有很多不同的关于中国的情况：据说传教士们有一天在中国的历法中发现了一个错误，皇帝由此委托他们进行修正。传教士们希望通过这件事情扩大自己的影响（全集 I，1，99）

1671

在这几年写就的《埃及计划》（Consilium Aegytiacum）一组文章中，莱布尼茨称法国为"西方世界的中国"，提到了中国的经济，中国人与埃及人的可能联系，中国的长城等等；所谓伟大的长城并未能够阻止中国人被鞑靼人打败等等；至于中国文化是否与埃及文化有关联[①]，莱布尼茨则表示怀疑（全集 IV，1，218，241，246，255，260，268）

在《论在德国建立科学院》（Bedencken von Aufrichtung einer Akademie in Deutschland）的备忘录中，莱布尼茨提到中医，"尽管中国人的医学显得很滑稽，但与我们的相比，却很有用"（全集 IV，1，552）

在阅读一本物理书时，莱布尼茨提到了中国的帆船技术（全集 VI，2，213）

1672

1月21日：在写给自己的老师托马修斯（Jacob Thomassius）的信中，莱布尼茨抱怨欧洲人到现在仅仅关注到了亚洲与非洲的海岸，"阿拉伯人却借用自己的宗教与语言特权深入到了地中海各个民族之中"（全集 II[②]，I，320）

2月22日：神学家斯皮则（Gottlieb Spitzel）写信告诉莱布尼茨，耶稣会传教士殷铎泽（Intorcetta）从中国到了罗马，并带有大量的书籍，

[①] 这一观点是上面提到的基尔歇提出的，参见基尔歇《中国图说》（China monumentits illustrata），阿姆斯特丹1667（新版，李文潮编并序，Hildesheim 2020），第225—226页；序第124—125页。

[②] 2006年第二版，下同。

其中的很多内容是欧洲人还不知道的,还提到了中国的编年史等(全集 I,1,187)

2月7日:莱布尼茨回信给斯皮则,渴望早日看到殷铎泽带来的"宝藏",说自己看到了耶稣会传教士聂仲迁(Greslon)的《鞑靼统治下的中国》(1671),另外还有一本某个耶稣会士用法语写成的著作。莱布尼茨阅读了这两本书,得知汤若望(Adam Schall von Bell)死于狱中,南怀仁(Ferdinand Verbist)正在完成前者的未竟事业。莱布尼茨希望所有的中医科学能够传到欧洲。中国人的长处是实践,欧洲人则以数学理论见长(全集 I,I,192)

4月:医生威尔施(Georg Hieronymus Welsch)告诉莱布尼茨他正在收集对欧洲学者有用的中国书籍:历史,哲学,自然史,医学等,提到卫匡国的《中国上古史》(Sinicae historiae decas prima,初版1658)(全集 II,1,333)

1673

3月8日:莱布尼茨阅读了殷铎泽的《中国人的学问》(Sinarum scientia politico-moralis[①]),写信给英国皇家学会秘书长奥登堡(H. Oldenburg)"这本书非常好,不过似乎中间没有多少(欧洲人不知道)的秘密";信中还有对中国语言文字的观察(全集 III,1,43)

1675

9月:在观看了一个水上机械展览后,莱布尼茨在一份草稿中提到"荷兰人或者在很大程度上中国人的帆船"(全集 IV,1,564)

在论及建立一个学者共和国的设想时,莱布尼茨用撰写了《中国地图》(Novus Atlas Sinensis,1655)的卫匡国作比喻:"我在这里将报道一下到那个所有聪明的头脑都像生活在其中的民族中旅游时看到的一些情况。我没有去过这个民族的所有省份,如同卫匡国也没有游遍整个中国

[①] 拉丁文本1672,法文本1673。

一样"。在文中的另外两处，莱布尼茨提到了中国人："他们很有学问；但没有真正的数学，因为他们没有尝到不依赖经验的先验证明的甜头"（全集 IV，1，568，570）

莱布尼茨在这里引用的是1655年在科隆发表的卫匡国的《基督教在中国的现状的简短报告》（*Brevis relatio de numero et qualitate Christianorum apud Sinas*）。在论数学的一篇文章中，莱布尼茨再次指出是欧洲天文学打开了中国的大门。"假如我们可以相信卫匡国的话，那么有些中国学者觉得没有什么比他们在耶稣会神父那里学来的几何命题更可靠的东西了"（数学文集 VII，321）

阅读斯宾诺莎的《神学政治论》时，莱布尼茨摘录了该书第三章中涉及中国的段落。与其他民族相比，中国的历史相当悠久；鞑靼战胜了他们，但当鞑靼人的精神被舒适的生活腐化后，中国人将重新获得统治（全集 VI，3，252）

1675/1676
读书笔记，荷兰阿姆斯特丹市长威森的《造船技术史》①，此书323页提到关于中国的造船技术（全集 VIII，1，621）

1676
在《关于法学的几点重要说明》（Remarques considérables sur la Jurisprudence）一文中，莱布尼茨建议在法庭上应该像中国人那样，仔细观察被告的神态与脸色变化（全集 IV，1，576）

4月末：在丹麦宫廷服务的瓦尔特（Christian Albrecht Walter）与莱布尼茨商磋意大利米兰市的萨塔拉（Manfredo Settala）所制造的瓷器，"如同中国瓷器一样透明"（全集 III，1，371，425）

8月/9月：论几何的用途等。绘画艺术上欧洲与中国区别很大：中国人喜欢色彩，其完美不难超越，因为艺术乃几何之女（全集 VII，

---

① Aeloude en Hedendaegsche Scheeps-Bouw en Bestier, 1671.

6,490)

1677

8月2日：萨克森选帝侯的商业顾问克拉夫特（Johann Daniel Crafft）在一封写给莱布尼茨的信中，描写了一种自己设计的抽水设备，"如果历史可信的话，那么中国人有类似的机器"（全集 III，2，205，208）

1678

1月12日：法国学者泰弗内（Thevenot）询问莱布尼茨对东方语言学家米勒（Andreas Müller）的中国语言研究的看法，询问米勒撰写的《马克波罗》①一书，"您读了殷铎泽的著作了吗？"（全集 I，2，309）

12月：莱布尼茨给法国科学院加罗瓦（Jean Galloy）介绍他的通用符号设想，这一符号语言比中国人的文字更好。因为为了会书写中国文字，人们必须非常有学问（全集 II，1，428；全集 III，2，571）

1679

莱布尼茨发明二进制（*De progressione dyadica*）

1月29日：生活在柏林的化学家与医生埃斯赫尔茨（Joh. Sigism. Elsholz）写信给莱布尼茨，介绍了米勒的中国学研究（全集 I，2，419—420）

4月：莱布尼茨向汉诺威弗里德利希公爵（Joh. Friedrich）解释自己的通用字符设想。这一方案既不同于基尔歇的发明也不同于中国文字。因为借用中国文字，无法分析人类的思维（全集 I，2，167）

4月5日：埃斯赫尔茨给莱布尼茨寄来米勒的两本关于中国的著作（全集 I，2，462）

6月24日：莱布尼茨通过埃斯赫尔茨给米勒提出了有关中国语言文

---

① De Sinarum magnaeque Tartariae rebus commentatio alphabetica, ex auctoris commentariis super Marci Poli Veneti Historia orientali aliisque magno numero manuscriptis excerpta ac saltim delibata。

字的 14 个问题（全集 I, 2, 491—492）

7月9日：埃斯赫尔茨寄来米勒对莱布尼茨的"难以令人满意"答复（全集 I, 2, 499）

8月5日：莱布尼茨询问埃斯赫尔茨，是否可以请米勒为他解释一本大约80页的中文书，"什么条件？"；写这封信时，莱布尼茨收到了埃斯赫尔茨转来的米勒的回信。对米勒的处世方式①，莱布尼茨感到惊奇，同时表示理解（全集 I, 2, 508）

8月24日：米勒通过埃斯赫尔茨请莱布尼茨把书寄给他，以便判断是否值得给以详细的解释（全集 I, 2, 516）

9月7日：米勒希望得到其他一本中文书，因为莱布尼茨寄给他的书殷铎泽已经翻译过了（全集 I, 2, 517）

12月：莱布尼茨称在欧洲只有法国可以与东方帝国相比，法国虽然比中国小，但在科学以及军事上却略胜一筹（全集 III, 2, 919）

此年撰写的《论思维的本质》（Consultatio de naturae cognitione）一文中论到建立学者学会的必要性，其中提到米勒（全集 IV, 3, 868）

在1679至1681年间撰写的《一位政治家与一位神父的对话》（Conversation du Marquis de Pianese et du Pere Emery Eremite）中，神父指出"中国，一个数百年来兴盛繁荣的帝国，我们自诩为基督徒，却……"（全集 VI, 4C, 2264）

1680

莱布尼茨在汉诺威会见曾去过暹罗的法国外交使节拉卢贝（La Loubère）

1681

在一份论述德国军事布防状况的文件中（Gedancken zum Entwurf der Teutschen Kriegsverfassung），莱布尼茨提到应以中国为榜样，"在中国，

---

① 传说此人乖僻，死前让夫人将自己的书籍手稿付之一炬。

运河交错整个帝国"（全集 IV，2，592）

1682

在《论普遍科学》（Ad constitutionem scientiae generalis）[①] 一文中，莱布尼茨提到了马可·波罗的游记，以及在泰弗内编撰的杂志中发表的"印度航行者"科斯马的报道（Relatio Cosmae Monachi），据说此人到过中国（全集 VI，4a，489—490）

1684

9月1日：以游历亚洲而闻名的塔维纳（Jean-Baptiste Tavernier）在汉诺威停留。在一封信中莱布尼茨写道，此人虽然80多岁了，但还是准备再次去印度（全集 I，4，116）

1685

莱布尼茨向汉诺威恩斯特·奥古斯特公爵说明自己的普遍字符设想，指出这一设想与中国文字的区别：中国文字的特点是同一文字在不同方言中的意思是一样的，普遍字符已有这一优点；但它远远超过中国文字，简单易学，显示了一定的秩序。中国文字则是有多少事物，便需要多少字来表达，以至于人们必须终生学习，才能理解这些文字（全集 I，4，315）

1685/1686，《论王子教育》（Education d'un Prince），据说西班牙国王有完整的一套宫廷礼仪，"波斯王、中国帝王亦如此"（全集 IV，3，549）

1686

摘录新出版文献书刊（Nouvelles ouvertures）时莱布尼茨认为，为了

[①] "普遍科学"（或知识）的意思是（简单说）：对经验知识（个案）进行汇总归类，进而使其理论化。

研究人类历史，下一步应该开始对阿拉伯以及中国文献的研究，记载人类传统的不仅有金石，文献，记忆，更重要的是语言（全集Ⅵ，4A，687）

在《论基督教》（Examen religionis christianae）一文中，莱布尼茨认为多妻制已失去其基础，罗马教会禁止有其道理。对异教民族则另当别论。假如教皇能通过在中国允许多妻制而达到更多中国人信奉基督的话，那他并没有违反教义。何况在一个如此大的国度中要想一下子取消禁止亦非易事（全集Ⅵ，4C，2445，2448）

10月14日：荷兰著名学者、耶稣会士巴朴布罗赫（Daniel Papebroch）写信告诉莱布尼茨传教活动在中国的发展，信中附有一张中国基督教信徒在葬礼中使用的十字架的图片。"有人指责我们耶稣会在中国传播的只是复活了耶稣，而对耶稣受难闭口不言。这张图足以驳斥他们的指责"（全集Ⅰ，4，599—600）

11月：致信巴朴布罗赫，希望从在中国的耶稣会传教士得到有关中国语言及科学的信息与资料（全集Ⅰ，4，606）

在一份批判笛卡尔哲学的文章中（Spongia exprobationum），莱布尼茨写道：笛卡尔哲学的庸俗追随者指责地理学家只会寻找从北部通往中国的道路，却不知从巴黎到奥尔良怎么走；地理学家研究契丹是否属于中国①，日本是否是个岛国，但他确实往往不知道邻居田地的界线在哪里，而只有笨蛋才会指责他不应该如此（全集Ⅵ，4A，732）

《形而上学论》（Discours de metaphysique）第33节，论灵魂、个体、记忆、自我意识等。假如突然一天让某人成为中国皇帝，其条件是忘掉此刻之前的一切经历与回忆，那无异于消灭此人，不是让他当皇帝而是创造一个新的中国帝王。此人不会希望如此吧（全集Ⅵ，4B，1584）

1686/1689年间，摘录法国哲学家马勒布朗士（Nicolas Malebranche）《论研究真理》② 三卷本。"坚信所有人追求幸福……不是我由经验而知，

---

① 对于中国二字的拉丁写法，莱布尼茨使用了不同的形式：China，Sina，后来多用Tschina，如同在《中国近事》中那样。

② De la rechercie de la verité。初版两卷，1674。莱布尼茨1685年4月购买此书。

我没见过中国人或者鞑靼人"。另一处:"如果说所有法则依赖于上帝的自由意志……那么说中国人的代数几何和我们的相似似乎是难以成立的"(全集 VI,4B,1884,1923)

1687

1月26日:巴朴布罗赫告诉莱布尼茨,柏应理准备出版一本拉丁文的论述孔子的书,他已经向柏应理转达了莱布尼茨对中国文字的问题与兴趣;人们在中国出版了一本题为《*Innocentia victrix*》①的书,书中收集了"赞成与反对"基督教传播的许多文献与资料;法国皇帝派遣了六位传教士②到中国;泰弗内声称发现了一份阿拉伯文手稿,叙述公元1000年后基督福音在中国传播的情况,基尔歇在《中国图志》中也探讨了这个问题(全集 I,4,612—613)

2月:莱布尼茨把自己的一本"孔子书"的开头寄给巴朴布罗赫,希望柏应理能仿照这本书,在准备出版的"孔子书"中附上中文汉字,"也许有一天,我们有可能借此探讨汉字的词源或者找到理解某个字符的钥匙,尽管我不敢相信那个说大话的人(米勒)";莱布尼茨希望能够罗列出汉文字中的基本符号,以便借此理解由此组成的复杂字符(全集 I,4,622)

4月1日:巴朴布罗赫告诉莱布尼茨,柏应理将在4月中旬完成"孔子书",接着将前往罗马;他曾问过陪同柏应理的中国人(沈福宗)书的名字具体是什么,得到的回是:《孔夫子的道德哲学》(Confutianae moralis Philosophiae)③;拉丁—中文双语本则是不可能的,尽管已经选择了一定的中文字模(全集 I,4,630—631)

8月7日:巴朴布罗赫告诉莱布尼茨,传教士的任务是传播宗教信仰,而不是从事科学考察。对于宗教信仰而言中文无任何用处。耶稣会传教士并未在中国得到任何新的科学发现,而只是把数学从欧洲带到了中国,从而得到了康熙皇帝的容忍(全集 I,4,645)

---

① 何大化(Antoine de Gouvea):《无罪获胜》,广州,1671。
② 洪若翰、白晋、刘应、张诚、李明、塔夏尔(后留暹罗)。
③ 出版时为 Confucius Sinarum Philosophus。

9月：回信给巴朴布罗赫。耶稣会士（譬如基尔歇）已为研究中国做出了重要贡献，且以从事科学活动而闻名。自然乃认识上帝之工具，不研究自然即罪恶。正是通过耶稣会传教士，欧洲才认识了奎宁。没有健康何谈传教；没有语言与历史知识，何论正确诠释圣经（全集 II，2，227；I，4，653—656）

12月9日：在写给恩斯特伯爵（Landgraf Ernst von Hessen-Rheinfels）的一封信中，莱布尼茨详细谈到了不久前在巴黎出版的《中国哲学家孔子》，特别强调了书中收录的中国历史纪年的意义。中国历史中从伏羲或黄帝到大洪水暴发的这一段可以用来澄清有关圣经纪年的某些争论。假如有一天中国的原版书传到了欧洲，人们也能够读懂它们，那么有许多问题将会得到澄清（全集 I，5，26）

1689

7月上中旬：莱布尼茨在罗马结识耶稣会士闵明我（Filippe Grimaldi），并且就中国的问题进行了多次交谈，其中涉及中国的数学、算盘、零的意义、中国语言、东鞑靼及西鞑靼的语言等等（中国通信 I，1—5；全集 III，4）

7月19日：莱布尼茨指出了欧洲与中国之间在知识上的互补性，给闵明我提出了30个具体的问题，两人就这些问题进行了交谈，莱布尼茨就闵明我的回答做了详细记录；两人谈到了中国的皇帝康熙，康熙虽然卓越过人，但已经有了许多妻子，因此没有希望使他皈依基督信仰（中国通信 I，6—25；全集 III，4）

在草拟的一份图书目录分类中，莱布尼茨把"Sinica"划入其他民族历史，具体列举了以下几人的著作：曾德昭（Alvaro de Semedo）、卫匡国、聂仲迁、内由霍夫（Nieuhof）、白乃心（Gruber）、殷铎泽、南怀仁、基尔歇、柏应理（全集 I，5，454）

在保存下来的一份手稿中有一张中国风车草图（见下页图），并且注明根据内由霍夫的《东印度公司出使记》（Die Gesandtschaft der Ost-Indischen Gesellschaft）1669年版第121—122页。

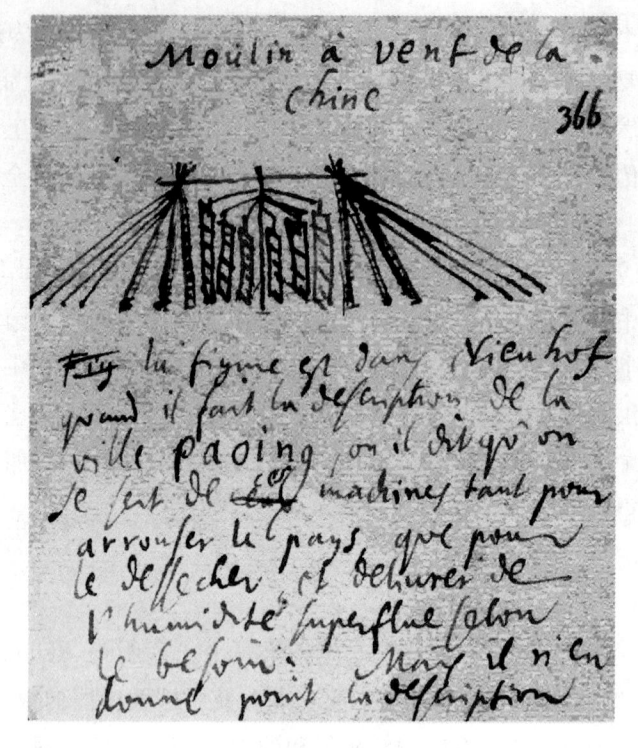

中国风车草图

图片来源：汉诺威莱布尼茨图书馆，LH 38，第 366 张。

  11 月 12 日：莱布尼茨希望将去中国的意大利耶稣会传教士利国安（Laureatus）为他提供有关中国的消息（全集 I，5，484；中国通信 I，26—27）

  莱布尼茨在维也纳受到皇帝①的接见。在为此准备的谈话稿中莱布尼茨提到了自己意在发明的"新语言"或者"普遍字符"。这一新语言将帮助中国人、日本人等聪明的民族认识真理，因为它同时是"真正哲学的钥匙"。受中国人的启发（与闵明我的罗马会谈），发明了一种运输工具（全集 IV，4，26—27，69）

---

① 莱奥波德一世（Leopold I）。

1690

1月13日：继续在意大利逗留的莱布尼茨请求著名数学家、意大利托斯卡纳大公太子的老师博登豪森（Rudolf Christian von Bodenhausen）能够让他看看大公在佛罗伦萨植物园里种植的闵明我从中国带来的植物，最好简短地描写一下其形状与作用（全集Ⅲ，4，443）

1月28日：博登豪森答应帮忙询问（全集Ⅲ，4，458）

3月23日：在写给法国哲学家阿诺德（Antoine Arnauld）的信中，莱布尼茨写道：他从一个朋友①的来信中获知，法国耶稣会士泰利尔（Michel Le Tellier）的《对中国、日本及印度的新教徒及传教士的辩护》②为耶稣会赢得了声誉，阿诺德③几乎"以几何证明的方式"驳斥了泰利尔的《辩护》。在谈到闵明我时，莱布尼茨写道：该年夏天不少能干的耶稣会专家离开里斯本前往中国，闵明我带着中国皇帝给沙皇的信，从陆路返回。"我发了些牢骚，因为他把欧洲所有最美好的发明，其中包括军事技术，一股脑地给了中国人，置教宗的决定于不顾，也不把中国人的知识作为交流介绍给我们"（全集Ⅱ，311）

3月23日：莱布尼茨从威尼斯写信给恩斯特伯爵（Landgraf Ernst von Hessen-Rheinfels），提出了自己的传教设想：一部分传教士应该专门学习研究东方语言，以便重新修复巴别塔倒塌以来造成的混乱；另外他们应大力促进民族与民族之间的知识交流，不过在后一方面应该小心谨慎为是。"我不知道，把我们所有的在数学与军事上发现的秘密全部传授给那些伟大但又不属于基督信仰，也许永远不会成为基督

---

① 法国流亡学者阿尔伯提（Antonio Alberti），1690年3月11日从罗马致信莱布尼茨。全集Ⅱ，2，308-309。

② Défense des Nouveaux Chrêtiens et des Missionnaires de la Chine, du Japon et des Indes. Paris, Michallet 1687。

③ 《耶稣会实践道德》第三卷。Morale Pratique des Jesuites, contenant le justification des deux premiers Volumes de cette Morale, contre le livre faussement intitulé, Defense des nouveaux Convertis et des Missionnaires de la Chine, du Japon et des Indes, avec la réponse à la II. partie de cette Defense qui vient de paroistre. 1689。

信徒的民族，是否是明智之举"。闵明我带了40个耶稣会专家去中国前，莱布尼茨对他（闵明我）指出了这一点（全集 I, 5, 557—558）

6月末：在另一封信中，莱布尼茨谈到他在罗马从闵明我那里获知不少关于中国皇帝的消息（"这是一个对科学非常感兴趣的君主"）。耶稣会把我们所有的科学知识带到了中国，而有一天中国人也许会运用这些知识对付信奉基督教的人。只要人们坚持认为多妻制与基督信仰是不相容的，那么传教事业在中国就无法取得胜利（全集 I, 5, 591）

7月14日：莱布尼茨坚持认为天主教会不会容忍多妻制，因而这是传教事业在中国遇到的最大障碍。"我并不反对耶稣会传教士通过数学提高自己的声誉，但我认为教会不会由此得到任何好处，中国人将会由此学到我们的所有科学。因为只要人们坚持认为多妻制与基督信仰是不相容的，那么我们的宗教就不可能进入中国"（全集 I, 5, 617）

8月7日：巴朴布罗赫写信给莱布尼茨：俄国人可能不会同意闵明我与他的8位伙伴经莫斯科到达中国（全集 I, 5, 644）

10月26日：莱布尼茨遂将这一消息告诉给意大利托斯卡纳大公图书馆馆长马利亚贝基（Antonio Magliabechi）（全集 I, 6, 280）

11月24日：英国皇家图书馆的尤斯泰尔（Henri Justel）让莱布尼茨注意威森最近出版的亚欧《新地图》（全集 I, 6, 301）

12月：巴朴布罗赫告诉莱布尼茨俄国人不允许闵明我通过其领地进入中国，因此闵明我已经离开波兰皇室返回法国，准备从那里前往"他的中国"（全集 I, 6, 329）

莱布尼茨论证多妻制以及离婚并不破坏婚姻的实质，因此从法律的角度看是可以容忍的。另外，假如允许离婚的话，英国人便有可能重新回到"宗教联盟"中来；"假如允许多妻制的话，便有可能使印度人及中国人皈依基督教信仰"（全集 IV, 4, 539）

1691

1月10日：莱布尼茨从威尼斯写信给恩斯特伯爵，谈到他还没有看到荷兰赴莫斯科使节威森（Nicolaas Witsen）的《鞑靼地区新图》[①] 以及在罗马与闵明我的交谈。罗马的耶稣会成员"非常明智"，特别是会长；闵明我返回中国时带了30至40名耶稣会学者（全集I，6，150—162）

3月13日：莱布尼茨写信给马利亚贝基，询问闵明我的情况：闵明我是否去了中国，还是仍旧滞留欧洲？（全集I，6，417）

5月31日：莱布尼茨写信给闵明我。主要内容是：对俄国人不允许闵明我借道去中国表示惋惜；"大陆两端的民族"应该进行知识交流；研究语言的重要性；有关上古史的争论；中国皇帝与欧洲君主的不同。莱布尼此把一份抄件寄给了巴朴布罗赫（全集I，1，第302封信；中国通信I，28—33）

6月12日：莱布尼茨写信给博登豪森，询问大公的植物园里种植的闵明我从中国带回的植物的状况（全集III，5，119）

6月：致信在维也纳的耶稣会士梅内格提（Menegatti），有关闵明我（全集I，6，541）

7月1日：拉卢贝赠送自己的《暹罗王国》（Du Royaumede Siam）给莱布尼茨（全集I，6，504—505）

8月24日：莱布尼茨写信给泰弗内。主要内容：在罗马与闵明我的会晤以及闵明我返回中国时遇到的困难；闵明我对米勒研究的看法；闵明我一心只想着把欧洲的知识传授给中国人，尽管如此，他还是提到了一种可以治疗痛风的中国植物（"我从来自佛罗伦萨的信件中得知，这种植物被栽培在那里，是否成功，则不知晓"）；在罗马时给了闵明我一份问题备忘录（"闵明我回到中国后，将会告诉我们更多更好的东西"）；听说一位到过莫斯科的瑞典人名叫施帕文费尔德（Sparvenfeld）的也有一份东鞑靼地图，"我不知道，这份地图与威森先生的地图是否吻合"（全集I，7，357）

10月5日：在写给拉卢贝的信中，莱布尼茨再次提到闵明我的能力与工作。闵明我带了30多个数学家试图经陆路到达中国，"由于他总是

[①] Nieuwe Land-kaart van het Noorder en Ooster deel van Asia en Europa, 1691.

尽最大努力把欧洲最好的东西带给中国，而没有给我们传授中国人的知识，我（在与他的谈话中）略微表达了我的不满"；另外，闵明我还告诉过莱布尼茨，几位法国传教士①"擅自从暹罗去了中国，由此引起了不少困难"。具体到使亚洲民族皈依基督教的问题，莱布尼茨并不寄予很大希望，认为多妻制是个难以克服的障碍；研究东方民族的历史以及他们的语言将对研究各民族的起源有很大帮助（全集 I，7，398—399）

12月：在写给数学家、波兰耶稣会士科翰斯基（Kochánski）的信中，莱布尼茨对闵明我返回中国时遇到的困难表示惋惜，希望他能够顺利地经海路回到中国。闵明我把欧洲的知识介绍给中国，而更重要的应该是知识的交换，"否则，传教活动的收获将会不大"，因为在宗教方面只要罗马不允许多妻制的存在就不会有很大成果。自从卫匡国②和高尔（Jacobus Golius）③的著作问世以来，人们已不再把契丹看作是位于中国之外的一个地方。闵明我曾试图拜访米勒，未果（全集 I，7，487—488）

11月13日，11月27日：莱布尼茨写信给恩斯特伯爵，再次认为多妻制是东方传教活动中的一个最大障碍。因此应该努力使教皇允许中国人以及其他民族保持这一习俗。单妻制无疑是最好的，但最好的不一定就是绝对必要的（全集 I，7，189，202）

1692

1月8日：科翰斯基写来有关闵明我的情况。（全集 I，7，532—536）

2月4日：在写给拉卢贝的信中，莱布尼茨提到闵明我曾答应他对交给他的问题——给以回答（全集 I，7，553）

3月10日：法国著名古钱币学家托伊纳（Nicolas Toinard）给莱布尼茨介绍瑞典语言学家施帕文费尔德。此人曾付钱给出版商布劳（Blaeu）

---

① 上面提到的洪若翰等6人。
② Novus Atlas Sinensis. Amsterdam, 1655。
③ De regno Cataio Additamentum。附在卫匡国的《新地图》之后。

刊印生活在俄国与中国之间的那些民族的地图；现在人们至少知道了沙皇统治下的国家与中国北部接壤，这说明了从莫斯科到北京的距离并不像人们想象的那么远，加拿大离日本倒很遥远（全集 I，7，591—592）

3月16日：莱布尼茨写信给德国学者藤策尔（Wilhelm Ernst Tentzel），详细叙述自己与闵明我在罗马的接触，闵明我在中国的地位，返回中国时遇到的困难，还有闵明我对米勒的汉字研究的看法等等（全集 I，7，628）

3月21日：莱布尼茨写信给闵明我，提醒他在罗马交给他的有关中国的问题。莱布尼茨指出知识交换的重要性，科学与传教的关系，秦始皇的焚书；希望有一个带有简单内容介绍的中国文献目录，带有插图说明的中文辞典等等。保险起见，莱布尼茨把此信同时寄给科翰斯基①和法国学者派力松（Pellisson-Fontanier）请求能辗转到闵明我手里（全集 I，7，617—622；中国通信 I，35—47；全集 II，2，511）

4月13日：派力松告诉莱布尼茨，他把给闵明我的信转交给了在巴黎负责中国事务的耶稣会士维尔纽（Verjus）处理（全集 I，7，304）

4月13日：拉卢贝感谢莱布尼茨对《游记》的赞扬。中国文字中的"父""母"与欧洲语言中的相似，在基尔歇的《中国图志》中有一段印度文的《我父祈祷文》，感谢莱布尼茨提到了给闵明我的问题（全集 I，7，662）

4月18日：莱布尼茨写信给东方语言学家鲁道夫（H. Ludolf），试图证明满文中的 *Morah* 与德语中的 *Mahre* 之间可能存在的词源关系，从而想说明从东到西是同一个声音（全集 I，8，229）

5月7日：意大利耶稣会士樊图尼（Tommaso Fantoni）告诉闵明我将前往波斯，沿陆路进入乌兹别克，再通过蒙古进入中国（全集 I，8，239）

5月中旬（？）：泰弗内答应给莱布尼茨寄一份关于中国境内鞑靼人语言的语法。这些鞑靼人占领了中国，他们的语言与蒙古人的语言不通；

---

① 闵明我在果阿收到这份抄件。

人们还没有闵明我的任何消息。泰弗内希望通过莱布尼茨得到威森的地图（全集 I, 8, 250）

5月24日：莱布尼茨致信尤斯泰尔。主要内容：在罗马认识了被中国皇帝确定为南怀仁继承人的闵明我，在谈话中闵明我赞扬了康熙的好学精神，但他似乎离真正的基督信仰还很远；闵明我的任务是挑选能干的耶稣会传教士，把他们带到中国（"据罗马一位朋友①讲，走海路的那部分人已经到了印度的果阿"）。科翰斯基认为，闵明我现在可能在波斯。当听说波兰国王将为闵明我提供举荐信的消息后，莱布尼茨给闵明我写了一封信，请科翰斯基帮忙随国王的信一起寄往波斯（全集 I, 8, 276）

5月29日：回信樊托尼。闵明我之行，请求帮助收集不同民族语言标本（全集 I, 8, 262—263）

5月30日：科翰斯基告诉莱布尼茨，他写给闵明我的信已同其他信件一起寄往伊斯法罕（全集 I, 8, 265）

5月31日（？）：莱布尼茨等待威森的"鞑靼地图"，准备寄给泰弗内。有人告诉他一个名叫施帕文费尔德的瑞典人去过莫斯科并且提到过一份东鞑靼地图；科翰斯基告诉他，据说有一个名叫 Nestorius 的俄国人去过中国，波兰皇帝有一张这个人画的地图；一个去过西伯利亚的德国人②最近用德文发表了一篇游记，在游记中提到去中国的路线；据说波兰皇帝认为威森的地图很好；据说闵明我派往中国的传教士已经到了果阿（全集 I, 8, 286）

6月21日：尤斯泰尔对耶稣会士的人格提出极大怀疑。"假如您提到的闵明我诚实可信的话，他应该帮助我们纠正对中国的错误报道；不过很难找到一个热爱真理的耶稣会成员"。尤斯泰尔提到威森的地图，还有耶稣会士阿夫里尔（Philippe Avril）的《游记》③（全集 I, 8, 307）

---

① 上面提到的樊托尼。
② 《中国近事》中提到的布兰特。
③ Voyage en divers États d'Europe et d'Asie entrepris pour découvrir un nouveau chemin à la Chine, 1692。

7月：莱布尼茨感谢科翰斯基帮他转送给闵明我的信，提到在巴黎出版的古叶编辑的耶稣会传教士的《观察》，特别指出该书提供的有关中国的地理位置的情况（全集 I，8，349—350）

7月10日：莱布尼希写信给恩斯特伯爵，通报自己的一些工作：通过科翰斯基认识了波兰耶稣会沃塔神父（Carlo Mauritio Votta）；科翰斯基告诉他，闵明我一行已经到达波斯；通过维尔纽的牵线，波兰皇帝准备写信给波斯皇帝，推荐闵明我；借此机会，自己写了一封信给闵明我；波兰皇帝对这封信表示赞赏，并且命令把此信寄往波斯（全集 I，8，138—139）

8月3日：查普茨奥（Samuel Chappuzeau）提到自己正在编撰的《历史、地理、编年与哲学词典》①，对卫匡国《中国上古史》的可信性表示怀疑（全集 I，8，380—381）

9月12日：莱布尼茨回复查普茨奥，为卫匡国辩护。对于中国这个遥远民族的语言与文字，人们知之甚少。一个欧洲人在讨论有关中国的事情时，难免有错；尽管如此，无法否认的是：除了犹太人外，中国人的历史记载最准确，其历史的古老也超过所有其他民族（全集 I，8，429）

9月18日：查普茨奥写信给莱布尼茨，为自己辩护。大约40年前，查普茨奥在阿姆斯特丹出版商布劳的书店里见到过刚从中国回来的卫匡国，他认为，卫匡国关于中国历史的报道，取材于北京及南京的档案馆以及与中国学者的谈话，"如同我们通过当代地理学家与历史学家了解古代的事情那样"。尽管如此，我们只能依靠卫匡国的著作，因为没有更好的（全集 I，8，447）

10月18日：莱布尼茨写信给法国的派力松，提到基尔歇在其《中国图志》中发表的有关基督教在中国传播的"古老文献"（即景教碑颂）；此文献的真实性受到学者们的怀疑。柏应理在《许太夫人传》②中

---

① Dictionnaire historique, geographique, chronologique et philosophque。
② Histoire d'une dame chrétienne de la Chine, 1688。

提到泰弗内①，据说此人在一份阿拉伯手稿中找到某些基督教在中国传播的证据，米勒听到这件事后，曾希望得到阿拉伯手稿的抄件（全集 I，8，180）

11 月 21 日：莱布尼茨写信给派力松，希望有人能够继续泰弗内未竟的研究工作，详细地说明了关于阿拉伯手稿的情况：基尔歇发表的证明基督教在中国传播的"文献"受到不少学者的怀疑，这份阿拉伯手稿也许能证明这一文献的真实性；柏应理曾在两部著作中提到这部手稿，一是在巴黎出版的《许太夫人传》，一是附在《中国哲学家孔子》一书后面的《中国编年史》②。莱布尼茨希望知道这份手稿的题目及主要内容（全集 I，8，192—203）

11 月中旬：在写给恩斯特伯爵的信中莱布尼茨提到，由于波兰耶稣会学者、波兰国王告解神父沃塔的建议，波兰国王赞成他通过耶稣会传教士获知俄国与东亚诸民族语言的设想；维尔纽通过别人③给他赠送了古叶编撰的《耶稣会士物理与数学观察》一书；中国人认为那些在科学中非常出色的人，同样有正确的宗教（全集 I，8，187）

1693

1 月中下旬：莱布尼茨写信给科翰斯基，主要内容是古叶编辑出版的耶稣会士的《观察》。莱布尼茨特别强调安多（Ant. Thoma）1689 年 9 月 13 日的一封信，信中提到"人们知之甚少"的朝鲜（Coray），另外还有徐日升（Thomas Pereira）与张诚参与下的尼布楚谈判；根据信中提到的尼布楚的数据可以确定中国的具体位置。莱布尼茨还为科翰斯基翻译了一篇关于伊斯布兰特（即伊德斯）④ 出使中国的德文报道："使团于 1692 年 3 月 14 日离开莫斯科赴北京，同年 11 月 3 日到达"（全集 I，9，269—270）

---

① 第 94 页。
② 第 55，56 页。
③ 汉诺威赴巴黎使节巴拉提（Luigi Ballati）。
④ Isbrand Ides。此人为使团负责人，名字常和布兰特（Adam Brand）混淆。

1月23日：藤策尔写信给莱布尼茨，再次询问泰弗内提到的阿拉伯手稿，自己曾在《好朋友对话》[①] 上年10月刊第832页中告诉读者将提供柏应理援引的手稿的证据；据说手稿保存在皇家图书馆里（全集 I, 9, 272）

2月16日：德国布来梅市神学家迈耶（Gerh. Meier）认为多妻制是基督教传播中遇到的一个难以克服的障碍，在写给莱布尼茨的信中，迈耶举了两个例子：在欧洲是（当时娶了两个妻子的）德国侯爵菲理普一世[②]，"在其他地方是孔夫子"（全集 I, 9, 310）

3月8日：藤策尔从莱布尼茨写给医生兼学者鲍利尼（Christian Franz Paullini）的信中获知泰弗内逝世[③]的消息，担心再也无法得知有关"中国文献"的具体情况（全集 I, 9, 336）

6月19日：莱布尼茨写信给法国学者拉洛克（Daniel Larroque），询问有关著名上古历史学家佩泽伦（Paul Pezeron）的上古历史研究的情况。"我不属于那些认为犹太人篡改了希伯莱文圣经的人"，但假如只有"中国历史"的话，那么人们将被迫把《圣经》中所记载的大洪水的发生时间推前不少（全集 I, 9, 487）

7月12日：在写给汉诺威驻瑞典宫廷代表丹尼尔·施密特（Gustav Daniel Schmidt）的信中，莱布尼茨指出，通过地图人们只能了解地名，语言显示的却是民族之间的联系或者民族的思维，所以有必要对生活在俄国的各民族的语言进行研究。这些民族分散在不同地方，直到中国边境，"因为俄国人与中国人正在为边境问题争吵"。另外，莱布尼茨还提到沙皇派了一个德国商人（布兰特）到中国；还有少数德国人生活在阿姆尔河沿岸的兵营里，此河"到中国长城只有几天的路程"（全集 I, 9, 517—518）

9月中下旬：莱布尼茨写信给拉洛克，指出柏应理提到"波斯文或

---

① Monatliche Unterredungen einiger guten Freunde von allerhand Büchern und andern annehmlichen Geschichten, 月刊, 1689–1698。
② 1524, 1540。一再踌躇之后，路德等宗教改革家表示同意。
③ 1692年10月29日。

者阿拉伯文手稿"时援引了泰弗内和法国东方学家雷诺多（Eusèbe Renaudot），"也许雷诺多能帮助我们澄清这件事"（全集 I，9，574）

10月初：莱布尼茨告诉法国流亡荷兰学者巴士良（Henr. Basnage de Bauval），维尔纽给他寄来了在华耶稣会士们的《观察》，里面有不少地理方面的新知识（格本 III，102；全集 II，3，739—740）

11月14日：拉洛克写信给莱布尼茨。主要内容是柏应理提到的"波斯或者阿拉伯"手稿：埃贝洛（Barthelemy d'Herbelot）是个非常博学的人，曾在大约15天前亲自给拉洛克提到这件事情；雷诺多的学识则非常平庸。埃贝洛在佛罗伦萨时是托斯卡纳大公费迪南德二世的客人，应大公之请，为他翻译了这份用阿拉伯语写成的手稿，手稿的内容是叙述从撒马尔罕经鞑靼地区到达中国的路途，文中提到十二使徒等等。令人遗憾的是，埃贝洛自己没有留下译文，而是把译文与原资料一起留在佛罗伦萨了。这些材料无疑被保存在那里的图书馆里。手稿的作者没有留下自己的名字。据说泰弗内曾看到过另一份用波斯文写成的报告（全集 I，9，614—615）

12月6日：闵明我在印度果阿写信给莱布尼茨，答应以后回答莱布尼茨提出的诸多问题，以便毫无保留地满足欧洲学者的好奇心（全集 I，9，628—629；中国通信 I，48—51）

12月27日：致信耶稣会住罗马代表托罗梅（Giovanni Batista Tolomei），询问利国安、闵明我是否安全抵达中国，希望从中国得到新的消息，传教士可以沿途收集各民族语言。语言乃为更早于金石的历史资料（全集 II，2，765—768；中国通信 II，38—45）

12月29日：莱布尼茨写信给马利亚贝基，提到一个名叫李明（Le Comte）的耶稣会士正在出版几份从中国带回来的非常少见的报告[①]，其中还涉及中国的植物与地理；莱布尼茨希望得到一些有关闵明我的消息："他与其他人是否已经到达中国？"一位巴黎的朋友（拉洛克）告诉他埃贝洛在佛罗伦萨停留时曾为当地的大公翻译过一份记述从撒马尔罕旅行

---

① Nouveaux Mémoires，1696年初版，两卷。

到中国的用阿拉伯文写成的手稿，译文及原始资料保存在大公的图书馆里。莱布尼茨请马利亚贝基查询一下到底是怎么回事（全集Ⅰ，9，707—711）

12月：莱布尼茨感谢沃塔同意支持他对各民族，特别是鞑靼地区诸语言的研究。从维尔纽送给他的耶稣会士《观察》中可以看出，俄国人在阿姆尔河边有一个军营，为了边境的问题，两国在这个地方打仗。沃塔曾建议波兰国王同意把莱布尼茨写给闵明我的信送到波斯，莱布尼茨询问是否已有消息（全集Ⅰ，10，173—175）

在《论异教徒的拯救》（De salvation gentium）一文中，莱布尼茨援引利玛窦的看法：单纯通过遵守上帝的自然法则，许多中国人得到了拯救。莱布尼茨使用的原始材料是金尼阁编撰的《利玛窦札记》（全集Ⅳ，5，467）

图书馆书目分类表，地理类及语言类皆提到中国（全集Ⅳ，5，641，647，655）

挽歌怀念泰弗内，特别提到其出版的有关中国及鞑靼的各种游记（全集Ⅳ，5，671）

1694

1月26日：莱布尼茨写信给拉洛克，指出其提供的有关埃贝洛翻译"波斯"手稿的情况非常重要，"在这方面，柏应理知道的情况不够"；米勒认为中国文字是按照一定的规则发明而成的；闵明我在罗马时，曾打算见米勒一面（全集Ⅰ，10，249—250）

3月21日：致信数学家齐尔豪斯（Ehrenfried Walther von Tschirnhaus），数学及计算器。在罗马结识闵明我，时间仓促无法完成一台，希望以后能带一台到中国（全集Ⅲ，6，39—40）

3月26日：莱布尼茨写信给曾出使莫斯科的阿姆斯特丹市长威森。去年有人给他寄了一本耶稣会士的《观察》，里面提到俄国人与中国人之间的边界谈判，两国交接的河流叫做"Yamour"。这条河是否就是威森地图中的"Amur"；莱布尼茨提到了阿夫里尔的《游记》，指出语言标志了民族的起源。从巴朴布罗赫处,莱布尼茨得知闵明我返回中国时遇到的困难。"大约四五年前,闵明我答应有一天会回答我亲自交给他的问题"(全集 I,10,338—340)

4月3日:受耶稣会长托罗梅的委托,伊森瑟尔(Theobald Isensehe)从罗马写信给莱布尼茨,告诉他有关闵明我、利国安以及罗力山(A. Ciceri)的消息。由于出现的困难,闵明我从波兰回到维也纳,从维也纳前往巴黎,从巴黎再到意大利,然后去了君士坦丁堡;现在何处不知。利国安正在果阿学习神学,不久将前往中国;罗力山这几天被任命为中国省(南京)主教。中国皇帝允许传教士自由传教①(全集 I,10,336;中国通信 II,46—47)

4月12日:莱布尼茨再次急切请求马利亚贝基告诉他有关埃贝洛翻译的波斯文献的情况,提到威森的"东鞑靼地图"(全集 I,10,360)

5月30日:就波斯文献的事情,莱布尼茨请博登豪森:询问一下马利亚贝基,"内容据说是从波斯到中国的一份游记"(全集 III,6,114)

6月12日:莱布尼茨写信给罗马的伊森瑟尔。按照他获得的消息,闵明我离开了士麦纳,准备通过波斯和乌兹别克回到"他的中国"(全集 I,10,435)

8月9日:莱布尼茨写信给威森,告诉他从科翰斯基处获得的中俄在阿姆尔河流域的战况,提到鲁布鲁克的《东行游记》,希望威森有新消息的话及时告诉他(全集 I,10,511—512)

8月21日:博登豪森抱怨马利亚贝基"道德低下","变化无常";声称埃贝洛翻译波斯游记被保存在大公的图书馆保险箱里,但他自己似乎也不清楚(全集 III,6,114)

8月25日:巴朴布罗赫告诉莱布尼茨,没有任何关于闵明我是否到达中国的消息。据说安多逝世(谣传);柏应理在返回中国的途中在印度果阿附近沉船死亡。葡萄牙国王彼得二世派往中国的斯皮诺拉神父

---

① 1692年3月21日康熙容教令。

(Spinola)① 的16名伙伴中有10名死于沉船（全集I，10，521）

11月17日：博登豪森告诉莱布尼茨，马利亚贝基答应提供一定的希望得到的有关中国的消息（全集III，6，212—213）

12月：莱布尼茨告诉意大利的马歇斯尼（Camillo Marchesini）他收到了维尔纽送给他的《观察》（全集I，10，666）

1695

1月中旬：莱布尼茨寄给汉诺威驻维也纳使节欧贝尔格（Bodovon Oberg）一份有关各民族语言的问题目录，希望得到回复，特别想知道"鞑靼周围及鞑靼地区各民族语言的特点"是什么（全集I，11，169—170，172—177）

1月20日：莱布尼茨希望柏林的库努能支持他对"莫斯科帝国诸民族"的语言进行研究；在罗马时，闵明我曾告诉他，这个国家地域辽阔，直至中国边境（全集I，11，211）

2月21日：在写给库努的信中，莱布尼茨再次表明了他对"鞑靼地区诸民族及其语言"的极大兴趣，并且希望俄国能够为他提供便利。从阿夫里尔的游记中只能得到极少有用的东西，威森也不能提供可靠的情况；从维尔纽寄给他的耶稣会士的《观察》中可以获得一点点有关这些民族的消息。莱布尼茨仍在等待闵明我的信件；在罗马时闵明我曾大力称赞中国的皇帝：由于连年战争的原因，"我们欧洲人"正在一步步地走向野蛮的边缘，中国境内的鞑靼人以及莫斯科人却正在一步步地走向文明；至于中国人，他们则从来不是野蛮人，中国人缺少的，仅仅是"宗教的光芒"。中国皇帝已经允许基督教福音在他的国家自由传播，不过多妻制将是一个很大的障碍（全集I，11，302—305）

3月2日：库努把普鲁士赴俄使节莱尔（Reyer）写给他的一封信的抄件寄给莱布尼茨，另外还有一封一位法国传教士写的信的抄件。莱尔在信中说不久将得到一封一位法国耶稣会士写自"中国长城附近的东鞑

---

① 据说带有教皇致康熙的信函。

鞑靼地区"的信的摘要①。这封信长达 12 余张,是写给拉雪兹(François d'Aix de La Chaise)的,日期时 1689 年 8 月 22 日。在发往欧洲的途中,此信在莫斯科被扣留(全集 I,11,322—323)

3 月 29 日:致信卡塞尔宫廷档案管理员赫斯(Johann Sebastian Haes)。中国皇帝通过耶稣会传教士很有兴趣地学习代数。闵明我(南怀仁及汤若望的继承人)在罗马招募传教士时我亦在那:对我的计算机很感兴趣,可惜时间短暂无法做成一台带去(全集 III,6,332)

3 月 30 日:维尔纽给莱布尼茨寄去古叶编辑出版的法国传教士的《物理与数学观察》,提到了法国传教士在中国的活动:张诚两次去鞑靼地区旅行(1688,1689),1689 年的中俄和平条约,通过陆路进入中国的路线,李明的《中国现势》(发表于 1696),闵明我在一封信中谈到了自己返回中国途中遇到的情况,柏应理遇难(1693);维尔纽希望通过张诚、白晋以及刘应(Visdelou)能得到一些关于印度人以及鞑靼地区的各民族语言的一些情况;张诚与白晋每天为中国皇帝及皇太子讲授哲学,并且撰写了一部哲学教科书(中国通信,22—25;全集 I,11,358;中国通信 I,52—59)

4 月 4 日:莱布尼茨写信给库努,提到曾在莫斯科停留过的普鲁士使节莱尔以及波兰国王特使纽威尔(Foy de la Neuville)对莫斯科即俄国的报道;在耶稣会方面,似乎只有 1693 年刊印的阿夫里尔的游记。这位神甫想经过莫斯科到达中国,但未能得到俄国人允许(全集 I,11,389)

4 月 15 日:莱布尼茨写信给维尔纽。主要内容:在"把基督的光明带往遥远民族之中"这一点上,他与耶稣会意见是一致的;自从离开罗马后,没有听到闵明我的消息;米勒的汉学研究,来自日本的传教士的报告,法国传教士的《观察》等等。莱布尼茨欢迎法国传教士准备给中国人传授哲学,他的"组合术"也许能对此有所贡献(中国通信 I,60—67;全集 I,11,416—421)

---

① 后被收入《中国近事》的张诚的两份信函。

4月16日：库努张诚报告的第一部分寄给莱布尼茨。为了与中国人达成和平协议，"莫斯科人"曾进入鞑靼地区，但不知道他们是否能够提供有关沿途民族的语言的情况（全集I，11，423—424）。也许还有后来收入《中国近事》中的布兰特的使团报告。莱布尼茨在3—4月间对这份报告做了摘录（全集IV，6，375—379）

4月21日：莱布尼茨请库努转告莱尔，一位叫温纽斯（Andreas Winius）的人掌管俄国的邮政，因此肯定可以轻松地得到有关民族以及他们的语言的一些情况；曾被沙皇派往中国的伊斯布兰特也可能能够提供一些情况，不过这位使节似乎没有注意到语言研究，尽管如此，伊斯布兰特的记载还是有点用处的。在信的末尾，莱布尼茨提醒库努，希望莱尔返回后他能得到耶稣会传教士所写的一封信的剩余部分，还有《鞑靼语法》（全集I，11，413—414）

5月27日：莱布尼茨把张诚的报告寄给巴黎的维尔纽，随信还有一份有关语言比较研究的问题目录。"希望上帝能促使欧洲人为了在中国的传教事业的进步做出更多的努力。你们的神父们播下了第一颗种子，有希望获得大的丰收"；欧洲人满足于小事情，忽视了那些可以为上帝带来荣耀为自己带来好处的大事，他们应对此感到羞愧（中国通信I，68—71；全集I，11，第334封信）

7月18日：莱布尼茨写信给莱尔，打听有关中俄关系的新消息，"听说莫斯科人与中国人之间最近又出现了分裂，不过我不相信"；另外，莱布尼茨还想知道俄国使节斯帕法里（Nicolaie Spathary Milescu）的有关情况，此人曾去过北京，闵明我在罗马时也提到过他。"据说彼得大帝想在自己的国家引入我们欧洲的文明传统"（全集I，11，591—593）

8月24日：库努寄给莱布尼茨"鞑靼语法"的第一部分[1]，另外还有（至今没有发现的）几封耶稣会士从中国寄来的信件；库努还提到了葡萄牙耶稣会士对法国传教士的不满（全集I，11，643—644）

10月4日：莱布尼茨把张诚写给拉雪兹的报告的抄件寄给维尔纽

---

[1] 手稿：LH V6, 2, Bl. 8–29.

（中国通信I，72—73；全集I，11，第483号书信）

10月17日：汉诺威驻法国代办布罗瑟欧（Chr. Brosseau）告诉莱布尼茨，拉雪兹与维尔纽收到了张诚的报告（全集I，11，747）

11月16日：莱布尼茨告诉H. 鲁道夫他收到了闵明我1693年12月6日在印度果阿写给他的信。闵明我答应到北京后即着手回答莱布尼茨提出的问题；闵明我本来想经过俄国进入中国，但没有得到俄国人的允许。此后，闵明我回到意大利，从那里乘船到马赛，然后经士麦纳到达波斯。在罗马时，莱布尼茨曾告诉有关米勒的研究情况等等（全集I，12，159，参见全集I，12，183）

11月22日：莱布尼茨写信给苏格兰外交家与神学家托马斯·布奈特（Th. Burnett）告诉闵明我的消息。维尔纽以及在罗马的耶稣负责人托罗梅答应为莱布尼茨转信到中国。如果布奈特知道有人想知道有关中国的一些情况的话，可以写信给他，由他转交（格本III，166；全集I，12，176）

12月1日：莱布尼茨告诉库努有关闵明我的消息，希望通过库努与普鲁士驻俄使节莱尔取得联系，从而获知一些有关鞑靼地区民族语言的情况，也许在莫斯科掌管邮政的温纽斯能从中帮忙。莱布尼茨忘记了把《鞑靼语法》的第一部分回寄给库努，答应在收到其余部分后，一并寄回（全集I，12，190—191）

12月12日：H. 鲁道夫请莱布尼茨把闵明我写自果阿的信寄给他（全集I，12，236）

12月19日：布罗瑟欧从巴黎写信给莱布尼茨，告诉他闵明我已到中国；但根据一些信件判断，闵明我身染重疾，几乎没有生还的希望。布罗瑟欧答应一有这方面的新消息便会尽快写信（全集I，12，228）

1696

1月17日：莱布尼茨满足鲁道夫的愿望，给他寄去闵明我的信，并请阅后寄回。莱布尼茨还提到：从维尔纽的来信中，得知闵明我到达北京后即染重疾；俄国人当时拒绝他经过自己的领土进入中国；俄国人会

慢慢友好起来的；假如这个民族能够接受文明欧洲的训练，基督教将获得不少好处（全集 I，12，351—354）

1月底：莱布尼茨致信托马斯·布奈特，告诉他闵明我已回到中国，并且受到了隆重的欢迎。"闵明我曾答应我，到中国后详细回答我交给他的问题"；因此，莱布尼茨希望能够也从英国得到类似的问题，不管是来自官方的科学院还是普通的学者。"要是我在伦敦，我会在我的门上挂上一个牌子：中国事务所"（全集 I，12，369—370）

2月4日：H.鲁道夫告诉莱布尼茨，他从罗马得到一封耶稣会传教士安多写自中国的信（"日期是北京，1694年2月10日"），信中赞扬中国皇帝对基督教怀有好感。鲁道夫给莱布尼茨寄回借给他的闵明我的信，希望以后从莱布尼茨处得到更多的有关中国的消息（全集 I，12，425）

2月23日：听到勃兰登堡选帝侯应沙皇的请求准备派工程师到莫斯科的消息后，莱布尼茨写信给库努，希望能利用这个机会为他的语言学研究搜集些资料；另外，莱布尼茨说他还在等待莱尔对他提出的一系列问题的答复，请库努把南怀仁《鞑靼语法》的剩余部分寄给他（全集 I，12，450）

5月19日：致信普拉茨修斯。威森的《新地图》，听说有个叫布兰特（Adam Brand）的吕贝克商人从莫斯科去过中国，不同民族的语言标本（全集 II，3，163）

5月29日：在写给哲学教授绍文（Etienne Chauvin）的信中，莱布尼茨论及当时又重新燃起的"关于耶稣受难"的年代时间的争论，指出某些传教士提到按照中国的历史记载，这一年在中国曾经发生过一次异常的日食[①]（全集 I，12，626）

7月17日：莱布尼茨告诉托马斯·布奈特，他正在等待一个被俄国派往中国的德国人（布兰特）的旅行报告（全集 I，12，735）

[①] 毕嘉（Jean-Dominique Gabiani）等耶稣会传教士在其著作中提到的《后汉书》卷一下，光武帝纪第一下中记载的"光武帝七年 … 春三月癸亥晦日有食之诏百僚各上封事其上书者不得言圣"。见毕嘉：Incrementa Sinicae Ecclesiae，维也纳1673，第151—152页。

7月15日：普拉茨修斯（Vincent Placcius）从汉堡致信莱布尼茨，附件有关参加俄国使团的吕贝克商人布兰特（全集II，3，178）

8月17日：鲁道夫答应寄给莱布尼茨在华传教士安多的一封信的抄件，请求莱布尼茨如果有闵明我的消息尽快告诉他（全集I，13，220）

8月30日：莱布尼茨在日记中写道，鲁道夫答应寄给他一封在华传教士安多的信（Pertz，I，4，208）

9月24日：布罗瑟欧写信给莱布尼茨，说维尔纽送了一本李明的《中国现势》给莱布尼茨，这是一本"全世界人都喜欢读的书"（全集I，13，269）

10月8日：布罗瑟欧写信给莱布尼茨，说维尔纽还答应送一本耶稣会士们的《数学观察》给莱布尼茨。法国国王任命李明为某夫人①的告解神父，不希望他返回中国（全集I，13，288）

10月30日：致信瓦格纳（Gabriel Wagner）。单纯依靠经验、使用自然的（而非严格意义上的几何）测量技术仍可完成许多完美的东西，"如中国人"（全集II，3，226）

12月24日：莱布尼茨回信给鲁道夫，希望得到提到的安多的信。从闵明我处还没有得到更多的消息（全集I，13，454）

12月28日：在写给数学家伯努利（Joh. Bernoulli）的信中，莱布尼茨提到自己与闵明我的关系；假如伯努利有数学或者物理方面的问题要问闵明我的话，他可以为伯努利转信（数学文集III，348）

1697

1月2日：莱布尼茨致奥古斯特的《新年信》。二进制是上帝创世的图像，把这一设想告诉闵明我是个不错的想法，因为闵明我曾告诉莱布尼茨，中国皇帝对算术特别感兴趣，拜南怀仁为师学过西方算法。二进制作为创世图像，也许能使中国皇帝逐渐认识到基督教信仰的优点（全

---

① 法国布尔贡侯爵夫人（Duchesse de Bourgogne）Marie Adélaïde von Savoyen；1700年被解职。

集 I，13，116—121）

1月中旬：莱布尼茨致信闵明我，建议地球上两大文明（中国与欧洲）之间应该进行知识的交流，而不仅仅是商品交换；另外还涉及：建立学者协会、张诚发自尼布楚的报道、二进制；建议二人通信使用密码，"譬如 Pekin 可写成 uorfg"（全集 I，13，515—528，中国通信 I，74—103）

1月14日：巴士良告诉莱布尼茨李明的《中国新现状》，人们很看重这本书（全集 II，3，252）

1月18日：莱布尼茨在日记中提到去过莫斯科的吕贝克商人布兰特（Pertz, I，4，221）

1月25日：莱布尼茨写信给住在巴黎的布罗瑟欧。闵明我回中国后由于生病不能回答莱布尼茨提出的问题，莱布尼茨想知道，是否可以通过维尔纽的帮助寄一些问题给张诚。从李明的书中，莱布尼茨获悉，张诚是个非常有能力的人，也有机会研究一些重要的事情（全集 I，13，532—533）

1月29日：莱布尼茨写信给瑞典语言学家施帕文费尔德。在大公的图书馆里找到一份描写从波斯经乌兹别克到中国旅行的手稿，埃贝洛曾翻译过这份手稿；还有：莱布尼茨得到一份鞑靼语法，文字很奇怪，既不像表达表达事物的中文，也不像"我们的字目"。莱布尼茨希望有一天能了解鞑靼地区各个民族的特点以及他们的语言；假如在宗教方面，蒙古人与鞑靼人都依赖于大喇嘛，那么他们的语言及种族之间应该有某种关系（全集 Il 3，541，544）

2月1日：莱布尼茨写信给布奈特，告诉他自己收到了从巴黎寄来的李明的著作（"两卷，8开本"）。主要内容是：中国皇帝允许基督教自由传教，中国人与"莫斯科人"签订了边界和平协议（全集 I，13，549）

2月20日：致信尼凯瑟。高尔的《手稿目录》在荷兰莱顿被拍卖[1]，

---

[1] 1696年10月16日。

对此感到惋惜（全集 II，3，273—274）

2月24日：莱布尼茨写信给库努，信中提到高尔的《手稿目录》①，门采尔卓有成效的汉语研究。还有，有人告诉他在泰弗内死后出版的一期杂志中刊印了一份鞑靼语语法②（据说作者是南怀仁），莱布尼茨想知道，这份语法与库努告诉他的是否一样；李明的书中，有不少好东西：不少中国植物（附有绘图、名称、作用），详细报道了中国皇帝的容教令。教皇、法国、耶稣会不断派传教士到中国，新教也应有所行动，不仅仅因为新教代表了"纯洁的没有堕落败坏的剔除了迷信的基督教义"（全集 I，13，611，612）

3月3日：施帕文费尔德告诉莱布尼茨，"鞑靼语法"肯定是柏应理当年给了泰弗内的那份；当时刊印的数量不多，因为"我没有得到一份，柏应理也没有"（全集 I，13，642）

3月15日：致信数学家豪斯皮塔尔（Guillaume François de l'Hospital），布兰特③（俄国使团中的德国商人）答应对威森的《鞑靼地图》给予补充说明（全集 I1I，7，342—243）

3月27日：受明斯特大主教的顾问科赫海姆（Cochenheim）的委托，耶稣会士克雷夫（Johannes Clerff）从该城寄来从罗马得到的葡萄牙耶稣会士苏霖（Joseph Suares）1693年写自北京的有关康熙1692年3月《容教令》的报告，另外还有"关于基督教在中国的一封信"，可能就是收入《中国近事》中的安多的信（全集 I，13，668）

不晚于4月：莱布尼茨在一张小纸条上写道，泰弗内刊登过印度航

---

① Catologus insginium in omni facultate lingguisque Arabica, Persica, Turcica, Chinesnsi etc. librorum M. SS. quos... Gollius... colligit。1696。

② Thévenot, Relations de divers voyages curieux, 1696年增订版，第二卷：Elementa linguae Tartaricae。

③ 布兰特（Adam Brand）在收入《中国近事》的简短报告中只提到将详细叙述中国之行。其《游记》1698年出德文版（Beschreibung der chinesischen Reise）；在1699年的法文版中（Relation du voyage de Mr Evert Isbrand）有一张威森的地图并标出了旅行路线。也许莱布尼茨在这里混淆了Adam Brand和Isbrand Ides。此人1704年出版的荷兰文《游记》（Driejaarige reize naar China）中附有一张地图，是对威森图的修改与补充。

行者科斯玛的游记①，基尔歇的《图说》中有对在中国发现的景教碑的报道及碑文翻译②。有人怀疑此碑的真实性，我却认为可信（全集 IV，6，385）

4月:《中国近事》问世（全集 IV，6，385—480）

4月16日：神学家及古希腊语言学家里特迈耶（Christoph Heinrich Ritmeier）致信莱布尼茨，牛津东方学家贝尔纳（Edward Bernard）逝世③，其藏书出售，其中有高尔的《手稿目录》④（全集 I，13，Nr. 141）

4月21日：莱布尼茨在日记中写道，有人希望尽快得到"中国报道"《中国近事》（Pertz，I，4，224）

4月26日、27日、29日：莱布尼茨发寄《中国近事》⑤

5月8日：莱布尼茨把《中国近事》的前言寄往英国（全集 I1，4，222—223）

5月9日：就《中国近事》一书莱布尼茨写信给法国钱币专家托伊纳（Nicolas Toinard）。一月份收到的张诚的信是写给拉雪兹及维尔纽的，信中对中俄和平协议之原因的描述不同于李明的说法；在《近事》前言中，自己写到应该派中国传教士到欧洲传授自然神学（全集 I，14，197—198）

5月11日：莱布尼茨继续奉赠《中国近事》（全集 I，14，203）

5月11日：库努写信给莱布尼茨，荷兰人不会派自己的传教士到亚洲（全集 I，14，209）

5月17日：藤策尔告诉莱布尼茨在自己的杂志上评论《中国近事》的事（全集 I，14，215）

5月18日：莱布尼茨寄《中国近事》的前言与容教令给英国主教与政治家基伯特·布内特（全集 I，14，217）

---

① Thévenot, Relations de divers voyages curieux, 1663, 第一部分, 1696 年增订版, 第一卷: Description des Animaux et des Plantes des Indes。
② China monumentis illustrata, 阿姆斯特丹 1667, 第1—44页。
③ 1697年1月22日。
④ 见上注。
⑤ 详见下文。

5月21日：莱布尼茨感谢库努关于沙皇访问欧洲的消息以及为他提供张诚的信。"当您回到柏林时，会看到我新近编辑刊印的中国最新消息"（全集I，14，238—241）

5月27日：普拉茨修斯感谢惠赠《中国近事》（全集II，3，311）

5月28日：致信数学家瓦利斯（John Wallis）。高尔的《目录》，苏霖的报道，康熙容教令（全集III，7，433）

6月4日：致信普拉茨修斯。在《中国近事》前言中避免了可能会"刺激"耶稣会的言辞，并不是因为这样的话他们会优待"我们"的人（新教国家传教士），而是自己不想失去与耶稣会士通信交流的机会；"我们"的人不需要他们的帮助，因为皇帝感兴趣的是科学，在这方面新教国家的人并不落后等等（全集II，3，321）

6月4日：H.鲁道夫感谢莱布尼茨寄来的《中国近事》，同时希望再得到几本，以便寄往罗马和其他地方。给莱布尼茨寄来几份文献，其中有安多1695年7月19日寄到罗马的一封信以及1695年度的中国报道（全集I，14，260—261）

6月10日：著名古钱币专家莫莱尔（Andreas Morell）写信给莱布尼茨，说还没有收到《中国近事》，但在一家书店里看到书目。新教不会派人去"送死"，尽管新教的教义不像天主教那样不通人理。荷兰人反正更爱银子。不知道威森的《中国新地图》发表没有；有人告诉他有个吕贝克人同俄罗斯人一起经鞑靼地区到过北京，"如果我没有听错的话，这个人叫施瓦茨"①（全集I，14，269）

6月16日：科翰斯基告诉莱布尼茨，维也纳的耶稣会成员利用沙皇访问的机会获得了进入中国的允许，为此他写信给梅内格提，但还没有收到回音（全集I，14，281）

6月17日：德国雷根斯堡的施拉德（Christoph Schrader）告诉莱布尼茨，那里的书店不怎么好，但他怀着很大兴趣阅读了《中国近事》（全集I，14，285）

---

① 布兰特。

6月中旬：巴朴布罗赫通过 H. 鲁道夫得知《中国近事》的消息，写信给莱布尼茨希望看到这本书（全集 I，14，287—288）

6月25日：莱布尼茨托人把苏霖报告的原件奉还克雷夫（全集 I，14，19）

6月25日：克雷夫感谢莱布尼茨在《中国近事》中对耶稣会的赞扬，对在前言中提到他的名字略有不满（"我有我的原因"），希望再版时删除（全集 I，14，277—278）

7月13日：莱布尼茨写信给施帕文费尔德，报道沙皇访问欧洲的情况（"这位莫斯科的沙皇准备使自己的民族脱离野蛮，您对此有何看法？"）；莱布尼茨鼓励他出版自己的"鞑靼新地图"或者至少对威森的地图做点说明；不久前一个法国人刊印一份地图①，只不过是用威森地图、古代地图以及耶稣会士的观察拼凑而成；莱布尼茨手头已没有《中国近事》，也许赫尔特（Lorenz Hertel）能在汉堡找到几本（全集 I，14，340—341）

7月13日：已退休的法学家埃本（Huldreich von Eyben）从苇茨拉尔（Wetzlar）写信给莱布尼茨，说自己终于从其他地方得到了一本《中国近事》，"这里的耶稣会负责人②将会感到非常高兴，假如他也能得到一本的话"（全集 I，14，344—347）

7月14日：普鲁士著名政治家与学者斯潘海姆（Ezech. Spanheim）指责莱布尼茨在前言中避免了所有可能对耶稣会不利的话，莱布尼茨为自己辩护，再次指出他的目的是鼓励新教选派能干的参加传教活动（全集 I，14，325）

7月14日：牧师施瓦赫海姆（J. Schwachheim）希望莱布尼茨能够继续他的"中国新消息"；但愿新教君主们为在中国的传教活动做点什么，可惜这只不过是个奢望而已（全集 I，14，350）

7月9日：在哈勒致力于东方研究，特别关心俄国的弗朗克

---

① 费尔：《亚洲》（Nicolas de Fer：L'Asie divisée selon l'etenduë de ses principales parties），巴黎1696。

② 威尔曼（Philipp Willemann）。

（Aug. Herm. Francke）感谢莱布尼茨在《中国近事》前言中提到俄国，"由于上帝的恩宠，这块田地已经开启了"（全集Ⅰ，14，334）

7月30日：牛津数学教授瓦利斯赞同莱布尼茨的观点，认为新教也应该参与在中国的传教活动；"不过我不认为耶稣会会允许新教这么做"（数学文集Ⅳ，39）

7月31日：巴士良写信给莱布尼茨，报告在罗马发生的"一个非常棘手的事件"：阎当（Maigrot）发表了一篇文章[1]指责在华耶稣会传教士允许新入教的人崇拜偶像；柏应理[2]以及泰利尔[3]提出的反证据不过是歪曲事实，为"偶像崇拜"解脱。耶稣会的反对者要求教廷在这件事上尽快作出决定（哲学文集Ⅲ，136；全集Ⅱ，3，356）

8月初：在为汉诺威选帝侯夫人索菲写的一份读书摘要中，莱布尼茨提到指南针及火药是中国人发明的，但"血液循环"却是"我们欧洲"发现的；闵明我曾在罗马告诉他，中国人的医学似乎也不怎么高明（全集Ⅰ，14，42）

8月1日：埃本写信给莱布尼茨，抱怨自己还没有收到《中国近事》（全集Ⅰ，14，383）

8月4日（？）：莱布尼茨写信给陪同沙皇彼得大帝访问欧洲的俄国将军雷夫（François Lefort），希望雷夫能帮助他收集有关沙皇帝国诸民族的语言的资料，"还有中国的类似情况"（全集Ⅰ，14，369）

8月4日左右：《论在俄国发展科学与艺术》。这是一个君主们大力提倡科学与艺术的时代，法国的路易十四、中国与鞑靼的康熙（全集Ⅳ，6，28、288）

8月7日：在写给弗朗克的信中，莱布尼茨对弗朗克对《中国近事》的极大兴趣表示感谢。"假如我们这本小书没有取得任何其他效果，而只是使您得到了与我一致的思想，那我也觉得自己的工作不是徒劳的"

---

[1] 1693年3月26日在福建发布的禁令（Mandatum provisionale）。1700年被收入《中国礼仪之争史》Historia cultus Sinensium seu varia scripta，第332—338页。
[2] 也许是指1687出版的《中国哲学家孔子》。
[3] 《辩护》，两卷本，1687，1690。

（全集 I，14，399）

8月24日：莱布尼茨写信给托马斯·布奈特，提到俄国的两大使节，一是雷夫将军，第二位是西伯利亚总督；后者曾统领俄国军队与中国作战，张诚作为中国人的翻译曾在尼布楚与这位将军①谈判（哲学文集 III，213—214）

8月24日：致信法国学者庞松（F. Pinsson），提到布兰特出版了他的《游记》（《中国近事》第二版据此修改补充）（全集 I，14，456）

9月10日：在写给选帝侯夫人索菲的信中，莱布尼茨再次呼吁作为交换中国应派传教士到欧洲来，为欧洲传授自然神学在实践中的应用，挽救在欧洲已经失落的道德状况（全集 I，14，72）

9月29日：莱布尼茨请 H. 鲁道夫及时告诉他来自中国以及其他地方的新消息，特别是与传教活动有关的，因为"也许《中国近事》会再版"（全集 I，14，544）

9月31日：莱布尼茨写信给弗朗克。内容：雷夫将军虽然答应提供有关俄国境内不同民族的语言的资料，人们也几次提醒过他，但至今还没有从他那听到任何消息；从鲁道夫处获知，戈洛文也许更合适；德国君主们应该出资培养帮助俄国建设的专业人员。莱布尼茨建议弗朗克与施贝内尔商谈一下，也许能唤起勃兰登堡宫廷对此事的热情（全集 I，14，第321封信）

10月1日：在写给莫莱尔的信中，莱布尼茨再次强调新教国家在传教活动中应起的作用，对这些国家未能利用沙皇访问欧洲的机会表示不满。为了上帝的荣耀，为了人类共同的福利，争取诸如俄国沙皇中国皇帝这样的君主的支持往往胜于百战之胜（全集 I，14，550）

10月2日：在写给 H. 鲁道夫的信中，莱布尼茨指出，世界上的两大君主同时对欧洲感兴趣，应是一件非常重要的事情。具体到中国，莱布尼茨认为，在那里传播宗教与科学的机会是前所未有的，从新教的角度看，困难在于通往中国的道路；这一任务应该由俄国完成，因为俄国

---

① 戈洛文。

恰好位于中国与欧洲之间。因此，欧洲应该利用中国皇帝对欧洲的好感把"纯洁"的基督教带进中国，应该利用沙皇对欧洲的兴趣，促使他同意假道（全集I，14，555）

10月3日：埃本感谢莱布尼茨给他寄来数本《中国近事》。他把一本寄给了普佛丰尔（Johann Friedrich Pfeffinger），"一本给我父亲"，第三本送给斯特拉斯堡的施尔特（Johann Schilter）先生，"至于我自己，我有我自己的那本"（全集I，14，560）

10月4日：法国学者德孟绍（René-Henride Crux de Monceaux）认为莱布尼茨提出的选派中国传教士到欧洲传授自然宗教的想法非常值得考虑："真乃一大幸事！"（全集I，14，563）

10月5日：莱布尼茨希望雷夫能为他提供戈洛文关于中国诸民族的情况的报告（全集I，14，578）

10月7日：《中国近事》的前言受到库努周围的一些开明人士的赞扬，莱布尼茨对此表示非常高兴。与库努一样，莱布尼茨坚信新教传教士一旦在中国站住脚，便能获得中国皇帝的恩宠，进而超过"罗马一方"；尽管莱布尼茨给英国人寄去了《中国近事》，可到现在还看不出荷兰人及英国人对传教活动的兴趣。上天还给新教安排了另一个有利条件：俄国把中国与欧洲连接起来，"从莫斯科到北京现在只需大约7到8个月"（全集I，14，591，592）

10月12日：致信鲁道夫。两大君主（康熙与沙皇彼得一世）在各自的国家极力引进欧洲的长处，而俄国又连接中国，此乃天赐良机；难以想象中国皇帝对欧洲科学与艺术如此感兴趣，主要是耶稣会的功劳。据说带商队出使北京的一个叫做伊斯布兰（Isbrand Ides）的人在威森的指导下计划撰写出版自己的《游记》[①]；陆路可行不仅对商业有利；通过莫斯科前往中国（全集I，14，555）

10月12日：给英国的瓦利斯及英国神父、皇家科学院成员本特雷（Richard Bentley）寄去《中国近事》，希望推动新教的传教活动（全集

[①] Driejaarige reize naar China, 阿姆斯特丹1704；德文版1707。

III，7，588—589）

10月16日：威森给莱布尼茨寄去用各种语言写成的《我父祈祷文》，答应继续为此努力（全集I，14，588—589）

10月18日：维尔纽写信给莱布尼茨，称白晋三四年来为中国皇帝效劳，每天用数个小时的时间与康熙讨论科学问题，因此肯定能满足莱布尼茨的愿望，为他提供"这个民族的知识"。维尔纽提到白晋的"小书"《中国皇帝传》（中国通信，45—46；全集I，14，616—617；中国通信I，104—105）

10月18日：通过皮克（Louis Piques），白晋读到了《中国近事》，写信给莱布尼茨，赠送不久前出版的《中国皇帝传》。在信中，白晋称带了大约30本书给巴黎（中国通信，46—48；全集I，14，614—615 中国通信I，106—109）

10月21日：埃本写信给莱布尼茨，说他最近得到的两本《中国近事》残缺，并称自己已写信给莱布尼茨的出版商福斯特（Förster），希望得到缺少的部分①（全集I，14，646）

11月3日：罗伯尔（Johann Joachim Röber）写信给莱布尼茨，告诉施帕文费尔德已经写信到莫斯科，请人帮助收集鞑靼语言中的一些词汇给莱布尼茨（全集I，14，680）

11月5日，9日，11日：在写给H. 鲁道夫、东方语言教授哈特（Hermann von der Hardt）以及耶拿哲学教授安德烈·施密特（Johann Andreas Schmidt）的信中，莱布尼茨告诉他们白晋在巴黎看到《中国近事》后写信给他，表示愿意为莱布尼茨提供有关中国的情况，"如果我希望的话"（全集I，14，682；I，14，706；I，14，712）

11月6日：鲁道夫请莱布尼茨寄回自己提供给他的"有关中国的资料"（全集I，14，697）

11月19日：莱布尼茨赋诗赞扬雷克雅未克和平谈判②，诗中特别提

---

① 当时购书书商只提供印张，装订由购买者自行处理。这里可能是少了部分印张。
② 1697年9月20日，包括三个停战和平条约：法国与西班牙，法国与荷兰，法国与英国。

到了中国。在写给斯库利特夫人（Madeleinede Scudéry）的信中，莱布尼茨补充说这是因为维尔纽及白晋答应为他提供有关基督教在中国取得进步以及有关中国皇帝的情况（全集Ⅰ，14，748）

11月20日：在写给库努的信中，莱布尼茨说他的《中国近事》在巴黎受到耶稣会士们的赞扬。白晋为此写信给他，表示愿意为他提供能够帮助理解中国文化的一些情况（全集Ⅰ，14，708）

11月20日：库努写信给莱布尼茨。主要内容：《中国近事》得到一致赞赏；把一本《中国近事》送给了门采尔；年迈的门采尔按照莱布尼茨的愿望就有关中国的情况草拟了一份"问题清单"；希望通过在中国的耶稣会传教士得到有关朝鲜、日本、Kamtschatka半岛直至非洲（莱布尼茨更正：美洲）等地的真实情况；荷兰人利用了沙皇访问欧洲的机会，但他们对通过陆地进入中国这件事没有兴趣，因为这样的话荷兰人就会失去他们对海路的控制地位（全集Ⅰ，14，764）

11月20日：门采尔告诉莱布尼茨通过库努得到了一本《中国近事》，给莱布尼茨寄来自己想从中国得到的书籍的目录：医学、历史、语言、文学等等；门采尔请莱布尼茨通过白晋把自己的《中国皇帝编年史》①（精装本）送给中国皇帝（全集Ⅰ，14，781—783）

11月26日：莱布尼茨再次写信给马利亚贝基，询问那份用阿拉伯语或者波斯语写成的游记，提到自己在《中国近事》的前言中已经指出了这一文献的重要性（全集Ⅰ，14，799）

11月29日：在写给施帕文费尔德的信中，莱布尼茨指出欧洲应该从隐藏在阿拉伯及中国文献中的巨大宝藏获得知识，法国正在认真考虑后一点；白晋答应寄给他一些自己的"记录"（全集Ⅰ，14，763）

11月30日：莫莱尔写信给莱布尼茨，说他3个星期前收到莱布尼茨的另一本书，但没有收到《中国近事》（全集Ⅰ，14，820）

12月1日：莱比锡学者蒙克（Otto Mencke）希望莱布尼茨从中国得到更多的消息，但对所谓的"自然神学"表示怀疑：在苏霖的容教令报

---

① Kurzes chinesisches Zeitregister, 1696。

告中人们几乎看不到耶稣的影子,书中提到的宗教信仰建立在自然宗教以及孔夫子崇拜之上,而这些不需要耶稣会士去传播。一句话:"这样的话(中国人)只能成为坏的基督徒"(全集 I,14,825)

12月2日:在写给维尔纽的信中,莱布尼茨再次指出在华传教活动的意义。不管是对上帝的荣耀来说,还是对基督教的传播,人类的进步以及科学的增长,不管是对我们还是对中国人,这件事都是"我们这个时代"最伟大的事情,因为这是一场知识的交流。欧洲可以一下子学到中国人数千年积累的知识,"我们的"被带到他们那里去。因此,莱布尼茨希望得到更多的来自中国及周边民族的东西:地理、鞑靼民族语言、《我父祈祷文》的翻译、中国文字、历史及编年史等等;自己的发明术以及哲学可以为这件伟大的事情做出贡献(中国通信 I,126—135;全集 I,14,837—841)

12月2日:莱布尼茨写信给白晋。主要内容:《中国近事》再版时会加入一些材料;为了使大家普遍受益,白晋的著作不仅要用法语发表,而且应有拉丁文本。对中国语言与文字的解释是了解中国历史记载的基础,同时相当于了解全部中国精神的"钥匙";在欧洲已有一些中文字典(中文—葡文等),闵明我曾提到过一本带有插图的中文字典;为了学习中文,有必要刊印一些行间附有翻译的中文书籍以及对中文语法的分析;从中文出发,也许可以更好地了解中国附近周边民族的语言;搜集不同民族的语言可以帮助澄清民族的起源及迁徙;另一个研究重点应该是中国编年史,借助它可以解决世界的起源这个有争议的大问题,也可以看出那个版本的《圣经》更可靠。研究中国的道德以及政治学说也很重要,因为中国人似乎确实有一套治理国家的良好规则;在纯数学方面,中国没有任何可以与欧洲数学相比的东西,但在其悠久的历史中,中国人必然有无数"我们缺少的"机械发明等等。莱布尼茨特别想知道闵明我的近况:"他曾答应与我联系。我想他肯定为我准备了一些东西"(全集 I,14,826—835;中国通信 I,126—135)

12月2日:库努给莱布尼茨寄去南怀仁《鞑靼语言基础》的一部分

(Elementa linguae Tartaricae),"第 15 页至第 22 页"(全集 I,14,844)

12 月 4 日:威森给莱布尼茨寄去一份蒙古语《我父祈祷文》,答应有机会的话向莱布尼茨提供其他语种的翻译。"这些蒙古人真笨,从他们的嘴里几乎得不到任何消息,不知道他们在哪出生的,也无法知道他们的习俗是什么"(全集 I,14,785—786)

12 月 4 日:科翰斯基给莱布尼茨寄去自己的《欧洲有关中华帝国的几个(26 个)问题》(*Europaei Curiosi Quaestiones de rebus Imperii Chinesis*),请莱布尼茨转交给白晋;12 月中旬,莱布尼茨把这份给白晋的资料寄往巴黎(中国通信 I,110—125;全集 I,14,787—793)

12 月 6 日:H. 鲁道夫送给皮克一本《中国近事》,皮克把此书借给郭弼恩(Charles Le Gobien)一段时间(柏应理曾把一份中文语法交给皮克)(全集 I,14,第 358 封信)

12 月 6 日:藤策尔告诉莱布尼茨将在《好朋友对话》的二月号上评论《中国近事》;请求莱布尼茨从白晋那得到新的消息后及时告诉他以及其他学者(全集 I,14,853—854)

12 月 11 日:布罗瑟欧从巴黎写信给莱布尼茨,告诉他维尔纽及白晋愿意给他提供希望得到"所有情况"(全集 I,14,824)

12 月 14 日:莱布尼茨写信给柏林选帝侯夫人索菲·莎罗蒂。"维尔纽允诺给我提供所有我需要的东西。因此我打算在自己的办公室的门上挂上一个'中国事务所'的牌子,以便每个人知道,如果需要什么问问我就行了";"作为奖赏,我们将坐着狗爬犁经过鞑靼地区进入中国"等等(全集 I,14,869)

12 月 3 日:勃兰登堡宫廷法律顾问拉贝内尔(Joh. Gebh. Rabener)告诉莱布尼茨他怀着极大的渴望阅读了《中国近事》,"但愿我们的兴奋是有理由的"(全集 I,14,846)

12 月 23 日:莱布尼茨给鲁道夫寄回借阅的"中国资料",并表示感谢。白晋最近从巴黎给他来信;继米勒之后研究中国文化的但已年迈的门采尔寄来了自己的《中国编年史》,希望通过白晋呈送一本给中国的皇帝(全集 I,15,147)

详细摘录瑞典商人基尔布尔格（Kilburger）① 撰写的《俄国商业状态》（Mercatura Ruthenica）：俄国与中国的通商情况、商品物价（丝绸、大黄、茶等等）。末尾有关俄国使节巴伊科夫（Baikow）1654 年出使北京的路途及日期（全集 IV，7，683—716）

《好朋友对话》以大量的篇幅讨论《中国近事》②

莱比锡出版的拉丁文刊物《学者档案》（Acta Eruditorum）刊登对《中国近事》的述评

1698

在一封读书笔记中，莱布尼茨写道：同古埃及人一样，中国人仅仅有"实践几何"，而真正的几何证明是先于经验的通过"内明"的证明。到现在为止，这是欧洲人超过中国人的地方（全集 VI，6，13）

读书摘录英国学者奥格弼（John Ogilby）的著作及翻译，提到此人翻译整理的荷兰学者蒙坦努（Arnold Montanus）关于荷兰使团 1656 年出使北京的报告③（全集 IV，7，753）

1 月 11 日：施帕文费尔德从斯德哥尔摩写信给莱布尼茨。施帕文费尔德在莫斯科遇到的斯帕法里曾作为沙皇使节去过中国。就这次旅行，此人写过一份游记，他还把卫匡国的《鞑靼战记》译为俄文；希望白晋回到中国后，向 6 年前返回中国的柏应理以及他的伙伴④（施帕文费尔德在马德里皇家学院时的朋友）表示问候；他们两位曾答应寄给施帕文费尔德一份"有关中国事物的小论文"；柏应理在巴黎时曾给皇家图书馆留下一份"中国字典"（全集 I，15，183—192）

1 月 6 日：奥格斯堡著名医生、哈勒科学院院长施略克（Lucas

---

① 1564 年赴俄国。
② 1697 年 2 月号，第 118—168 页。
③ Atlas Chinensis: being a second part of a passages in two embassies from the remarkable compagnz of the United Provinces, 1671. Montanus, Arnoldus（Arnold van den Berghe）, Gedenkwardige Gesantschappen der Oost-Indische Maatschappy in't Vereenigde Nederland. ［Deutsch Denkwürdige Gesandtschaften, 1669.
④ 斯皮诺拉（Spinola）。途中遇难。

Schrökh）听说白晋在欧洲逗留时致信莱布尼茨，想通过他请白晋回答一些医药（譬如麝香）植物方面的问题。附件是一份寄给在亚洲为荷兰东印度公司服务的医生克莱尔（Andreas Cleyer）① 的信，莱布尼茨把此信转交给白晋（全集 III，7，697）

1 月中旬：致信白晋，称见到了一位刚从波兰回来的认识白晋的人②，尽管您在准备长途旅行，还是想请求您"回到您的伟大国度"后，别忘了帮助收集鞑靼语（满文）《我父祈祷文》；不知是否可以代替白晋回复柏林的医生③，"他想通过您把自己的《中国编年史》敬献给中国皇帝"（中国通信 I，158—159）

1 月 20 日：莱布尼茨写信给布罗瑟欧，请他向白晋索取一份带有翻译的鞑靼语《我父祈祷文》，并且把门采尔的《中国编年史》转给白晋（全集 I，15，248—249）

1 月 23 日：藤策尔与莱布尼茨通信讨论在《好朋友对话》杂志上评论《中国近事》的事情；莱布尼茨等待白晋的著作；耶稣会极力吹捧的沙勿略（Francisco Xavier）不是写了《波斯基督教史》（*Historia christi persice conscripta*，1639）的沙勿略（Jerónimo Xavier）④ （全集 I，15，271）

1 月 30 日：莱布尼茨给白晋寄去施略克想了解的问题；他还在等待闵明我的回复，希望白晋给他弄一份鞑靼语《我父祈祷文》（中国通信 I，160—163；全集 I，15，247—248）

1 月 30 日：莱布尼茨写信给布罗瑟欧，请他转告白晋回复他在此之前写的三封信，希望白晋在离开之前给他一份带有翻译的鞑靼语《我父祈祷文》（全集 I，15，248—250）

1 月 31 日：庞松告诉莱布尼茨新近在巴黎出版的著作，其中有《关

---

① 1682 年发表《中国医学》（Specimen medicinae sinicae）；1686 年出版卜弥格（Michael Boym）的《脉经》（Clavis medica ad Chinarum doctrinam de pulsibus）。
② De la Rosière（Des Rosieres），不详。
③ 门采尔。
④ 亦见 1697 年 11 月 5 日写给藤策尔的信（全集 I，14，685）。

于基督教在中国进一步发展的一封信》(lettre sur le progrez de la Religion à la Chine, 1697)①。在这本书中,作者赞扬了莱布尼茨为《中国近事》所写的前言。同样对《中国近事》表示赞赏的皮克以及拉洛克向莱布尼茨表示问候(全集Ⅰ,15,257—258)

2月13日:藤策尔请莱布尼茨收到白晋的书后及时告诉他书的内容,或者把书寄给他,以便安排在《好朋友对话》上进行评论;当然最好是能把白晋的书在再版《中国近事》时作为增补出版;藤策尔还向莱布尼茨打听"莫斯科最新游记的作者"布兰特的情况(全集Ⅰ,15,339)

2月14日:布罗瑟欧写信给莱布尼茨,说维尔纽收到了上月30日的信;维尔纽请布罗瑟欧写份"提要"给白晋。只要驶往中国的船只还没有离开,莱布尼茨不久就会得到一个"满意的答复"(白晋一行于3月6日启航返回中国)(全集Ⅰ,15,314—315)

2月20日:莱布尼茨写信给藤策尔,讨论在后者编辑的杂志上评论报道《中国近事》等事宜;白晋将从法国寄来自己的一本书;莱布尼茨还没有看到布兰特的《游记》;不过他在等待一份关于从莫斯科到北京旅行的报道;莱布尼茨认为,作者是伊斯布兰特,这是另外一个人,与布兰特不是同一个人(全集Ⅰ,15,第242封信)

2月22日:莫莱尔写信给莱布尼茨,提到根据最新的消息判断白晋已经离开欧洲返回中国;如果拉雪兹一旦逝世,维尔纽倒是个可以信赖的人;莱布尼茨一再赞扬法国人的传教活动,他们实际上也是非常值得赞扬的,因此人们应该努力减少一方对另一方的敌意(全集Ⅰ,15,375)

2月28日:白晋写信给莱布尼茨。主要内容:请莱布尼茨转告对门采尔、施略克、科翰斯基等人的问候,对未能收到门采尔的《中国编年史》表示遗憾;"为了艺术与科学的进步"他正同8位传教士一起返回中国;闵明我以及法国传教士对莱布尼茨的"新的计算器"非常感兴

---

① 匿名,作者为法国耶稣会士郭弼恩。

趣，只是他们对自己的无知感到伤心；刘应正在编撰一本"字典"；"东鞑靼"地区的地图将得到改善；不过最重要的是中国人的编年史、自然史及社会史，包括中国人的物理、道德、法律、政治、艺术、数学、医学等等。白晋认为发现了柏应理曾在《中国哲学家孔子》一书的前言中提到的《易经》的秘密：书中的符号通过自然的方式表达了所有科学所遵循的原理，是一个完美的形而上学系统。白晋寄给莱布尼茨一份满文《我父祈祷文》（中国通信 I，164—175；全集 I，15，353—358）。

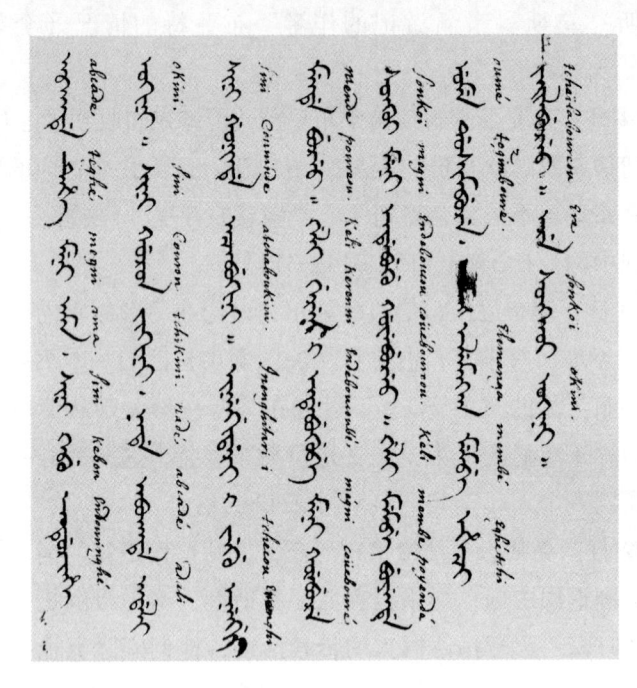

白晋寄给莱布尼茨的《我父祈祷文》

图片来源：汉诺威莱布尼茨图书馆。

4月5日：莱布尼茨写信给主教及英国皇帝顾问基伯特·布内特，希望能利用沙皇访问欧洲的机会，为"纯正基督教直到中国的传播"争取条件。在信中，莱布尼茨特别提到自己的《中国近事》。新教的尊严与荣誉要求不允许罗马天主教打着欧洲科学的旗号独占在这个伟大国家的传教活动，特别是因为新教在科学方面远远超过天主教（全集 I，15，

478—479）

4月5日：莱布尼茨写信给威森，说自己正在等待白晋的回复。莱布尼茨感谢威森送给他一份讨论"蒙古语言"的短文；为了使威森能够比较蒙古语言与鞑靼语言，莱布尼茨寄给威森"关于鞑靼语言的"一些资料，不过他觉得这是两种不同的语言。莱布尼茨试图争取威森支持新教在中国的传教活动（全集 I，15，482—483）

4月5日：莱布尼茨写信给维藤堡修辞学教授柯希迈耶（Georg Caspar Kirchmayer），再次说明发表《中国近事》的目的意在唤起新教国家的传教热情。"我不想如此明确地说出这一点，一是因为好的想法往往遭到人们的嘲笑，二是因为我不想引起耶稣会士们的怀疑，还想继续保持与他们的联系"；贸易的发展可以同时促进基督教的传播，可惜只有很好的人看到了这一点，"人们寻找的仅仅是金钱"；白晋已经登程返回中国，"出发前给我写了信，允诺研究学习之后回答我想知道的问题"（全集 I，15，480—481）

4月8日：在写给托马斯·布奈特的信中，莱布尼茨希望包括英国在内的新教国家能利用沙皇访问的机会，请他允许选派年轻能干的人经莫斯科到北京，以便把"纯洁的"宗教信仰带到中国，"为此，我也致信瓦利斯，也与英国教会的一些神学家们讨论了这件事情"（格本 III，223；全集 I，15，491）

4月9日：H. 鲁道夫写信给莱布尼茨，询问能够通过白晋或者另外一位朋友从中国得到一部叫做《海编》[①]的字典（"大约20或者30卷"），目前只有一本（"第16卷"），是捐赠给"勃兰登堡（皇家）图书馆"的；在果阿刊印的殷铎泽的著作有汉字也有翻译，因此也是非常珍贵有价值的。当年米勒有过这本书等等（全集 I，15，507）

4月16日：鲁道夫告诉莱布尼茨，他的侄儿 W. 鲁道夫曾试图得到《我父祈祷文》的通古斯语翻译，但没有成功。"因为当地人到了'圣'字就找不到合适的字了"（全集 I，15，523）

---

① 已不存。金代韩孝彦之《四声篇海》。

4月7日：莱布尼茨写信给科翰斯基，提到白晋2月28日的来信，另外还收到了白晋寄来的《中国皇帝传》；白晋把一部几乎包括了中国所有自然史的"中国植物志"（《本草纲目》）留给巴黎宫廷了，另外还有一本论中国医学（脉学）的书籍；莱布尼茨询问有关闵明我的消息（全集I，15，573—575）

4月23日：莱布尼茨写信给鲁道夫，告诉他白晋已经来信。在此期间，他也收到了白晋的《中国皇帝传》；托人把这本书翻译为拉丁语后，将收入新版的《中国近事》（全集I，15，554）

5月某日：致信弗兰克瑙（Georg Franck von Franckenau）。收到白晋的《康熙传》后，准备将其收入《中国近事》第二版（全集III，7，767）

5月4日：致信尼凯瑟。把山遥瞻的一封信转交给鲁道夫了，认为信太短，学者不应写空洞的信函，"不过他还年轻"；白晋把他的《康熙传》寄来了，"我把有关中国的问题寄给他了"，白晋答应回答（全集II，3，442—443）

5月4日：莱布尼茨写信给莫莱尔，告诉他自己已经写信给威森和基伯特·布内特，呼吁他们认识到沙皇访问欧洲的意义，建议他们利用这个机会。通过沙皇的支持，可以建立与中国的贸易关系，这种关系对于宗教也是非常重要的（全集I，15，558—562）

5月7日：致信施略克。担心由于新教国家对传教活动的兴趣不大，合适的时机也会愈来愈少，"不过，不加区别在那个伟大而遥远的民族中燃起任何形式的基督教的亮光，总比没有强"（全集III，7，774）

5月9日：莱布尼茨让神学家法布利茨（Joh. Fabricius）转致他对弗朗克的问候，希望弗朗克的俄国计划得到发展：借助年轻的即W.鲁道夫的帮助，也许能取得明显的成绩，譬如建立学校，"对我们来说，这可以成为进入中国的开始"（全集I，15，578—579）

5月11日：莱布尼茨请弗朗克转交一封自己写给W.鲁道夫的信。没有任何行动的宗教虔诚是不可取的，因此莱布尼茨欢迎弗朗克为俄国做出的努力。尽管如此，"俄国只是通向中国的一个跳板"（全集I，15，

593）

5月15日：郭弼恩（Charles Le Gobien）从巴黎写信给莱布尼茨。主要内容：张诚关于鞑靼地区的报道；白晋返回中国的情况。"这位神父（白晋）高度评价您的功劳，为您的热情所倾倒。他希望我能够与您建立联系，为您提供所有来自中国的消息。我将准确而快乐地完成这一嘱托，因为哪一个钟情于科学的人不想与闻名整个欧洲的莱布尼茨先生交往？"另外，郭弼恩还提到他的《中国皇帝容教令史》（L'histoire de l'Edit que l'Empereur de la Chine），随信送给莱布尼茨一本自己写作的《关于中国人尊孔祭祖的说明》（Eclaircissement sur les honneurs qu'on rend à Confucius et aux Morts），意在征求莱布尼茨的意见；刘应熟谙中国语言，张诚请他完成一份新的中国地图；通过莱布尼茨寄给科翰斯基、白晋对其问题的答复（中国通信 I，176—191；全集 I，15，566—569）

5月22日：威森回答莱布尼茨提出的问题，告诉他蒙古语与统治中国的鞑靼人的语言是两种完全不同的语言，"大约相当于德语与（荷兰）弗拉芒语"；从莫斯科寄来的信中可以得知希腊东正教的一个神父被派往北京，中国皇帝同意在那里建造一个教堂，大约有20人已经受洗（全集 I，15，596—597）

5月24日：H. 鲁道夫再次表达了直接从中国得到字典一类的工具书的愿望。"假如能得到我们最近提到的，我们就心满意足了"；鲁道夫还提到李明的《中国现势》，"不过您肯定已经知道了"（全集 I，15，615）

6月5日：威森寄给莱布尼茨一份《我父祈祷文》翻译。由于罗马天主教和俄国东正教的神甫们的努力，基督教在北京获得不少进步（全集 I，15，616）

6月10日：致信郭弼恩。"我认为能够从中国人那里学到许多重要的东西"，不仅是医学药物，还有其他经验知识；不仅是欧洲没有的，也包括欧中共有的。"否则有一天中国会超过我们"；科翰斯基意欲委派一些德国或者波兰耶稣会士到中国，希望这一愿望能够得到法国耶稣会的重视等等（中国通信 I，192—193）

6月11日：科翰斯基致信莱布尼茨，感谢他提供有关中国的消息，信中还提到中国上古编年史的意义以及中国的瓷器制作工艺。附件是科翰斯基委托莱布尼茨转交郭弼恩的同日信函，主要内容：中国史书上记载的光武帝三十三年日蚀（全集I，15，634—640）

6月24日：在写给赫尔特的信中，莱布尼茨写到（在《中国近事》中发表的）克雷夫提供的资料帮助他重新建立了与在华耶稣会传教士的联系。"我曾在德国提出了如下建议：假如在德国能找到合适而有兴趣的耶稣会成员，维尔纽也许能把他们与法国传教士一起送往中国"（全集I，15，98—99）

7月20日：致信在佛罗伦萨逗留的瑞典学者布罗克（Magnus Gabriel Block）。据说东方学家赫伯洛曾为意大利托斯卡纳大公①翻译过有关（阿拉伯人）去鞑靼及中国旅行的游记，请求帮助寻找；对于研究基督教在中国的早期传播颇为重要（全集III，7，834）

8月14日：莫莱尔写信给莱布尼茨，对人们未能利用沙皇访问的机会表示惋惜，赞扬了莱布尼茨的努力；假如通过中国的陆路成为可能的话，荷兰人会担心在与俄国的交易中失去自己的垄断地位（全集I，15，773）

8月15日：在写给耶拿神学教授菲利普·米勒（Philipp Müller）的信中，莱布尼茨提到《中国近事》不久再版，"加入了一些新的补充"（全集I，15，783）

9月24日：布罗克回信。从未听说赫伯洛写过或者翻译过有关中国的什么东西；不过去年在佛罗伦萨出版了意大利学者玛格罗提（Lorenzo Magalotti）的一本书，题为《中华帝国诸录》（Notizie varie dell'imperio della China）。"传教士们给我们带来了这些奇异的事物"（全集III，7，906）

10月15日：莱布尼茨请求门采尔发表自己的《中文要诀》（Clavis Sinica），希望知道繁多的中文文字是否可以还原为一定数目的根或者基本符号，其他所有文字都是由这些基本符号联系或者变换而成（全集

---

① 费迪南德二世（Ferdinand II.）。

AI，16，221—222）

10月15日：托马斯·布奈特写信给莱布尼茨，说人们对莱布尼茨的"中国书"（即《中国近事》）寄很大希望（全集I，16，228）

10月25日：汉诺威驻柏林代表昊伊士（Johann Wilhelm Heusch）写信给莱布尼茨，说门采尔的儿子①告诉他，门采尔将在近日满足莱布尼茨的愿望，给他寄去关于中文"基本符号"的材料（全集I，16，253）

10月25日：门采尔给莱布尼茨寄去自己的《中文要诀》的封面及前言；把手稿送给了勃兰登堡选帝侯（全集I，16，253—254）

11月3日：在写给罗马某大主教秘书鲍德朗（Michel Antoine Baudrand）的信中，莱布尼茨请收信人转达他对"皮克先生"的问候；皮克把他的《中国近事》介绍给了耶稣会士，对此莱布尼此表示感谢（全集I，16，247—249）

11月25日：在写给巴黎的托雷尔（Le Thorel）②的信中，莱布尼茨说在有关中国的事情上，他与维尔纽有"某种交易"；但由于维尔纽很忙，他眼下更多的是写信给郭弼恩（全集I，16，306）

12月10日：学者哈克曼（Friedrich August Hackmann）写信给莱布尼茨，说托马斯·斯密（Thomas Smith）非常希望看到"您的《中国近事》的最新版（全集I，16，52）

12月14日：施瓦赫海姆写信给莱布尼茨，说有人告诉他（莱布尼茨的朋友）科尔布（Corberus）把一本有关现今中国皇帝的书从法语译成了拉丁语。"我非常想得到这本小书，因此想知道是否已经刊印了"（全集I，16，362）

12月27日：莱布尼茨写信给施帕文费尔德。主要内容：纽威尔（Foy de la Neuville）的《报道》③中提到曾两次去过中国的俄国使节斯

---

① Johann Christian Mentzel。
② 不详。
③ 《莫斯科奇异及最新报道》（Relation cusieuse et nouvelle de Moscovie），1698。此人1691年从莫斯科返回巴黎经过汉诺威时曾留一份报道的手稿在那里，现存莱布尼茨图书馆，编号MS XXXIII 1750。

帕法里；柏应理及其伙伴已在返回中国的途中遇难，因此他没有请白晋转致施帕文费尔德对两人的问候；白晋答应为他提供有关中国的"好事情"，如同当年闵明我在罗马答应他那样；莱布尼茨担心"这些人一旦进入中国，就会把我们忘掉"；"这些先生们在中国受到尊重，这使他们免遭嫉妒之苦，但也使他们难有闲暇认真工作"（全集 I，16，419）

12月30日：莱布尼茨告诉哈克曼《中国近事》再版；其他没有改动，仅仅收入了白晋《中国皇帝传》，一位朋友（科尔布）把这本书翻译为拉丁文[①]（全集 I，16，63）

12月31日：布罗克从斯德哥尔摩致信莱布尼茨。玛格罗提的《中华帝国诸录》从李明的《中国现势》拼凑而成（全集 III，8，15）

年末：莱布尼茨写信给维尔纽，告诉他《中国近事》已经再版，一位博学的朋友把白晋的书译成了拉丁文；莱布尼茨再次强调了传教活动对基督教信仰以及人类的重要意义；门采尔继续着米勒的工作；白晋在研究某些古老的中国文字，也许能对"我们的神学"有用（中国通信 I，194—197；全集 I16，375）

年末：莱布尼茨写信给威森，抱怨伊斯布兰特的游记没有任何用处，提到纽威尔先生曾去过莫斯科（全集 I，16，377—378）

1697/1699年间撰写《论威格尔的几个设想》中援引昔日老师威格尔（Erhard Weigel）的天文学著作[②]，讨论日历改革部分提到中国设有专门的日历机构（钦天监），习惯于在日历上附上吉凶（全集 IV，7，743—744）

1699

《中国近事》第二版问世

1月8日：莱布尼茨写信给基伯特·布内特。莫斯科人被允许在北京按照希腊东正教的习惯修建一座教堂，也许有一天新教的追随者也有

---

① 莱布尼茨曾亲自翻译了一部分（全集 IV，7，721—737）。
② Conspectus sapientiae plenaries, 1695。

这一可能；特别是在像中国这样一个大的国家里，两三个伟大人物的力量往往大于数百万普通人（全集 I，16，435）

1月22日：威森告诉莱布尼茨不少新的消息。一个从中国来的商队新近到达莫斯科；据说皇帝驾崩，康熙死了；俄国人获得在北京修建教堂自由进行宗教活动的许可；布兰特是个老实人，最近回到俄国了；纽威尔先生的游记中则有不少错误（全集 I，16，480—483）

1月21日：莱布尼茨写信给门采尔的儿子 Joh. Chr. 门采尔，提到对中国文字的研究，还有令人不安的康熙驾崩的消息。早在老门采尔在世时，人们就希望国家能够资助一些年轻人学习中国的语言与文学（全集 I，16，528—530）

1月27日：《中国近事》没有使菲利普·米勒反感，莱布尼茨对此表示高兴。从"新近发表的消息"中，可以得知中国皇帝战胜了西蒙厄鲁特民族首领（噶尔丹）；不过从巴塔维亚（即雅加达）来的消息说皇太子失宠。也许新教也能在中国建造一座教堂（全集 I，16，543）

1月30日：莱布尼茨写信给维尔纽，告诉他从威森的来信中获知康熙逝世的消息，希望这一变化（"假如确实如此的话"）不会影响基督教在中国的进步（中国通信 I，198—199；全集 I，16）

3月4日：维尔纽感谢莱布尼茨送给他《中国近事》第二版，告诉他又一批传教士准备乘船前往中国；关于康熙逝世的消息虽然是令人不安的，不过也许是俄国人散布的谣言；另外，正在研究《易经》的白晋同样受到（康熙）继承人的器重（中国通信 I，200—203；全集 I，16，608—610）

3月14日：莱布尼茨写信给威森，打听有关康熙逝世的消息是否属实，"因为莫斯科人的报道有点令人怀疑"；白晋曾谈论过厄鲁特首领噶尔丹；据说沙皇允许耶稣会士"经莫斯科到中国"。莱布尼茨告诉威森两年前在佛罗伦萨出版的马格罗提侯爵的《中国帝国诸录》，向威森询问闵明我在罗马曾提到过的俄国使节斯帕法里。此人1675年带着沙皇的信件去过中国，与南怀仁有过通信联系（全集 I，16，653—656）

4月7日：莱布尼茨寄给施帕文费尔德一个"小包裹"，其中有"我最近刊印的一本名叫《中国近事》的小书";维尔纽对康熙逝世的消息感到震惊,"不过这个消息也许是假的"(全集I,16,719—720,727)

4月9日:威森告诉莱布尼茨,中国与莫斯科之间的邮路有很大改善,从尼布楚到俄国首都的信件只需4个月(全集I,16,699—701)

4月12日:莱布尼茨答应寄三本《中国近事》给马利亚贝基,请后者根据耶稣会长的愿望接着把书寄到罗马(全集I,16,732)

4月12日:致信拉玛茨尼(Bernardino Ramazzini)。《中国近事》第二版,收入了白晋的《中国皇帝传》(全集III,8,101)

4月14日:秘书埃哈特告诉莱布尼茨,给马利亚贝基的信以及三本第二版的《中国近事》已准备好,卡萨罗提(Angelo Casarotti)将把信与书带到意大利(全集I,16,135)

4月14日:莱桑(Michel Raisson)告诉莱布尼茨,他忘了把"小包裹"(即三本《中国近事》)交给卡萨罗提本人(全集I,16,135)

4月20日:在写给哈特的信中,莱布尼茨提到他已要求耶稣会传教士为欧洲收集中国书籍。"我不怀疑在阿拉伯文献中藏有不少关于古代东方民族的资料,但也许在中国文献中有更多的东西"(全集I,16,750)

4月20日:莱布尼茨写信给维尔纽。无法证明有关康熙逝世的消息是莫斯科人散布的谣言;据说沙皇在维也纳停留时答应耶稣会士通过俄国进入中国;从托博尔斯克到北京的道路有所改善,不过各个蒙古首领之间总有战事发生;沃塔托人告诉他闵明我死了。莱布尼茨托人带了几本《中国近事》给维尔纽,希望送给郭弼恩一本(中国通信I,204—209;全集I,16,761—764)

5月初:马利亚贝基对莱布尼茨托人带来的《中国近事》表示感谢(全集I,17,133)

5月19日:库努写信给莱布尼茨,告诉他普鲁士国务要员普林策(Printzen)从莫斯科回来了,在其报告中没有提到中国皇帝驾崩的消息;库努给莱布尼茨寄来门采尔中国研究的部分手稿抄件(全集I,17,191)

6月10日:郭弼恩对莱布尼茨没有收到《容教令史》表示遗憾。信

中还提到中国皇帝的一次旅行（中国通信 I，210—215；全集 I，17，248—251）

6月底：莱布尼茨告诉郭弼恩自己收到了寄来的《容教令史》。康熙逝世的消息被证明是谣言；莱布尼茨希望得到地图一类的有关鞑靼地区诸民族的资料，提到塔夏尔的暹罗之行，以及拉卢贝的《暹罗王国》（中国通信 I，222—225；全集 I，17，294—295）

7月6日：布罗瑟欧告诉莱布尼茨，郭弼恩往汉诺威寄了一个"大包裹"；维尔纽托他转告莱布尼茨，6个月前离开路易港的船只已经到达广州，传教士们将告诉莱布尼茨"所有的新消息"；关于中国皇帝逝世的消息不是真的（全集 I，17，303—304）

8月6日：在写给尼凯瑟的信中，莱布尼茨提到关于上古编年史的争论。鲁道夫曾经与（后来去中国的）山遥瞻神父（Guillaume Bonjour）神父讨论此事，山遥瞻的回答生硬而空洞。"假如山遥瞻反对七十子希腊译本而坚持按照拉丁文本计算，那么这种做法只能于（基督）宗教不利，因为我的一贯主张是，佩泽伦（Paul Pezeron）认为中国人的编年史迫使我们把人类历史推前是有道理的"；听说在罗马耶稣会与其他传教士就尊孔问题争论不休，"是否属实？"中国教徒似乎并没有像意大利诗人们那样崇拜偶像（格本 II，590；全集 II，3，588—589）

8月12日：马利亚贝基告诉莱布尼茨已经收到《中国近事》，对书的前言表示赞赏；已经通过邮局把《中国近事》从佛罗伦萨寄给了在罗马的耶稣会长贡查罗斯（Tirso Gonzalez）（全集 I，17，386）

8月24日：莱布尼茨在写给普鲁士选帝侯夫人的信中，提到"正在罗马进行的耶稣会士与其他传教士之间的激烈争论，我与过去一样同意耶稣会的观点"；为此耶稣会长曾希望得到《中国近事》，"一个不受怀疑的人的意见也许能对他们有所帮助"（全集 I，17，67）

8月27日：巴朴布罗赫给莱布尼茨转来马利亚贝基的信。"您的小书《中国近事》能够同时被带到罗马，为此我感到非常高兴"，在那儿正在讨论中国人的事情。莱布尼茨在信的末尾处批注："针对在中国的耶

稣会传教士提出的控告是，他们在那里允许新入教的人继续参加偶像崇拜仪式"（全集 I，17，428）

8月底：莱布尼茨写信给巴朴布罗赫，特别提到有关中国的礼仪之争。"从新近出版的反对耶稣会的著作来判断"，这一讨论是极端不公正的，甚至是非常愚蠢的。一个欧洲的机构竟敢指责中国的皇帝以及中国的学者奉行无神论（全集 I，17，433）

9月初：莱布尼茨写信给巴朴布罗赫，询问最近有无来自中国的有利于促进科学发展的新消息。在谈到正在罗马进行的礼仪之争时，莱布尼茨指出在《中国近事》的前言中他已经为耶稣会的立场进行了辩护，由此耶稣会在罗马的总会长曾希望得到一本他的著作（全集 I，17，451—452）

9月1日：莱布尼茨写信给赫尔特。马利亚贝基把自己的《中国近事》寄给在罗马的耶稣会总会长了；罗马彼特大教堂教士法布莱提（Raffaele Fabretti）也赞同他在这本书中提出的观点，不过似乎不会有什么用处。克雷夫为他提供了苏霖的《容教令》，但对莱布尼茨在前言中提到自己的名字感到生气（全集 I，17，63）

9月11日：莱布尼茨写信给驻维也纳代表格莱芬克兰茨（Christoph Joachim Nicolai von Greiffencrantz），对耶稣会士在礼仪之争中借用他的观点为自己辩护感到高兴。"不过问题是，我自己没有去过中国，一个非正统人士的建议在罗马是不算数的"（全集 I，17，461）

9月19日：白晋从北京写信给莱布尼茨，提到张诚多次到"鞑靼地区"旅行；中国皇帝让人编撰一本"满汉字典"；哲学可以为心灵接受福音作准备，不过不是现代哲学，而是"古代哲学"；通过莱布尼茨致函给科翰斯基（中国通信 I，226—243；全集 I，17，490—496）

10月19日：神学家雅布隆斯基（Dan. Ernst Jablonski）写信给莱布尼茨，希望帮助他获得一些有关犹太人在中国的消息与资料（全集 I，17，515—516）

10月19日：莱布尼茨写信给雅布隆斯基，告诉他"关于犹太人"在中国的问题他已经写信给巴黎，并且随信附上了他自己就曾德昭《大中国志》（1643）以及贝尼尔《大蒙古帝国志（续）》[①] 中有关章节所写的摘要（全集 I，17，589—590，参见全集 IV，8，393—394，中国通信 I，590—593）

11月初：著名新教神学家姆拉努斯（Gerhard Wolter Molanus）寄给莱布尼茨一份有关中国的资料，并且"阅读后寄回"（全集 I，17，632）

11月14日：雅布隆斯基感谢莱布尼茨写信给巴黎，试图得到有关中国犹太人的更多的情况（全集 I，17，660）

11月9日：姆拉努斯请莱布尼茨寄回有关中国的资料，"因为这是他从另外一个人那借来的"（全集 I，17，652）

12月25日：哥本哈根皇家顾问瓦尔特（Friedrich von Walter）从哥本哈根转来一份著名天文学家罗姆尔（Ole Römer）写给莱布尼茨的信。"我经常给罗姆尔先生提到您非常看重他的发明……他对在中国的耶稣会传教士把他的发明称作是罗姆尔机器感到欣慰"（全集 I，18，214）

1700

1月18日：在写给维尔纽的信中，莱布尼茨特意提到在中国存有的古希伯来文献，"借此可以与在欧洲存有的希伯来文本进行比较"。因此应该把这些文献的抄件或者至少《创世纪》的开头部分寄到欧洲来；莱布尼茨依据的是曾德昭的《中国通史》（里昂，巴黎1667），另外还有贝尼尔的《蒙古等国游记》（*Voyages Contenant la Description des Etats du Mogol, de l'Hindoustan, du Royaume de Kachemire*，阿姆斯特丹1669，海牙1672）；在礼仪问题上，莱布尼茨强调应该对中国的习俗有个合乎理性的解释，并且寄去自己的短文《论尊孔》（De cultu Confucii civili）。在这篇文章中，莱布尼茨提到龙华民和（多明我会的）闵明我（全集 I，18，Nr.168；中国通信 I，244—257；全集 IV，394—398）

1月30日，2月8日：在写给英国学者克雷塞特（James Cressett）以及巴黎科学院的信中，莱布尼茨指出在历法改革中应该促进国家对天

[①] *Suite des Memoires sur l'Empire du Grand Mogol*, 1672。

文及数学研究的支持,"如同在中国那样"(全集 I,18,第 205 封信;全集 I,18,第 204 封信)

2 月 18 日:郭弼恩告诉莱布尼茨白晋已到中国;张诚将从中国寄报告到欧洲(中国通信 I,262—267;全集 I,18,第 225 封信)

2 月末:布罗瑟欧写信给莱布尼茨,称维尔纽对《论尊孔》表示赞赏,为此对莱布尼茨表示感谢(全集 I,18,第 240 封信)

3 月 29 日:收到《中国近事》后,瓦利斯告诉莱布尼茨英国派了一个考察团到中国,同时意在促进科学与传教。对新教国家未能有效地积极参与在中国的传教活动表示遗憾,希望在中国获得数学工具(数学文集 I,4,75;全集 III,8,397—398)

3 月末:维尔纽感谢莱布尼茨的"中国礼仪备忘录"(即《论尊孔》)(中国通信 I,258—261;全集 I,18,第 298 封信)

4 月 12 日:布罗瑟欧从巴黎寄给莱布尼茨一个"小包裹",其中有郭弼恩给莱布尼茨的一个礼物,法国耶稣会负责人德茨(Jean Dez)的《就中国人的尊孔祭祖礼仪致一位受尊敬的人》[①](16 年后,德博斯将向莱布尼茨提到这本书),另外还有维尔纽给莱布尼茨的一个小礼物(全集 I,18,第 327 封信)

4 月 14 日:在写给莱布尼茨的信中,H. 鲁道夫研究了"中国"一词在欧洲语言中的不同写法,如 Tschina,China 等(全集 I,18,第 330 封信)

5 月:勃兰登堡科学院秘书雅布隆斯基(Joh. Theod. Jablonski)建议科学院应该设立一个秘书负责与英法两国科学机构以及与德国、意大利、莫斯科的通信联系,通过这一方式去与中国联系(Harnack II,63)

5 月 2 日:秘书埃哈特报告最新出版物,其中有在科隆出版的为多米尼加会辩护的《论中国礼仪与希腊及罗马偶像崇拜的一致性》[②](全集 I,18,Nr. 48)

---

① Ad nobilem virum de cultu Confucii Philosophi et Progenitorum apud Sinas。
② Conformité des Ceremonies Chinoises avec l'idolatrie Grecque et Romaine, pour servir de confirmation à l'Apologie des Dominicains Missionaires de la Chine。

5月10日：郭弼恩写信给莱布尼茨，详细报告在罗马进行的关于中国礼仪的激烈争论。郭弼恩随信寄去李明《关于中国礼仪的一封信》① 以及德茨的《就中国人的尊孔祭祖礼仪致一位受尊敬的人》，提到亚历山大（Noël Alexandre）的《在华多米尼加会士辩护》（"满篇诬蔑篡改"），赞扬了莱布尼茨的立场，"其判断与中国专家潘国光（François Brancati）不谋而合"②。（中国通信 I，268—273；全集 I，18，第 368 封信）

6月14日：尼凯瑟致信莱布尼茨，提到格梅利（G. Fr. Gemeli Careri）不久前在罗马，带了数本他的六卷本（包括中国在内的）《游历世界》③（全集 II，3，646）

6月15日：《成立科学院的几点设想》。从陆路进入中国，支持瓦利斯提到的英国的设想，康熙1692年《容教令》（全集 IV，8，499—500）

6月28日：庞松给莱布尼茨通报了礼仪之争中赞成与反对的有关文章与书信，提到法国外方传教会沙尔蒙（N. Charmot）主编的《中国礼仪史》④ 以及《中国礼仪之争文献》⑤（全集 I，18，Nr. 421）

6月/7月：在与勃兰登堡选帝侯谈话前，莱布尼茨做了文字准备，列举了自己关心的问题：第 5，怎样推动传教活动，特别是中国……第 6，从荷兰、葡萄牙及西班牙获得中文及鞑靼文字典。第 7，与沙皇讨论从俄国到中国。在当年成立的柏林科学院的章程中，莱布尼茨特别提到了在俄罗斯"直到中国"的地域内进行各种观察的重要性：天文、地理、民族、语言、手工技艺、自然物等等；从陆地及北方传播基督福音，可以接应从海路过来的传教活动；琥珀在中国很受欢迎，普鲁士生产这一贵重宝石；进行地磁探测，他自己设计的计算器也可以作为礼物送给

---

① Lettre à Mgr. le duc du Maine sur les cérémonies de la Chine。
② 《论中国礼仪，耶稣会士潘国光神甫用他在华传教三十四年的实践对多明我会士的答复》（Responsio Apologetica R. P. Francisci Brancati Societatis Jesu apud Sinas per annos 34 Missionarii de Ritibus Sinensium Politicis）。
③ Giro del mondo。1699 – 1700。
④ Historia cultus Sinensium，1700。
⑤ Documenta controversiam missionarium apostolicorum imperii Sinici... conspectantia，1699。

伟大的君主们。再次抱怨新教国家未能利用中国皇帝及其臣民的求知欲望，而是把这一机会拱手让给了罗马传教士；对于研究中国文献来说，"没有任何一个地方比柏林更合适"（全集Ⅳ，8，478—479，480，481）

7月12日：莱布尼茨被任命为勃兰登堡科学院院长

7月至8月22日：成立科学院在柏林待做之事。与门采尔之子讨论中国事宜①；从荷兰、葡萄牙、西班牙、雅加达、澳门、菲律宾诸岛获取中国及鞑靼字典词典；米勒以及门采尔收藏的中国文献；摘录普鲁士与沙皇商定的借道莫斯科去中国的协议②等（全集Ⅳ，8，564，535，545—546）

8月1日：尼凯瑟致信莱布尼茨。听说李明（在罗马）就尊孔问题为他的同伴们极力辩护。"我不懂这些，但要我相信对他们的指责没有理由则有些困难"（全集Ⅱ，3，648）

9月3日：莱布尼茨给瓦利斯寄去《中国近事》（第二版），对新教国家之间的分裂表示遗憾。科学院将促进通过陆路到达中国的设想，从而支持英国的活动（全集Ⅲ，8，476）

11月8日：白晋通过郭弼恩致信莱布尼茨，称伏羲是"第一位立法者"，伏羲的64卦以及"384爻"代表了所有科学；《易经》系统是数的哲学，这些数字体现了万物和谐，"与毕达哥拉斯及柏拉图的数字（哲学）相近"。白晋批评了阎当的"南京命令"③（中国通信Ⅰ，274—287；全集Ⅰ，20，571—576）

1700夏/1705（日期难以确定）莱布尼茨摘录有关明清战争的消息以及中国习俗，特别是婚礼、妇女、小脚、墓志、寺院等。文献来源：卫匡国《鞑靼战纪》，内由霍夫《使团游记》（全集Ⅳ，8，399—402）

1701

1月2日：马尔歇提（Annibale Marchetti）从佛罗伦萨致信，感谢莱

---

① 门采尔1692年逝世后，由其子负责选帝侯图书馆之中国图书。
② 1697年6月22日，格尼斯堡协议，沙皇允许布普鲁士人通过俄国到中国及波斯。
③ 1693年3月26日。

布尼茨在《中国近事》中对耶稣会士的赞扬（全集 I，19，322）

2月14日：莱布尼茨写信给洪若翰，感谢其携带白晋的信，称邓玉函给开普勒的信是中欧知识交流的榜样，因为这种交流"对双方有利"，"如同用一盏灯点亮另一盏"。莱布尼茨希望得到更多的有关中国的消息，特别是医药、乐器、文字等等；"是否能派中国人到欧洲来？"（中国通信 I，278—293）

2月15日：莱布尼茨写信给郭弼恩，说明他对礼仪之争的看法。巴黎索邦大学神学系对中国人的指责①使他感到惊奇，教皇决定推迟做出决定则比较理智；欧洲对中国还没有足够的了解，中国的语言与习俗和欧洲的完全不同，在这样的情况下，一个欧洲的法庭指责中国人推行偶像崇拜是难以令人理解的；莱布尼茨希望得到更多的消息，提到古叶编撰出版的《物理及数学观察》等（中国通信 I，294—299）

2月15日：在写给安德烈·施密特的信中，莱布尼茨称自己实在太忙，无法详细回答白晋写自北京的长信（全集 I，19，68—69）

2月15日：莱布尼茨写信给白晋。内容：欧洲科学上的新发现，正在进行的（欧洲）北部战争破坏了从陆地进入中国的计划；作为上帝创世图像的二进制以及这一发明对传教活动的意义；卫匡国在《中国上古史》中曾提到中国史书中记载的天文观察，这些观察对于欧洲的天文学研究以及上古编年史研究非常重要（中国通信 I，300—325）

2月中旬：莱布尼茨把白晋的信寄给斯坦尹堡（Friedrich von Steinberg）将军（全集 I，19，第68封信）

2月20日：莱布尼茨告诉斯潘海姆，白晋（《中国皇帝传》的作者）给他寄来了洪若翰的地理观察（全集 I，19，78）

2月24日：安德烈·施密特写信给莱布尼茨，"毫无疑问，白晋肯定也给您提到了一些有关天文学方面的情况，另外还有对孔子的争论"（全集 I，19，第179封信）

---

① 1700年8月，巴黎索邦神学系列开始对李明的《中国现势》进行审查，10月18日公布审查结果。

在当年 3 月底至 1706 年之间撰写的《论前定与恩赐、命运与自由》中,莱布尼茨称在对中国无神论的争论中,罗马比索邦更宽容(全集 IV,9,614)

4 月 14 日:噶肯赫尔茨(Alexander Christian Gakenholz)致信莱布尼茨,中医(全集 III,8,619)

4 月 19 日:在写给伯努利的信中,莱布尼茨谈道自己发明的二进制。当他多年前把这个发明告诉奥古斯特公爵时,公爵认为可以把二进制看作是上帝创造世界的图像,上帝从虚无中创造万物,如同所有的数字来自于符号 0 与 1(数学文集 III,661;全集 III,8,638—640)

6 月 3 日:布罗瑟欧从巴黎致信莱布尼茨。给毕雍(Bignon)的信已转交,洪若翰已离开欧洲返回中国,维尔纽答应提供洪若翰、郭弼恩、古叶等人的新作(全集 I,20,200)

6 月 18 日:致信雅布隆斯基(Dan. Ernst Jablonski)。科学院重要任务之一是推动对俄罗斯及西伯利亚的研究,进而促进基督教直至中国的传播(全集 I,20,215)

8 月 5 日:英国神学家爱德华·金(Eduard Gee)写信给莱布尼茨,援引《中国礼仪史》(*Historia Cultus Sinensium*)一书,对耶稣会的传教活动提出质疑。该人指责耶稣会成员在中国混淆自然宗教与基督教,允许入教的人继续参加尊孔祭祖仪式;汤若望竟然担任钦天监监正(全集 I,20,350—352)[①]

8 月 12 日:致信科学院秘书雅布隆斯基(Johann Theodor Jablonski),建议其动员皇家印刷商、雕刻家及工程师等研制中国漆器等(全集 I,20,339)

8 月 22 日:托马斯·布内特致信莱布尼茨,称洛克特别期望得到"您的《中国近事》"(第二版)(全集 I,20,409)

8 月 24 日:在写给马尔歇提的信中,莱布尼茨再次指出,还没有真正理解中国的智慧就去谴责它,是非常不明智的(全集 I,20,384—

---

① 尚未发现莱布尼茨回复。

385）

9月10日：莱布尼茨写信给基尔伯特·布内特，阐明自己的一贯立场。"有人指责我很少批评耶稣会传教士。是的。这些博学的人为我那本小书提供了大量的资料，因此您也会理解，为什么在书中没有批评他们的地方；相反，这扇门给我带来了许多新的消息，我想让这扇门开着"。莱布尼茨认为，他赞扬的，是耶稣会士应该得到的，而对那些指责，不管是正确的还是不正确的，由于自己还不清楚，因此也就没有必要表态。还有："我也不想人们轻易地谴责中国的哲人，特别他们中的古人，对于他们，我们知道的还非常有限"（全集 I，20，447—450）

9月12日：布罗瑟欧从巴黎致信莱布尼茨。相信白晋收到了莱布尼茨的信，因为他请求维尔纽"与您分享有关中国的最新消息以便使您满意"；罗马对在中国的耶稣会士们的讨论紧张顺利，李明已到了安全的地方,[①] "您对他的著作的评价非常公允"[②]；耶稣会士们将把莱布尼茨视为"好朋友"对待（全集 I，20，459）

9月15日：洪若翰委婉地拒绝了莱布尼茨希望得到更多中国情况的要求，提到康熙皇帝支持耶稣会传教士的决定，称自己给了郭弼恩"各种关于鞑靼地区的报道"（中国通信 I，326—329；全集 I，20，469—470）

9月23日：致信斯托仁（Justus Henrik Storren），"我倒想看到您的年轻君王[③]统治到莫斯科直至阿穆尔河（Amur）"，此河流将俄国与中国分开（全集 I，20，482）

10月29日：马尔歇提写信给莱布尼茨，指出尽管在新教教会与罗马天主教之间存在着巨大分歧，他还是对耶稣会在中国取得的每一个进步表示赞赏，"因为把不再纯洁的基督教（天主教）带入中国总比不带入强"；《中国近事》等（全集 I，20，528—529）

10月21日：致信选帝侯夫人索菲。普鲁士驻莫斯科使节普林策将

---

① 李明1700年6月离开巴黎经里昂前往罗马。
② 维尔纽1696年赠送李明的《中国现势》给莱布尼茨（全集 I，13，Nr. 173）。
③ 瑞典国王卡尔十二世。

奉命商谈在俄国进而通过俄国直至中国的传教事宜（全集 I, 20, 43—44）

10月/11月：《柏林待做之事》，"处理中国来信"①（全集 IV, 9, 742）

11月4日：白晋长信回复莱布尼茨，详细论述他发现的莱布尼茨二进制与《易经》爻卦之间的相似性；太极、天、太一等，附件64易卦图（中国通信 I, 330—377；全集 I, 20, 533—555）。

11月10日：郭弼恩告诉莱布尼茨康熙皇帝作为"国家立法者及宗教首领"做出了有利于耶稣会的决定，赞扬莱布尼茨为《中国近事》所写的"漂亮而博学的前言"，指出应该区分"老传教士"与"新传教士"，区分"在宫廷活动的传教士"与在各省活动的传教士（中国通信 I, 378—381；全集 I, 20, 569—570）

11月17日：致信索菲，"我们的传教士也许有一天会经过俄国进入中国"（全集 I, 20, 71）

11月：在一系列的设想中，强调新成立的皇家科学院应该通过传播科学宣传（基督）信仰。在以此为题的一份设想中莱布尼茨指出：长期以来，院长与意大利以及法国派往中国的传教士保持着广泛的通信联系，在此基础上，多年前编辑出版了《中国近事》一书，呼吁新教国家投入到传教活动的行列中来；这一想法受到了许多人，特别是英国上层的欢迎，譬如在英国成立了一个皇家领导的新的信仰宣传会；经验说明了，耶稣会在中国取得的进步主要应归功于（从事科学活动的）利玛窦、汤若望、南怀仁；首先应该做的，是输送传教士经莫斯科到中国，因为普鲁士国王与俄国沙皇保持着不错的关系；在中国执政的，是一位热爱欧洲人热爱科学的君主；另一个优点是语言，因为统治中国的满人的语言比中国语言简单易学；与其他民族相比，从中国人那里，欧洲可以学到许多重要的东西，因此应该促进欧洲与中国之间的知识交流；在商业贸易方面，普鲁士盛产的琥珀会受到中国人的青睐（全集 IV, 9, 768,

---

① 不详。

757，747，759）

12月27日：致信伦敦皇家科学院斯洛安（Hans Sloane）。得知英国不久前成立了一个传教协会①，告知通过科学传教亦是柏林科学院的目的之一（全集Ⅲ，8，815）

12月27日：致函秘书埃哈特，寄去自己的"中国信函"②，希望翻译为德文（全集Ⅰ，20，129）

1702

赫尔姆斯塔特（Helmstedt）大学哲学系一位名叫哈斯（Joh. Matthias Haas）的学生写了一篇论中国数学的论文（*De Mathesi Sinica*），书中多次提到"著名的莱布尼茨先生的《中国近事》"（譬如第4、12、32、39、40页）

1月3日：致信索菲。从与耶稣会士的通信中，得知在中国的传教士就罗马对中国礼仪的争论觉得有必要寻求中国皇帝的意见；康熙对几名耶稣会传教士提出的问题与回答表示肯定。"我赞同耶稣会的看法，就像几年前刊登的《中国近事》的前言中所表达的那样"（全集Ⅰ，20，151—152）

2月15日：医生科托尔托（Heinrich Christian Kortholt）开始与莱布尼茨通信，莱布尼茨手稿中有一份科托尔托就对欧洲有用的中国知识（中医、中药、死亡率、金属、化学、光学仪器、色料、天气等）寄给莱布尼茨的五十个问题。有莱布尼茨阅读改动的痕迹，具体日期则很难确定（中国通信Ⅱ，398—409）

在年初草拟的《普鲁士科学院设想》（*Erzählung von der Absicht der preussischen Societät der Wissenschaften*）中，莱布尼茨多处提到中国，譬如应派遣人员经莫斯科进入中国考察鞑靼地区，改进天文观察设备，解释了几个两千年来连中国人也不知道的古老符号的真正含义等等（Har-

---

① Society for the propagation of the Gospel。上面提到的爱德华·金在1701年8月16日写给莱布尼茨的信中告诉了这一消息（全集Ⅰ，20，Nr. 224）。

② 不详。

nackII，148，149）

4月25日：库努致信莱布尼茨，称莱尔希望莱布尼茨寄回几年前发给莱布尼茨的耶稣会士从尼布楚谈判地发出的信函①，还有南怀仁《鞑靼语法》的残余（全集Ⅰ，21，193—194）

7月20日：温特利（Edouard de Vitry）从巴黎写信给莱布尼茨，称如果对针对中国的争论还有兴趣，"我将给您提供一些信息"（全集Ⅰ，21，42—403）

9月29日：致信普鲁士大臣伊尔根（Heinrich R. von Ilgen），称准备设计一个天文仪器，要比法国皇帝赠送给康熙的"罗梅尔机器"好得多（全集Ⅰ，21，516，517）

11月8日：白晋写信给莱布尼茨，提到自己对中国古代文献的研究以及"新的发现"；中国人几乎把所有古代的知识都忘记了；几个传教士准备建立一个小型的科学院等（中国通信Ⅰ，382—393；全集Ⅰ，21，615—619）

11月2日：布罗瑟欧从巴黎来信，随信一封（未找到的）郭弼恩的信函；《耶稣会士书简》出版；关于中国皇帝康熙于1700年发表的有关敬天、祭祀孔子和先祖声明的概述》（全集Ⅰ，21，664）

12月27日：致信封丹耐（Andrew Fonntaine）。白晋从中国来信，北京的耶稣会传教士请求中国皇帝对礼仪之争的态度，康熙赞同耶稣会的观点。"他们希望以此推翻其他会的成员在罗马及法国对他们的指责"（全集Ⅰ，21，685）

1703

1月26日：致信伊尔根。科学院计划，通过莫斯科传播基督教至中国（全集Ⅰ，22，184）

1月底：致信哈姆拉特（Friedrich von Hamrath）。柏林科学院，陆路

---

① 1689年9月2日到3日，信的最后部分1697年被收入《中国近事》。参见此《年表》1695年4月16日、4月21日、5月27日。

经俄国通过科学传播宗教，桑树种植，养蚕计划等（全集Ⅰ，22，193—196）

2月11日：古宁翰（Alexander Cunningham）致信莱布尼茨，称其天才与科学成就受到赞赏，名扬法德英甚至中国（全集Ⅰ，22，209）

3月13日：郭弼恩告诉莱布尼茨，白晋寄来的一份新资料促成第二辑《耶稣会士书简》编辑出版（中国通信Ⅰ，394—395；全集Ⅰ，22，279）

3月16日：布罗瑟欧从巴黎致信莱布尼茨，称郭弼恩及维尔纽答应提供几分有关中国的资料（全集Ⅰ，22，200）

3月19日：布罗瑟欧寄给莱布尼茨一个包裹，其中有郭弼恩编撰的《耶稣会士书简》（全集Ⅰ，22，206）

4月4日：莱布尼茨告诉沃塔收到从中国来的白晋的信，认为信中提到的白晋的发现有点不可思议；尽管如此，揭开伏羲符号的谜也许会有利于基督教的传播，因为数字是上帝创世的最好的象征（全集Ⅰ，22，321—326）

4月7日：莱布尼茨致信毕雍（Jean Paul Bignon），给法国科学院寄去论文《论单纯使用0与1的二进制算术，兼论二进制的用途以伏羲所使用的古代中国符号的意义》①（全集Ⅰ，22，332）

4月17日：沃塔把莱布尼茨发现的二进制秘密比作是哥伦布发现美洲（全集Ⅰ，22，377）

4月17日：致信秘书埃哈特。从莫斯科去中国的商业驼队也许能带回当地产物及消息（全集Ⅰ，22，207）

4月30日：布罗瑟欧从巴黎寄出有关中国的最新消息，其中有拉丁文版的《关于中国皇帝康熙于1700年发表的有关敬天、祭祀孔子和先祖声明的概述》②（全集Ⅰ，22，303）

5月8日：莱布尼茨通过普鲁士女皇致信普鲁士国王弗德烈一世，

---

① 此文在1705年刊印的《1703年皇家科学院年鉴》中发表。
② Brevis relatio eorum quae spectant ad declarationem Sinarum Imperatoris Kam Hi, circa coeli, Cumfucii et avorum cultum datam anno 1700。

再次提到可以派新教传教士经莫斯科到中国，在那里借助科学传播"真正信仰的纯洁认识"；其成果将超过罗马教会（全集 I，22，407）

5月18日：莱布尼茨回复白晋1701年11月4日的信。中国人对外国人的热情总有一天会降温，因此应继续已开始的工作，向中国人学习更多的知识；20多年来自己致力于二进制的研究，现在总算找到了这项研究的"极大用途"（不过在柏应理的著作中他看到的是另外一种排序）；提到马可·波罗、米勒、高尔、邓玉函、基尔歇等人的著作。在普鲁士皇家图书馆有两本中国词典（中国通信 I，396—435；全集 I，22，217—368）

5月18日：在写给洪若翰的信中，莱布尼茨对白晋借用"我的二进算术"揭开了伏羲之谜感到高兴。中国人对欧洲人的好感不会长久的，因此更应该抓紧机会从中国得到更多对欧洲有用的知识（中国通信 I，436—439；全集 I，22，372—373）

7月6日：法国科学院秘书长封丹内尔（Bernhard Le Bovier de Fontenelle）通知莱布尼茨二进制论文将收入院刊1703年号发表（Foucher de Careil, Lettres et opuscules inédits de Leibniz，巴黎1854，第229—231页）

10月10日：杜德美（Pierre Jartoux）从北京致信莱布尼茨，盛赞其微积分发明；欧洲的新发明，特别是物理及机械方面的，对在中国传播基督教用处颇大；"皇上感兴趣的"航行时阻力最小的船的形状、（数学上的）悬链线问题，莱布尼茨领导的科学院有无"热心人"帮助解决；作为回报将乐意回答有关中国的问题，尽管日夜忙于皇帝喜欢的钟表技术。寄去在广州的日食观察（中国通信 I，440—445）

10月15日：致信在罗马的托罗梅。《中国近事》，白晋对二进制的诠释，基尔歇、柏应理此前曾介绍过《易经》卦图。也许中国人会对这一发现感兴趣。法国索邦神学院1700年对耶稣会的攻击，教皇推迟决定则属明智之举（A II, 2, Nr. 683；中国通信 II，48—51）

11月5日：致信俄国王子老师慧伊森（Heinrich van Huyssen）。俄罗斯连接鞑靼地区及中国，研究当地众多民族语言之重要性（全集 I，22，653）

12月23日：慧伊森回信。布兰特刊印了其《游记》①（全集I，23，8）

在《人类理智新论》中，莱布尼茨多次提到中国，特别是中国的语言与文字。卷1第1章，卷2第4章，第9章，卷3第1章，第11章，卷4第6章，第18章等等

1704

1月30日：莱布尼茨在德累斯顿会见俄国使节帕特库尔（Reinhold von Patkul），对俄国的科学发展提出设想与建议。利用俄国与中国的贸易往来可以把俄国及欧洲尚不了解的中国人的知识带到欧洲，进而促进手工业的发展，提到生活的舒适程度，亦对俄国有利；"据我和传教士的通信来看"，他们大都是把欧洲科学带到了中国，而未足够重视交流。这样的话，中国总有一天会关上大门；基尔歇、柏应理等人介绍的《易经》64卦，莱布尼茨自己的发明，白晋发现的吻合；进行考察需要合适的人员与时间，立即可做的是历史与地理，特别是鞑靼地区的诸民族的语言，对研究民族迁徙非常重要（全集I，23，71—74）

1月30日：帕特库尔对莱布尼茨的建议表示感谢；俄国作为中国与欧洲之间的桥梁非常重要（全集I，23，75）

3月2日：致信威森市长。白晋关于二进制与《易经》的信函（全集I，23，141）

4月11日：法莱斯奥（Pierre de Falaiseau）从伦敦致信莱布尼茨，称洪若翰②已离开伦敦前往巴黎，他使我们知道了不少中国的事情（全集I，23，297）

4月16日：布罗瑟欧致信莱布尼茨。与巴黎耶稣会士来往信函与问候（全集I，23，279）

4月23日：著名东方语言学家拉克罗兹（La Croze）写信给莱布尼

---

① 法文、荷兰文1699；德文1698。
② 第二次欧洲执行。1703年3月1日离开，同年12月30日抵达伦敦，1704年4月20日赴巴黎。

茨，称在柏林皇家图书馆发现一本中国词典《海篇》① 之 16 和 17 卷，是鲁道夫献给选帝侯的；还有一本一个欧洲人②用中国纸张在菲律宾写成的中文西班牙文词典，以及一本教义手册（全集 I，23，301—304）

5 月 3 日：在写给拉克罗兹的信中，莱布尼茨提到鲁道夫曾经提到过的中文字典《海编》，对鲁道夫的逝世③感到惋惜，希望拉克罗兹能进行对中国文字的研究（全集 I，23，331—332）

5 月 8 日，莱布尼茨通过在汉诺威供职的意大利努米斯男爵（Marquis de Nomis）致信教皇克雷门十一世，其中提到《中国近事》、《易经》64 卦（全集 I，23，351—353）

6 月 6 日：莱布尼茨写信给阿姆斯特丹的学者凯泽（César Caze），请其对自己的二进制提出看法（通信，编号：LBr 146）

6 月 13 日：洪若翰写信给莱布尼茨。主要内容：在北京建造了一个法国教堂；"我们经常谈到您"，也很赞赏莱布尼茨的二进制，不过假如认为这是中国人发明的话，"那就有点过高地估计他们了"；洪若翰还提到中国周边民族的不同语言，诸如东鞑靼，西鞑靼等，还有南怀仁的《鞑靼语法》（中国通信 I，446—451；全集 I，23，417—419）

6 月 19 日：致信雷朗（Jaques Lelong）。不久前给法国科学院寄去了两篇文章，其中一篇是对中国伏羲易卦的二进制诠释（全集 I，23，441）

6 月 29 日：致信努米斯，询问耶稣会与其他传教士就中国礼仪的争论情况。"如同我在《中国近事》的前言中所言，中国人对孔子的祭祀崇拜属于世俗行为，事死如事生"（全集 I，23，481）

7 月 28 日：在写给洪若翰的信中，莱布尼茨认为可以促使中国皇帝按照欧洲的做法成立科学院，以便更好地促进科学研究；希望找到二进制与《易经》相似的原因。至于礼仪之争，莱布尼茨认为首先应该听听中国人的意见（中国通信 I，454—455；全集 I，23，580—582）

---

① 已不存，可能是金代韩孝彦的《四声篇海》。
② 现存大英图书馆，编号 Add. 25317。
③ 1704 年 4 月 8 日。

7月28日：莱布尼茨写信给白晋。主要内容：数的科学，"我的单子系统理论"，白晋对中国历史的看法，秦始皇焚书，建立科学院、大学、学院，更好地研究中国文字，闵明我提到过一本带有附图的识字课本（中国通信 I，456—461；全集 I，23，577—580）

8月2日：努米斯从罗马致信莱布尼茨，称耶稣会与其他会成员对中国礼仪的争论尚处于不定之中。梁弘仁（Artus de Lionne）从中国回来，不久前公开了一本有关这个争论的书；"由于我不懂，所以未看，亦无可奉告"全集 I，23，609）

8月12日：莱布尼茨告诉马利亚贝基，新近从中国回来的洪若翰给他寄来一封信，另外还有一封从北京的来信；张诚的观察可能会提供有关鞑靼地区的地理情况；维尔纽为他提供了许多有关中国的新东西（全集 I，23，627）

8月底9月初：致信在罗马逗留的索那曼（Johann Theodor Gottfried Sonnemann），请其在耶稣会士托罗梅和多明我会雷维斯（Augustinus Levesy）神父及其他人处询问有关礼仪之争的情况，"我不愿看到中国古人的学说受到诅咒"（全集 I，23，673）

9月6日：秘书埃哈特致信莱布尼茨，称在德累斯顿拜访了齐尔豪斯，看到了其研制的瓷器的样品，齐尔豪斯说"中国人不可能用其他方式生产瓷器"（全集 I，23，692）

9月9日：法国科学院秘书长封丹内尔再次致信莱布尼茨，称其二进制论文将刊登在该院年鉴1703年号上发表（Careil，229—233）

9月10日：语言学家库柏（Gisbert Cuper）从荷兰致信莱布尼茨。在西伯利亚发现狮首人体雕刻、中国铜镜[①]等（全集 I，23，704，见下图）

[①] 汉代"清白"铜镜。1704年12月8日威森给库伯寄了两份拓片，说是在西伯利亚的一个墓里发现的，并说已经把一份拓片寄到 Batavia（雅加达）请那里的中国人翻译。1705年10月25日，威森告诉库伯，已经收到消息：雅加达的一个中国学者估计铜镜大约是1800多年前制成的，铭文一般人根本看不懂，其意思是上帝（对"天"的翻译）清白如水，受到君王的热爱云云。威森的信见：J. F Gebhard: Het leven van Mr. Nicolaas Cornelisz Witsen，Utrecht，1882，卷二，第305—307页。铭文似乎只是装饰：絜清白天事君忠天水之弇明玄锡之汪洋恐世世天日志美外承之曷天无纪。

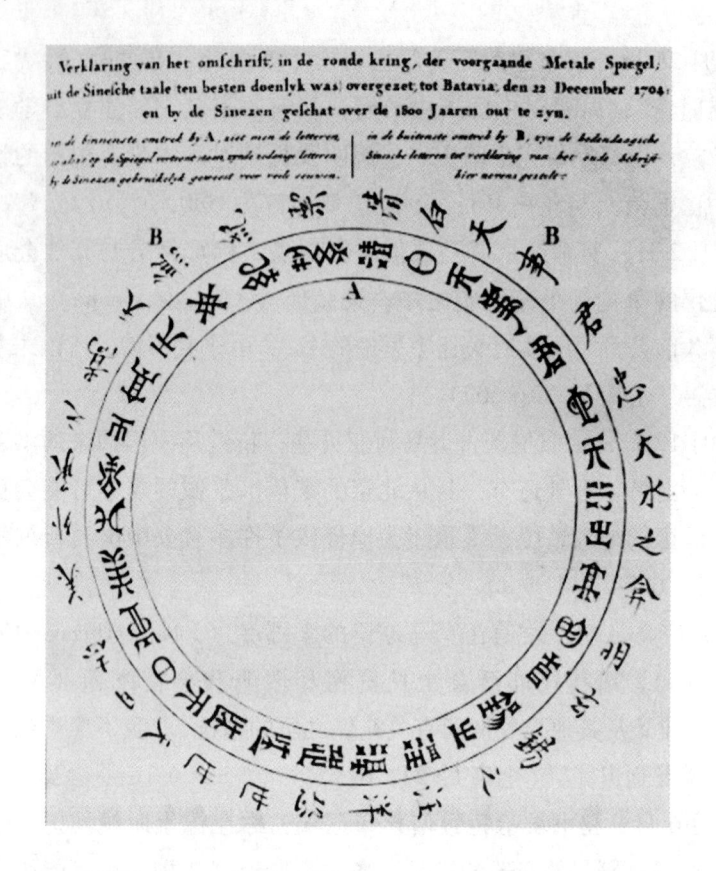

威森《地图》1705 年版所刊中国铜镜拓片，上为来自雅加达的解释
图片来源：李文潮。

9月20日：庞松致信莱布尼茨，称巴黎的神学家们有了新的争论，不再谈及中国礼仪之争（全集 I，23，747）

11月11日：致信法国学者雷朗（Jaques Lelong）。在柏林皇家图书馆发现几本带有插图的中国书籍，其中有一种游戏（围棋）至今为欧洲所不知；期望二进制论文能在科学院年鉴上发表（全集 I，24，119）

莱布尼茨在德累斯顿会见藤策尔，两人谈到白晋的发现。

12月中旬：藤策尔两次致信莱布尼茨，随信寄去一个带有中文铭文的八角银币的拓片（见下图）；二进制论文的德文翻译与出版状态，柏应理书中的64卦图，中国编年史（全集 I，24，229，230—231）

八角银币（？），中国（？）。藤策尔：Curieuse Bibiothec，1705，封面
图片来源：波茨坦莱布尼茨编辑部。

《特雷夫论丛》（Memoiresde Trevoux）发表白晋1701年11月4日致莱布尼茨的信

1705

1月1日：奥尔班致信莱布尼茨，称从一位绕道英国回到欧洲大陆（巴黎）的耶稣会传教士（洪若翰）处得知中国皇帝认为尊孔乃政治习俗，与宗教礼仪无关（全集 I, 24, Nr. 151；中国通信 II, 52—53）

1月16日：索纳曼从罗马致信莱布尼茨。耶稣会在中国礼仪之争中不会失败，他们在教皇那里很有威望，有了决定，但消息保密（全集Ⅰ，24，338）

1月20日：沃塔致信莱布尼茨，称其关于伏羲卦图中的二进制是个"宝库"；"尽管我不懂，但并不因此影响我对这一发现的敬意"（全集Ⅰ，24，350）

1月24日：索纳曼从罗马致信莱布尼茨。礼仪之争，有消息当立刻汇报（全集Ⅰ，24，354）

1月24日：瓦尔特（Friedrich von Walter）从哥本哈根致信莱布尼茨，提到罗梅尔，"中国法国皆知其贡献"，法皇曾把他发明的天文仪器作为礼物赠送给康熙（全集Ⅰ，24，355）

1月25日：致信语言学家库柏。米勒之《我父祈祷文》，马可·波罗《游记》，基尔歇《图说》中对景教碑碑文的注释等（全集Ⅰ，24，358）

4月10日：库柏致信莱布尼茨，讨论在西伯利亚发现的（汉代）铜镜铭文等（全集Ⅰ，24，523—524）

4月30日：致信藤策尔。破译八角银币上的中文，二进制论文的德文翻译与出版（全集Ⅰ，24，523—572）

5月15日：侄儿吕夫勒（Friedrich Simon Löffler）从莱比锡来信，提到1704年在伦敦出版的《游记汇总》[①]，内有闵明我之《中国》[②]、内由霍夫之《使团游记》[③] 等[④]（全集Ⅰ，24，547）

6月21日：致信舒棱堡伯爵（Graf von der Schulenburg）。人们从意大利、巴黎、伦敦以及其他地方，甚至还有两三名耶稣会传教士从中国给我写信，讨论推进科学发展；一位传教士（杜德美）意欲把我的发明

[①] A collection of vozages and travels, some now first printed from original manuscripts, 伦敦 1704。
[②] 卷1，第1—424页。
[③] 卷2，第10—409页。
[④] 吕夫勒看到的似乎只是前两卷。另几卷中还有。

介绍给中国皇帝,他(康熙)对数学几何很感兴趣(全集I,24,275)

6月24日:莱布尼茨鼓励拉克罗茨学习与研究中国语言,指出米勒所做出的工作以及闵明我对米勒研究的怀疑;曾为中国的语言文字的事写信给库伯,但还没有收到答复(全集I,24,735—737)

7月21日:莱布尼茨写信给马利亚贝基,谈到自己与中国的联系,"到现在我一直不断地收到耶稣会士从中国发来的信件"(全集I,24,804)

7月25日:舒棱堡伯爵回信。"您信中提到的在中国的耶稣会士们的信函非常有趣。如此下去,遥远国度的君王们最终有一天会开明起来"(全集I,24,813)

8月15日:莱布尼茨写信给洪若翰,内容涉及中国地理以及不同省份之间的语言差别;莱布尼茨强调了中欧知识交流的重要性,指出白晋在"伏羲符号"中发现的二进制,对中国"古代哲学家的功绩"表示赞赏:中国人至今还有"良好的道德与良好的自然神学"(中国通信I,462—467;全集I,25,44—45)

8月16日:莱布尼茨写信给舒棱堡伯爵。"假如他还年轻的话,他也许会去莫斯科乃至中国,以便以二进制为手段促进民族间的知识交流"(全集I,25,35—38)

8月17日:莱布尼茨写信给杜德美,希望得到一些"中国人的与我们不同的机械发明"以及"造纸方面的具体的工艺知识"等等。以卫匡国的《中国上古史》为例,再次强调了知识与文化交流的重要性(中国通信I,468—475)

8月18日:在写给维尔纽的信中,莱布尼茨再次担心中国人掌握了"我们"的科学后,便会把欧洲人"扫地出门",因为中国人"毕竟是生活在另一个地球上的人";二进制也许会令中国皇帝感兴趣,由此起到重振传教活动的作用;研究中国的历史、语言与哲学不仅能服务于传教,而且对欧洲有益。因此一部分传教士应该专门从事研究工作;也许能够争取中国皇帝支持这样的事情,因为中国皇帝不是汉人,鞑靼人应该也对了解中国文化有兴趣(中国通信I,476—483;全集I,25,47—50)

8月18日：莱布尼茨写信给白晋，询问在研究中国文字及哲学方面的进展，希望知道中国人怎样治疗那些在欧洲经常出现的疾病，鼓励白晋在中国文献中寻找有关"我们的宗教"的报道。铎罗被教皇派往中国，莱布尼茨认为对耶稣会是有利的；寄去从库柏处得到的在西伯利亚发现的铜镜铭文拓片（中国通信 I，484—491；全集 I，25，40—43）

8月18日：莱布尼茨写信给郭弼恩，希望在罗马进行的礼仪之争与几年前在巴黎索邦的讨论相比能有个比较幸运的结果，指出系统地研究中国文化对传教活动以及对欧洲的重要性。为此，莱布尼茨希望部分传教士应该专门从事研究工作，他们不应受到传教活动以及其他事务的干扰（中国通信 I，502—505；全集 I，25，46—47）

8月20日：莱布尼茨给刘应寄去从库柏处得到的在西伯利亚发现的铜镜铭文拓片请其帮助；指出"伏羲的符号正好准确地表达了二进制"。另外还提到鲁布鲁克的以及其他方济格会士的鞑靼游记，还有"聂斯脱利派"（中国通信 I，492—501，全集 I，25，52—57）

8月27日：致信奥尔班神父。二进制不适于日常使用，柏应理书中64卦的不同排列，白晋对《易经》真正含义的诠释（全集 I，25，Nr. 49；中国通信 II，54—61）

8月31日：布罗瑟欧从柏林致信，称莱布尼茨写给耶稣会士的信函已转交（全集 I，25，76—77）

9月1日：科学院秘书雅布隆斯基（Joh. Theod. Jablonski）从柏林寄给莱布尼茨一封1705年7月15日写自莫斯科的信件的摘要，称一位为沙皇效劳的德国人[1]为科学院的传教计划感到高兴，"纯正的"教义可以传播到中国以及西伯利亚（全集 I，25，82—83）

9月10日：洪若翰写信给莱布尼茨，内容涉及中国地理、海岸、与俄国的边界、皇帝的征战、中国的语言、道路等等；尽管如此，中国完全是一个另外的国家，"离我们欧洲如此遥远"。传教士们只能"争取"从事一些学术与科学方面的活动（中国通信 I，506—515；全集 I，25，

---

[1] Isbrand Ides。

90—94)

9月12日：维尔纽致信莱布尼茨。从8月16日（应为18日）的来信看，莱布尼茨似乎还未收到白晋的长函[1]。莱布尼茨鼓励一部分传教士应该专门从事科学活动，维尔纽表示感谢。不过"我们的神父们"眼下实在忙于"上帝的工作"，以至于"人们担心学者们的求知欲可能在一段时间里会得不到满足"。维尔纽告诉莱布尼茨他在等待白晋的一封信（中国通信Ⅰ，516—519；全集Ⅰ，25，125—126）

9月16日：致信乌尔利西公爵（Anton Ulrich），称一位从中国回来的德国神父[2]不久前路过杜塞尔多夫（全集Ⅰ，25，106—107）

11月6日：布罗瑟欧致信莱布尼茨，称洪若翰尚在巴黎，也许会重返北京（全集Ⅰ，25，255）

11月6日：致信拉卢贝。几位朋友正在研究自己的二进制，人们发现柏应理以及其他人介绍的伏羲卦图的秘密与此吻合（全集Ⅰ，25，260）

11月20日：沃塔写信给莱布尼茨，"皇帝与哲学家伏羲"，阐述自己对莱布尼茨二进制与伏羲符号秘密的看法，希望能在汉诺威面谈（全集Ⅰ，25，268）

11月23日：布罗瑟欧致信莱布尼茨。收到莱布尼茨本月6日[3]的来信后，还未来得及和耶稣会神父们询问莱布尼茨所想知道的有关中国书籍（或手稿）的事情；维尔纽寄出的包裹中有郭弼恩及洪若翰的信件（全集Ⅰ，25，323）

11月30日：布罗瑟欧致信莱布尼茨，5、6天前，白晋神父回到巴黎[4]（全集Ⅰ，25，350）

12月2日：致信沃塔神父，称近日很少思考伏羲64卦（全集Ⅰ，

---

[1] 随函也许是下面提到的莱布尼茨认为白晋寄给他的"十六卷（本）"中文书籍或手稿。
[2] 不详。
[3] 此信未找到。
[4] 布罗瑟欧在1706年1月10日致莱布尼茨的信中，纠正了这一错误。不是白晋，而是在Mandura传教的法国耶稣会士博舍特（Jean Bouchet）1705年11月回到欧洲。

25，323）

12月17日：致信耶稣会长托罗梅。听说自己的"朋友"（amicus）白晋回到欧洲①，希望他能够得到教皇及法皇的支持；再次强调欧洲应该从中国获得其知识，以免有一天后悔失去了机遇（哲学文集Ⅶ，25，468；中国通信Ⅱ，62—63）

12月18日：布罗瑟欧致信莱布尼茨，称将通过维尔纽请洪若翰和郭弼恩回答莱布尼茨寄去的有关中国手稿的问题（全集Ⅰ，25，410）

12月29日：致函玛格罗提（Lorenzo Magalotti）。意大利托斯卡大公图书馆有关中国、特别是基督教传入中国的手稿，埃贝洛曾帮助整理翻译，能否帮助寻找等（全集Ⅰ，25，356）

藤策尔在其编撰的《新奇图书》（Curieuse bibliothec）上发表莱布尼茨二进制发明与伏羲卦图的长文。

1706

1月初：致信选帝侯夫人索菲。《易经》卦图与二进制（全集Ⅰ，25，432—434）

2月19日：莱布尼茨感谢洪若翰为他提供中国地理方面的情况，再次强调应该请中国人到欧洲来，因为没有他们欧洲人很难掌握中国的语言，很难学到他们的其他知识（中国通信Ⅰ，520—523）

4月16日：致信布罗瑟欧，巴黎寄来的"中国书籍"②

5月3日：布罗瑟欧致信，将就"中国书籍"之事询问耶稣会神父们及毕雍（通信，编号：LBr 119，435—436）

5月7日：布罗瑟欧再致信莱布尼茨，将4月16日信函转呈维尔纽，后者答应将信抄送郭弼恩以及洪若翰，以求回复（通信，编号：LBr 119，437—438）

6月：致信白晋。收到"16本中国书""毫无疑问只能是您寄的，

---

① 见上页注④。
② 此信未找到。

未看到随信";自己的发明,计算器,有无值得介绍给欧洲的游戏?(中国通信 I,528—537)

6月末:莱布尼茨致信维尔纽。收到白晋寄给他的"16本中国书"("只是对我来说这是一个无法打开的宝藏"),希望白晋能给出进一步的解释。莱布尼茨欢迎罗马方面推迟对有关中国的争论做出决定,因为在没有听取中国人的意见的情况下就去指责这么一个伟大的民族的做法是非常可笑的。因此应该选派一个明智一点的有足够时间做准备的人到中国去;在对中国的古老学说作出判断与评价之前,应该系统地对其进行学习与研究,而这将是一件长期的任务。莱布尼茨希望得到更多的有关中国的情况:常见的疾病与药物、犹太人或希伯来人、经典著作、造纸工艺、卫匡国在《中国地图》中提到的"真正的或者透明的瓷器";总之:"有无数无尽的东西我们还不知道"(中国通信 I,524—527)

9月24日:贝雷斯(Conrad Barthold Behrens)致信莱布尼茨。多次服用奎宁,退烧效果良好(通信,编号:LBr 46,165)

10月4日:致信克斯奈尔(Pasquier Quesnel)。礼仪之争,应请中国人到欧洲来,以便更好地了解他们的学说与感受(通信,编号:LBr 749,1—2)

11月4日:克斯奈尔从阿姆斯特丹回信。罗马的礼仪之争,教皇克雷门十一世私下告诉了梁弘仁(Artus de Lionne,1704年)通谕的内容,据说估计对耶稣会不利;教皇至今不愿公开其通谕。在罗马和巴黎人们传说中国皇帝拒绝传教士进入中国,荷兰媒体证实这是谣言。附件寄去梁洪仁写给教皇的信①(通信,编号:LBr 749,3—6)

7月16日:布罗瑟欧致信。郭弼恩将答应回复莱布尼茨(通信,编号:LBr 119,442—443)

1707

1月11日:柏林科学院会议。院长莱布尼茨询问库努皇家档案馆中

---

① Memoriale;莱布尼茨阅后退回。

有什么样的亚洲资料，答：外交使节公文，波斯、印度、鞑靼地区；询问拉克罗兹关于数世纪前阿拉伯人在中国旅行的看法，答：尚未发现新的线索（Hans Stephan Brather, Leibniz und seine Akademie, 柏林 1993，第 188 页）

1 月 24 日：科学院会议，讨论院长莱布尼茨关于围棋的文章以及刻制（论文中的）铜版画事宜，见下图（Hans Stephan Brather, Leibniz und seine Akademie, 柏林 1993，第 192 页）

莱布尼茨《论围棋》插图，柏林科学院院刊《Miscelanea Berolinensia》1710
图片来源：波茨坦莱布尼茨编辑部。

3 月 6 日：哲学家与数学家布尔盖特（Louis Bourguet）看到 1704 年发表在《特雷夫论丛》上的白晋 1701 年 11 月 4 日写给莱布尼茨的信后，

对白晋的观点提出质疑，与莱布尼茨及雅布隆斯基商榷，并通过莱布尼茨致信白晋，信末20个具体问题（中国通信I，538—575）

3月12日：致信克斯奈尔，讨论耶稣会在中国的传教活动（通信，编号LBr 749）

6月30日：拉克罗兹致信莱布尼茨，称自己似乎找到了中文窍门，远比门采尔的"中文钥匙"准确，怀疑米勒是否有阅读中文的能力；在柏林图书馆发现一份《中文西班牙文词典》手稿，耶稣会士门似乎没有提到过（通信，编号：LBr 517，第5—6张）

7月5日：瓦尔特从哥本哈根写信给莱布尼茨，称奥古斯汀会在华传教士希玛（Agostino Cima）从中国宫廷回到欧洲，现在丹麦，颇受丹王[①]器重（通信，编号：LBr 976，第72—73张）

10月8日：莱布尼茨与希玛讨论把中国文化取得的成就介绍到欧洲的可能性（Dutens V，484—5）

10月8日：致信瓦特堡（Johann Casimir Kolbe von Wartenberg）向普鲁士皇帝推荐希玛。此人曾是中国皇帝的御医，颇懂中国植物草药；欧洲很少有一个像柏林皇家博物图书馆拥有如此多的有关中国的收藏；揭示中国文字的秘密对分析人类思维非常重要（通信，编号：LBr 157，第3—4张）

10月8日：向普鲁士公主索菲窦罗悌（Sophie Dorothe）推荐希玛[②]。从东方来了一位神人（希玛），上天下凡拜倒在您的脚下。他看上去像个希伯来人，却生于意大利，到中国去传播福音；不知出了何事，他在完成了中国皇帝御医的任务后回来了，至少给我们带来了植物草药。他盛赞人参能使人青春永驻返老还童。这对沃塔神父有益处，"您当然不用"（通信，编号：LBr 157，第3—4张）

10月11日：致信乌尔利希公爵。有机会（10月8日）在赫尔德斯海姆与来自中国的传教士希玛会谈，他认为花费不多就可以把中国书籍

[①] 弗德烈四世（Frederik IV）。
[②] 希玛（1650—1722）在中国停留7年后回到欧洲，独步从丹麦经德国前往威尼斯。

甚至学者弄到欧洲，以便促进中国科学在欧洲生根发展；他将经柏林去罗马。"有点穷途潦倒"（通信，编号：LBr F1，第 84 张）

10 月 11 日：在写给俄国驻维也纳使节乌尔毕希（Johann Christoph von Urbich）的信中，莱布尼茨希望俄国起到连接中国与欧洲的作用（Guerrier, Leibniz in seinen Beziehungen zu Russland und Peter dem Grossen，第 66—68 页）

10 月 11 日：致信慧伊森。与欧洲相比中国几乎是另一个世界，无数事物为欧洲所不知，因此我的好奇心主要集中在这个国度；沙皇的帝国把中国与欧洲连接起来。不久前有幸结识一位刚从中国回来的传教士（希玛），他是个小小的反耶稣会者，不过他同意您的看法，认为可以从中国学习很多东西。这对俄国亦有益处（彼得堡科学院档案馆，Fond 119，卷 1，书 4，第 2—3 张）

10 月 14 日：莱布尼茨写信给拉克罗茨，再次提到他与希玛的会谈。会谈的几个主要话题是中国的草药，文字与语言；希玛告诉他中国文字中大约有 400 个简单字符，其余的字都是由这些组合而成；希望拉克罗茨进一步询问（Dutens V，485）

10 月 15 日：致信柏林皇家公主管家萨克托（de Sacetot）夫人，推荐希玛（"罗马教皇的一位传教士"）。不过不必担心，他不会在柏林促使人们皈依天主教，如同他未能在中国使更多的人信仰基督一样。他只是个意大利传教士，来自中国；虽曾经常给中国皇帝把脉，但同时告诉我们不要抱任何希望皇帝会成为天主信徒；此人对耶稣会在中国的活动不以为然，不是一派。沃塔神父不会总在柏林，否则这两位意大利人的决斗会很有趣。（普鲁士）皇帝对中国感兴趣，也许能听他讲讲；他说用很少费用就能请聪明多学的中国人来欧洲讲解传授他们的学问。目前很少听到这个国家的消息，同时这个国家肯定是一个充满新奇知识的世界（通信，编号：LBr 794，第 3 张）

10 月 17 日：乌尔利西公爵致信莱布尼茨，称"那个中国传教士（希玛）在这，可惜他不懂中文。我这里有许多带有文字说明的中国（装饰木）版，很想知道是什么意思"（通信，编号：LBr F1，第 85 张）

10月28日：致信奥尔班。希玛从中国回来谈了不少有关传教的情况；实际上没有任何希望能使中国皇帝皈依；在传教士未能熟练掌握中国语言文字的条件下，传教无法取得很大进展，而掌握语言与文字只有年轻人能做到，因此有必要请中国学者来欧洲传授，同时可以把中国的科学与文献带过来；选派年轻人直接去则不可，因为过于幼稚。巴伐利亚选帝侯的一个叔叔的遗孀①在其遗嘱中提到五万 Gulden 用于资助在中国的传教事业，遗嘱补充条款中又追加了一万，可以用此基金在欧洲建立一个中国学院。"不知您意下如何？"（通信，编号：LBr 699，第30张；中国通信 II，64—65）

10月29日：普鲁士公主索非窦罗悌致信莱布尼茨。"中国传教士（希玛）带来了您的来信。有您的推荐足够了"，答应支持希玛前行（通信，编号：LBr F48，第1张）

11月1日：拉克罗茨向莱布尼茨汇报与希玛的谈话，认为祭孔是彻头彻尾的偶像崇拜（通信，编号：LBr 517，第7张）

11月5日：针对拉克罗茨的来信，莱布尼茨指出，在礼仪问题上，少数传教士滥用他们在中国的自由；更重要的应该是促进双方的互相了解。至于尊孔的问题，"我怀疑人们可以把它叫做偶像崇拜"（Dutens V，487）

11月5日：致信波尔尼茨女士（Henriette Charlotte von Pöllnitz）。"从中国回来的希玛神父显然有幸与您会晤。您曾对这个国家怀有敬意，兴趣似乎不减当年"②（通信，编号：LBr 430，第10张）

11月18日：奥尔班致信莱布尼茨，称将把利用基金成立中国学院之事告诉（中国传教士）庞嘉宾（"昔日的学生"）以及遗孀的忏悔神父；困难之处是如何得到这笔钱（中国通信 II，66—67）

12月2日：希玛对莱布尼茨提供的多方帮助表示感谢（通信，编号：LBr. 157，第18—19张）

---

① Maximilian Philipp Leuchtenberg 之遗孀，1706年6月20日去世。遗嘱立于1705年9月2日，同日补充。

② 莱布尼茨与此女士较熟，相对来讲口吻总是轻松。

12月上旬：莱布尼茨对上面提到的布尔盖特信函中提到问题进行摘录和说明（中国通信 I, 576—589）

12月5日：致信法国流亡学者、柏林科学院新成员安西隆（Charles Ancillon）。赫贝洛曾为意大利托斯卡纳大公翻译过阿拉伯人（还是波斯人？）旅行中国的游记，可证明基督教在中国的早期活动；曾多方求救未果，资料是否还能找到？（通信，编号：LBr. 12，第115—116张）

12月13日：在写给郭弼恩的信中，莱布尼茨提到白晋寄给他的"16本中文书"（16 volumes Chinois）。"我再次重复，希望我们的传教士在把欧洲科学带到中国的同时，作为交换也把中国人的知识介绍给欧洲"；希玛曾告诉莱布尼茨，中国皇帝非常开明，有希望使其皈依基督教（中国通信 I, 594—597）

12月13日：莱布尼茨感谢白晋寄来的"16本书"（"16 livres Chinois"），渴望知道书的内容是什么；随信寄给白晋雅布隆斯基想要知道的"有关中国犹太人的几个问题"；希望教皇派往中国的使节铎罗能为传教士之间的和平做出努力与贡献；对"伏羲符号"的用处，莱布尼茨似乎没有太多考虑，"我有另外一个想法"（中国通信 I, 598—604）

12月18日：致信奥尔班。在中国传播基督教在很长一段时间内不会有大的进展，除非另辟蹊径；一百个传教士中几乎没有一个能够初步掌握中国的语言与文字，而要做到这一点则需要数年学习；只有年轻人有望做到，而送年轻人去会有被同化（腐化）的危险。唯一出路是在欧洲设立中国学院培养年轻人，同时能把中国文化带到欧洲。希望奥尔班神父的努力能有成就；法国人把欧洲科学带到中国，其危险是中国人一旦掌握，则会效仿日本，"机不可失时不再来"（中国通信 II, 68—71）

12月29日：莱布尼茨写信给语言学家库伯（Gisbert Cuper），告诉他布尔盖特（Bourguett）论文字与字母的新作，并且寄去了一份他收到该书的内容提要。布尔盖特认为摩西之前没有字母存在，而只有指物不指音的文字（图画），"就像中国人和埃及人的文字那样"（通信，编号：LBr. 187，第58—63张）

莱布尼茨摘录了泰弗内《卡什米尔游记》及曾德昭《大中国志》中

有关犹太人在中国的章节

1708

1月2日：莱布尼茨告诉拉克罗茨，雅布隆斯基给他寄来了一个名叫布尔盖特的商人关于"文字起源"的文章，另外还有给白晋的一封信。这两封材料寄到了巴黎（Dutens V，489—490）

1月3日：莱布尼茨写信给在维也纳的俄国使节，称俄国是"一块白板"，可以吸收中国与欧洲两双的优点（Guerrier, Leibniz in seinen Beziehungen zu Russland und Peter dem Grossen, 彼得堡，1873，第76页，附件）

1月8日：奥尔班致信莱布尼茨，称有机会将联系自己的学生、耶稣会巴伐利亚省负责人普莱斯（Joseph Preiss），力争得到上面提到的基金（中国通信II，72—73）

2月9日：拉克罗茨抱怨在柏林皇家图书馆的《中国近事》和在华传教士鲁日满（François de Rougemont）的《中国历史》[1] 丢失了。"这两本书对我非常重要，但汉诺威的一个名叫贝克（Beek）的人借走后没有还回来"（通信，编号：LBr 517，第20张）

2月29日：莱布尼茨感谢拉克罗茨表示出来的对中国的兴趣。《中国近事》不知放在何处了，不过也许能够找到一本；安文思（Gabriel de Magalhães）的《中国历史》[2]（原文如此）相对更难找到（Dutens V，491）

4月：莱布尼茨写信给毕雍，信中讲他收到白晋寄来的"16本中文书"（16 livres Chinois imprimes），白晋的信却丢失了（通信，编号：LBr 68，第57—58张）

7月28日：阿姆斯特丹市长威森致信莱布尼茨，称在雅加达及周围有六千多中国人，不难选出一些来欧洲，为赴华的传教士传授中国语言文字（通信，编号：LBr 1007，第51张）

---

[1] Historia Tartaro-Sinica Nova Curiosè complectens ab anno 1660, 1673。

[2] Nouvelle Relation de la Chine, contenant la description des particularitez de ce grand Empire, 初版1688。

8月9日：奥尔班致信莱布尼茨，称国库空，皇家没收了遗孀遗嘱，指定留给中国传教活动的基金无法兑现；从巴黎获知里斯本在期待教皇特使铎罗（Carlo Tommaso Maillard de Tournon）返回，此人指责康熙帝食言，因此离京前差点丧命（中国通信II, 74—75）

9月4日：莱布尼茨致信奥尔班，称自己已写信到荷兰①，建议应该从菲律宾等地争取一些中国人到欧洲传授中国文化；铎罗之行不会有任何用处，因为他应该收集的知识，是无法在几个月内甚至数年内能够完成的。只有在欧洲有了中国学院，人们能够如同阅读阿拉伯文献那样阅读中国书籍时，才有可能对有争议的问题做出合适的判断；基于此，教皇最好不要做出最终的结论。在柏林有人以中国文字为榜样，提出了一个通用字符方案，莱布尼茨不以为是（中国通信II, 76—79）

9月18日：奥尔班致信莱布尼茨，对其努力表示赞赏，中国学院、铎罗在中国的遭遇、耶稣会做了不少事情却惹来铎罗的指责（通信，编号：LBr. 699, 42—43；中国通信II, 80—81）

10月12日：在写给威森的信中，莱布尼茨认为，尽管中国的皇帝耶稣会传教士作了不少事情，但对耶稣会士们传播的宗教并不关心，也不相信灵魂不死。康熙关心传教士的原因，只是这些人把欧洲科学带到了中国。另外，莱布尼茨还听说铎罗当着中国皇帝的面指责祭祀孔子是偶像崇拜，从而激怒了康熙（通信，编号：LBr 1007, 第52张）

莱布尼茨再次阅读了1701年法国《学者杂志》中刊登的对在华传教士龙华民（Nicoolò Longobardi）、栗（利）安当（Antonio Caballero a Santa Maria）以及萨尔培特利（Domingo Sarpetri）② 等人的文章的评论，撰写《对中国礼仪及宗教的几点说明》（Annotationes de cultu religioneque Sinensium）③

---

① 致威森，信未找到。
② 中文名字不详，1623年生，1640年入天主教多明我会，1658年赴菲律宾，次年赴华，1683年逝世。1668年著文反对龙华民的观点，其文（Tractatus de Deo Uno, Vivo Vero à veteribus Sinensibus cognito, adversus scripta P. Longobardi）1701年在巴黎出版。
③ 均被收入李2002，第257—270页。

1709

4月22日：耶稣会学者德博斯（Des Bosses）写信给莱布尼茨，称教皇听取了艾逊爵（Provana）的陈述，但尽管如此还是做出了对铎罗有利的决定（格本 II，369；中国通信 II，82—83）

4月30日①：莱布尼茨写信给德博斯，询问康熙的使节艾逊爵是否已到罗马；听说铎罗被葡萄牙人关在澳门，消息是否属实（格本 II，372；中国通信 II，84—85）

5月18日：德博斯致信莱布尼茨。铎罗被囚禁澳门，艾逊爵及樊守义到达罗马。附件：论教皇克雷门十一世1704年11月20日之决定（匿名）；1707年3月16日写自罗马的信函消息；奥古斯汀会在华传教士白万乐（Alvaro de Benavente）1707年12月7日致教皇的信件；耶稣会传教士梅若翰（Giovanni Battista Messari）1708年1月5日发自澳门的信函等（中国通信 II，86—99）

7月9日：致信德博斯。从沃塔神父处得知，艾逊爵回来德国，效法闵明我和阿夫里尔陆路返回中国，也许这次能成功（中国通信 II，100—101）

7月15日：在写给普鲁士枢密顾问伊尔根的信中，莱布尼茨提到有位叫罗德根（Rödeken）的人写了一篇关于通用字符的文章，莱布尼茨以中国文字为例，在评语中肯定了这一尝试的正确性：数个民族使用相同的文字，各自的读法却不同（通信，编号：447）

7月30日：德博斯写信给莱布尼茨，告诉在罗马的耶稣会士托罗梅对莱布尼茨就礼仪之争提出的看法非常感兴趣，希望得到一本《中国近事》；艾逊爵性格言辞激烈。教皇希望他节制一点，艾逊爵："教会着火，我焉能不心急如焚？"（格本 II，377；中国通信 II，102—105）

7月31日：莱布尼茨告诉德博斯，他的《中国近事》当年通过马利亚贝基已经送到了罗马（格本 II，379；中国通信 II，106—107）

---

① 写信时间有不同说法。

8月12日：莱布尼茨给德博斯寄去自己一年前草拟的《关于中国礼仪及宗教的说明》，时间仓促没有抄写附件，希望阅后寄回；称自己曾建议白晋，利用《易经》中深藏的奥义秘密说服中国皇帝中国古人已经认识到了上帝创世等等（格本Ⅱ，380；中国通信Ⅱ，108—123）

8月16日：德博斯表示感谢，将马上把《说明》寄到罗马。教皇已写信给中国皇帝，请求释放铎罗（格本Ⅱ，385；中国通信Ⅱ，124—125）

9月6日：德博斯寄回《说明》，（副本）寄到罗马后，受到欢迎。不过为时已晚（"战斗结束后到来的增援"），人力已难以回天。答应"几天内"寄给莱布尼茨一本由意大利文翻译为拉丁语的关于中国的著作[①]；随信寄来几份来自罗马的有关资料，其中有康熙1707年4月5日（阴历3月3日）之通谕（（格本Ⅱ，385；中国通信Ⅱ，126—131）

9月8号：莱布尼茨对德博斯的赞扬表示感谢。尽管认为自己的看法不会有任何影响，还是希望自己对礼仪之争的理性考虑不至于完全无用（格本Ⅱ，389；中国通信Ⅱ，132—133）

莱布尼茨告诉拉克罗茨，他得到一份中国皇帝御旨的文献，呼吁不要批准铎罗的决定（Dutens Ⅴ，486，无日期）

9月20日：德博斯寄给莱布尼茨9月12日写自德国科布伦茨的信函，有关8月8日罗马对中国礼仪的讨论以及教皇当日做出的决定（中国通信Ⅱ，134—145）

10月25日：致信德博斯。保持联系，希望随时得到进一步的消息（中国通信Ⅱ，146—147）

1710

在《神正论》第二部分第177节，莱布尼茨提到俄国使节伊斯布兰特的中国之行

在《词源汇总》（CollectaneaEtymologica）第54节莱布尼茨讨论了中

---

① Reflexiones supra modernam causae Sinensis constitutionem juxta exemplar in Italia impressum in latinum translatae。

国的语言与文字：由于文字繁多，中国人书面语言非常丰富；口语则相对贫乏（Dutens VI，2，31）

莱布尼茨在柏林科学院杂志上发表《论游戏》（*Annotatio de quibusdam ludis; inprimis de ludo quodam sinico differentiaque Schachici et Latrunculorum, et novo genere ludi navalis*）。在这篇文章中，莱布尼茨纠正了金尼阁在《利玛窦中国札记》中对围棋的描述，还认为此游戏的发明者必定是个婆罗门教徒，因为游戏原则是围而不是灭。

1月18日：德博斯写信给莱布尼茨。礼仪之争已经很难有个好的结果，"事情如同那座著名的被围困的城市，有人说城已被攻下，有人说它已摆脱了围困"。什么意思？"无非想把耶稣会赶出中国"。德博斯给耶稣会长寄去了莱布尼茨的《说明》，但还没有收到会长的回信。附件：葡王使节1709年8月21日致教皇的请求信（格本Ⅱ，397；中国通信Ⅱ，148—151）

1月：莱布尼茨告诉德博斯他得到的有关中国的最新消息。教皇通过折衷的方式驳回了反对铎罗的声音①，因为他认为铎罗的意见与亚历山大七世1656年的决定没有任何冲突。这一说法在字面与形式上是反对耶稣会的，但在事情以及作用上却对耶稣会士有利（格本Ⅲ，400；中国通信Ⅱ，152/153）

2月22日：莱布尼茨与英国学者托兰德（J. Toland）讨论在中国的传教活动，中国的文字与语言：应把文字与语言区分开来，中国语言难写易说。"这是一个非常完美的语言"（通信，编号：LBr 933）

3月15日：德博斯写信给莱布尼茨，报告来自罗马的最新消息：铎罗在写给教皇的报告中抱怨中国人折磨迫害与他意见一致的传教士等等；德博斯列举了新近出版的五本关于礼仪之争的著作（格本Ⅲ，400—401；中国通信Ⅱ，154—157）

3月25日：德博斯寄给莱布尼茨几份他从罗马和其他地方得到的有关中国问题的文献资料，其中有托罗梅1710年3月8日从罗马寄给德博

---

① 奥古斯汀回白万乐的信。

斯的信函抄件以及3月16日来自托伦多（Trient）的一封信，事关卫方济在罗马的活动；希望礼仪之争能有个好的结果（格本Ⅱ，402；中国通信Ⅱ，158—165）

4月15日：莱布尼茨写信给拉克罗茨，认为应更多地重视对中国语言的研究，（在《中国近事》中提到的）出使中国的俄国代表伊斯布兰特的游记值得注释翻译（Dutens V, 497—498）

5月2日：莱布尼茨告诉德博斯最近出版了一本有关礼仪之争的著作①。书中的作者全都反对耶稣会，但很难令他信服。据说刘应（Visdelou）在礼仪之争中反对与自己同会的人而站在铎罗一边，莱布尼茨询问消息是否属实；据说中国皇帝把刘应驱逐出境，莱布尼茨希望知道，刘应具体去了什么地方②。他记得几个法国人曾说过，刘应对中国文献非常熟悉（格本Ⅲ，403；中国通信Ⅱ，166—167）

6月14日：德博斯报告来自罗马的消息，暗示克雷门十一世作出了一个决定。假如消息准确的话，那么在中国的传教活动的命运已经无法改变了。当中国皇帝的使节陆若瑟阐述自己的观点时，教皇说他将在5月15日结束这场争论，因为他不想看到整个传教活动以失败而告终（格本Ⅲ，404—405；中国通信Ⅱ，168—171）

7月2日：致信德博斯。假如看到在中国的传教活动脱离危险，莱布尼茨将会非常高兴。因为基督教在中国的进步不应因为某些人的担心而受到阻碍（格本Ⅱ，406—407；中国通信Ⅱ，173）

7月18日：德博斯告诉莱布尼茨，等卫方济到达罗马后，他可以为莱布尼茨提供更多的消息。附件：三份分别来自罗马（7月6日）、托伦多（7月6日）、科布伦茨（7月17日）的关于中国礼仪之争的消息（格本Ⅱ，409；中国通信Ⅱ，175—184）

8月4日：在写给德博斯的信中，莱布尼茨提到基尔歇编辑翻译的证明基督教曾在中国活动过（景教碑），谈到自己对受到争论的"天"

---

① *Mémoires pour Rome sur l'état de la Religion Chretienne dans la Chine*，1709。
② 1709年离开中国前往本地治里（Pondicherry）。

的看法；许多年前他收到白晋寄给他"16 本中文书"（16 volumina Sinensia typis impressa），可不知道这个"宝箱"里藏的是什么。自那以后，莱布尼茨不止一次地写信给白晋，却没有得到任何回答；莱布尼茨认为，（1706 年）维尔纽死后，法国人有点冷落慢待他。关于"天"的含义，最好是让中国皇帝以间接而可信的方式公开一下他的看法（格本 II, 409—410；中国通信 II, 185）

10 月 11 日：德博斯告诉莱布尼茨，他写信给罗马及巴黎询问莱布尼茨给白晋写的信的事情（格本 II, 411；中国通信 II, 187）

11 月 4 日：德博斯致信莱布尼茨。附件：教皇克雷门十一世 1710 年 9 月 25 日通谕，禁止未经教皇同意发表任何有关中国礼仪之争的文章（莱比锡大学图书馆，Kestner/II/A/IV/1031；中国通信 II, 189—197）

11 月 11 日：莱布尼茨曾抱怨受到巴黎耶稣会士的冷落，法国学者图尔米内（René Joseph de Tournemine）写信反驳；希望莱布尼茨把想通过白晋了解的问题列举出来，他将帮助寄往中国（通信，编号：LBr937；中国通信 II, 199）

11 月 18 日：莱布尼茨感谢德博斯寄来的有关中国的几本书。莱布尼茨特别指出了下列几点：阿拉伯穆斯林反对任何形式的偶像崇拜，但他们却不反对中国礼仪；中国皇帝曾在 1383 年禁止把孔子放在偶像之中一起进行祭祀；教皇乌尔班八世（Urban VIII.）时反对耶稣会的马尼拉大主教写给教皇的其他信件中收回了自己指责；多明我会的闵明我（Domingo Fernandez Navarrete）曾经几番改变自己的意见等等（格本 II, 413；中国通信 II, 201—205）

12 月 5 日：奥尔班寄给莱布尼茨几份材料，其中包括耶稣会传教士德玛诺（Roman Hinderer）1709 年 10 月 28 日发自广东新会的一封信、教皇国务秘书班齐里（Antoinion Banchieri）1710 年 10 月 17 日致耶稣会会长塔布里尼（Michelangelo Tamburini）的短函[①]、一份来自布拉格的信

---

① 重申 1710 年 9 月 25 日的通谕以及对其的解释（与前几次通谕并不矛盾）。

函①（无日期，中国通信Ⅱ，207—219）

莱布尼茨在勃兰登堡科学院杂志上发表借助语言研究民族起源的短文②。语言是历史的见证，应对自然语言与人工语言作出区分，中国语言属于人工语言等等（DutensⅣ，2，186；HarnackⅡ，187）

1711

1月6日：德博斯告诉莱布尼茨他在等待几份从罗马寄来的有关中国的文献（格本Ⅱ，418；中国通信Ⅱ，221）

2月2日：莱布尼茨致信德博斯，对罗马方面在中国问题上认真而固执的态度表示难以理解（格本Ⅱ，420；中国通信Ⅱ，223）

2月8日：莱布尼茨通过德博斯写信给法国的耶稣会神父图尔米内（René Joseph de Tournemine），希望能重新与白晋取得联系；对罗马的情况不理解，托罗梅显得满意，但教皇似乎另有决定（格本Ⅱ，420；中国通信Ⅱ，225—227）

2月：致信奥尔班。罗马教皇的决定尽管非常小心，意在帮助在华传教事业以及铎罗，只是担心中国皇帝不会同意（中国通信Ⅱ，229）

3月2日：罗马在中国问题上做出的决定令人不解，莱布尼茨怀疑中国皇帝是否会感到满意，因为他并不喜欢那个教皇的使节（格本Ⅱ，420；中国通信Ⅱ，231）

3月末：莱布尼茨写信给普鲁士国王，认为首要任务是"通过科学促进真正而纯洁的宗教在中国及其他东方国家的传播"。为此应该为欧洲年轻人提供一切学习的可能，使他们到中国后便可开始工作，而没有语言障碍（Harnack Ⅱ，214，215）

4月25日：德博斯给莱布尼茨寄去几份关于中国的材料；图尔米内请德博斯问一下莱布尼茨，他写给白晋的几封信是否是亲自寄出的；如果莱布尼茨把给白晋的信给他，图尔米内会设法使莱布尼茨得到回答

---

① 布拉格耶稣会士及多明我会成员对教皇通谕的不同解释。
② *Brevis designation meditationum de originibus gentium ductis pottisimum ex indicio linguarum*。

（格本Ⅱ，421；中国通信Ⅱ，233—235）

4月27日：在柏林科学院呈递给普鲁士国王的材料中，莱布尼茨建议成立一个专门的机构，对派往东方，特别是中国的年轻人进行语言及科学方面的培训（Harnack Ⅱ，222）

7月8日：莱布尼茨写信给德博斯，对寄来的有关中国的新资料表示感谢。现在是教皇做出决定的时候了。假如他真的不允许皈依基督教的中国人参加尊孔祭祖一类的礼仪，那么这就是中国传教事业的末日。自己几次写信给白晋，询问寄给他的中文书的内容是什么，但至今没有任何回音（格本Ⅱ，424；中国通信Ⅱ，237）

8月18日：德博斯致信莱布尼茨，提到卫方济1710年在布拉格出版的《1684至1708年数学—物理观察》①；莱布尼茨没有的话，可以把自己的寄去（格本Ⅱ，424；中国通信Ⅱ，239）

12月27日：奥尔班致信莱布尼茨，称德国法兰克福的耶稣会士们收到几封中国来信，其中两封是昔日的学生庞嘉宾写的。附件：庞嘉宾致同会会士威弼尔（Andreas Waibl），广州，1707年9月6日（回程经历、铎罗）；庞致同一人，鞑靼地区，1708年9月29日（鞑靼地区）、耶稣会传教士骆保禄（Giampaolo Gozani）致某人，北京，1709年11月27日、耶稣会传教士纪理安（Kiliam Stumpf）致某人，北京，1708年11月7日（"票"）（中国通信Ⅱ，241—289）

1712

1月16日：莱布尼茨写信给沙皇彼得一世，认为"科学环绕地球"是"上帝的安排"，俄罗斯可以取欧洲之长，中国之优，"很久以来，我就与整个欧洲保持了通信联系，直至中国"（Guerrier, Leibniz in seinen Beziehungen zu Russland und Peter dem Grossen，第126页）

2月15日：莱布尼茨写信给德博斯，询问在中国事件上罗马做出了

---

① Observationes mathematicæ et physicæ in India et China factæ ab anno 1684 usque ad ann. 1708，布拉格，1710。

什么样的决定，呼吁不要批准认可铎罗的决定，因为这将意味着传教事业在中国的结束，"而我却不希望这样"（Dutens II, 1, 293；中国通信 II, 291）

3月17日：莱布尼茨鼓励拉克罗茨慢慢开始研究中国（Dutens V, 500）

3月17日：莱布尼茨询问德博斯在罗马的争论是否结束，耶稣会的对手们是否将大获全胜（格本 II, 441；中国通信 II, 293）

3月30日：德博斯告诉莱布尼茨，对耶稣会有利的教皇亚历山大七世的决定①没有被取消，罗马方面也没有做出新的决定；但铎罗做出的决定中的某几点可能会得到批准认可；教皇允许艾逊爵返回中国（格本 VII, 581；中国通信 II, 295）

4月8日：在写给库伯的信中，莱布尼茨强调学习中国语言的重要性，因为这样便可更好地理解中国人的精神，研究他们的文字资料。"所以我经常期望能从菲律宾争取一些年轻的中国人到欧洲来，让他们在这里传授中国的语言与文学"（Murr, Neues Journal，第一辑，第317页）

5月20日：德博斯寄给莱布尼茨几份有关中国的资料，其中有葡萄牙耶稣会士阿玛利特（Valentino Amartina）致奥地利某会士的信，里斯本，1711年12月8日（一艘从澳门出发经巴西到达里斯本的船只带来了坏的消息：铎罗在澳门的状况及死亡）、一位方济各会传教士致罗马传信部负责人萨科利班特大主教（Giuseppe Sacripante）的信，广州，1710年12月22日、康熙对徐日升的通谕，北京，1710？（中国通信 II, 296—317）

5月26日：莱布尼茨感谢德博斯给他提供的有关中国的消息，对罗马做出的决定表示无法理解（格本 II, 445；中国通信 II, 321）

6月7日：致信奥尔班，对其提供关于中国的最新消息表示感谢（中国通信 II, 323）

6月15日：哲学家与神学家贝耶灵（Frriedrich Wilhelm Bierling）询

---

① 根据卫匡国的陈述1656年3月25日做出的对耶稣会有利的决定。

问莱布尼茨对米勒"中文诀窍"的看法（Dutens V 383）

6月20日：莱布尼茨没有回答贝耶灵的问题，而是简述自己对中国围棋的研究（Dutens V, 385）

7月6日：莱布尼茨希望拉克罗茨能够逐渐地从古埃及文字研究转向中国文字研究；另外，教皇本不应选派铎罗这样的一个人到中国。"说真话，我一直认为这位主教的行事方式让人觉得他是一个狂热的先驱，而不是一个其热情受到知识引导的人"（Dutens V, 503—504）

在写给巴黎语言学家格利玛莱斯特（de Grimarest）① 的一封信中（无具体日期），莱布尼词表示耶稣会传教士对铎罗的批评是有道理的，"这位主教似乎确实有点操之过急，令人不解"（Dutens，V, 71）

9月7日：奥尔班寄给莱布尼茨的一幅画像，以及德玛诺发自济南的一封信，1710年10月16日（过去四年内收到的欧洲来信，南昌、广东之行，徐日升、安多、庞嘉宾逝世等）（中国通信Ⅱ, 325—333）

9月20日：莱布尼茨告诉德博斯，耶稣会奥尔班神父给他寄来了一些有关中国的最新消息；询问在耶稣会中有无一个能够替代死去的数学家庞嘉宾的人；"几年前我在（奥地利的）林茨碰到过一位②，不过他似乎年纪大了，无法经历这么一个长期旅行"（Dutens Ⅱ, 1, 299；中国通信Ⅱ, 335）

9月24日，莱布尼茨写信给奥尔班，希望艾若瑟（艾逊爵）返回北京时能带点安抚中国皇帝的东西。铎罗则是没事找事，他在北京的所作所为放在巴黎或者马德里也是难以容忍的。再次表明了自己对中国礼仪的看法（中国通信Ⅱ, 337）

10月17日：莱布尼茨写信给威森：自己受到了沙皇彼得一世的接见③；铎罗给传教事业带来了巨大损失；在北京宫廷皇太子被关起来了（Murr, Neues Journal zur Literatur und Kunstgeschichte, 第一辑，莱比锡，1798年，第335—336页）

---

① 不详。
② 不详。
③ 1712年11月11日。

11月22日：奥尔班致信莱布尼茨。月来无来自罗马的消息；艾逊爵得到德国普法尔茨选帝侯威廉（Johann Wilhelm）的一笔资助（中国通信 II，339）

1713

在写给乌尔利希公爵的一封信中，莱布尼茨写到他在维也纳与奥涅金王子就尊孔的问题进行了辩论（Bodemann，莱布尼茨与乌尔利希的通信，1888年，第225页）

1月22日：奥尔班致信莱布尼茨。艾逊爵在米兰；希望收到艾的信后立即转寄莱布尼茨，还有来自鞑靼地区及俄国的信件①（中国通信 II，341）

1月30日：德博斯告诉莱布尼茨来自中国的新消息，据说9位多米尼加会传教士对中国皇帝的决定表示承认与接受；北京南堂的修建得到康熙皇帝的支持并题词；真希望皇帝能看到"您的《神义论》"；8天前四位（德国）耶稣会神父前往葡萄牙准备赴东京②（格本 II，476；中国通信 II，343）

2月：从维也纳致信奥尔班。希望对中国的争论不久停息；罗马到底还是发现了铎罗过于刚愎草率，看来教皇也并非总是对的（中国通信 II，355—357）

3月4日：从维也纳致信德博斯，称把德博斯的一封信给几位对耶稣会并无好感的贵人看了，"有关中国，我据理以争"（格本 II，477；中国通信 II，347）

4月29日：致信德博斯。一些"非常有思想的人"驳斥了多米尼加会的报道，他们对莱布尼茨拥护耶稣会传教士感到奇怪。"不管在什么情况下，我总是站在真理的一边"（格本 II，478；中国通信 II，349）

7月15日：奥尔班致信莱布尼茨。"敝会（耶稣会）在皇城（维也

---

① 无查。
② 待查。

纳）的权势人物中能有您这样一位辩护者，实感荣幸"（通信，编号：LBr 699，第68—69张；中国通信Ⅱ，351）

9月16日：既然中国皇帝在礼仪问题上做出了"如此对基督教有利"的决定，那么人们也就应该满足了，何不接受他的立场与观点？莱布尼茨再次希望拉克罗茨转向对中国的研究（Dutens V，505—506）

10月14日：奥尔班致信莱布尼茨，愿意动用所有"杠杆"促进在中国的传教活动；莱布尼茨提出的在欧洲建立中国学院的设想很好，且能够实现。昔日明斯特选帝侯主教[①]曾鼎立赞助过耶稣会在中国的活动，近日（通过奥尔班的中介）艾逊爵得到选帝侯威廉（Johann Wilhelm）的支持（中国通信Ⅱ，353）

1714

1月10日：莱布尼茨从维也纳询问德博斯有无有关中国的最新消息（格本Ⅱ，484）

莱布尼茨给法国学者雷蒙（Nicolas Remond）解释自己的通用字符设想以及《神正论》（格本Ⅲ，605）

在与语言学家张伯莱（John Chamberlayne）的通信中，莱布尼茨指出在汉语中人们通过不同的声调表示词的不同意思，就像在音乐中那样（Dutens Ⅵ，197—198）

1月24日：奥尔班寄给莱布尼茨来自中国的信件（无查）以及一份来自罗马的资料（1714年1月16日），内容选自1713年1月来自中国的信函[②]（中国通信Ⅱ，355—357）

2月9日：刘应从本地治里（Pondicherry）回复莱布尼茨1701年8月20日的信函（中国通信Ⅰ，604—607）

3月14日：莱布尼茨给雷蒙解释自己的哲学思想：实体、连续性、时间、空间等等（格本Ⅲ，611）

---

① 福斯腾堡的费迪南德（Ferdinand von Fürstenberg），1682。
② 此包裹由德博斯从科隆寄出（格本Ⅱ，484）

4月21日：致信德博斯。有关康熙被谋杀的消息被证明是谣传，莱布尼茨对此感到欣慰；希望得到进一步的消息（格本Ⅱ，486 中国通信Ⅱ，359）

4月21日：致信奥尔班。从荷兰传出的康熙被谋杀的消息被证明是谣言，对传教士的迫害已是无稽之谈，对此感到欣慰（通信，编号：LBr 177，第2张；中国通信Ⅱ，361）

7月1日：在维也纳宫廷所作的报告中，莱布尼茨提到了中国人的自然神学思想。他把《易经》中的阳爻与阴爻解释为1与0两个符号，认为其代表了上帝的创世。这一知识在中国已经失传了（手稿，编号：LHXXXIX，第58—61张）

10月12日：雷蒙告诉莱布尼茨自己读了龙华民神父的一篇文章，希望莱布尼茨能够"比较详细地说说自己的看法"，接着，雷蒙提到了马勒布朗士的"小对话"《一位基督教哲学家与一位中国哲学家关于上帝的存在与本质的对话》（格本Ⅲ，630）

10月17日：致信图尔米内。白晋是否还活着？寄给白晋的几本书、数封信皆未得到回复；有关中国之事希望罗马还是谨慎为是；听说在中国的耶稣会士在测量绘图，希望能够得到有关消息。"也许古叶知道更多详情"（通信，编号：LBr 937，第7张；中国通信Ⅱ，363）

10月24日：莱布尼茨再次鼓励拉克罗茨研究中国的语言文字（Dutens Ⅴ，506）

10月25日：奥尔班致信莱布尼茨，称耶稣会在中国并未受到损失，相反有了新的发展；康熙资助南堂并题词，康熙及一子热心数学几何（中国通信Ⅱ，365）

1715

语言学家张伯莱在阿姆斯特丹刊印《不同语言中的"我父祈祷文"》，书的开头是莱布尼茨致作者的一封信，其中提到中国语言的特点（Dutens Ⅵ/2，192—198）

1月22日：致信沙皇彼得一世。花费不少的计算器也许能有一天作

为去中国或波斯的使团的礼物（Sapiski Imp. Akademii Naúk，第4卷，第1册，彼得堡1863）

3月24日：莱布尼茨写信给拉克罗茨，询问一位亚美尼亚作者的"大汗游记"（au Grand KamdesTartares）中有无对鞑靼地区的地理状况的描写，"就像鲁布鲁克的游记那样"（Dutens，V 507）

4月1日：雷蒙对莱布尼茨的耐心解释表示感谢，接着再次回到了中国这个题目，希望莱布尼茨也对此发表一下自己的看法。"我自己思考了很多。在这方面读到的最好的材料是1701年外方传教会在巴黎刊印的龙华民神父的一篇短文；写作《一个中国学者与一个基督信徒的对话》时，尊敬的马勒布朗士神父从这篇短文中获益良多……您的《中国近事》序言写得非常好，充满了真知灼见，不过您在那里没有研究中国学者的哲学思想。而在我看来，他们的思想是非常值得思考的"（格本 III，640）

4月6日：听到耶稣会被赶出中国的消息后，莱布尼茨感到忧虑，写信给拉克罗茨询问消息是否可靠。果真如此的话，基督教将蒙受不公，"我们也将失去许多可能从这个伟大辽阔的国家获得的知识"（拉克罗茨书信集，Thes. epist. Lacrocianus，卷 I，1742年，第219页）

4月25日：致信科托尔托（Sebastian Kortholt）。面对礼仪之争，莱布尼茨希望新教各派能在中国问题上保持一致，"如同我早在《中国近事》中就已期望的那样"。由于教皇在中国人尊孔祭祖等问题上的固执态度，天主教在中国的活动受到很大威胁，结果将是要么耶稣会主动撤出，要么被驱逐。"通过（天主教）的内讧，我们的人也许能够进入角色"（Dutens V，323）

4月20日：致信拉克罗兹。鉴于耶稣会受到的迫害，莱布尼茨建议应该重新推动新教的传教运动。"假如耶稣会在中国的传教活动失败了，那么这种情况便应唤醒新教传教士"；耶稣会被赶出中国的消息是不可信的，不过这一天迟早会到来，如果他们以及那些教皇派传教士坚持执行教宗的决定的话。"我不知道，人们为什么会想到做出这样一个几乎无理性可言或者毫无根据的决定"。威尔金斯（Wilkins）给莱布尼茨寄了一

份汉语《我主祈祷文》，莱布尼茨还没有来得及回答（Dutens V，510）

5月20日：致信科托尔托。再次指出学习与研究外民族语言的重要性，建议应该对传教士进行这方面的培养。因此，应该从那些西方希望传播基督教的地方请一些传教士到欧洲来，以便使欧洲的年轻人能够学习那里的语言与文学；就《中国近事》而言，莱布尼茨认为至今影响甚微，只在英国为此事建立了一个小小的传教团体（Dutens V，325）

6月22日：莱布尼茨告诉雷蒙，他还没有看到龙华民以及马勒布朗士对中国哲学的解释[1]，希望得到更多这方面的信息（格本Ⅲ，644）

6月30日：莱布尼茨写信给德博斯，询问在罗马进行的有关中国问题的讨论。"有些时候，我对那里做出的决定只能感到惊奇，而不是理解"（格本Ⅱ，499；中国通信Ⅱ，369）

7月2日：致信科托尔托。有人认为在中国传播福音将需要很长时间，莱布尼茨认为做一件事不一定非要放弃另一件。与那些完全无知的民族相比，那些有哲学理解力的人更容易接受基督教信仰（Dutens V，328）

7月8日：致信给维也纳菲利普·奥涅金将军（Jean-Philippe-Eugène），对耶稣会在传教活动中的功绩给以肯定，同时批评他们错误地攻击詹森派。"自己活者，也得让别人活者"（通信，编号：LBr 996）

9月2日：致信菲利普·奥涅金将军，再次肯定耶稣会在中国传教的功绩（通信，编号：LBr 996）

11月4日：莱布尼茨收到雷蒙寄来的"包裹"，答应为此专门写一封信（格本Ⅲ，660）

12月16日：莱布尼茨写信给奥尔良公爵夫人，提到自己在维也纳时曾就中国的礼仪问题与奥涅金王子（Eugen Franz, Prinz von Savoyen-Carignan）发生争论（Bodemann，1884，第38页）

12月24日：莱布尼茨在写给德博斯的信中，希望教皇能冷静一点，措辞不要那么强烈。据说罗马准备再派一个使节到中国，莱布尼茨认为

---

[1] 见下文《龙华民》附录。

必须找一个不像铎罗那么狂热的人；有位朋友（雷蒙）寄来龙华民及利安当昔日写就发表的文章，文章中引用的中国文献完全可以得到另外的更合适的解释，不管中国学者现在怎么想（格本Ⅱ，507；中国通信Ⅱ，375—371）

1716

1月13日：莱布尼茨写信给德博斯，称自己完成了一篇讨论中国自然神学的文章。与龙华民以及利安当的观点相反，莱布尼茨不认为中国人是无神论者，与希腊的哲学家相比，中国人更接近真理；在维也纳逗留期间曾多次为耶稣会辩护（格本Ⅱ，508；中国通信Ⅱ，373）

1月17日：致信雷蒙。"我并没有忘记中国人，而是在撰写一篇论文，研究他们关于上帝、神灵与灵魂的学说。我觉得，人们可以对他们的古典作家的学说做出非常合乎理性的解释"（格本Ⅲ，665）

1月17日：莱布尼茨在写给雷蒙的信中谈到他就中国围棋写的文章：游戏的目的不是互相残杀而是尽量包围对方，"其基本原则是非常合乎理性的"（格本Ⅲ，669）

1月21日：致信拉克罗兹，称反对耶稣会的运动将对耶稣会有利，因为由此会避免耶稣会有一天遭受更大的打击与失败："他们在法国受到辱柔，但人们似乎不想过分地激怒他们"（Dutens Ⅴ，513）

1月27日：莱布尼茨写信给雷蒙，称已经完成《中国自然神学论》，"几乎是一篇正式的文章，与马勒布朗士的《对话》差不多（一样长）"（格本Ⅲ，670）

3月7日：德博斯希望莱布尼茨在《中国自然神学论》中也谈谈他对"伏羲哲学"（即《易经》）的看法，指出法国耶稣会负责人德茨在16年前出版的就尊孔问题写的一本书中[①]对龙华民及利安当的神学修养表示怀疑。附件：耶稣会士封塞喀（Francisco Duarte da Fonseca）致德博斯的一封信，维也纳，1716年2月5日（教皇拟派遣一名新的使节赴中

---

① Ad Virum Nobilem de Cultu Confucii Philosophi et progenitorum apud Sinas。

国,葡王提出具体条件;卫方济的《中国六经》① 在布拉格出版;在阿姆斯特丹有人出版了一本题为《Caduceus Sinicus》② 的著作)。另一附件,罗马1716年2月1日,有关 Conchinchina(格本 II,512;中国通信 II,375—385)

3月15日:雷蒙急切地等待着莱布尼茨"关于中国人的论文"(格本 III,672)

3月27日:莱布尼茨告诉雷蒙,他还需要一点时间才能完成《中国自然神学论》,并请雷蒙理解(格本 III,675)

4月3日:在一封致布尔盖特的信中莱布尼茨写道:关于耶稣会在中国遭到屠杀的消息被证明是错误的;葡萄牙国王在罗马为耶稣会辩护,不愿在澳门公布教宗反对中国礼仪的决定,莫斯科人继续派商队到中国,"在北京有一座东正教教堂"(格本 III,593)

5月4日:莱比尼茨致信奥尔本,希望葡萄牙国王能够在罗马施加影响,促使其在中国问题上谨慎行事;坚持铎罗之通谕,则意味着传教事业的灭亡。"我始终认为,中国人的祭祖孝贤完全可以被看作是世俗行为"(DutensⅤ,444;中国通信 II,387)

5月29日:致信德博斯,请其代向一直关心中国及日本事情的明斯特大主教顾问科赫海姆和耶稣会神父封塞喀致敬问候(格本 II,520;中国通信 II,389)

6月8日:奥尔班致信莱布尼茨,称根据最新消息中国之事尚有一线希望;如此的话,教皇之通谕多多少少就失效无用了(中国通信 II,391;通信,编号:LBr 699,第80—81张)

7月2日:致信奥尔班,希望对中国的争论能够得到善意的解决或者至少停息(中国通信 II,393)

8月3日:在写给沙皇保健医生阿莱斯金(Areskin)的信中,莱布尼茨希望他发明的计算器有一天能作为礼物送给中国皇帝(Briefe von

---

① Sinensis imperii libri classici sex, 1711.
② 参考的版本注明科隆,1713。这个时期诸多出版物的出版地点等皆虚构。匿名作者(据说是著名的神学家)认为找到了解决中国的礼仪之争的途径与办法。

Christian Wolff，彼得堡 1860，228）

9月：致信奥尔班。"我一直认为罗马不应轻易放弃在中国的努力，而他们恰恰在这样做"；哪怕是简单地确认一下铎罗的通谕，其结果无疑便是传教士被赶出中国（中国通信 II，395）

10月24日：雷蒙致信莱布尼茨，"以极大的耐心"等待着莱布尼茨的《中国自然神学论》，"因为我对您的精神所创造的一切感到喜悦"（通信，编号：LBr768，第65张）

11月14日：莱布尼茨辞世

《中国近事》——主题，历史与意义*

《中国近事》第二版（增订版），1699
图片来源：波茨坦莱布尼茨编辑部。

    1697 年 3 月 27 日，德国耶稣会士克雷夫（Johannes Clerff）从明斯特致信莱布尼茨①，信的附件是葡萄牙耶稣会传教士苏霖（Jose Suarez）从北京发出的关于康熙皇帝 1692 年 3 月颁发的所谓的"容教令"的用葡

---

* 首次发表：中国近事，第 102—157 页。
① 全集 I, 13 Nr. 404。

萄牙文写成的报告抄件①。1697 年 4 月 21 日，莱布尼茨在《日记》② 中提到有人希望尽快得到《中国报道》即《中国近事》；一周后，1697 年 4 月 27 日，莱布尼茨回信给克雷夫表示感谢，随信寄出《中国近事》一册③。出版商是汉诺威的福斯特（Nicolaus Förster）④。从收到苏霖的报告到出版时间前后不过一个月，如果再算上翻译成拉丁文的时间，可以说是异常高效的。显然，编者有点赶时间。意图何在？大约是利用康熙容教之令、赶在沙皇彼得一世（匿名）首次访问欧洲之前，唤起学界、政界、宗教界⑤看清难得的历史机遇，通过陆路推进在中国的传教活动；利用俄国的中间纽带地域，促进中国与欧洲之间的文化与科学交流；面对日益剧烈的所谓礼仪之争，呼吁欧洲放宽眼界，谨防因小失大；鉴于天主教在中国遇到的困难，鼓励新教国家行动起来，不要把利益拱手让给罗马以及包括法国在内的天主教国家。

除了后来非常著名的"前言"外，该书包括六份文献⑥：1）上面提到的苏霖的报告；2）南怀仁《康熙朝欧洲天文学在中国》摘录⑦；3）闵明

---

① 这封报告由葡萄牙耶稣会传教士金弥格（Miguel do Amaral）1694 年带回欧洲（全集 I，13，668）。遵照克雷夫的愿望（全集 I，14，277）莱布尼茨把寄给他的手稿使用后寄回（参见全集 I，14，19）。1703 年维也纳的 Voigt 出版社刊印了柏应理的《中华帝国编年史》（Tabula Chronologica Monarchiae Sinicae），其中第 202—234 页是一份附件，题目为 De libertate Religionem Christianam apud Sinas propagandi anno 1692. tandem concessa, ex relatione R. P. Josephi Suarez Pekinensis collegii Rectoris excerpta. 该报告与《中国近事》中刊登的大部分一样，报告的第二部分比较简短。是否取自于《中国近事》则不好确定。早在 1696 年在西班牙的 Valencia 就出版了一份从葡萄牙文翻译的西班牙译本 La libertad de la ley de dios en el imperio de la China, compuesta por Joseph Suarez y trad. de la lengua portuguesa, 译者是 Juan de Espínola。尽管如此，莱布尼茨的拉丁文本至今是这份史料的流传最广的文本。
② Pertz, I, 4, 224。
③ 信未找到，参见全集 I, 14, Nr. 162。
④ 参见全集 I, 14, 194。书中既无出版地点亦无出版商名字。
⑤ 这亦是使用拉丁文的原因。
⑥ 详见中国近事，译者的话。
⑦ 这份摘录出自 1668 年的一个单印本，题目为 Astronomia Europaea sub Imperatore Tartaro Sinico Cám Hy appellato in lucem revocata a P. Ferdinando Verbiesto... cum figuris Observationum et Organorum 等等，后来被收入柏应理负责刊印的 1687 年出版的南怀仁《康熙朝欧洲天文学在中国》一书第 7 章（Astronomia Europaea sub Imperatore Tartaro Sinico Cám Hý, Dillingen 1687）。莱布尼茨的摘录可能是在旅行意大利时写就的，因为摘录所使用的纸张与 1689 年 11 月 12 日在罗马写给利国安（Giovanni Laureati）（全集 I, 5, Nr. 263）的信所使用的纸张相同。

我1693年12月6日从果阿写给莱布尼茨的短信,信中表示待回到中国后将回答莱布尼茨在罗马期间以及后来的信件中所提到的问题①;4)比利时耶稣会传教士安多(Antoine Thomas)1695年11月12日发自北京的信函摘录②;5)德国商人布兰特(Brand)就1693—1695年俄国使团访问北京的简单描写③;6)法国耶稣会传教士张诚(Jean François Gerbillon)在尼布楚写就的两封信的摘录④。

　　早在当年(1697)12月初,莱布尼茨就在写给白晋的信中⑤提到出版第二版的设想,并提到希望能收入白晋的《康熙传》⑥以及郭弼恩的《中国皇帝容教令史》⑦。在1698年12月30日写给哈克曼(Hackmann)的信中⑧,莱布尼茨称《中国近事》第二版已经刊印,一位朋友把白晋的《康熙传》译为拉丁文。从莱布尼茨1699年4月22日写给意大利马利亚贝基(Antonio Magliabechi)的信中⑨,可以得知这位朋友是Helmstedt大学修辞学教授科尔伯(Caspar Körber)。收到上面提到的信后,克雷夫希望再版时不要再提他的名字⑩。尊重这一愿望,第二版中删去了

---

　　① 此信是对莱布尼茨1692年3月21日信函(全集 I, 9, Nr. 348)的回复,莱布尼茨收到此信的时间大约是1695年11约中旬。

　　② 在1697年3月25日的信中,克雷夫同时提到随信还寄去一封有关基督教在中国的信函(literas de rei Christianae in isto Imperio, 全集 I, 13, 668),也许就是这里刊登的这封信(Clerff的附件未找到)。

　　③ 这份文献由柏林驻莫斯科代表莱尔(Reyer)带回柏林,再由库努(Chuno)从柏林寄给莱布尼茨,收到的时间大约是1695年3月;另外,门采尔(Mentzel)1696年出版的《中国编年史》亦收录了这一资料。两份均为德文。估计是莱布尼茨自己翻译为拉丁文在这里发表。

　　④ 这份摘录的底稿是参加尼布楚谈判的法国耶稣会传教士张诚(Jean-François Gerbillon)1698年7月从尼布楚写给维尔纽(Antoine Verjus)和拉雪茨(François de La Chaise)的两封信。按照莱尔的说法,信被莫斯科扣押,后由莱尔带回柏林,再由库努转寄莱布尼茨。莱布尼茨收到信函的时间大约是1695年4月(参见全集 I, 11, Nr. 289)和5月(全集 I, 11, Nr. 334)。1695年5月27日,莱布尼茨(抄留后)把给维尔纽的信从汉诺威寄到巴黎(全集 I, 11, Nr. 334),给拉雪茨的信是当年10月初寄出的(全集 I, 11, Nr. 483)。

　　⑤ 参见全集 I, 14, 71。

　　⑥ Portrait de l'Empereur de la Chine。

　　⑦ Histoire de l'edit de l'empereur de la Chine。

　　⑧ 全集 I, 16, 63。

　　⑨ 全集 I, 16, 732。

　　⑩ 1697年6月25日。全集 I, 14, Nr. 162。

克雷夫的名字。还有其他几处改动,在改动时又混入了另外的一些错讹。最重要的当然是第二版中收入的白晋的《康熙传》以及莱布尼茨就此撰写的《致读者》前言。

下面简单勾勒一下《中国近事》中涉及的几个问题及刊印后引起的反响。

莱布尼茨与中国文字

17世纪,在华传教士在其给欧洲读者介绍中国的著作中,均或多或少地提到了中国的语言与文字。这类本身非常有限的介绍在欧洲本土引起了不少猜想与争论,进而导致与促进了后来对汉语的系统性、批判性研究。在这一过程中,欧洲学者提出的主要观点或猜测可以归结为下面几条。

1. 由于都是"象形"文字,中国文字与埃及文字可能存在一定的渊源,这便提出了一个中国文化与埃及文化的关系问题。这一观点的代表人物是撰写《中国图志》的基尔歇。同时,基尔歇还比较了中国语言文字与欧洲语言文字的不同。他认为中国的语言与文字一样难学。中国的语言常有歧义,经常出现一个词表示五种事物的情况。并且,汉字的书写与字母书写不同,所以学起来非常困难。欧洲语言用少量的字母组成大量的词汇,中国语言中却有大量的字构成相对少的词,因此必须靠不同的声调来弥补这一缺陷。为此,传教士们不得不在中国文字上加上类似乐谱中的符号,以表示不同的读音。

2. 中国文字应该是按照一定规则创造的人工文字。假如能找到这一文字构成规则,则学习与掌握这一文字便是非常容易的一件事。怀有这一幻想的有莱布尼茨在《中国近事》中以非常惋惜的口吻提到的德国柏林尼古拉教堂的教长安德烈·米勒(Andreas Mueller)。米勒曾受勃兰登堡选帝侯的委托,收集有关中国的书籍与报道,对中国文字亦有研究,他曾声称发现了掌握中国文字的"钥匙",但却秘而不宣,后来竟将多年心血付之一炬。由此,人们无法知道他的研究到底有多深。米勒死后,对中国文字颇有兴趣的克利斯蒂安·门采尔(Christian Mentzel)接管了他在图书馆里的工作,门采尔同样声称发现了中国文字的秘诀。在英国皇家学会刊物《哲学通信》(Philosophical Transactions) 第 180 期(1686) 发表的一篇关于中国文字的《某些观察》中,作者声称:"至于是否有过自然语言并不是我要讨论的;人工创造的语言的存在却是不难证明的,中国的官方语言就是这样的一种人工特意创造出来的语言。"

3. 中国语言(即汉语)是人类最古老的语言——早在巴别塔建造之前,汉语就已经开始使用。提出这一大胆设想的是英国学者维伯(John Webb)。在其 1669 年发表的《论中国语言为人类原始语言》[①] 的著作中,他提出,在有史以来的所有时间,中国语言一直持续存在着,并且被保留在书籍中,这也说明,在建造导致人类语言混乱的巴别塔时,中国人没有参加。中国文字源自象形,一直没有变化,到现在还使用着。

4. 按照一定的解析法,可以发现在中国文字中隐藏着《圣经》中记载的真理。这是所谓的"索隐派"的观点,如白晋等。最有代表性的是对汉字"船"的索隐解析:如果把"船"字中的"几"读为"八",则可发现"船"字中隐含着的是《圣经》中所记载的"八人一条船"诺亚方舟的故事。白晋还把《易经》六爻对应于上帝创世所用的六天,他对"王""主""帝"等字的解析也是索隐解析[②]。

5. 希伯来语《圣经》中的诸多词汇意义不清,由此造成了理解上的困难与争论。借助汉语文字,或许可以澄清这些疑难之处。提出这一大胆设想的是法国学者玛桑(Philippe Masson,1680—1750),代表作是 1713 年发表在《学者共和国历史批判》上的几篇论文。作者依据的主要是安文思(Gabreil de Magalhaens)的《中国新志》,李明的《中国现势报道》,基尔歇《中国图志》中的《大秦景教碑文》,雷南(Reland)以及高尔(Golius)等人的研究,特别是一些未发表的词典手稿[③]。

---

① An Historical Essay Endeavouring a Probability, That the Language of China is the Primitive Language。

② 参见中国通信 I 中收入的白晋写给莱布尼茨的数封信件。

③ 见 Histoire critique de la république des lettres, tant ancienne que moderne, 1712 – 1718, 卷二及卷三。

在1673写给英国皇家学会秘书长奥登堡（H. Oldenburg）的信中，莱布尼茨把中国的文字比作化学家们所使用的共同符号，并且提到，自己正在发明一种没有任何歧义的通用哲学（即通用字符）①。关于中国文字，莱布尼茨在这里所想到的主要是两点：一是该文字在全国通用，但各地却有各自的方言，不同的读法（即发音）并不妨碍对文字意义的理解；二是文字与所指即意义的关系，假如文字本身直接代表了意义，从对文字构成的分析便可获得对事物的认识；另外，这样的一种文字还会有助于对事物的记忆。很明显，莱布尼茨认为中国的文字可能会对自己所希望发明的通用语言有所启发。

1678年1月12日，在《中国近事》中同样提到的法国学者泰弗内（Thevenot）在写给莱布尼茨的信中，提到了米勒对中国语言文字的研究以及米勒的其他有关中国的著述②。在收到泰弗内的信后，莱布尼茨随即写信给柏林的埃斯赫尔茨（Joh. Sigismund Elsholz，1688年逝世）询问米勒的汉语研究。在1679年1月底写给莱布尼茨的信中③，埃斯赫尔茨详细列举了米勒已发表的著作与研究计划，其中有：1）《关于"契丹"问题的讨论》，材料选自马可·波罗的《游记》（法兰克福，汉堡1671年）；2）《有关中国的七项观察》（柏林，1674）；3）叙利亚文字研究；4）《勃兰登堡发明即有关中文钥匙之方案》（1674年），这只是一个计划，借用这样一个"钥匙"，"人们可以理解所有的中文书籍"；5）编辑出版了波斯人阿布达勒（Abdallae）根据波斯文资料撰写的中国历史。

收到埃斯赫尔茨的信后，莱布尼茨可能进一步询问过米勒是否会读中文，因为在当年4月5日写给莱布尼茨的回信中，埃斯赫尔茨写到，米勒熟悉中文的发音④。作为这封信的附件，埃斯赫尔茨给莱布尼茨寄了米勒的三本有关中国的著作。

在确信米勒对中国文字有研究后，莱布尼茨1679年6月24日写信

---

① 全集，II，1，239-240；参见格本，VII，11-13。
② 全集，I，2，308-309，特别是309。
③ 全集，I，2，419-420。
④ 全集，I，2，462。

给埃斯赫尔茨，托他转给米勒以下 14 个具体问题[①]：

1. 汉字的秘诀（即规则）是否像 a，b，c，或 1，2，3 一样明白无误？

2. 如不是，理解汉字是否需要某些辅助工具，就像识别象形文字那样？

3. 既然汉字如人们所知，是从物而不是从名的，我想知道，是否有一个由数目有限的汉字构成的基本文字表，所有其他的汉字皆由它们组合而成？

4. 物质性的事物是否也是借助物质性的或可见的事物来表达的？

5. 字是不是一下子被人创造好了的？抑或也像其他语言一样，随着使用和发展而发生变化？

6. 假如是人工创造的，其秘诀是什么？

7. 米勒是不是认为中国人自己并没有认识到这一秘诀？

8. 他是否认为将这种文字引入欧洲既实用又方便？

9. 那些创造了汉字的人是否富于理智并且理解了事物的性质？

10. 指称自然物如动物，植物及岩石的汉字，是否各有区别？

11. 一个人能否以及能在多大程度上从汉字中直接理解事物本身的性质？

12. 倘若我掌握了这个秘诀，我能不能理解任何用中文写成的材料？

13. 如果我掌握了这个秘诀，我能否用中文写点东西，并且我所写的东西能被中国人理解？

14. 如果把一篇材料（譬如《我父祈祷文》）交给几个中国人和几个熟悉中文秘诀的人，让他们各自逐字译成中文，他们的译文是否会大体一致？并且，一个即使不懂中文的人，也能看出这两类译文的意义基本相同？

以上问题，可简单归结为两点：一是汉字的组合规则（假如有这么一个规则的话），二是词与物的关系。词与物的关系属于认识论方面的问题，词的分类亦是知识分类；对组合规则的兴趣则与莱布尼茨试图建立

---

① 全集，I，2，491-492。

的通用语言有关系。这一通用语言由分析与组合两步构成，可以用来作为学者之间进行交流的、不依赖各自所使用的民族语言的"世界语"，另外，通用语言也是一种发明术，知识的获得可被理解为概念的不断组合。通过把概念符号化，达到把思维计算化的目的[1]。

同年7月9日，埃斯赫尔茨写信给莱布尼茨转达了米勒的简单答复[2]：对莱布尼茨提出的问题，米勒置之不理，而是抱怨询问干扰他的人太多（其中包括上面提到的基尔歇），使他觉得很烦。由此，米勒在学界留下了莱布尼茨在《中国近事》中提到的"秉性古怪"的名声。

收到这封信的时候（1679年8月5日），莱布尼茨正想请米勒把自己的一本汉语书[3]，"四开本，但窄而长，大约80页"，逐字用拉丁字母标出发音，然后再逐字翻译为拉丁文。大约20多天后，埃斯赫尔茨转来了米勒的回答。埃斯赫尔茨告诉莱布尼茨：米勒愿意把莱布尼茨所说的书翻译为拉丁文并且注出发音，但有必要先看看书的内容，才能判断是否值得这样做；因此，埃斯赫尔茨希望莱布尼茨要么把书寄给他，或者至少把封面寄去，或者让人把书名"画"下来。

莱布尼茨所说的这本书应该是《四书》中的《大学》（大约80页）。至于莱布尼茨是寄去了书还是让人了"画"了封面寄去，则不得而知。在当年9月7日写给莱布尼茨的信中[4]埃斯赫尔茨写道：米勒认为，最好能挑一本不常见的书（假如莱布尼茨还有的话），因为莱布尼茨所说的书米勒自己有，而且已经被一个叫做Intorcetta（殷铎泽）的西西里亚人翻译过了[5]。

莱布尼茨的兴趣并不在于书的内容，而是在汉"字"上。从米勒处，可以说莱布尼茨没有得到任何"帮助"。尽管如此，在后来的书信和文章中，莱布尼茨经常提到米勒，并且对米勒逝世前烧毁自己的资料文稿的传闻感到惋惜。具体到中国文字与自己所设想的通用语言的关系，

---

[1] 参见郝刘祥《莱布尼茨的通用字符理想》，载《莱布尼茨与中国》，第150—168页。
[2] 全集，I, 2, 499。
[3] 全集，I, 2, 508。
[4] 全集，I, 2, 517。
[5] 即殷铎泽（1625—1696）《Sapientia Sinica》。

莱布尼茨只能根据他所掌握的资料随时做出（因此前后矛盾的）判断。在1679年4月写给弗德烈公爵（Joh. Friedrich）的信中①，莱布尼茨认为："假如我们掌握了中国文字的话，我们便能发现某些相关之处，但从根本上来看，中国文字距离我的设想甚远。"按照他的看法，中国文字显示了一定的事物之间的联系，但借助他们却无法分析人的思维。在1685年写给奥古斯特公爵的一封信中，莱布尼茨再次说明了他的通用字符与中国文字的区别②：通用字符将具有中国文字的优点，每个人都将以自己的语言去理解它；但它将无限地超越中国文字，因为人们可以在几星期内掌握它，其字符依照事物的秩序与关系联系在一起，而中国文字按照繁多的事物有无数个，因此中国人要花毕生的时间学习它们③。

尽管如此，莱布尼茨还是希望尽一切可能获得更多的有关中国文字的知识。1687年初，莱布尼茨从荷兰耶稣会士巴朴布罗赫（D. Papebroch）处获悉④，柏应理（Couplet）将在巴黎出版《中国哲学家孔子》一书的消息后，随即写信给巴朴布罗赫⑤，建议最好能在拉丁文翻译的行间附上原文。在发表的《孔子》一书中，《大学》及《论语》部分的某些地方，确实还带有数个阿拉伯数字作为序号，说明作者们本来是计划在书的末尾附上原文的；在保存下来的手稿中，标出了相应中文字的发音的地方留有一定的有待填充的空间。

1689年夏天，莱布尼茨在与闵明我会谈时曾提到米勒，并建议闵明我在去俄国的途中，最好能在柏林拜访一下米勒，据说米勒没有赴约。在给闵明我提出的30个问题中（见下），第25个问题是针对中国文字的："对所谓的发明掌握中国文字的钥匙应寄予何种期望？"闵明我对这个问题似乎没有具体回答，但在莱布尼茨的另一份记录中⑥，却能看到

---

① 全集，I, 2, 167。
② 全集，I, 4, 315。
③ 参见张国刚《明清传教士与欧洲汉学》，中国社会科学出版社2001年版，第321—322页。
④ 全集，I, 4, 612。
⑤ 全集，I, 4, 622。
⑥ 中国通信 I, 16—25。

闵明我就中国文字提出的一些看法。按照莱布尼茨的记载,闵明我认为,中国文字属于按照一定规则创造的人工文字,并列举了几个带有"三点水"的字为例(泪、点、汽)等;中国文字大约有200个基本符号(即偏旁),所有字都是单音节,等等。

1698年10月莱布尼茨写信给门采尔①,希望他能够尽快发表自己对中国文字研究的结果,并想知道数量庞大的中国文字是否可以被还原为一定数目的"根"或者基本符号,是否可以按照一定的类似性把这些基本符号组合为其他符号。在1703年5月18日写给白晋的长信中②,莱布尼茨指出:他虽然不知道怎么看待埃及的象形文字,但却很难相信它们与中国的文字有任何关系,因为他觉得埃及文字更通俗,建立在与可见事物及动物的形似之上,因而建立在象征之上;而中国文字的基础却似乎是深刻的智性思考,它们如同数字一样能够唤起(事物)的秩序与关系。所以,中国文字中有非常抽象的、与现实事物的形式无关的笔画。在《人类理智新论》中莱布尼茨指出:"有一些民族,就如中国人,他们利用声调和重音来变化他们的语词,他们所有的语词数量很少。这是高尔(Jacob Golius,1596—1667,荷兰东方语专家)先生的想法……他认为中国人的语言是人造的,也就是说是由一位高明的人一下子发明出来,以便建立许多不同民族之间的一种语言上的沟通,这些民族都居住在我们称为中国的那个伟大的国家中,虽然这种语言现在可能已经由于长期的使用改变了。"③ 在该书第4卷第6章中,莱布尼茨指出中国文字不同于一般的语词,而是一种"标志","而且我们还可以引进一种很通俗并且比中国文字更好的普遍文字,如果我们用一些小小的图形来代替字,它们用轮廓线条来表现那些可见的事物,并且对那些不可见的事物也用伴随着它们的可见现象来表现,再加上某些其他的符号以便使人懂得那些语形变化和质词

---

① 全集,I,16,221—222。
② 中国通信 I,396—435。
③ 莱布尼茨:《人类理智新论》,陈修斋译,商务印书馆1996年版,下册,第291页。

（所代表的意思）的话"①。1707年10月，莱布尼茨在赫尔德斯海姆认识了刚从中国回来的意大利奥古斯汀会传教士希玛（Cima，此人曾在北京宫廷当医生，此时从丹麦独步去威尼斯。莱布尼茨向几个德国人推荐了他，希望他们能够提供帮助）。在同年10月8日写给拉克罗茨（La Croze）的信中②，莱布尼茨说，希玛告诉他中国文字中一共有400个基本文字，其他字都是由这400个组合而成的。在1711年写给拉克罗茨的信中③，莱布尼茨猜测中国古代文字是象形文字，开始时显然是对事物的图画，但后来为了简化与扩展这些文字，中国人保存了图画中的某些笔画，把它们组合起来用来表示其他事物。

闵明我随身携带的一本看图识字一类的小册子引起了莱布尼茨的兴趣："（闵明我）只带了一本小书，内有文字附之所标示的事物的图像。"④ 在1697年12月2日以及1704年写给白晋的信中⑤莱布尼茨还提到这件事："闵明我神父曾对我说，在中国的很多词典里，事物的图像是和代表它的字放在一起的"；在《人类理智新论》第3卷第11章的末尾莱布尼茨说明了这类词典的可能用途："格利玛尔第神父（即闵明我），北京数学院院长，曾告诉我中国人就有这种附有插图的词典。在纽伦堡出版的一种小词汇，其中对每个词都有这样的插图，那是很好的。这样的一种有插图的综合百科大词典是值得向往的，而且这也不是很难搞的。至于对物种的描写，这正是自然史。"⑥

在与闵明我的交谈与通信中，莱布尼茨开始把自己的兴趣从中国的文字扩展到中国的语言，并把语言看作文化，特别是历史与自然史的载体。在1691年5月31日写给闵明我的信中⑦莱布尼茨写道："（《圣经》的）

---

① 莱布尼茨：《人类理智新论》，陈修斋译，商务印书馆1996年版，下册，第461页。
② Dutens V, 484—485。
③ Dutens V, 498—499。
④ 中国通信 I, 16—25。
⑤ Dutens V, 136—157, 456—461。
⑥ 《人类理智新论》下册，第402—403。
⑦ 中国通信 I, 28—33。

《中国近事》——主题，历史与意义

七十子译本①与（我们今天所占有的）希伯来文本之间②有不同之处，由此产生了关于世界上古史的争论③。为了平息这一争论，我觉得有关中国古老帝王的可靠知识具有非常重要的参考意义。同时我们亦希望通过您得到有关远东与亚洲鞑靼地区的分界情况，由此应该可以证实与补充最近在阿姆斯特丹出版的威森先生的地图④；从不列颠海到印度河（据我们所知）欧洲与亚洲的所有语言似乎来自于同一个母语（源泉），这样，得到几个小小的用东印度的众多民族语言以及与其相邻的（中亚细亚）游牧民族语言写成的标本（譬如《上帝我父》祈祷文的翻译⑤）便是有价值的，借此可以确定上述（关于语言起源的）判断在多大程度上亦适应于这一地区。距离遥远的语言之间常常似乎没有任何联系，假如人们不考虑其相邻语言的话⑥。在那些使用字母的民族中，描述记录一下他们的字母同样并非无用。从语言出发我们可以非常准确地对一个民族的最初起源做出判断；也

---

① 最古老的希伯来文《圣经·旧约》的希腊文译本。传说是公元前2世纪至1世纪由来自耶路撒冷的72名学者72天内在埃及的亚力山大城完成。实际上形成于公元前3世纪，只包括摩西五书《创世记》、《出埃及记》、《利未记》、《民数记》与《申命记》。《旧约》中的其他部分是后来的100年至150年间完成的。

② 应是指公元4世纪以来流行的拉丁文译本 Vulgata（意为"流行本"），1546年被宣布为天主教内的权威版本。

③ 此争论是由耶稣会士关于中国历史的报道引起的。按照上面提到的希腊文译本，《圣经》中所描写的大洪水暴发于元前2957年，在官方认可的拉丁译本中则比上面提到的晚大约600年。在1658年发表的卫匡国的《中国上古史》中，伏羲被称为是中国的第一位皇帝，其统治时间是公元前2952年，与希腊文本大体符合，但与拉丁文本相背。由此提出的问题是：中国上古史是不可信的；《圣经》的拉丁文译本给出的年代是错误的；也许《圣经》中提到的大洪水是局部性的。见下文《莱布尼茨与欧洲对中国历史纪年的争论》。

④ 威森（Nicolas Witsen）是荷兰阿姆斯特丹市市长，1664/65年曾以荷兰使团成员的身份出访俄国，其地图1687年出版：Nieuwe Landkaarte...strekkende van Nova Zembla tot China。

⑤ 1698年2月28日，白晋给莱布尼茨寄了一份自己翻译的满文—拉丁文《上帝我父》祈祷文。但此事收获不大，因为祈祷文中的某些词汇（譬如"圣"字）在有些语言中根本没有。中国通信 I, 172—175。

⑥ 在1691年10月5日写给法国人拉卢贝（见下注）的信中，莱布尼茨进一步发挥了这一思想："通过这种方式我们可以更好地探寻不同民族的共同起源。很明显，几乎所有我们知道的古老语言之间在很大程度上均显示了一定的相似性，好像它们均是从一个共同的源泉发展而来的。当然，假如我们跨洋到美洲去，到亚洲及美洲的边缘及遥远地区去考察一下，我们会觉得他们的语言与我们的完全不同，好像那儿的民族是些与我们完全不同的种类似的。然而，如果我们在研究语言时从一个民族过渡到与其相近的另一个民族，而不是跳越，我们便可以做出更好的判断"。《莱布尼茨与中国》，第5页。

许在某个地方还存有古老的碑文、手稿、诗歌或者金属货币,它们可以给过去的历史带来一线亮光。"这样,莱布尼茨的兴趣随着转向了自然语言,认为对各个民族的语言的研究,将有助于揭示各个民族的起源,不同语言之间的和谐从某种程度上表现着民族之间的联系与和谐。正是基于这一考虑,莱布尼茨从这时起,开始关注包括满文、朝鲜语、日本语等与中国文化有关的语言和文字,并且把这一兴趣与对中国文化的整体研究有机地结合起来。

为了从语言学习、语言研究出发系统地翻译与梳理中国的文献,莱布尼茨提出了诸多设想。在 1699 年初写给门采尔之子约翰的信中①,莱布尼茨提到,早在门采尔在世时,便希望能有几个年轻人在国家资助的基础上,学习并研究中国的文献,以便为新教在东方的传播做准备。莱布尼茨在 1700 年 7 月准备的与勃兰登堡选帝侯的会谈提纲中有三条具体涉及到中国,其中第 6 条谈到应从荷兰、葡萄牙及西班牙收集有关中国文字的词典,特别是汉满词典,以备进一步的研究②;在大约一个月后写成的有关勃兰登堡科学院的手稿中,莱布尼茨在第 21 条中提出,应与门采尔之子进一步讨论有关中国的事情③。当获知弗朗克准备在哈勒成立一个"东方学院"时,莱布尼茨表示了极大兴趣④。

继在《中国近事》中提出是否可以派遣中国传教士到欧洲本土来传授"自然神学"的想法后⑤,莱布尼茨在 1701 年 2 月写给洪若翰(Jean de Fontaney)的信中⑥,正式询问能否送数个中国学者到欧洲帮助翻译中国文献;因为没有他们,"我们便无法很好地掌握中国的语言以及其它知识"。在这封信中,莱布尼茨还提出在中国的邻国特别是马尼拉应有很多的中国人,必要的时候也可以从他们中选拔能够帮助欧洲人学习汉语的人。1707 年 10 月,莱布尼茨在写给萨克托夫人(Madame de Sacetot)的

---

① 全集,I,16,528—530。
② Harnack,第 2 卷,91。
③ 上引书,第 2 卷,113。
④ 参见《莱布尼茨与中国》一书中乌特米勒女士的文章。
⑤ 参见下文《"自然神学"问题》。
⑥ 中国通信 I,288—293。

信中①,再次提出应该让中国学者到欧洲来,因为这样欧洲便可对中国的文献有更好的了解,这样"将开辟一个非常有用的知识的新世界"②。

在与白晋以及洪若翰的通信③中,莱布尼茨建议以法国科学院为例,在中国成立科学院以便促进满人、汉人以及欧洲学者的共同研究;1705年以后,莱布尼茨多次鼓励著名东方学家拉克罗茨应该转向对中国语言的研究④;在1707年8月写给拉克罗茨的信中,莱布尼茨写到:"您应研究中国的语言文字,这项研究我觉得非常重要,因为假如我们揭开了中国文字的诀窍,我们将获得非常有用的、对于分析人类思维的资料"⑤。当获知康熙帝命令编纂一部《满汉词典》的消息后,莱布尼茨一直关注这件事的进展,并希望能获得一本以供欧洲学者使用研究,在1705年写给杜德美(Jartoux)的信中⑥,莱布尼茨写道:"我听说(康熙)皇帝令人编纂一部大型的满汉词典,以便使满人能够更好地学习汉文字,更好地理解汉人的学说。我觉得这是一个极好的机会,使我们同样能够得到一些对我们来说非常重要的东西"。由于这本词典据说不仅仅是简单的翻译,而是附有详细的解释说明与插图,莱布尼茨便认为借此可以获得更多对中国文化的了解,进而可以促进中国与欧洲的交流。在写给白晋的信中⑦,莱布尼茨认为:"皇帝让贵会的神父帮助编纂这样一本词典,这样您就有了一个很好的机会(在词典中)加进一些技术方面的术语及文字,同时对这些事情进行更深的研究与解释。最好还能加上插图以及用欧洲语言的翻译,这是了解中国知识的一个非常简洁的途径。"在当年8月18日写给维尔纽(Verjus)的一封信中⑧,莱布尼茨建议把部分传教士从日常的传教工作中解放出来,专门从事对中国历史、语言、文字、

---

① 通信,编号:LBr 794,第3张。
② 中国通信II,64—65。
③ 中国通信I,454—455;全集I,23,580—582。中国通信I,456—461;全集I,23,577—580。
④ Dutens V,478。
⑤ Dutens V,484—485。
⑥ 中国通信I,468—475。
⑦ 中国通信I,484—491;全集I,25,40—43。
⑧ 中国通信I,476—483;全集I,25,47—50。

哲学以及民族学等等的研究，"由于皇帝不是汉人，所以他自己应该对帮助了解汉文化的事情感兴趣"。在另一封信中，莱布尼茨建议应该在传教士们还年轻的时候，培养他们学习中国的语言①。

莱布尼茨本人不晓汉语，从现在掌握的资料看，好像也没有动过学习汉语的念头。在1706年2月致洪若翰的信中②，莱布尼茨提到他从中国（白晋处）得到一些中国书籍，可惜对他来说，这个包裹是个"无法打开的宝箱"；在同年6月写给白晋的信中③，莱布尼茨称自己收到了"16本中国手稿"（seize Manuscrits Chinois），希望得到更多的解释与说明；1707年12月莱布尼茨写信给郭弼恩④使用了"16 volumes Chinois"的写法；同月莱布尼茨写信给白晋⑤声称收到了"16本中国书"（"16 livres Chinois"），请求白晋给他讲讲这些书的内容。莱布尼茨就研究中国的文字与语言提出的诸多问题与设想，部分与自己的"通用字符"研究有关，部分受到当时的历史条件的限制，但仍然有相当一部分到现在也值得思考和研究。

莱布尼茨与闵明我的通信

1689年夏，莱布尼茨为了搜集有关德国汉诺威威尔夫家族的历史资料⑥来到罗马，在这里认识了正在欧洲逗留的在华传教士耶稣会神父闵明我（Grimaldi），两人就中国问题，特别是在中国的传教活动以及中西文化、科学、技术的交流进行了多次长谈⑦。也许是为了使谈话的内容更具体、结果更有成效，莱布尼茨于7月19日给闵明我写了下面一封

---

① 中国通信 II，64—65。
② 中国通信 I，520—523。
③ 中国通信 I，528—537。
④ 中国通信 I，594—597。
⑤ 中国通信 I，598—604。
⑥ 威尔夫（Welfen）家庭原生活在德国南部的巴伐利亚一带，据说其祖先是统治意大利北部地区的埃斯特（Este）家族。莱布尼茨通过查阅档案资料，证明两家族曾有过联姻关系。莱布尼茨一行于1687年11月初出发，1690年7月回到汉诺威。
⑦ 可参见法国莱布尼茨研究者罗丙内所写的《莱布尼茨与闵明我在罗马的会面》一文，载《莱布尼茨与中国》，第66—74页。

信，信的附件是作为谈话提纲的 30 个具体问题。对这些问题，闵明我在离开罗马前尽可能地为莱布尼茨做了简单的口头回答，莱布尼茨为此做了书面记录。对于无法回答的问题，闵明我答应莱布尼茨回到中国后再做进一步的了解，然后将答案寄回欧洲。

莱布尼茨提出的问题基本上全和技术实践有关，特别是手工技术方面的，其中牵扯到中国的烟火手艺、造纸冶炼、丝绸工艺、陶瓷技术、玻璃器皿、印刷术、采矿、武器制造、风车、海运以及医药与外科手术，只有一个问题涉及严格意义上的形而上学。

尊敬的神父①：

能够认识您使我非常荣幸。假如我没有学会顾及他人以及他人的任务，因而应该收敛自己的要求的话，那么我会希望每日与您在一起交谈。对于一个渴望求知的人来说，能够认识一位可以打开远东的宝藏、解释数千年秘密的学者，能够聆听他的教诲，实在是幸运至极的事情。到现在，我们与东方只有贸易关系，即从印度人那得到了调料以及其他一些土特产，而还没有得到真正的严格意义上的科学知识。现在有希望得到这些，欧洲应该感谢您。您给中国人传授我们的数学科学，作为补偿，中国人亦有义务通过您向我们传授那些他们通过长期的观察而取得的有关自然方面的知识。物理学更多的是建立在实际观察之上，而数学则以理性的纯粹思维为基础。在后一方面，我们欧洲人非常出色，但在实际经验方面中国人则胜一筹②，因为他们的王国数千年来一直繁荣，古老的传统因此能够

---

① 中国通信 I，6—15。译文曾在《中国科技史料》第 23 卷第 2 期（2002 年）上发表（第 172—177 页）。

② 受耶稣会士对中国的各种报导的影响，莱布尼茨始终认为理论思辨不是中国人的"强项"。在《中国近事》的前言中我们可以读到："假如可以做出一个均衡的对比的话，我认为：在日常生活所需的技能方面以及在通过实践与自然打交道这方面，我们与他们（中国人）并驾齐驱、不相上下，每方都有长处，通过交换均可给对方带来益处；在缜密思考以及理论学科领域里，我们当然比他们强；（……）尽管我们在手工技能方面与他们不相上下，在理论科学上高他们一筹，但我还要说，在实践哲学方面，我们肯定不如他们"。

得到保持。而在欧洲，由于民族的频繁迁徙，这类传统大部分已经丢失了。为了使自己以后不会抱怨轻易地失去了一次千载难逢的良机，不会后悔未能充分利用您的热情，我在附上的一页纸上记录了几个小问题。假如您能有闲暇——当然是不打扰您的话——我希望您能拨冗回答一下这些问题。另外，我不知道您是否看到过一位已经过世的欧洲的卓越数学家写的一封信。在这封信中，这位数学家希望得到中国人在有关方面的研究情况，以便推进我们的科学的进展①。我在德国有这封信②。假如贵会的人还没有回复这封信的话，我可以想法把信寄给您，以便至少在现在能够给欧洲带来点实际的结果。祝您身体健康，尊敬的神父，请您像过去一样继续眷顾。

您的忠诚的崇拜者
哥特夫里德·威廉·莱布尼茨
1689 年 7 月 19 日于罗马

问题：③

1. 说中国人在制造火药④方面比欧洲人强，是否属实？还有，他们是否真的能够制造一种"绿火"⑤，而我们却不会？

---

① 在中国传教的耶稣会士邓玉函（Johannes Schreck Terrentius，德国人，1576—1630，1621 年赴华）曾于 1630 年致函开普勒（Johannes Kepler，1571—1630）探讨有关中国历书的问题。莱布尼茨的这段话似乎可以看作是开普勒写了回信的一个佐证。在其 1701 年 2 月 14 日写给洪若翰（Jean de Fontaney）的信中，莱布尼茨称邓玉函与开普勒之间的书信来往是欧洲与中国相互交流的一个榜样。中国通信 I，278—293。

② 这里似乎是个"记忆错误"。莱布尼茨以后曾多次提到这封信，亦曾答应寄给其他人。但他始终未能找到这封信。

③ 三百多年后，中国科学院科学史研究所的韩晋芳和张柏春回答了这些问题。韩晋芳、张柏春：《对莱布尼茨与闵明我问答的分析与注释》，见张西平、李文潮、鲁道夫（主编）《莱布尼茨思想中的中国元素》，大象出版社 2010 年版，第 120—147 页。

④ 直译为"人造火"（Ignibusartificialibus）。金尼阁在其编译的《利玛窦中国札记》中报导了有关火药的情况。参见何高济等人的汉译本，中华书局 1983 年版，上册，第 19 页。（莱布尼茨曾对该书第一卷第八章提到的围棋游戏作了详细的读书笔记，并根据此游戏的特点以"围"而不是"杀"猜测围棋的发明者可能是印度人。）

⑤ 耶稣会士安文思在其《中国新史》中提到中国有一种"绿火"，也许是指"磷火"。参见 Gabriel Magal haens，Nouvelle ralation de la Chine，巴黎：1690 年，第 128 页。

2. 人参根①是否真的具有人们所相信的那种良好的治疗作用？

3. 是否有一些特别好的，首先是有实际用途的植物，值得引植到欧洲或者至少是信奉基督教的地区？

4. 卜弥格神父的《中国植物志》②是否还能找到？还有哪些有关中国的颇有价值的书籍还没有发表？

5. 中国有种坚硬如铁的木材③，非常直，适宜于做乐器中的喇叭。

6. 一种不知何名的金属，来自于东印度，可以用来备热茶，与铁皮相似，上面镀一层含银的铅，但又不是铁，易弯。

7. 中国人是否把浸泡软了的纸及其他纤维品用线织在一起？假如是，他们是怎么做的？他们的造纸工艺有何特别之处？

8. 通过什么样的方式，中国人可以每年收获两次蚕茧④？

9. 制造瓷器的土⑤有何特性？用此土烧成的瓷器是自身透明呢，还是在烧制时加入了石灰与金属？

10. 有一种用皮革作成的、可充气的坐垫，吹起来后便可使用。这种皮革是如何加工的？

11. 他们是否有特别有用的材料？是否有可以防御水火的泥灰浆，亦可以用来加固鱼塘，起到挡水即固水的作用？

12. 日本的金属薄片的制作工艺。

13. 中国的玻璃工艺与欧洲的有何不同？因为中国的玻璃易碎，然而亦易熔化。

14. 有无业已证明疗效良好的药物值得欧洲模仿甚或带到我们

---

① 有关对人参的报导参见基歇尔《中国图志》（China illustrata），阿姆斯特丹，1667年，第178—179页。

② 卜弥格的《中国植物志》（Flora Sinenses）1656年在维也纳出版，法文翻译于1666年在巴黎出版。

③ 即所谓的"铁力木""铁栗木"，学名 Mesuaferrea。

④ 卫匡国在其《中国新图志》中报导了育蚕的情况。参见《中国新图志》德语版，阿姆斯特丹，1655年，第4页。

⑤ 即"高岭土"亦称"瓷土"，外文"Kaolin"，主要成分为"高岭石"（Kaolinit）。

这来？如同我们的人成功地模仿了"摩可斯"① 的提炼法一样。还有中国人的外科手术技巧。

15. 中国的古老文献中是否找不到几何证明的痕迹？是否没有形而上学的迹象？他们是否真的不知道毕达格拉斯觉得值一百头牛的那个定理②？

16. 中国何时开始观察天象的？是否可以得到他们的观察记录，以便补充与完整天文历史？

17. 能够保持不褪色的染料剂。

18. 在丝绸上贴金的技术工艺。

19. 他们是怎样制造可以垫入衣服、枕头以及其他物品之内的、由丝作成的絮子的？

20. 他们是否总是用木头雕刻印刷时用的字模？还是将模字压入某种柔软的材料上，这种材料会自动变硬，因此可以缩短工作时间？

21. 对位于北亚与北美之间的海洋，中国人是否一无所知？关于日本以外的那个叫做"Jezzo"③ 的地方的地理位置情况，对那一带的地理图的更正。

22. 将中国史书特别是自然科学方面的书籍中有用的章节译为拉丁文的情况。

23. 中国人使用的地平风车④。不管刮什么方向的风，这种风车均可转动。

24. 他们是否有值得欧洲模仿的机器？他们用什么方法移动大

---

① 拉丁文"Moxa"。原为东亚的一种植物，用来治疗关节炎等疾病。经荷兰东印度公司商人引入欧洲，后来亦可从欧洲本土的植物中提炼。

② 即勾股定理。据说毕达格拉斯发现这一定理后曾举行过"百头羊大祭"感谢神明。见（古罗马）莱尔提尤斯（Diogenes Laertius）的《著名哲学家的生平与学说》，第 8 章第 12—13 小节。

③ 即日本北方四岛中最北面的择捉岛。对这个地方是否是个岛屿当时颇有争论。

④ 与所谓的垂直式风车相反。为了解决矿石开采中的矿井通风以及抽水问题，特别是将水送往高处这一难题，莱布尼茨曾设计不同形式的风车，均未成功。在汉诺威档案馆保存的莱布尼茨手稿中（编号：LH XXXVIII 81，第 366 页）有一张地平风车的草图，其中提到内由霍夫（Joan Nieuhof）1669 年在阿姆斯特丹出版的《东印度公司代表朝拜中国皇帝记》（Gesantschaft der Ost-Idinschen Gesellschaft an den sinesischen Keyser），第 121—122 页。

《中国近事》——主题，历史与意义

块石头？为什么投入许多人力？

25. 对所谓的发明掌握中国文字的"钥匙"，应寄何种期望。

26. 中国人如何用大米酿造并不亚于我们的制品的烧酒？他们的化学是哪一类的？他们用什么方式将（各种不同的）金属分开？是否使用容器与水压？他们从沙中淘金，在这方面有无特别之处？

27. 农田耕作以及园林工艺方面，中国人有无人工制作的经济而实用的辅助工具？是否值得画成图？

28. 是否有一些能使生活变得舒适的日常技术值得模仿，因而值得引进到欧洲？

29. 中国人的战争技术以及军事方面的其他实践活动如何，还有航海技术？可以折叠起来的帆是怎么制造的？为了防止帆的震荡动摇中国人用什么样的桅杆？

30. 中国的矿石井技术。他们怎样获取食用盐、碱以及类似产品？

对这些问题，二人随后进行了口头交流，莱布尼茨做了简单记录，题为《从中国回来的闵明我神父就我提出的问题所做之回答》。从记录中的编号顺序可以看出，会谈的方式是从题（1）开始，依次回答，闵明我没有或不能回答的问题空缺，原问题的序号不变。最后一题中加入了交谈时提到的其他情况。莱布尼茨与闵明我均是1689年11月离开罗马的，因此谈话的时间应在7月末与11月初之间。

答题（1）闵明我否认中国人在制造人造火方面优于欧洲，他在那儿没有看见过"绿火"。他们投入大量的人力与财力修建具有代表性的建筑物，所需费用全由有钱人现金支付。他们制作的烟火声音不是很大，亦升得不是很高。他们那里没有同时迸发而旋转的烟火。这种时而转向这边、时而转向另一边的烟火是闵明我验示给他们的①。他们常常使用樟脑（原文"Camphora"，应是指樟脑油）。

---

① 中世纪末，烟火技术从意大利的佛罗伦萨传入欧洲各皇室。

曾有一次用烟火表现鞑靼战事的场面。快要结束时出现了几个中国字,站在架子上的人则手举火炬。然后这些文字又转换为另外的几个字,大约表示的意思是"君临天下太平"。他们的烟火工艺很独特,但也颇难而费力。

在一个不太高的台子上,突然打开一个小箱子,掉到地上的过程中变成了一架机器,显示出表现事物、动物、人或者战争等场面①。

答题(2)即使是在中国,一盎司②人参也卖大约四十金锭③。人参有很大作用,特别是对老弱病人。用水煮后,喝起来淡乏如同茶叶。二者之不同之处是茶用开水泡,人参用水煮。没有什么特别的味道,亦未发现明显的效果。闵明我给佛罗伦萨大公爵带了一些。

答题(3)中国有一种大约是森林百合的植物,从其茎中提炼出来的油可以消除关节风湿疼痛。滴上几点,便有神奇一般的作用。闵明我同样给佛罗伦萨大公爵带了一些。

答题(4)闵明我认为还能找到卜弥格的《中国植物志》,并答应去寻找。他们从帝国的档案中找到大量有关中国的动植物的材料,其中只有少数介绍到了欧洲,以便不会让人觉得这些是从档案中抄下来的。荷兰人将此事告诉中国人后,(中国人)会有疑心。大部分内容涉及中华帝国的植物、动物及矿物。

答题(5)中国与印度确实有一种如同铁一样坚硬的木材,但要用其做点什么却难度较大,因为这种木材容易裂缝。皇城通向神父驻地,特别是教会的门就是用这种木头做的。这种木头被称为铁木,在东印度叫做 Angelin。

答题(6)中国有两种金属为我们所不知。一是中国的铝(stanum Chinese),其美丽程度不亚于银,亦与其同样贵重,另一种是白铜(otone bianco),茶壶似乎就是用白铜做的。

答题(7)中国的纸是用兽皮或芦苇树脂制成的。他们造的纸

---

① 参见《利玛窦中国札记》,何高济等译,中华书局1983年版,上册,第19页。
② 原文"Libra",古罗马重量单位,原表示罗马货币 As 的重量,相当于一盎司。
③ 原文"scutatis",应是古货币单位。

张相当大，极薄，用细线穿织起来。但是不能抵制雨水及空气的侵蚀。因此他们希望得到我们的金线，尽管他们并不知道其用途。

答题（9）瓷土本身不透明。共有三种特别的瓷，两种透明，有金黄色与白色两类，第三种不透明，黑色。金黄色的瓷器是大师们亲手制作的。

答题（11）中国有一种从树脂中提炼出来的油，他们称此为"桐油"（Tum-ieu）。通常情况下在油漆及建筑中用得很多。此油变硬后坚如岩石，由于这个原因不易与颜色混合，因为其脱落后如同干瘪的硬皮。特别具有防水作用，用途颇广。

答题（13）中国的玻璃是用稻米做的，为了结实，他们加入了一些铅。

答题（16）中国的天象观察不是特别可信，（因为观察者）属于雇佣工，这些人观天是为了金钱与面包，而不是为了荣誉与真理。现在他们被迫认真一点了，因为他们知道神父们在家里也在观察。神父们仔细地观察了月亮接近其他星球时的距离，并为此收集了资料。中国人很嫉妒，发现了一点点计算中的偏差，他们便大叫起来，说欧洲人的天文学是错误的，让我们还是回到自己的传统学问中去吧。他们看见了他人眼中有根草，却不看自己眼中有根梁[①]。因此神父们必须特别小心，他们不敢四处走动，以免再在这方面受到限制。他们满足于观察日食。

我认为神父把有关天文观测的书籍带到了葡萄牙。他（闵明我）没有看到开普勒的信[②]。

[①] 《圣经》，马太福音，第7段第3节："你为什么只看见你弟兄眼中的木屑，却不管自己眼中的大梁呢？"

[②] 1623年，在中国参加历法修改的邓玉函致书给德国Igolstadt大学的耶稣会士，请求他们给自己通报天文学方面的最新研究成果，其中特别提到开普勒。1627年开普勒在附近的乌尔姆城小住，得知有这么一封信。看到信后，开普勒在信的末尾加上了自己的看法。后来开普勒移居今日波兰境内的Sagan。1629年，此城大公华伦斯坦专门为开普勒建立了一个印刷厂。也许是手头没有合适的文稿，这封信与开普勒的说明便成了印刷厂的第一份印刷物。在其前言中，开普勒幽默地写到，这个新的印刷厂将成为连接大公与中国之间的纽带。此书附录末尾的日期是1630年1月15日。

答题（22）闵明我神父本想随身携带中国书籍，但南怀仁在这方面是个极小心的人。他不想这样做，亦担心假如被他人发现，会给传教事业带来损失，尽管闵明我认为这样太过谨慎。

闵明我只带了一本小书，内有文字附之所表示的事物的图像①。他准备给欧洲寄一本带有彩色图画的。他不可能携带很多东西，因为行程仓促，接到命书的当天便启程了②。

闵明我神父驾着皇帝的马（即伴随皇帝）六次游遍中国。每隔三法里③后可在一个驿站得到新马。他也在鞑靼地区逗留了一段时间，还有东蒙古与西蒙古。在皇上的家乡时，从西边来了48个民族的代表。他们的头人被称为主人或旗主④。在北纬45度处，人群越过乌拉河⑤而来，这个名字是中国人给起的。有些人认为意思是仆人，有些人认为是狗⑥。

闵明我曾多次为莫斯科使臣 Nicolao Gabrielowy 效劳⑦，曾帮他翻译，使用的是拉丁语或法语。

神父招募出色的化学家以及解剖学家或外科专家，准备带他们一起到中国去⑧。中国的诊脉学问不可轻视，但他们无法说出其中

---

① 应是看图识字一类的小册子。1697年12月2日写给白晋的信中，莱布尼茨提到："闵明我神父曾对我说，在中国的很多字典里，事物的图形是和代表它的字放在一起的。"莱布尼茨感兴趣的是：假如果真如此，那么这里便有一个概念在多大程度上直接明显地代表事物的具体特征的问题。

② 据多处史料记载，康熙1686年命闵明我出使俄国，但如费赖之所言："明我为何事奉使至俄，交涉是否顺利，吾人不知。"（《在华耶稣会士列传及书目》，冯承钧译，中国书局，1995年，第371页）。这是一个尚待探讨的问题。

③ 原文"leuca"，约相当于2200米左右。

④ 原文"Kia-sack"，即满文"jasak"。

⑤ 乌苏里江上游。

⑥ 蒙古及满语中"乌拉"均意为"差役"。清代专门为皇室猎守的人被称为"打牲乌拉"。

⑦ 此人1676年在北京停留，应是《清史稿》一五三卷《邦交志一·俄罗斯条》所说的"康熙十五年帝召其商人尼果赍"一事。

⑧ 莱布尼茨后来多次提到此事，在其信中一再重复"闵明我神父从中国回来。在我离开意大利之前，带着一批耶稣会的科学家们离开罗马去中国了。"对耶稣会介绍欧洲科学到中国的做法，莱布尼茨一方面赞成，另一方面又感到担心甚至害怕，因此多次提出"对等交流"的想法，希望耶稣会也能将中国的经验与学问介绍给欧洲人。

的原因，亦无人知晓身体内部的各个组成部分。皇上今年38岁①，很有悟性与学问，但已有无数个妃子，因此没有希望使其皈依基督教。基歇尔神父的《物的磁性》②中加入了一些不错的有关中国的材料。新近有几个法国神父进入中国，给那儿的传教活动带来了一定的危险。南怀仁神父被迫进行了有效的干涉③。这种事将影响到中国人以后在允许入境方面会更严格一些，而不会像现在这样轻易地得到许可。在神父们的领导下正在修建几条新的运河，大约共长100法里。

两人分手后，莱布尼茨时刻关注着闵明我的行程，希望他能成功地从陆路经莫斯科回到北京，同时又向欧洲各地的朋友通报了他在罗马与闵明我的会谈。在所有这些通信中不断出现的主题是：闵明我把几乎所有的（包括军事技术在内的）知识带到了中国，却不向欧洲人介绍任何中国人的学问，而更重要的，应该是利用这个千载不遇的机会，促进欧洲与中国之间在知识方面的合作与交流，通过取长补短达到人类共同福利的目的。几年后在《中国近事》中正式形成文字公之于世的思想，实际上在这个时候已经诞生了。在1690年3月23日写给法国哲学家阿诺德（Antoine Arnauld）的信中④，莱布尼茨写道：闵明我带了不少能干的耶稣会专家前往中国，在与他的谈话中，"我发了些牢骚，因为他把欧洲所有最美好的发明，其中包括军事技术，一股脑地给了中国人，置教宗的决定于不顾，也不把中国人的知识作为交流介绍给我们"；在3月23日从威尼斯写给恩斯特伯爵（Landgraf Ernst von Hessen-Rheinfels）的信中⑤，莱布尼茨提出一

---

① 此处似乎有误，康熙生于1654年，1662年正式登基。按生日应是"35"岁，按登基年应是"27"、"28"岁。
② 此书1667年在罗马问世，对其中涉及的有关中国的材料尚无研究。
③ 白晋、张诚等六位法国"国王数学家"1687年绕道暹罗从宁波进入中国。1691年10月5日，莱布尼茨写信给法国出使暹罗的拉卢贝，说"闵明我神父曾告诉我贵国在暹罗的几位神父不召而至中国，引起了一定的麻烦"。全集I，398。
④ 全集II，2，311。
⑤ 全集I，5，557—558。

部分传教士应该专门学习研究东方语言,以便重新修复巴别塔倒塌以来造成的混乱;另外他们应大力促进民族与民族之间的知识交流,不过在后一方面应该小心谨慎为是。"我不知道,把我们所有的在数学与军事上发现的秘密全部传授给那些伟大但又不属于基督信仰,也许永远不会成为基督信徒的民族,是否是明智之举。"

从比利时耶稣会学者巴朴布罗赫(D. Papebroch) 1690 年 8 月 7 日的一封来信中①,莱布尼茨得知俄国人可能不会同意闵明我与他的 8 位伙伴经由莫斯科到达中国。这是莱布尼茨离开罗马后第一次听到的关于闵明我的消息,也给了他与闵明我取得联系的一线希望。因此,收到巴朴布罗赫的来信后,莱布尼茨想通过巴朴布罗赫把信转到闵明我手中,他在 1691 年 5 月给闵明我写了分手后的第一封信。然而据现有材料判断,闵明我似乎没有收到这封信。

莱布尼茨致闵明我

汉诺威,1691 年 5 月 31 日

哥特夫里德·威廉·莱布尼茨,布朗士威格②皇家顾问,向非常值得尊敬的耶稣会神父,神学家,中国钦天监监正③闵明我致以特别的问候。

贵会在罗马及(比利士)安特卫普的神父们④可以作证我是如何崇拜与尊敬您,我曾通过他们一再打听您的情况。当听说俄国人利用一个随意的借口拒绝您通过俄国,因此您被迫改变您的旅行路

---

① 全集 I, 5, 644。

② 莱布尼茨当时是布朗士威格-吕纳布尔格大公的顾问,大公领地的政府所在地位于汉诺威。

③ 闵明我在罗马时得到南怀仁逝世(1687 年)的消息,其任监正(治理历法)的时间应为 1694—1711。参见曹增友《传教士与中国科学》,宗教文化出版社 2000 年版,第 45 页(此处误将闵明我称为"多明我会会士")。

④ 这里所说的在安维普的神父似指巴朴布罗赫(Daniel Papebroch)。此人与比利时的在华传教士保持着广泛的联系,譬如柏应理在欧洲停留期间曾拜访过他,曾为莱布尼茨提供了不少有关中国的情况。

《中国近事》——主题，历史与意义

线，从欧洲的一端走到另一端，我感到非常惋惜①。由此我开始对您的健康担心。在确切知道您平安地重新回到北京皇室之前，我是无法摆脱这一忧虑的。因此，我衷心地为您祈祷，既为了您的缘故同时也为了人类社会的利益与福祉②。依我之见，为此应该在生活在（欧洲）大陆两端、相隔又如此遥远的人民之间，特别是通过您及您的伙伴的努力进行才能与知识的交换③。如我们知道，相对于其他事情④这一点更为重要。不管怎样，您将我们在数学上的发现带到了中国，但我希望您也将从中国给我们带回一些欧洲科学可以受益的东西，特别是有关自然（即其特性与力量）方面的知识。我不怀疑在这一领域里中国人有其特别之处，因为在过去数百年的历史中他们的传统没有中断⑤。

然而，在中国的语言与文字方面，您亦能教给我们不少知识，以便我们终于能够知道应该怎样看待安德烈·米勒所答应的或者准确一点讲所期望的学习中文的"钥匙"。我知道，这个人显示了非凡的博学，但亦秉性古怪。（《圣经》的）七十子译本⑥与（我们今天所占有的）希伯来文本之间⑦有不同之处，由此产生了关于世界

---

① 如同莱布尼茨在《中国近事》中提到的那样，闵明我起初曾试图经俄国西伯利亚返回中国，遭到俄皇拒绝后，从马赛乘船去印度，从果阿到澳门，1694年到达北京。

② 这是早期启蒙运动的一个重要思想。科学与技术的进步与发展必将亦应该提高人类生活的水准与质量；生活的舒适与"上帝的荣耀"并不矛盾。

③ 在《中国近事》序言中，莱布尼茨重复了这一设想：中国位于地球的另一端，如同东方欧洲一般，而在我们这个大陆的最两端即在欧洲与中国却聚集了人类最伟大的文化与人类最先进的文明。最高神明如此安排是有目的的：最文明的两大民族在地理位置上又同时相距最远，它们携起手来便可使生活在中间地带的所有民族逐渐地过上更合乎理性的生活。

④ 对于在中国的传教事业，莱布尼茨不抱有太大的希望。

⑤ 欧洲则由于民族迁徙与战乱的原因，使许多传统中的技术与知识丢失了。

⑥ 最古老的希伯来文《圣经》《旧约》的希腊文译本。传说是公元前2至1世纪由来自耶路撒冷的72名学者72天内在埃及的亚力山大城完成。实际上形成于公元前3世纪，只包括摩西五书《创世记》，《出埃及记》，《利未记》，《民数记》与《申命记》。《旧约》中的其他部份是后来的100年至150年间完成的。

⑦ 应似指公元四世纪以来流行的拉丁文译本 Vulgata（意为"流行本"），1546年被宣布为天主教内的权威版本，地位高于上面提到的希腊译本。

上古史的争论①。为了平息这一争论,我觉得得到有关中国古老帝王的可靠情况便具有非常重要的意义。同时我们亦希望通过您得到有关远东与亚洲鞑靼地区②的分界情况,由此应该可以证实与补充最近在阿姆斯特丹出版的威森先生的地图;从不列颠海到印度河(据我们所知)欧洲与亚洲的所有语言似乎来自于同一个母语(源泉),这样便值得得到几个小小的用东印度的众多民族的语言以及与其相邻的(中亚细亚)游牧民语言写成的标本(譬如《上帝我父》祈祷文的翻译③),借此可以确定上述(关于语言起源的)判断在多大程度亦适应于这一地区。距离遥远的语言之间常常似乎没有任何联系,假如人们不考虑其相邻语言的话④。

在那些使用字母的民族中,描述记录一下他们的字母同样并非无用。从语言出发我们可以非常准确地对一个民族的最初起源做出判断;也许在某个地方还存有古老的碑文,手稿,诗歌或者金属货币,它们可以给过去的历史带来一线亮光。

所有人中间只有您能够打开一条路,使我们的人能够获得这些以及另外一些我们至今还不了解的其他方面的重要知识,从而开辟一个新的知识王国,既会给后人带来很大用处,亦会建立您的不朽荣誉。您受到一个伟大的君主的提携与庇护。依我之见,上帝以其

---

① 此争论是由耶稣会士关于中国历史的报道引起的。按照上面提到的希腊文译本,《圣经》中所描写的大洪水暴发于元前2957年,在官方认可的拉丁文译本中则比上面提到的晚大约600年。在1658年发表的卫匡国的《中国上古史》中,伏羲被称为是中国的第一位皇帝,其统治时间是元前2952年,与希腊文本大体符合,但与拉丁文本相背。由此提出的问题是:中国上古史是不可信的;《圣经》的拉丁文译本给出的年代是错误的;也许《圣经》中提到的大洪水是局部性的。

② 即所谓的大鞑靼,以区别于欧洲境内的鞑靼地区。

③ 1698年2月28日,白晋给莱布尼茨寄了一份自己翻译的满文—拉丁文《上帝我父》祈祷文。但此事收获不大,因为祈祷文中的某些词汇(譬如"圣"字)在有些语言中根本没有。

④ 在1691年10月5日写给法国人拉卢贝的信中,莱布尼茨进一步发挥了这一思想:"通过这种方式我们可以更好地探寻不同民族的共同起源。很明显,几乎所有我们知道的古老语言之间在很大程度上均显示了一定的相似性,好像它们均是从一个共同的源泉发展而来的。当然,假如我们跨洋到美洲去,到亚洲及美洲的边缘及遥远地区去考察一下,我们会觉得他们的语言与我们的完全不同,好像那儿的民族是些与我们完全不同的种类似的。然而,如果我们在研究语言时从一个民族过渡到与其相近的另一个民族,而不是跳越,我们便可做出更好的判断"。

独特不二的善良使那些东方民族获得了这样的一位君主，以便使这些民族能够被引向光明与智慧。欧洲亦有愿意成就大业的帝王，然而互相之间的战争迫使他们关注其他事情。您的那位君主摆脱了这类艰巨而难获荣誉的事情，同时他又显示了如此超群的求知欲（如同我从与您的交谈中获知的那样），在权力上又超过同时代的所有人（依我之愚见），能有什么他不能完成的伟业？因此，剩下要做的便是您为他那超群的意向提供材料。您有许多卓越的助手，其中的一个是我在罗马有幸认识的利国安神父。以他的人品，他给我们的人唤起了不小的期望。

1692年初，莱布尼茨收到波兰耶稣会学者科翰斯基的来信①。科翰斯基认为，闵明我现在可能在波斯。当听说波兰国王还将为闵明我提供举荐信的消息后，莱布尼茨又看到了一次难得的机会，于3月21日给闵明我写了一封信②，请科翰斯基帮忙随国王的信一起寄往波斯；为了保险起见，还寄了一份抄件给法国学者派力松（Pellisson-Fontanier）③。

沃尔芬布特尔④，1692年3月21日

汉诺威皇家及政府顾问哥特夫里德·威廉·莱布尼茨向非常值得尊敬的耶稣会神学家，中国皇帝任命的钦天监监正闵明我神父致以崇高的敬礼。对您的伟大的计划我寄有很大的希望，希望通过这些计划能够给人类的虔诚善良与知识学问带来大的进步。对许多朋友⑤，我曾表达了对您的祝愿，祝愿您旅途顺利，一路平安。从此您可看出我如何崇敬您，如何看重您的诸多计划。您很难想象当我

---

① 全集I，7，532—536。
② 全集I，8，276。
③ 全集I，7，617—622。
④ 1691年1月，莱布尼茨被任命为沃尔芬布特尔（Wolfenbuettel）皇家图书馆的馆长。
⑤ 莱布尼茨多次提到闵明我，譬如在1691年12月致科翰斯基的信中。

听到您在旅途中遇到的阻力时①是多么痛苦。自从在罗马有幸与您交谈后,我几乎不敢期望您在百忙中还能记起我。假如您能拨冗,能在您暂时摆脱了繁忙复杂的事务在您的躺椅上休息片刻的时候,想起我曾交给您的那些问题,我就非常满足了。您对我非常友好,曾答应对我的问题做些解释。时运不济,我估计看到我的这几行文字时您还在波斯,请允许我再次向您表示我对您的永恒崇敬,表示我以及我的朋友们对您的才干与能力所寄与的期望。我们请求的重要一点是,依您的智慧您肯定也想到了,为了人类的福祉神明托付给了您一个伟大的任务,即在距离遥远的民族之间进行一个新的知识的交换。其他人不召而至而将自己强加给中国人②,您却有帝王的信赖与委托所赋予的威望与权力。您将我们的所有技巧带给他们,因为您与伴随您的人都是有识之士,依我之见可以说是欧洲学问的总和。因此,将中国人的学问,特别是他们的物理知识返回来带给我们,亦是顺理成章的事情。数个世纪以来,这个民族兴旺发达,传统没有被中断,因此他们能够保存与增多这些知识。只有这种交换互利关系才是正确可取的。他们在观察方面强于我们,我们在抽象思维方面略胜一筹。何不让我们互相交换,用一盏灯点亮另一盏!当然,我没有必要提醒,您的努力方向应该是在传授了我们的科学之后注意我们的人不会完全失去自己的优势。我相信您会像毕达哥拉斯那样在传授知识时保留一点,以便中国人不会以为其容易掌握而轻视它们,以至于有朝一日笑话欧洲人,进而认为不再需要他们而将其赶出门外。中国人自己喜欢秘密学问,希望把关于事物的学问限制在为数很少的几个人手里。因此,您在那里传授时克制一点还是比较容易做到的。只是这些最好由您自己判断决定,当然首先

---

① 上面提到的巴朴布罗赫在 1690 年 8 月及 1691 年 7 月 21 日给莱布尼茨的信中提到闵明我一路遇到的麻烦。

② 在 1691 年 10 月写给法国人拉卢贝的一封信中,莱布尼茨写道闵明我曾告诉他某些法国人未经许可绕道暹罗进入中国,引起不少麻烦。按:指法国传教士白晋、张诚等人 1687 年从暹罗抵宁波,1688 年 2 月到京。

是您肯定会想办法也给我们带来新的知识。许多手工技术常常需要数学家的帮助，所以您（作为数学家）会不难发现他们的操作方式；由于中国人开采许多金属矿物质，我不怀疑他们的矿山技术中有同样对我们有用的特别之处；他们的化学与我们的完全不同，因此更能提供新的东西；从中国人的观察中可以丰富与补充我们的狩猎技术，动物养殖，农业及园艺。我承认，得到奇异动植物的详细描写亦是非常值得称誉的；当然不应轻视这些，到此为止更多的是为了满足求知欲，而不是为了实际的用途。对生活有用的，某些人赖以为生的日常技术则可以得到直接的应用。我认为属于这类的还有中国的医药①以及古老的天文观察。作为下一步要做的，我认为是收集所有各类书籍，还有植物与植物种子，工具草图及模型以及所有有用的东西，并寄到欧洲来；也许甚至可以送些博学的人来帮助我们解释与了解他们的语言与事物。这样，中国语言便会像阿拉伯语那样为人所知，我们便有可能从那些已有的书籍宝藏中获得益处，而到现在人们只是占有它们。

我不怀疑（罗马）传信部②坚信，特别是将中国语言移植给我们是其责任之一；（我亦不怀疑）最伟大的基督王③会按照他的精神支持您的计划并将此看作他的远大眼光结出之硕果。我是从拉雪兹，一位卓越的人，以及他的秘书，早已称誉学界的维尔纽那儿听到的。最后，我还想说亦不应忽视政治与历史。您的同会兄弟柏应理④是个非常超群的人，他已开始让我们尝到地道的中国历史的甜头，可惜他更多的是激起了我们的渴望而不是满足它。（如您知道）长期

---

① 早在1669年，莱布尼茨便在一份《关于在德国成立科学院的建议》（Bedencken von Aufrichtung einer Accademie oder Societaet in Teutschland）中指出，中国人的治疗原理虽然可笑，但却比"我们的"有用。
② 成立于1622年，负责海外传教事物。
③ 指法国皇帝路易十四。
④ 莱布尼茨在此指作为附录收入1687年发表的《中国哲学家孔子》的《中华帝国历史年表》（或者《中国编年史》）。从此亦可看出，莱布尼茨这时对所谓的儒家哲学并不感兴趣，亦未注意到后来非常重要的《易经》图卦。莱布尼茨是1687年通过上面提到的巴朴布罗赫知道《中国哲学家孔子》一书的。

以来欧洲在为（《圣经》中提到的）教父们的时代而争论，与其他人不同，七十子本的翻译者们将事物的起源大大推前了①。中国历史对这一观点有利。互相矛盾的意见会降低信仰的权威，因此很有必要对其可信程度进行批判性的研究。更准确地了解了中国人书写的历史后便可开始这一工作。应该弄清的是，他们的最古老的作者是谁，他们给出的自己的知识源泉是什么。因为有人认为，某个仇视文学的皇帝②所命令的焚书事件影响了后来的记录的可信性。另外，人们可以期望，在他们的书籍中肯定记载有非常详细的甚至包括每个个人与官员所应有的义务的法律条文。对其重要的书籍整理一下，列出一个目录并给出每本书的简单提要亦是一件非常值得做的事情。另外，还可考虑一部图文并茂的词典，带有相关词条的图像，按照欧洲方式给以解释说明。我听说中国人已有这样的一部书，书名叫《海洋》③。可以把这本书扩充一下适应我们的需求。

拉卢贝④是位非常博学且判断力极强的人。前不久他作为最伟大的基督王⑤的使臣出访暹罗，回来后送给我一些他的报道。他从那儿带回来一个在本地常用的天文记事周期仪，其奇怪的原理被加西尼⑥成功地揭开了。这个周期仪似乎是一个伟大的人物发明的，其原理显然超过了人们目前的理解。事物就是如此地变化。我不怀疑，通过您的中介，中国人还能为我们的求知欲提供更多的原料，因为不可否认的是，他们曾是暹罗人以及其他邻近民族的老师。拉卢贝还描写了一个暹罗人使用的计算工具⑦，我最近获悉莫斯科人

---

① 指希腊译本中的诺亚时代发生的大洪水的时间比拉丁文本中的说法早大约600年。
② 当然是指秦始皇帝。
③ 也许是指明代比较流行的《字汇》、《汇编》一类的辞书。
④ Simon La Loubere，1642—1729，1687—1688年间作为路易十四的特使出访暹罗。其《暹罗帝国》（Du Royame de Siam）一书1691年在巴黎出版，1691年7月1日拉卢贝随信一封将此书寄给莱布尼茨。
⑤ 指法国国王路易十四。
⑥ Giovanni Domenico Cassini，见收入《暹罗帝国》一书第二卷第142—188页的由Cassini所写的《暹罗天文学指南》。
⑦ 即算盘。见《暹罗帝国》第2卷第128页：中国的计算工具。

也有一个类似的东西。他们也许是从中国人那得到的。(不管怎样)我觉得很重要的一点，是我们应更准确地认识这些民族居住的地理位置以及他们的语言，以便更好地区别他们之间的血统关系以及他们各自的起源。我听说您将从波斯经过乌兹别克以及亚洲鞑靼地区的遥远民族前往中国，这样便有一个做出新发现的极好机会。我觉得非常值得做的一件事就是争取得到所有语言中能够得到的《上帝我父》祈祷文的翻译。在某种程度上这可当作一个共同的标准，用来对所有语言进行比较。据我所知，梅格斯尔①是第一个收集的人，然而谁能够告诉他当时无法到达的民族的消息？现在，这一桂冠非您莫属。当然不只是您所经过的地方的民族的语言，在您经过或者停留一段时间的那些贸易中心以及著名的城市与皇宫里，您亦可借助翻译的帮助，比较容易地得到祈祷文的其他语言的译文。我请求您尽可能快地将这些以及您在旅途中得到的其他鲜为人知的见闻寄回欧洲，以便能够借此保持我们的期望并将其引导到更伟大的事情上去。

从莫斯科到波兰的路程似乎很短。在萨马喜阿大帝②（他靠自己的力量夺得了权力）的宫室里有一位您的同会兄弟名叫卡尔·莫里茨·沃塔，他是一个非常博学且有语言天赋的人；那儿还有非常著名的亚当·亚当杜斯·克翰斯基神父③，许多年来他与我保持着友好的联系；很久以前，他还是个年轻人时便在舒特的书中④发表了自己的发明⑤，从此以后在揭示技术与自然的秘密方面取得了不断的进步。他们两人（从您处）收到的，我将视为寄给我的；当然在罗马与巴黎也有不少人，通过他们我亦可得到您的垂顾与赐教。

---

① Hieronymus Megiser，16世纪到17世纪，其通过祈祷文研究各种语言及方言的书发表于1603年。
② 即波兰皇帝，下面提到的沃塔（Carlo Maurius Vota，1629—1715）是教皇的使节。
③ Adam Adamandus Kochański，1631—1700，波兰人，耶稣会士，数学家，曾与莱布尼茨通信，讨论中国问题。
④ 指 Caspar Schott 于1661年发表的《数学教程》(Cursus mathematicus)。
⑤ 见上书第621—656页。

我记得在罗马时曾提到过邓玉涵神父1623年从中国杭州写给（德国）引格斯特城的数学家们的信以及约翰·开普勒的答复。开普勒是1627年通过著名的数学家阿尔伯特·库提乌斯（Albert Curtius）得到这份文献的。由于当时这份材料没在手头，我便在返回德国后翻阅了一下：这封信是1630年在西里西亚的萨甘①写的，针对邓玉涵的问题，开普勒提出了改善中国历书的建议。为此他列举了各种不同的可能，但他问中国人当时使用了什么样的方法，以便使改革能够适应这一方法，即中国人是单纯使用行星运动表还是使用一种比较普通的办法，这一办法经常必须通过置闰得到纠正；他请求邓玉涵研究一下是否有伊斯兰黑蚩拉纪元②的痕迹或者有波斯伊嗣侯纪元③曾传入中国的迹象。《鲁道夫星表》④ 中研究了这两种方法；由于邓玉涵在提出星体的直径及其距离这个问题时有错误，开普勒便向他指出了这本《鲁道夫星表》；中国人让自己的历史从那个著名的皇帝尧开始⑤，从那时（到现在）大约4000年。开普勒猜测尧帝可能是雅完（Javan），雅弗（Japheth）⑥ 的一个儿子，假如人们不想将中国人看作闪（Sem）的后代或者雅弗的其他几个儿子的后裔的话，即玛革（Magog），米设（Mesech）与土巴（Thubal）⑦（鞑靼人的祖先）。不过我认为中国人与鞑靼人分属两个不同的来源；由于邓玉涵提到中国人用60年一个周期的方法计算，开普勒便指出古代巴比伦的家加尔底亚人曾使用过3600年，600年及60年为一周期的算法；邓玉涵提到中国人早在4000年前就在人马星座的开端或末尾或者摩羯星座的开始处观察到了一次二至点，开普勒对此

---

① 今日波兰境内。
② Hedschra, Hijra。黑蚩拉是迁移的意思，即以穆罕默德从麦加迁移到麦地那的那一天（622年7月15日）为回历元年的开始。
③ 波斯纪元开始于632年6月16日，以652年死去的伊嗣侯三世（Jezdegard III）命名。
④ 此《星表》1627年在德国乌尔姆城市问世，作者开普勒当时是皇帝鲁道夫三世的宫廷天文学家。
⑤ 尧帝的在位时间传统上讲是公元前2357—前2255年。
⑥ 雅弗及下面提到的闪是诺亚的儿子，见《圣经》创世记5，32。
⑦ 以上人名见《圣经》创世记10，1—6。

《中国近事》——主题，历史与意义

感到惊异。他担心这并非一次实际观察，而是从后往前推算出来的。在我看来，非常值得思考因而值得进一步研究。倒是邓玉涵提到他看到 15 个 3000 多年古老的几何问题这件事，其中有（欧几里得）第一卷中的倒数第二个公理①，毕达格拉斯曾为这一发现献祭百头牡牛。真希望邓玉涵也给出了其他的算题并且补充了在中国人的古老书籍中是否也能找到其证明。据说中国人将黄道带分为 28 种结构（二十八宿），将小熊座称作王星（北极星），因为其几乎不动。邓玉涵还给出了其他名字，开普勒猜测它们来自阿拉伯人。（邓玉涵还说中国人认为）过去极星位于离开北极远一点的地方。马赛的皮特阿斯②曾写道在北极处没有小星，极与三个位于其附近的三颗星构成一个四方形。因此这不是一个中国人的古老（知识）。最后，开普勒还认为邓玉涵写出此信的杭州就是希腊作家 Chrysococca③（流传下来的有本《重要城市图》④）所说的 Chanzoy，即威尼斯人马可·波罗所说的 Quinsai。请我借用良好的祝愿结束（邓玉涵）这封信，祝愿中国人不仅能够接受天文学规律，亦能通过您的官方职务接受基督的温柔的羁束。开普勒就天体运动的物理原因所做出的试验，现在已通过一个新的更和谐的运动理论向前大大推进了一步。在《学者杂志》上发表的几篇论文中我提出了这方面的证明⑤。另外我还正在努力再制造一个新的计算器⑥。上帝保佑，有朝一日能够传到您那去⑦。

---

① 第 48 条即勾股定理
② Pytheas Massiliensis，公元前 4 世纪下半叶之希腊航海家、地理学家及天文学家，曾从（今日法国境内的）马赛出发，经西班牙到挪威中部旅行到德国北部海岸。
③ 指生活在 14 世纪的拜占庭医生 Georgius Chrysococca。
④ 手稿：Tabulae geographicae longitudinis et latitudinis praecipuarum urbium Europae, Asiae et Africae。
⑤ 1689 年莱布尼茨在 2 月号的《学者杂志》（Acta erud.）上发表了他的《天体运行论》(Tentamen de motuum coelestium causis)。
⑥ 莱布尼茨设计的计算器当然不是"批量"生产，而是每次只委托工人制造一个，不断改进，由此花费了不少钱，也没有达到设计要求。
⑦ 在 1716 年 8 月 3 日（莱布尼茨当年 11 月 14 日逝世）写给沙皇御医阿莱斯金（Areskin）的一封信中，莱布尼茨希望自己设计的计算器"有朝一日能作为沙皇的礼物呈献给中国皇帝"。

在陪同您去中国的人中，我只认识非常值得尊敬的利国安神父一人。请您代我向他致以衷心的问候。我鼓励他作为一个年轻的、没有任何义务与负担的人，能够在您的指导下、按照您的建议做出伟大的事情。上帝保佑您及您的同伴，使他的荣耀能够增多，使人类的幸福得到发展。衷心的祝愿。

闵明我大约于1693年年底在印度的果阿收到克翰斯基转来的信，并于当年12月6日回信给莱布尼茨，表示回到中国后将动员在华的耶稣会士，力争回答莱布尼茨提出的问题。这就是被莱布尼茨作为第2号文献收入《中国近事》中的闵明我的来信。

闵明我的回信，给了莱布尼茨很大希望。在1697年1月中旬写的一封信中，莱布尼茨再次建议闵明我应该极力促进地球上两大文明（中国与欧洲）之间进行知识的交流①。可惜的是（或者令人不解的是），按照目前能够找到的材料判断，收入《中国近事》的闵明我的果阿回信同时又是闵明我写给莱布尼茨或者莱布尼茨收到的闵明我寄给他的最后一封信。在1697年12月2日写给白晋的信中，莱布尼茨特别想知道闵明我的近况："他曾答应与我联系。我想，他肯定为我准备了一些东西。"②莱布尼茨的猜测不是没有道理的，闵明我回到中国后也是不会轻易忘掉莱布尼茨的。问题是：假如闵明我回到中国后给莱布尼茨写过回信，这些信在哪里？假如闵明我为回答莱布尼茨的问题作了些准备，那么这些资料又保存在哪里呢？

《中国近事》中提到的阿拉伯文手稿

1623（1625）年在西安附近发现的《大秦景教碑》经基尔歇在其《中国图志》中发表后，在欧洲学界引起了轰动，同时也引起了激烈的

---

① 全集 I, 13, 515—528。
② 全集 I, 14, 826—835。

争论。争论的焦点是碑的真伪问题。假如能找到基督教进入中国的其他证据，便可为碑的真实性提供佐证。

在1687年2月26日写给莱布尼茨的信中①，巴朴布罗赫在提到柏应理准备在巴黎出版《中国哲学家孔子》后，谈到了法国学者泰弗内给自己的一封信，并且信中的内容与景教碑连在一起："尊敬的巴黎皇家图书管理员泰弗内先生发现了一份用阿拉伯语写成的手稿，叙述公元1000年后基督福音在中国传播的情况，基尔歇在《中国图志》中也探讨了这个问题。"

巴朴布罗赫提出的这个问题，当时并未受到莱布尼茨的重视。直到1692年莱布尼茨才开始关注这一发现。在同年10月18日写给法国学者派力松（Pellisson-Fontanier）的信中②，莱布尼茨指出，基尔歇在《中国图志》中发表的有关基督教在中国传播的"古老文献"（即景教碑颂）的真实性受到学者们的怀疑，但柏应理在《许太夫人传》中却援引泰弗内，说此人在一份阿拉伯文手稿中找到了某些基督教在中国传播的证据，米勒听到这件事后，也曾希望得到阿拉伯文手稿的抄件。

在同年11月21日写给派力松的信中③，莱布尼茨希望有人能够继续泰弗内未竟的研究工作。具体到这部手稿，莱布尼茨提供了更详细的佐证，并且把这部手稿与基尔歇发表的《景教碑颂》直接联系起来。莱布尼茨写道："有两个地方提到了（这部手稿）。一是《一位中国女基督教徒传》（即《许太夫人传》），此书匿名发表，但据说作者是柏应理神父；二是附在《孔子》（即《中国哲学家孔子》）一书后面的柏应理的《中国编年史》。在《一位中国女基督教徒传》的第94页作者写道：雷诺多院长先生和皇家图书馆的泰弗内先生，在一些东方文献手稿以及某些阿拉伯书籍中，找到了这次进入中国传教的证据（des preuves de cette entrée de prelats et de prestres dans la Chine）；在《中国编年史》第55、56页，柏应理在叙述了中国历史以及这份文献（景教碑）之后，指出了

---

① 全集 I，4，613。
② 全集 I，8，180。
③ 全集 I，8，192—203。

基尔歇的《中国图志》以及保存在法国皇家图书馆的阿拉伯文稿,手稿描写摩苏尔的印度与中国大主教派遣人员到中国传播福音的事情"。莱布尼茨希望知道这份手稿的题目及主要内容。

可能是与此同时,莱布尼茨也把这个消息告诉了德国学者藤策尔(Wilhelm Ernst Tentzel),因为在1月23日藤策尔写信给莱布尼茨,再次询问泰弗内提到的阿拉伯文手稿,自己曾在《好朋友对话》上年10月刊第832页中告诉读者将提供柏应理援引的手稿的证据;据说手稿保存在皇家图书馆里①。因此在1693年9月写给拉洛克的信中②莱布尼茨依然希望柏应理提到的"波斯"或"阿拉伯"文献能够证明景教碑颂的历史真实性。而年轻的雷诺多也许能够继承泰弗内在这一领域内的研究

拉洛克11月14日的回信澄清了一些问题,特别是提到这部手稿曾经被翻译过,译者是拉洛克认识的著名的东方学家埃贝洛(Barthelemy d'Herbelot),雷诺多的学识则非常平庸。按照拉洛克的说法,埃贝洛曾亲自告诉他,自己在佛罗伦萨逗留时是托斯卡纳大公费迪南德二世的客人,应大公之请,为他翻译了这份用阿拉伯语写成的手稿,手稿的内容是叙述从撒马尔罕经鞑靼地区到达中国的路途,文中提到12使徒等。令人遗憾的是,埃贝洛自己没有留下译文,而是把译文与原资料一起留在佛罗伦萨了。这些材料无疑被保存在那里的图书馆里。手稿的作者没有留下自己的名字。据说泰弗内曾看到过另一份用波斯文写成的报告③。

拉洛克的回信指出了这部手稿与景教碑颂或许无甚关联,莱布尼茨从而也知道了,"柏应理得到的消息不够准确"④;重要的是,拉洛克提供的线索使莱布尼茨想到了佛罗伦萨的马利亚贝基(Antonio Magliabechi),此人恰好是托斯卡纳大公的顾问兼图书管理员。收到拉洛克的信后,莱布尼茨便于12月29日写信给马利亚贝基,提到一位巴黎的朋友告诉他埃贝洛在佛罗伦萨停留时曾为当地的大公翻译过一份记述从撒马

---

① 全集 I, 9, 272。
② 全集 I, 9, 574。
③ 全集 I, 9, 614—615。
④ 全集 I, 10, 249—250。

尔罕旅行到中国的用阿拉伯文写成的手稿，译文及原始资料保存在大公的图书馆里。莱布尼茨请马利亚贝基查询一下到底是怎么回事①。次年4月12日，莱布尼茨再次急切请求马利亚贝基告诉他有关埃贝洛翻译的波斯文献的情况②。

大约两个月后，莱布尼茨还是没有收到任何消息。无奈之下，他想到了与托斯卡纳家族有联系的数学家博登豪森（Rud. C. Bodenhausen）。1694年5月30日，莱布尼茨致信博登豪森，请他询问一下马利亚贝基，"内容是从波斯到中国的一份游记"③。在8月21日写给莱布尼茨的回信中，博登豪森把马利亚贝基说成是个"道德低下""变化无常"的人，虽然声称埃贝洛翻译的波斯游记被保存在大公的图书馆保险箱里，但他自己似乎什么也不知道④。事实确实也可能是这样，因为博登豪森就这件事写给莱布尼茨的信是三个月之后（11月17日），内容也不怎么令人振奋，仅仅是告诉莱布尼茨，马利亚贝基答应提供一些他所希望得到的、有关中国的消息⑤。

马利亚贝基的反应（即没有反应）至少可以说是非常不友好的。尽管如此，莱布尼茨在《中国近事》前言中还是再次提到这件值得研究的事情。其措辞既表现了学者的宽容又显示了外交家的机智："由于这是一件对基督教事业非常重要的事情，我曾建议受人尊敬的马利亚贝基先生不管怎样应弄清这件事情。在我的以及其他人的赞扬中，马利亚贝基是经常出现的一个名字。另外我想，贤明而虔诚的大公毫无疑问也会支持这件事情。"

尽管莱布尼茨在1697年11月26日再次写信给马利亚贝基询问这份用阿拉伯语或者波斯语写成的游记，并且强调指出自己在《中国近事》的前言中已经说明了这一文献的重要性⑥，但在能够看到的现有文献中，

---

① 全集 I, 9, 707—711。
② 全集 I, 10, 360。
③ 全集 III, 5, 172。
④ 全集 III, 5, 175。
⑤ 全集 III, 5, 182。
⑥ 全集 I, 14, 799。

尚未找到马利亚贝基的答复。这条线索似乎也就断了。也许埃贝洛根本没有翻译过这样一份手稿，甚至整个事情就是子虚乌有。

至于这部手稿（假如果真存在的话）是否就是莱布尼茨寄予厚望的雷诺多于1718年翻译注释的《九世纪两位回教旅行家印度及中国游记》(Anciennes relations des Indes et de la Chine de deux Voyageurs mahometans qui y allèrent dans le neuvième siècle)①，还是一个有待探讨的问题。但有一点是肯定的，对于雷诺多从这部《游记》中得出的结论，莱布尼茨是不会赞同的。

莱布尼茨与新教传教活动

《中国近事》发表后，莱布尼茨写了大量的书信阐述自己编撰这本小册子的目的与意图。第一封信写于1697年4月26日，收信人是负责柏林勃兰登堡宫廷档案的库努（Johann Jacob Julius Chuno）。《中国近事》中收入的张诚关于《尼布楚条约》的报告，就是库努提供给莱布尼茨的。作为感谢，莱布尼茨寄了数本《中国近事》给他，随后便谈到了这本书的意图。"我的目的是促使新教教徒们行动起来，参加这场大面积的灵魂拯救活动，将纯洁的基督教带到这个民族之中，不要把一个如此重要的传教活动的功绩完全让给其它人。"这里所说的"其它人"当然指的是罗马天主教的耶稣会士以及法国人②。

在同一天，莱布尼茨给纽伦堡的伊门侯夫（Jakob Wilhelm Imhof），法兰克福的东方语言专家鲁道夫（Hiob Ludolf），柏林的绍文（Chauvin）相继寄去了《中国近事》。与上面给库努的信不同，莱布尼茨在给这几个人的信中，强调苏霖的《容教令报告》是《中国近事》的核心。根据收信人的地位与作用，信的内容相应变化。最有启发意义的似乎是给绍文的信。绍文是法国流亡者，当时担任柏林新教教会的首席牧师。在这

---

① 参见《中国印度见闻录》，穆根来、汶江、黄倬汉译，中华书局2001年版。
② 全集 I, 14, 154。

封信中，莱布尼茨特别提到了勃兰登堡选帝侯，希望宫廷能够努力加强与俄罗斯的联系，以便有可能通过俄罗斯从陆路到达中国。与《中国近事》中的设想相比，莱布尼茨非常具体地提到他所说的新教国家主要指英国，荷兰及普鲁士[①]。

接着的几天里，《中国近事》似乎仍然是莱布尼茨工作中的一件重要事情。在写给勃兰登堡选帝侯国家顾问斯潘海姆（Spanheim）的信中，莱布尼茨提到，米斯特的耶稣会士克雷夫给他寄来了关于中国皇帝正式允许传教的文献，从而导致了《中国近事》的编辑与发表。接着莱布尼茨写了自己的目的与意愿："我希望（这是莱布尼茨以后会经常使用的一个词）新教教会能够选派自己的人去参加这场丰收。"[②] 在同一天写给雅格布·赫布（Jacob Hop）的信中，莱布尼茨间接提到了《中国近事》的副标题的含义："我所发表的《中国近事》也许能够为我们这个即将结束的世纪的历史作出贡献。"[③]

在同年5月8日写给苏格兰外交家与神学家托马斯·伯奈特（Thomas Burnett）的信中，莱布尼茨特别指出要防止天主教会独自在中国获得好处。他认为，耶稣会传教士之所以在中国受到尊敬，只是因为他们给中国人以及中国皇帝带去了欧洲的数学与科学；而至少在科学方面，新教人士毫无疑问远远超过耶稣会士，他们为什么不能也借此机会为自己获得好处呢？莱布尼茨建议伯奈特与萨利斯伯瑞大主教及政治家基伯特·布内特（Gilbert Burnett）以及英国其他有影响的人士认真商讨一下这件事情[④]。

大约在这几天，莱布尼茨还给剑桥数学家瓦利斯（John Wallis）寄去了一本《中国近事》。在随寄的信中，莱布尼茨除了叙述书的起源外，还特别说到了他对中国皇帝的钦佩，对耶稣会士们单方面地把欧洲科学传往中国表示担心。谈到自己的设想时，莱布尼茨再次写道："我认为，

---

① 全集 I, 14, 154。
② 全集 I, 14, 161—162。
③ 全集 I, 14, 158。
④ 全集 I, 14, 223。

英国人以及荷兰人不应忽视这件事情,不仅是由于宗教虔诚与上帝荣耀的原因,而且因为商业交往。中国皇帝如此热爱欧洲科学,因此,利用这个机会促进中国与欧洲之间的商业互换也是一件非常有意义的事。"①

类似的书信颇多。如 1697 年 5 月 11 日致古钱币专家莫莱尔(Andreas Morell),5 月 18 日致基伯特·布内特,10 月 1 日再次致莫莱尔,10 月 17 日致库努等②。

同时,莱布尼茨以极大的兴趣关注着沙皇彼得大帝的欧洲之行,希望欧洲的政界与宗教界人士能够利用这个难得的机会,促使彼得大帝同意传教士假道俄国进入中国。在 1697 年 10 月 2 日写给 H. W. 鲁道夫的信中③,莱布尼茨指出,世界上的两大君主同时对欧洲感兴趣,应是一件非常重要的事情。具体到中国,莱布尼茨认为,在那里传播宗教与科学的机会是前所未有的,从新教的角度看,困难在于通往中国的道路;这一任务应该由俄国完成,因为俄国恰好位于中国与欧洲之间。因此,欧洲应该利用中国皇帝对欧洲的好感,把"纯洁"的基督教带进中国,应该利用沙皇对欧洲的兴趣,促使他同意假道。

从 1698 年开始,俄国经常出现在莱布尼茨的书信中。这年的 4 月 5 日,莱布尼茨写信给英国国王威廉三世的顾问基伯特·布内特,希望英国皇家能够利用沙皇访问的良好机会促使新教在中国的传播。在这封信中,莱布尼茨特别提到了他在《中国近事》中的设想④。

在同一天写给阿姆斯特丹市长威森的信中,莱布尼茨再次呼吁,利用沙皇访问欧洲的机会为新教进入中国创造条件:"再要遇到这样一个机会是困难的,要找到一个比您更合适的人更困难。新教教徒的尊严要求我们不允许罗马人(即天主教)一家打着欧洲科学的旗号独霸这个辽阔伟大的国家,特别是因为在科学上我们远远超过他们(罗马人)。"⑤

---

① 全集 III, 8, 476。
② 全集 I, 14, 202—203; 216—217; 550; 591。
③ 全集 I, 14, 555。
④ 全集 I, 14, 479。
⑤ 全集 I, 15, 483。

简单归纳一下：莱布尼茨编辑发表《中国近事》的一个主要意图是唤起与推动欧洲北部国家的新教教会的传教活动。从传教史的角度看，由于礼仪之争的缘故，耶稣会在中国的传教活动已经达到了极限，新教的传教活动将是对天主教活动的补充甚或取代；从政治的角度看，北欧国家的传教活动将是对法国影响的一种对抗与均衡；从宗教神学的角度来看，莱布尼茨认为罗马天主教所传播的是充满迷信的、堕落了的教义，而新教才是经过清洗的纯真的基督学说①；在传教手段上，莱布尼茨认为耶稣会在中国能够成功的主要原因是借用欧洲科学，而在这一点上，新教超过天主教。至于新教传教活动的主力军，莱布尼茨认为应该是英国、荷兰、普鲁士，当然还有当时正在筹建的勃兰登堡科学院；鉴于其地理位置，俄国起着中介作用，尽管其还相当野蛮。具体到中国，这是千载难逢的良机。为此，一是必须争取俄国的支持，二是应该把欧洲新教的力量集中起来。

1697 年 12 月 14 日写给普鲁士女皇、选帝侯夫人索菲·莎罗蒂的一封信很能说明莱布尼茨在《中国近事》发表后的心情。在这封信中，莱布尼茨写道，他准备在自己办公室的门上挂上"中国事务所"的牌子，有关中国的事情大家都可以找他。莱布尼茨接着写道："作为回报，我们可以乘着爬犁通过鞑靼直接到达中国，爬犁带有风帆，当然还有狗。无法使用风帆时，狗便拉着；风向顺利时，狗与主人一起乘着爬犁回来……如果陛下想了解中国的情况，不管是有关伟大的哲学家孔夫子的学问，还是有关那些在（《圣经》上所记载的）洪水暴发之前就通知中国的古老帝王们的传说，还是这个国家所有特有的，如同我们所寻找的哲人石一般的长生不老之灵丹，陛下只要下个命令就行了。上帝保佑！假如真的有这种妙药，我会马上登上爬犁为陛下效劳，并且发誓一路小心保护宝坛，绝不会擅自打开。"②

使用狗爬犁可以舒适方便地跨过西伯利亚的冰天雪地，这一奇想当然是受到了布兰特 1693—1695 年俄罗斯使团访问中国沿途见闻的启发。

---

① 全集 I，14，203。
② 全集 I，14，868—869。

来自新教人士的反响

莱布尼茨的《中国近事》的发表在新教界引起了不同的反响：拒绝的声音几乎没有——人们如饥似渴地阅读了这本书的内容，也看出了作者的真正意图，但也几乎没有人赞同。大家指出的，多数是到中国传播新教所可能遇到的各种困难。1697 年 5 月 11 日，库努从哥尼斯堡写信①给莱布尼茨说，面临从亚洲传来的基督教在那里受到迫害的消息，荷兰人不一定愿意继续派遣自己的人到那个危险的地方去。莫莱尔写得更直接②：也许新教教会应该效仿罗马天主教会，与罗马天主教那些荒唐的教义相比，新教改革后的宗教信仰也许更容易令人接受，"不过我们没有人愿意不婚不娶，只是为了爬山涉水，到那个国家接受殴打与谋杀"；至于荷兰人，反正他们喜欢的是银币，而不是异教徒的灵魂。瓦利斯 1697 年 7 月 30 日写信给莱布尼茨说，他也认为新教应该加入到中国传教事业的行列，只是他觉得耶稣会未必会允许新教这么做③；莱布尼茨寄予维森很大希望，但这位市长与外交家同样认为④，新教突然登场，耶稣会未必欢迎，与耶稣会对着干新教未必能够成功。新教教会牧师施瓦赫海姆（J. Schwachheim）更是一语中的："上帝保佑，新教国家的君主们能够派遣自己的传教士到中国以及其他国家传播上帝的荣耀与学说，而不是整天过着花天酒地的罪恶生活！可惜我们只能祈祷，难以奢望"⑤。

对于这种反响，莱布尼茨表示了极大的不满。在 1697 年 10 月 1 日写给莫莱尔的信中⑥，我们就可以读到下面一段话："您很难想象我是多么气愤人们未能恰当地利用沙皇的来访以及表现出来的好意；……我无法饶恕英国人与荷兰人无所谓的态度。他们也将为此付出重大的代价，

---

① 全集 I, 14, 209。
② 全集 I, 14, 269。
③ 数学文集 IV, 39。
④ 全集 I, 11, 482。
⑤ 1697 年 7 月 14 日；全集 I, 14, 213。
⑥ 全集 I, 11, 482。

他们忽视的利益将被其他人独占；而假如他们聪明的话，他们会促进上帝的荣耀，同时为自己的国家谋得利益。"一个星期后，1697 年 10 月 7 日，莱布尼茨在写给库努的信中①抱怨说，尽管新教国家在科学上占有优势，尽管他们在中国成功的可能性很大，尽管自己的《中国近事》在英国引起了沉思，他还是看不到事情有任何进展，无论是在荷兰还是在英国。当然，轻易地放弃并不是莱布尼茨的风格。这样，几行之后，他又写道：沙皇与勃兰登堡选帝侯的关系不错，选帝侯又与荷兰与英国有良好关系，因此，争取沙皇允许新教国家的传教士假道中国还是有可能的。

库努在同年 11 月 2 日写信②给莱布尼茨，告诉他荷兰人利用了沙皇访问的机会为自己谋利益，但就是没有谈到借道到中国的事情，"他们也不可能对这件事感兴趣，因为这样一来，大家就没有必要依赖荷兰人的海路霸权地位了"。对于莱布尼茨的从陆路输送传教士到中国的设想，库努只有无奈的苦笑："尊敬的先生，把耶稣会传教士带入中国的最短路线是经过莫斯科，这是对的。不过可能吗？哈哈！"

当然也有令作者高兴的消息传来。1697 年 6 月 4 日，东方语言学家 H. 鲁道夫请求莱布尼茨再赠送几本《中国近事》给他，以便他能够接着寄往罗马以及其他地方③。其中的一本很可能经过鲁道夫的侄儿 W. 鲁道夫转到了对东方语言，特别是对俄国非常感兴趣的赫尔曼·弗朗克（Hermann Francke）的手中。同年的 7 月，弗朗克委托自己的同事与莱布尼茨联系，对莱布尼茨在《中国近事》中提到俄国的话感到非常高兴④。

从英国也传来了好消息。瓦利斯 1700 年 3 月 29 日写信给莱布尼茨说，在大主教的建议下，英国商人资助了一个名叫庞德（James Pound）

---

① 全集 I, 14, 591—592。
② 全集 I, 14, 764—765。
③ 全集 I, 14, 261。
④ 全集 I, 14, 334。参见《莱布尼茨与中国》一书中收入的乌特米勒的文章。

的医生与数学家去了中国①，陪同他的是外科专家奥利樊特（Thomas Oliphant），另外还有已是第三次去中国的布劳恩（Brown）②。瓦利斯接着写道：按照莱布尼茨的设想，这些当然是微不足道的，"但我觉得应该把这些消息告诉您，因为我认为，您不会不表示欢迎的"③。

总的来看，新教未能及时地利用沙皇彼得大帝访问欧洲皇室的机会，争得俄国的同意借道输送传教士到中国。在莱布尼茨看来，难得的机会实际上已经错过了。早在1698年5月，他便在一封写给医生施略克的信中写道："当然最好是我们的人也加入到在这个地区传播基督福音的工作中来；但我们已经没有多少机会了……所以只好不加区别地在这个辽阔而遥远的民族中点燃任何一种基督教的亮光，这样总比没有强。"④

耶稣会与《中国近事》

莱布尼茨为了唤起新教教会及新教国家的传教热情，编辑发表了《中国近事》。书中收集的原始资料全部来自耶稣会士。为了不引起耶稣会士的怀疑与反感，同时又表明自己的意图，富有外交经验的莱布尼茨的文字"漂亮无比"⑤，此书的《序言》可以看作是一篇外交文献中的杰作。从耶稣会士的热情反应中可以看出这一点。

检阅莱布尼茨在这段时间就此所写的书信，会发现下面一个非常明显的情况：在与英国人、荷兰人以及德国新教人士的通信中，莱布尼茨几乎有点咄咄逼人，丝毫不掩饰自己的意图。但在写给耶稣会士以及法国人的信中，他表达了各种不同的愿望与设想，但就是只字不提新教教

---

① 英国东印度公司船只 Eaton 号，1699 年 12 月起航，1702 年 2 月到达舟山。参看 A. Farrington, Catalogue of East India Company ships' journals and logs 1600–1834, 伦敦 1999，第 217 页；A biographical index of East India Company maritime service officers 1600–1834, 伦敦 1999, 第 589 页。
② 不详。
③ 全集 III, 8, 397—398。
④ 全集 III, 7, 774。
⑤ 郭弼恩致莱布尼茨，1698 年 5 月 15 日；全集 I, 15, 568。

会的事情。最明显的一个例子是1697年5月9日写给法国学者托伊纳（Nicolas Toinard）的信①。在这封信中，莱布尼茨写道，不久前他编辑发表了苏霖所写的关于可以在中国公开传播基督教的一个报告，另外还附带收入了"其他几封信的摘要"。在谈到张诚给拉雪兹以及维尔纽的信时，莱布尼茨为了避免引起写信人及收信人的不快，他删掉了信中的几个段落。当然莱布尼茨还非常自豪地提到了自己撰写的《序言》，但强调指出鉴于道德风俗在欧洲的普遍没落，他在序言中建议最好中国也能派传教士到欧洲来，教授欧洲人怎样在实际生活中运用自然神学，也算是对欧洲人教授中国人天启神学的交换与补偿。在1697年12月初写给维尔纽的信②中，莱布尼茨写道："我真诚希望……在我这方面能以某种特别的方式为你们神圣而美丽的计划做出贡献，不过我怀疑我可能还是只能以我的平常的工作为您服务，而无法通过其它方式。"

尽管如此，对《中国近事》表示赞赏与支持的，恰恰是耶稣会士，特别是法国的耶稣会成员。因此，从影响的角度看，《中国近事》在很大程度上与其说是对新教教会的呼吁，还不如说是对耶稣会的宣传。有个叫埃本（H. von Eyben）的德国人写信给莱布尼茨说："我们这块的耶稣会负责人时而到我这来，如果他能够得到一两本您的《中国近事》的话，他将会表示感谢。"③ 1697年10月18日，从中国回来正在巴黎招募新传教士的白晋写信给莱布尼茨④，声称索邦大学的一位名叫皮克（Louis Picques）的学者谈到了莱布尼茨的《中国近事》，并且随信给莱布尼茨寄来了自己刚刚出版的《康熙大帝传》。白晋写道："我怀着难以抑制的兴趣，一再拜读了您的《中国近事》……您向世人发表了有关圣教在中国取得进步的消息，中国皇帝对圣教的积极态度，也许能让我们更有使整个中华帝国皈依的巨大希望。这一切促使我请您接受我的一本刚刚出版的、介绍这位伟大君主的小书"；半年多后，1698年5月15日，郭

---

① 全集I，14，197—198。
② 全集I，14，838—839。
③ 全集I，14，346。
④ 中国通信，46—48；全集I，14，614—615 中国通信I，106—109。

弼恩写信给莱布尼茨,以崇敬的口吻盛赞莱布尼茨撰写的《序言》,并且告诉他,自己将把《序言》译为法文,与其他有关中国的文献结集发表①。

具有历史意义的是,罗马耶稣会曾试图借用《中国近事》在罗马的礼仪之争中为耶稣会的立场辩护。应耶稣会长冈萨雷斯(Tirso Gonzáles)的紧急请求,莱布尼茨曾寄了一本第二版的《中国近事》给意大利托斯卡纳大公图书馆馆长马利亚贝基(Antonio Magliabechi),后者在1699年把书送给了罗马②。大约十年后,礼仪之争再次暴发。1709年7月,罗马的耶稣会长托勒梅(Tolemaeus)通过科隆的会员德博斯(Des Bosses)转告莱布尼茨,自己特别欣赏莱布尼茨关于中国礼仪的一些观点,并且希望能有一本《中国近事》,"以便在罗马比较一下,让大家看看博学而温和的新教学者们是怎样看待这个问题的"③。莱布尼茨在回信中告诉德博斯,早在《中国近事》发表后不久,他就通过马利亚贝基把书寄到了罗马④。大约两个星期后,莱布尼茨把自己一年前写成的《关于中国的礼仪与宗教的几点说明》(Annotationes de cultu religioneque Sinensium)寄给了德博斯,并请对方"阅后寄回"⑤。德博斯随即把莱布尼茨的《说明》送到了罗马耶稣总会⑥。当然又没有起到任何作用。当德博斯9月6日把《说明》寄给莱布尼茨时,他绝望地写道:"所有阅读了《说明》的人,都对其中的观点表示赞同;不过令人担心的是,这可能已经晚了,因为不久之前我们被迫看到,按人之常理推断已经不可能有一个好的结局了。"⑦

---

① 全集 I,15,568。与白晋一样,郭弼恩也是从叫皮克(Louis Picques)那里暂时借阅《中国近事》的。皮克又是从上面提到的鲁道夫那里得到这本书的(全集 I,14,615),巴耶尔在自己的《中国博物志》中提到皮克,说是柏应理曾把自己的《中国语法》送给了他。
② 参见《莱布尼茨与中国》一书中威特迈耶的文章,第119条注。
③ 格本 II,377。
④ 格本 II,379。
⑤ 格本 II,380。
⑥ 1709年8月16日,德博斯致莱布尼茨;格本 II,385。
⑦ 格本 II,385。

莱布尼茨与礼仪之争

莱布尼茨很早就对中国感兴趣。相比之下，他对所谓礼仪问题的关注则比较晚。这方面主要有两个原因：一是开始时莱布尼茨的情趣主要体现在中国的语言文字上，二是所谓的礼仪之争传到欧洲本土的时间比较晚，大约开始于在法国兴起的对耶稣会以及耶稣会在中国的传教政策的争论。莱布尼茨在这个时候提出的看法体现了一定的悲观实用倾向，核心集中在多妻制上。莱布尼茨认为，由于包括中国在内的亚洲国家，多妻制是历史上形成的一种风俗。亚洲国家的人不会放弃这一习惯，天主教不会接受容忍这一礼制。从这个角度看，基督教在中国取得成功也是不可能的，耶稣会之所以能够站得住脚，只是他们为中国人传授了欧洲科学，特别是数学与天文。在1686年写成的《基督教考》(*Examen Religionis Christianae*) 中，莱布尼茨写道：要让中国人放弃这一习惯是不容易的，要让罗马教会在这一点上让步是不可能的。很能说明莱布尼茨观点的是紧接着的一句话："尽管在《圣经》中找不到任何反对多妻制的根据。"① 可能正是基于这一冷静而客观的分析，莱布尼茨认为，"发现中国"能够给欧洲带来的，并不是宗教上的胜利，而是科学文化方面的好处。特别是1689年结识闵明我后，莱布尼茨开始把兴趣集中在促进欧洲与中国的文化、知识、技术互换上。

借用一句成语，也许可以说明莱布尼茨与礼仪之争的关系：树欲静而风不止。因此，当礼仪之争日趋激烈，进而威胁到莱布尼茨所认为的天赐良机时，莱布尼茨被迫关注这类在他看来是鸡毛蒜皮的"小事"(bagatelles)②，因为受到威胁的并不是小事。

在这个意义上，《中国近事》便是对"那场在罗马展开的耶稣会与其它传教士之间的巨大争论"③的直接反响。两年之后的第二版《中国

---

① 全集 VI, 4, 2445。
② 中国通信 I, 68—71；全集 I, 11, Nr. 334。
③ 莱布尼茨致普鲁士女皇索非，1699年8月24日；全集 I, 17, 67。

近事》(1699),1700年写成的短文《论尊孔》(*De cultu Confuciicivili*)①,1701年2月15日写给郭弼恩的长信②等等,都是耶稣会与多明我会士及其他传教士之间的争论这一历史背景连在一起的。

莱布尼茨的努力当然没有带来任何用处。在巴黎及罗马的听证讨论会中,没有人认真对待他的警告,如同没有人认真对待康熙皇帝1700年11月30日对耶稣会请愿书的朱批③一样。从宗教法律的角度讲,一个信奉路德教的学者没有资格对天主教的事情说三道四,一个异教民族的皇帝无权判断基督教的教义。福建教廷代牧主教阎当1693年禁止中国礼仪的命令得到全面认可,巴黎索邦神学院经过30次会议后于1700年10月18日禁止了包括李明的《中华现势录》在内的颇有影响的耶稣会士的书籍,1704年11月20日在教皇克雷门十一世的赦令中,中国礼仪正式被裁定为异端宗教活动。

对莱布尼茨来说,环境已经变得非常困难,不久之后,他与在华传教士之间的联系完全被切断。但这些并没有阻止他继续通过各种渠道获得有关中国的消息,特别是关于礼仪之争紧张的一些情况。笔者在汉诺威莱布尼茨档案馆粗略地查阅了一些这方面的资料,发现莱布尼茨一直紧密关注着北京与罗马之间的交往,同时也一再对争论的进展感到失望。1705年11月教皇特使铎罗(Maillard de Tournon)到达北京,几乎就在同时,莱布尼茨写信给白晋,告诉他教皇派了自己的特使到中国,此事将会对耶稣会非常有利。在这封信中,莱布尼茨希望通过特使的访问,礼仪之争能够得到一个比5年前巴黎索邦更圆满的结果(1705年8月18日);使命失败后,铎罗1707年在南京发表了上面提到的克雷门十一世的赦令,随后被驱逐到澳门。一年之后,莱布尼茨在一封信中提到这件事,说主教先生在受到康熙皇帝的接见时,指责尊孔礼仪是偶像崇拜,

---

① 全集 I, 18, Nr. 168;中国通信 I, 244—257;全集 IV, 9, 394—398。

② 中国通信 I, 294—299。

③ Brevis relatio eorum quae spectant ad declarationem Sinarum Imperatoris Kam Hi, circa coeli, Cumfucii et avorum cultum datam anno 1700. 莱布尼茨1703年从巴黎得到这份文献的拉丁文译文,见全集 I, 22, 303。

由此激怒了中国皇帝，险些丢了性命①；后来，莱布尼茨非常尖锐地批判了铎罗的行为，认为他在北京上演的那一套，放在巴黎或者马德里也同样是无法被接受和允许的②。作为对铎罗使团的反应，康熙皇帝于1708年派遣艾逊爵、陆若瑟两位传教士到罗马。在1709年4月的一封信中，莱布尼茨询问德博斯，关于主教铎罗被葡萄牙人关押在澳门的消息是否属实、中国皇帝派遣的使节是否已经到达欧洲等③；作为对铎罗使团的反应，康熙于1707年4月做出了自己的决定④。在同年10月14日写给拉克罗茨（La Croze）的信中，莱布尼茨说他看到了一份"中国皇帝的文件"，猜测中国宫廷是否听到了传教士在日本的遭遇，进而强烈警告克雷门十一世赦令所可能带来的严重后果⑤。除了巴黎的法国耶稣会会士外，给莱布尼茨提供信息的主要是德国耶稣会士德博斯。

1709年在荷兰出版了一本名为《基督教在华备忘录》的书（*Mémoires pour Rome sur l'état de la Religion Chretienne dans la Chine*），一年以后，莱布尼茨在一封信中写道：书中的所有作者皆反对耶稣会士，尽管如此他们提出的论据还是不能令他信服⑥。1710年，克雷门十一世再次做出了反对中国礼仪的决定，此后不久，莱布尼茨便表示自己难以理解这个决定，认为罗马方面在这件事上过于认真。他写道："罗马的决定使我感到惊奇，迫使我怀疑中国皇帝是否会高兴。"⑦ 同年7月8日，莱布尼茨写道："现在是教皇公开表态的时候了，教皇应表明自己是否真的不允许中国的基督徒参加祭孔祭祖一类的礼仪；教皇宣布这一决定之时，便是基督教在华传教事业的灭亡之日。"⑧ 1712年艾逊爵返回中国，实际上并没有完成康熙交给他的使命；莱布尼茨却希望艾逊爵能够带点安慰

---

① 1708年10月12日致威森；通信，编号，LBr 1007，第52页。
② 1712年9月24日致奥尔班；中国通信 II，337。
③ 德博斯在两天前告诉了莱布尼茨这个消息。格本 II，369；格本，II，372。
④ "上谕明西洋人……俱留广州修道……但不准传道"。顾卫民：《中国天主教编年史》，上海书店出版社2003年版，第228页。
⑤ 全集 I，22，303。
⑥ 1710年11月18日，致德博斯；格本 II，413。
⑦ 1711年2月2日致德博斯，格本 II，420。
⑧ 致德博斯，格本 II，424。

中国皇帝的消息,因为"越想这件事,我越对在罗马发生的可能危害传教事业的一切感到难以理解"①;在同年5月26日写给德博斯的信中,莱布尼茨表示完全理解葡萄牙人对罗马教皇的忠告,因为向中国皇帝发出错误的信号是不明智的②。在维也纳宫廷停留期间,关于中国的礼仪之争仍是一个话题:"在尊孔的问题上,奥涅金王子反对耶稣会士,我却为他们辩护"③。在1715年12月6日写给奥尔良公爵夫人伊丽莎白·莎罗特的信中,莱布尼茨再次写道:"在有关中国习俗礼仪的问题上,我与耶稣会传教士的观点是一致的。由此,在维也纳时④,我与奥涅金王子发生了一点小小的争论。他对一个信奉新教的人持这种态度感到惊奇"⑤。时间到了1715年/1716年:克雷门十一世颁布了《自那一天》的御令,希望以此结束这场讨论;作为反措施,康熙颁布了所谓的《红票》,莱布尼茨开始撰写《中国自然神学论》。在这封长达32大页的书信中,莱布尼茨避开了礼仪问题(因为"为此需要更多的篇幅与专门的讨论"⑥),但在另一封信中,作者再次强调了自己的一贯立场:"我始终认为,中国人的祭祖活动以及对其他有贡献的人的崇拜,可以被看作世俗政治性质的,因为有一点是肯定的,这就是他们并不向死者提出任何要求,也不期望得到什么"⑦。至于《自那一天》,莱布尼茨在此之前已经表明了自己的态度:"一段时间以来,对于在罗马发生的事情,我更多的是感到奇怪,而不能理解"⑧。尽管如此,莱布尼茨还是希望教皇能够宽容一些,在做出自己的决定时温和一些,以后派遣使节前往中国时,能够选派一

---

① 1712年9月24日,致奥尔本;中国通信 II,337。

② 格本,II,445。

③ 莱布尼茨致安东·乌尔利希公爵(Anton Ulrich von Braunschweig-Wolfenbüttel);1713年2月18日。转引自 *Leben und Werk von G. W. Leibniz. Eine Chronologie*(莱布尼茨生平活动编年),K. Müller 与 G. Krönert,合编,法兰克福出版社1969年,第235页。

④ 1712年12月—1714年9月3日。

⑤ E. Bodemann, Briefwechsel zwischen Leibniz und der Herzogin Charlotte von Orléans (1715 – 1716)(1715—1716年莱布尼茨与奥尔良公爵夫人的通信),载:Zeitschrift des historischen Vereins für Niedersachsen(下萨克森历史学会杂志),1884,第38页。

⑥ 李2002,第20页,第4行。

⑦ 1716年5月20日,致奥尔本;Dutens V,444。

⑧ 1715年6月30日;致德博斯,格本,II,499。

个不像铎罗那么狂热的人①。

诸如尊孔祭祖一类的中国礼仪到底是宗教意义上的"偶像崇拜"还是对基督教无害的、因此也是可以容忍的"世俗礼仪"呢？面对在巴黎及罗马以及其他地方展开的、在基督教话语霸权之下进行的争论，莱布尼茨一再强调，在他看来这类礼仪多数情况下是世俗政治性的（譬如在《中国近事》中），只是尽管如此，莱布尼茨的这一看法并不是建立在准确严格的知识论证之上的。这里所体现的，更多的是一个基本原则，这就是："即便我的判断是错误的，那么我宁可是错误地表扬了对方，而不是错误地指责了对方。"②

从这一基本原则出发，最晚从《中国近事》起（1697年），莱布尼茨在不同的场合试图论证祭孔祭祖之类的中国礼仪应是世俗政治一类的活动，因而与基督教中的仪式并不冲突。在大约1700年写成的《论祭孔》③一文中，莱布尼茨把"宗教崇拜"定义为"通过宗教崇拜，我们承认我们的崇拜对象具有超人的力量，它可以赐福于我们，同样能够惩罚我们"。按照这一理解，莱布尼茨并不否认尊孔与祖先崇拜中带有宗教成分，甚至不否认相当的一部分中国文人是无神论者④。但他同时指出，在作出此类判断时不能过于看重外在的仪式形式，而应该弄清楚仪式背后的精神含义。为了判断中国人的仪式到底是宗教性的还是世俗政治性的，必须弄清楚中国人是在什么样的"精神"的指导下祭祀祖先，他们是否祈求祖先的庇护；为此，除了必要的对仪式本身进行仔细观察外，应当借用西方的批判工具对原始的中文资料进行一番系统的梳理与研究。

---

① 1715年12月24日；致德博斯，格本，II, 507。
② 莱布尼茨的这一立场，受到了众多学者关注与赞扬。参见毕尔封格（G. Bernhard Bülffinger），*Specimen doctrinae veterum Sinarum moralis et politicae*（中国古代道德与政治研究），法兰克福，1724，第37页；莱布尼茨，《神正论》前言（格本 VI, 28）；沃尔夫为莱布尼茨写的挽词，载：Acta Eruditorium, 1717年，第336页；费尔巴哈：《对莱布尼茨哲学的叙述、分析和批判》，涂纪亮译，商务印书馆1997年版，第21页："莱布尼茨在任何地方都没有坚持直接的、最接近的和墨守字句的意义，而是坚持可能的、内在的意义……他是炼金师，他在最普通的材料中……都能找出黄金。"
③ 全集 I, 18, Nr. 168；中国通信 I, 244—257；全集 IV, 9, 394—398。
④ 《中国自然神学论》，李2002，第267页，第18行。

因为只有这样，才有可能把现代与古典、原义与衍义、金子与沙子分开①。在莱布尼茨看来，这项工作根本还没有开始，但在这个工作完成之前，便无法对中国文化的性质做出任何可靠的评价；在这种情况下，一切讨论都是没有用处的，也是不公正的。倒不如效仿圣保罗和其他教父的例子，如同他们诠释柏拉图以及其他异教哲学家那样，尽量善意地、互利性地解释中国文本②。

事实上，每一种文化都是一个相对比较复杂的糅合体，一方面都有自己的历史，另一方面又有不同的学派与代言人。这种多面结构决定了不同文化之间的某些重合，从而为对话交流提供了可能；同时它也决定了在理解一个文化时应该避免以偏概全，因为每一个讨论总是针对某一历史时期，甚或只是针对某一学派某一人物或个体现象的讨论；而为了达到这一点，则要求必须对整体有足够深入的了解。因此，在强调文化之间的差异时，必须特别小心，因为某些所谓的差异，仔细看来也许只是同一事实在不同文化环境中出现的变种。譬如在讨论尊孔这个现象时，莱布尼茨便指出，在欧洲基督教文化中曾存在过的亚里士多德崇拜，而这一礼仪并未被看作偶像崇拜而遭到禁止；在讨论中国的祭祖礼仪时，莱布尼茨指出摩西曾说过，孝敬父母者必高寿③；当有些传教士指责中国人是无神论者时，莱布尼茨指出在欧洲也曾经有过不相信上帝的人，就连"摩西也没有认识到灵魂不死这一真理"④。更重要的是他在《中国近事》中的忠告：不能将所有基督教的秘密强加给那些还没有准备好的心灵，更不能把欧洲信徒的所有礼仪形式强加给那些远离欧洲的基督教徒。

为了准确地判断中国习俗礼仪的性质，必须事先在欧洲本土对所有的中国文化进行系统的、科学性的研究。对于日益白热化的礼仪之争来说，莱布尼茨提出的这一要求无疑具有釜底抽薪的作用，同时又把这一

---

① 中国通信 I, 244—257；《中国自然神学论》，李 2002，第 70 页，第 2 行注。
② 全集 I, 18, Nr. 168；中国通信 I, 244—257；全集 IV, 9, 394—398。
③ 《几点说明》，李 2002，第 266 页，第 25 行；第 267 页，第 2—3 行。
④ 《中国自然神学论》，李 2002，第 33 页，第 9—10 行。

争论引导到了自己所希望的科学研究的方向。因此，莱布尼茨并不是严格意义上的跨文化诠释学的先驱。他直接或间接为耶稣会提供的论据，基本上都带有世界政治的性质，而恰恰是这类论据既不会得到罗马教会的承认，也无法用来说服索邦大学的神学家们。莱布尼茨通过传教活动看到的，是一次难得的机会。为了达到比传播基督教信仰更重要的其他目的，应该保存与利用这一机会。这是莱布尼茨的伟大之处，因此，他无法也不可能理解礼仪之争的目的到底是什么。面对这一机会所可能带来的利益与好处，欧洲人应该为自己单单纠缠于这些鸡毛蒜皮的小事感到羞愧[1]。

莱布尼茨研究的现实意义

莱布尼茨生活在300多年前的欧洲，但其在政治、哲学、法律、逻辑、语言学等领域内提出的观点、思路与设想却显示了惊人的超前性或者说现实性。这应该说是近年来在世界范围内莱布尼茨研究能够持续展开，引起各个国家学者的兴趣，受到学界及政界普遍重视的一个重要原因。限于篇幅，我想指出下面几点。

莱布尼茨的单子论与多元和谐思想是紧密地连在一起的。作为"形而上学（意义上的）点"，单子论强调物质事物的"精神"，突出其独一无二的个性；所谓最好的世界即是最大可能的多样性与最大可能的秩序的结合。单纯的多样性会是混乱，缺少多样性的秩序是没有活力的单一。和谐只能是多极和谐。很明显，在全球化的今天，如何一方面保证不同文化的个性，同时又求得多样个体文化的共存，仍然是一个不仅在实践中有待解决的问题。

莱布尼茨终身努力于促进科学的发展，提倡通过各民族间知识的交流促进知识的增长，从而达到改善人类生活条件的目的。这种将普遍的社会效益（当然还有上帝的荣耀）作为科学发展的主要方向与唯一目的

---

[1] 中国通信 I, 68—71；全集 I, 11, Nr. 334.

的"科学社会学"中亦有不少值得今天借鉴的思想。

莱布尼茨没有提出过系统的伦理理论,其实践伦理来自于理性神学的"世俗化":传统的基督教中的"上帝"概念含有三大特征:全能,全知,至善;莱布尼茨将其理性化:全知意味着知晓所有(逻辑上)可能的世界;全能意味着凡是逻辑上可能的事情,上帝都可以使其成为现实;至善则迫使上帝根据最佳原理选择最好的可能世界成为现实。套用到人类的行为上,这一模式的内涵便是:人类应当追求知识,不断地扩大自己的知识范围,因为只有知识可以提供行动的可能,特别是为预测行为可能带来的后果提供理性指导;随着知识的增长,人类的权力与活动范围会越来越大,科学与技术的发展就是非常明显的例子,但是,科学与技术也只能在逻辑可能的范围内活动,并且会受到其他外在条件的制约;道德伦理意义上的"善"则要求人类在行动之前,根据自己的知识选择道德意义上的最佳可能,同时又要意识到自己的知识总会是有限的,因此,根据有限知识做出的决定总是局限性的,会有一些无法被预测到的危险。还有,这里所说的"善"或者"最佳圆满原理"的标准并不是"对人类有利",并不是"人类中心主义"(在17世纪的欧洲思想界,莱布尼茨可能是唯一一个认为动物也有灵魂的人)。

在莱布尼茨生活的17、18世纪,欧洲发现了包括中国在内的诸多"非欧"文化与社会形态,由此引发了不少"文化"冲突,著名的针对中国风俗的"礼仪之争"便是一个比较明显的例子。莱布尼茨关注了这些发现以及由此导致的争论,并且提出了自己的跨文化诠释构想:建立在理性之上的宽容。人是会思考的动物,理性的一个重要内涵是,思维是按照一定的思维规律而进行的精神活动,这是保证人与人,文化与文化之间能够沟通对话的先决条件,同时假设了每种文化中皆有合乎理性的思想;以此为基础而提出的宽容则不仅仅是对对方的尊重,更是对自己的观点以及自身文化的反思与自省。以上几个方面当然是连在一起的,其理论根基位于莱布尼茨的哲学与逻辑思想之中。进行这一方面的"基础研究"应是长期的任务之一。

德国早期启蒙运动中的孔子形象[*]

17—18世纪，欧洲在文化方面的一个重大事件是发现了中国。随着天主教特别是其中的耶稣会传教活动在东方的进展，中国作为一个高度文明的发达国度越来越受到欧洲精神界的关注①。事实上到了17世纪初，对中国文化的诸多领域欧洲已经有了详细的第一手的资料：从历史、风俗习惯、中国学者文人的嗜好怪僻、神秘的汉语、图画一般的中文、瓷器的绚丽、多妻制的诱惑、溺杀女婴的罪恶、儒家的经典、道家的长生不老丹、针灸脉经、风水八卦，直至长城的高度宽度。把这些单一的报道拼起来，便出现了一幅有关中国社会的五彩缤纷的图画，一幅与哥伦布发现的土著美洲完全不同但同时又相得益彰互对互补的景象：这里是与欧洲文明匹配甚或在某些领域领先的千年古国，那里是风光奇异的原始的尚未开化的质朴。在未来的几个世纪里（甚或到现在），这两个邈然不同但又互补互映的视角与主题将是欧洲评价与想象非欧社会与文化的两只极有力的翅膀②（Bitterli 2004）。

这一系列发生在"他乡"的文化发现不可能不反馈到"本土"并产

---

* 首次发表：印芝虹等（主编）《中德文化对话》第一卷，南京大学出版社2008年版，第1—15页；补充修正版：吕章申（主编）：《启蒙的艺术》（中国国家博物馆国际交流丛书），中国社会科学出版社2011年版，第107—125页。

① 参见张西平《中国与欧洲早期宗教和哲学交流史》，东方出版社2001年版；张国刚、吴莉苇：《启蒙时代欧洲的中国观——一个时代的巡礼与反思》，上海古籍出版社2006年版；韩琦：《中国科学技术的西传及其影响》，河北人民出版社1996年版。

② 参见 Urs Bitterli, Die "Wilden" und die "Zivilisierten": Grundzüge einer Geistes-und Kulturgeschichte der europäisch-überseeischen Begegnung（"野蛮人"与"文明者"——欧洲与海外相遇之精神与文化史纲要），第三版，慕尼黑2004年。

生影响。欧洲各式各样的学界人物对当时关于中国报道的激烈争论就是一个非常明显的例子，而其中相当重要且作用深远的一点是欧洲对孔子之人格及学说的接受与评价。在基督教的文化氛围内，被中国人（甚或整个亚洲人）奉为道德表率至圣先师的孔夫子这一名字给不少在华传教士以及他们在自己本土的读者带来了一个困惑而棘手的问题，这就是异教徒们的道德问题，亦即这些并不认识基督福音的人的灵魂能否得到拯救的问题：苏格拉底、柏拉图、孔夫子等非基督教哲人们在自己的学说与生活中显然体现了一种高尚的道德生活，其灵魂理应得到基督教意义上的拯救；但如果承认了这一点，则无疑等同于承认没有基督福音个体亦可幸福生活[1]；而建立在孔子学说之上的据说数千年一直稳定平和的儒家国家体制则是对基督教关于（基督）信仰与道德之间的关系的一大挑战[2]，迫使欧洲基督教学者对这一国家体制之所以能够稳定的原因提出新的解释：要么承认人类理性完全可以独立于（基督教）宗教信仰而自主存在，要么承认所谓的"自然神学"，而对于基督教所自称代表的"天启"宗教来说，与理性自主一样，"自然神学"同样是个非常棘手的问题。实际上到了300年后的今天，我们在考察西方对中国的诠释中仍然不难看到当时使用的某些模式、偏见以及误解遗留下来的影响与痕迹。

在这篇文章中，作者意欲把这一广阔的历史背景限制在德国启蒙运动早期上。主要对象是介绍德国当时的四位思想家对孔子其人及其学说的不同阐释。他们是莱布尼茨，托马修斯（Christian Thomasius，1655—1728），沃尔夫（Christian Wolff，1690—1753）以及毕尔封格（G. Bernhard Bilfinger，1693—1750）。

---

[1] Franciscus de la Mothe le Vayer: De la Vertu des Payens（论异教徒的道德），巴黎1642；第二版1647；Gottlieb Stolle: Historie der Heydnischen Morale（异教道德史），耶拿1714。

[2] Louis Le Comte, Nouveaux Mémoires sur l'état présent de la Chine（中国现状报道），巴黎1696，卷II，第119页；Wenchao Li: Die christliche China-Mission im 17. Jahrhundert, Verständnis, Unverständnis, Mißverständnis（17世纪在华传教史），斯图加特2000，第342—345页。

德国早期启蒙运动中的孔子形象

柏应理等:《中国哲学家孔子》,1687,第 CXVI 页
图片来源:汉诺威莱布尼茨图书馆。

介绍孔子及其学说的两部巨著

为了招募新的传教士、争得罗马方面同意使用汉文在中国举行宗教礼仪,受耶稣会中国传教团的委托,比利时传教士柏应理(Philippe Couplet)作为中国副教省的代理人在后来将在伦敦帮助英国学者托马斯·海德(Thomas Hyde)研究中国文字语言的华人沈福宗的陪同下于 1681 返回到欧洲。在柏应理一行的行李中,据说有 400 多本在华传教士们用中文写成的著作作为送给梵蒂冈图书馆的礼物;另外还有大量的手稿,目

· 183 ·

的是为了能够在欧洲得到出版发表，其中包括南怀仁的《欧洲天文学》（拉丁文，1687年刊印）、安文思的《中国新事》（葡萄牙文，法文版1688）、卜弥格的《中国医学》（拉丁文，1686年刊印）等等。1682年10月，柏应理一行在荷兰登陆，在安特卫普，柏应理多次与巴朴布罗赫（Daniel Papebroch, 1644—1714）会谈，此人是《圣者档案》杂志（*Acta Sanctorum*）的主编，与莱布尼茨保持着频繁的书信来往。在巴黎和柏林等地，柏应理结识了另外一些对中国有研究或者感兴趣的人士，其中包括1685年来华传教的洪若翰（Jean de Fontaney）、巴黎皇家图书馆馆员泰弗内（Melchisédech Thévenot）、法国学者皮克（Louis Picques）、编辑出版《中医事例》的医生克莱尔（Andreas Cleyer）、德国选帝侯威廉的宫廷医生门采尔（Christian Mentzel）以及对汉字颇有研究的东方学家米勒（Andreas Müller）等人；在柏林，柏应理还拜见了选帝侯威廉。通过耶稣会士、路易十四的忏悔神父拉雪茨（De La Chaise）的引荐，于1684年9月15日在凡尔赛宫拜见了法国皇帝路易十四。据说路易皇帝表示乐意大力支持柏应理实现自己的诸多计划。以报道宫廷消息秘闻见长的法国《优雅信使报》（Mercure galant）当即在9月号上以书信的形式专门报道了此事。在阿姆斯特丹出版的《学者共和国通讯》（*Nouvelles de la république des lettres*）则在1686年的4月刊登了有关柏应理的凡尔赛之行的详细消息①。

柏应理欧洲之行的一个重要贡献当然是1687年《中国哲学家孔子》②一书的刊印，从而完成了耶稣会在华传教士们数十年来的一个梦想。这部长达550页的献给法国皇帝路易十四的大开本精装羊皮书囊括了儒家《四书》中《大学》、《中庸》、《论语》三书的拉丁文翻译（共267页）。长达95页的《引言》之后是一幅精美的孔子画像（页116）和一份详细的《孔子生平》（页117—124）。正文之后是柏应理撰写的《中国古代君主世系》（共8页，载黄帝以下2457年间的86位帝王世系）

---

① 第428—429页。
② Confucius Sinarum Philosophus，巴黎1687。参见梅谦立（Thierry Meynard）《孔夫子：最初西文翻译的儒家经典》，《中山大学学报》（社会科学版）2002年第2期。

以及一年前已经单独发表过的记载公元前 2952 年至耶稣诞生后 1683 年的《中国历史编年》（共 125 页）。尽管如此，这部巨著只是原有手稿的一部分。1706 年，曾在巴黎皇家图书馆里工作过一段时间的一位名叫埃蒙（Jean Aymon，1661—约 1734）的法国人携带了该馆收藏的大量手稿逃往荷兰。在 1713 年撰写的一篇刊登在德国莱比锡出版的《学者杂志》书评中，埃蒙声称他手中有长达 900 页的柏应理 1687 年刊印《孔子》一书的手稿，并且准备以此为基础，出版一个澄清事实真相的"全本孔子"，因为刊印巴黎本的耶稣会士们删去了手稿中的整整三分之二①。

《中国哲学家孔子》一书问世后，欧洲的各大学术杂志均以大量的篇幅进行了报道与评论，譬如英国皇家学会刊物《哲学会刊》②、法国皇家科学院刊物《学者通讯》③、上面提到的德国莱比锡出版的《学者杂志》④、荷兰阿姆斯特丹出版的《万有与历史图书》⑤、同样在阿姆斯特丹出版的《文学界新消息》⑥、荷兰鹿特丹的《学者著作史》⑦、意大利帕尔马出版的《文学通讯》⑧ 以及下面将要论述介绍的德国启蒙运动的先锋学者克里斯蒂安·托马修斯在自己编撰的新书评论杂志《月谈》1689 年 8 月号上发表的尖锐批判。

耶稣会在介绍儒家学说即中国文化方面的另一贡献是 1711 年在布拉格出版刊印的《中国六经》⑨，编译者是在中国生活居住了 25 年之后于 1708 年回到欧洲的比利时传教士卫方济（François Noël）。除了《四

---

① *Acta eruditorum*，莱比锡，1713 年 1 月，第 46—48 页。
② Philosophical Transactions，1687 年，第 189 卷。
③ Le Journal des Sçavans，1688 年，第 99—107 页。
④ Acta eruditorum，1688 年，5 月卷，第 254—265 页。
⑤ Bibliothèque universelle et historique，卷 7，1687 年，第 387—455 页。
⑥ Nouvelles de la république des lettres，1687 年 8 月，第 910 页。
⑦ Histoire des Ouvrages des Savants，1687 年 9 月，第 65—79 页。
⑧ Il giornale de' letterati，1687，第 163—166 页。
⑨ Sinensis Imperii libri classici sex, nimirum Adultorum Schola, Immutabile Medium, Liber Sententiarum, Memcius, Filialis Observantia, Parvulorum Schola, e Sinico idiomate in latinum traducti a P. Francisco Noel Societatis Jesu missionario（中国六经），布拉格 1711；参见潘凤娟《卫方济的经典翻译与中国书写：文献介绍》，《编译论丛》第三卷第三期（2010 年 3 月），台北"国立"编译馆发行，第 189—212 页。

SINENSIS IMPERII
LIBRI CLASSICI
SEX,
NIMIRUM
ADULTORUM SCHOLA,
IMMUTABILE MEDIUM,
LIBER SENTENTIARUM,
MEMCIUS,
FILIALIS OBSERVANTIA,
PARVULORUM SCHOLA,

E Sinico idiomate in latinum traducti
A
P. FRANCISCO NOËL Societatis JESU
MISSIONARIO.
Sum B. V. Mariæ in Rottenbuch
SUPERIORUM PERMISSU.

PRAGÆ, Typis Universitatis Carolo-Ferdinandeæ, in Collegio Soc. Jesu ad S. Clementem, per Joachimum Joannem Kamenicky p.t. Factorem, Anno 1711.

卫方济：《中国古典六经》，1711，封面

图片来源：柏林国家图书馆。

书》之外，这部拉丁文著作中还收录了《孝经》和朱熹的《小学》。与印制精美的巴黎版《孔子》相比，卫方济的这部六经朴素无华。更明显的不同是，除了 5 页前言、20 页目录兼索引以及两页勘误外，剩下的就是长达 608 页的译文。尽管在 1783 年至 1786 年间被译为法文陆续出版①，这部书影响似乎不如前者大。从现有资料看出版过程好像也很平淡，问世后除了上面提到的后来的翻译外，似乎只在德国哲学家沃尔夫在莱比锡的《学者杂志》上发表过一篇详细报道②。1700 年左右在欧洲本土开始暴发的长达数十年之久的所谓"礼仪之争"明显地妨碍了这一著作的传播，同时也间接说明了欧洲对儒家学说的兴趣在这时候已

---

① 上引潘凤娟，第 198 页。
② 1712 年 3 月，第 123—128 页，同年 5 月，第 225—229 页。

经开始逐渐降温①。

尽管如此，从德国学者蔡特勒在1732至1754年间编撰出版的64卷本《百科辞典》中可以看出直到18世纪中期这两本著作对欧洲知识界的影响。蔡特勒写道："这是两本引起轰动的辉煌巨著，所有的真理都建立在这两部书之上。"②再过大约半个世纪后，黑格尔在当时的柏林大学讲授哲学史时论述到这两大拉丁文巨著时，将告诉他的听众们假如没有这样的翻译，孔夫子的名声也许会好些③。就连孔子一名的写法也变了：令人敬畏之情油然而生的拉丁化了的"Confucius"成了不带任何意义也不会引起任何美好联想的直接一对一的拼音"Konfutse"。

研究两个译本在翻译风格、选词、解释等方面的异同，应是有待学界完成的一项有意义但也很艰巨的任务。对于这里的讨论，指出下面一点非常重要：柏应理的巴黎本与卫方济的布拉格本中间相隔24年，时间不算长，但变化似乎很大：柏应理的译文基本上是沿着利玛窦的老路走，坚持认为中国经典中所说的"天"相当于甚至可以说就是基督宗教中所说的"主"即"上帝"；而卫方济的布拉格译本却比较"忠实"原文，对"天"没有做出进一步的解释。后来仔细研究过两个译本的沃尔夫曾说，巴黎译本的作者们"竭尽全力地试图证明中国人从一开始就认识了真正的上帝，崇拜了真正的上帝"，卫方济却在翻译中原封不动地"保留了中文中的'天'"。不过这是后话，也是不可全信的一家之言。譬如费赖之就认为："方济不但翻译本文，而且选译注疏，得谓孔子与孔门诸子之说，翻译较为完备者，诚无过于是编。但亦有弊，方济对于本文不明者，辄以己意解释，隐讳者为之补充，有时反失原意云。"④

---

① 参见 Henrik Jäger, Mit Aristoteles die Sishu lesen. Das sinologische Werk von François Noël, 载李文潮（编）Leibniz and the European Encounter with China. 300 Years of Discours sur le théologie naturelle des Chinois, 斯图加特2017，第129—146页。

② Johann Heinrich Zedler, Grosses vollständiges Universal Lexicon aller Wissenschafften und Künste（百科辞典），哈勒、莱比锡1732—1754，卷37，第1627页。

③ 参见黑格尔《哲学史讲演录》第一卷，贺麟、王太庆译，商务印书馆1996年版，第120页。

④ 费赖之：《在华耶稣会士列传及书目》上册，冯承钧译，中华书局1995年版，第420页。

莱布尼茨与《中国哲学家孔子》

柏应理的《孔子》问世之前，对中国一直感兴趣的莱布尼茨就已经得到了有关消息。早在1687年1月26日，上面提到的巴朴布罗赫就在一封信中告诉莱布尼茨柏应理准备出版《孔子》一书①。收到巴朴布罗赫的信后，莱布尼茨把自己所藏的一本"孔子书"的开头部分（很可能是草描下来）寄给了巴朴布罗赫。至于是什么样的一本书，莱布尼茨在信中没有具体说，但他接着写道："但愿柏应理神父能有可能与机会，在拉丁文翻译中……附上相应的中国文字，因为也许有一天人们有可能猜透其中某些文字的字源亦即发现掌握某些文字的秘密。尽管我不敢真的相信一个喜欢说大话的人米勒所作出的承诺，但我毫不怀疑，这是完全可能的。另外，从中国文字中剥离出其中的简单符号，对其进行确定，也是一件非常值得做的事情，原因是在此基础上整理出一个（简单符号）表也许对理解由其组成的复杂符号非常有用"②。从上下文关系来判断，莱布尼茨寄给巴朴布罗赫的应该是殷铎泽（Prosper Intorcetta）的《中国人的智慧》（*Sapientia Sinica*）。这本流传相当广泛的实际上只有部分《大学》译文的小册子曾多次再版③，但只有在中国（建昌，杭州）和印度（果阿）刊印的两个版本是双语本，即拉丁文与中文。法国学者特维诺1672年在其《游记杂志》第4卷中（*Relations de divers voyages curieux*）整理的《中国学说或者孔夫子的书》（*La science des Chinois ou le livre de Cum-fu-cu*）只在封面上有几个中国字。而米勒声称自己找到了掌握中文的"钥匙"，但又不愿将其发表，据说死前竟将自己的研究手稿付之一炬④。

---

① 全集 I, 7, Nr. 541。
② 全集 I, 7, Nr. 517。
③ 参见 Petrus Lambecius: Commentariorum de augustissima Bibliotheca Caesarea Vindobonense, 维也纳 1665—1679, 第5卷, 第418页; 1675, 第7卷, 第349页。
④ 参见中国近事, 第104—116页。

德国早期启蒙运动中的孔子形象

  1687年4月1日，巴朴布罗赫给莱布尼茨提供了进一步的消息。按照巴朴布罗赫的说法，柏应理将在4月中旬完成《孔子》的刊印工作，然后将接着前往罗马；当他问陪同柏应理的中国人（沈福宗），柏应理准备刊印的书书名是什么时，得到的回答是《孔子的道德哲学》；不过尽管已经给文本中加入了数个汉字做实验，一个莱布尼茨所希望的双语本还是无法实现的[①]。从出版的《孔子》一书中的《大学》译文开始，我们至今还能看到编辑者在某些关键性的拉丁文词语的右上方所加的"1"、"2"、"3"之类的编号。这些编号本来是用来对应附在书尾的汉字的。中文没有附上，这些编号却留下来了。同年7月22日，巴朴布罗赫告诉莱布尼茨，柏应理的书已经在巴黎出版，书名为《中国哲学家孔子》，正文之前有一个非常有用的引言[②]。

  柏应理的《孔子》一书集耶稣会士几十年学习研究儒家经典之大成，可以说是当时有关中国文化的最全面亦最好的资料选辑。除了《论语》、《大学》、《中庸》的翻译外，亦涉及中国历史，中国的宗教与习俗，特别是儒家哲学及其流派等等；尽管如此，《孔子》一书未能满足莱布尼茨对中国文化的兴趣与好奇，也没有促成他对严格意义上的中国哲学的研究。这一点非常值得重视。我想其中至少有两个原因：一是可能再全面权威的这方面的著作也无法涵盖莱布尼茨的兴趣，无法满足他的期望或者说理想即幻想；二是柏应理的《孔子》中确实几乎没有莱布尼茨当时感兴趣的材料。可惜的是，这并不是说编撰翻译这本书的作者们手头没有这方面的资料，而是在刊印《孔子》时，出于多种原因，柏应理恰恰舍弃了可能会引起莱布尼茨极大兴趣的这一部分，譬如那份长达17大张的《论中国文字》（*Digressio de Sinarum Literis*）。在此之前，基尔歇（Athanasius Kircher）以及米勒等学者就曾经使用过这份手稿，但也许正是这一事实，促使编辑者错误地认为没有必要将其发表。

  1687年年底，莱布尼茨路经法兰克福，在这里的一个书店里看到了

---

① 全集 I, 7, Nr. 525。
② 全集 I, 7, Nr. 542。

从巴黎寄来的《孔子》一书。在 12 月 9 日写给恩斯特公爵的信中莱布尼茨写道:"这是一本我长久以来渴望看到的书,今年在巴黎发表。书的内容是中国哲学家之王孔夫子的著作,不过不是孔子亲自撰写的,而是由他的学生们收集整理而成,因此只有部分是孔子亲口所说。从其生活的年代来看,孔子几乎早于我们所知道的所有希腊哲学家。书中有不少非常精辟的思想和格言,且经常使用类比譬喻,比如有一处写道:岁寒然后知松柏之后凋也;同样,小人之在治世,或与君子无异。惟临利害、遇事变,然后君子之所守可见也"(《论语·子罕》,后半句是注疏,见朱熹《四书集注》)。可以看出,书中翻译过来的儒家原著并没有受到莱布尼茨的特别关注。除了强调孔子学说的古老外,引起莱布尼茨兴趣的是附录中的《中国古代君主世系》。他接着写道:"附在书尾的《中国编年史》非常值得重视,因为按照这一计算,中国的最初几位帝王,如伏羲以及黄帝等,在位执政的年代非常接近大洪水发生的时间。毫无疑问,这一点将迫使我们放弃《圣经》的希伯来译文,而接受 70 子希腊译本"①。在 5 年之后,1692 年 3 月 21 日,写给闵明我的信中,莱布尼茨再次指出:"您的同会兄弟柏应理……让我们初步尝试了原原本本的中国历史,不过与其说是他满足了我们需求,还不如说他激起了我们更多的渴望。"② 德国下萨克森州图书馆保存的《孔子》一书不是莱布尼茨后来使用过的版本,不过对图书馆来说并没有多大关系。每逢重要的事情,图书馆需要展示自己的宝藏时,这本书通常就要被拿出来放在玻璃柜中供人们瞻仰,在这本书前言的末尾,有人在柏应理的名字下面用拉丁文写了"牛皮家"一词。而莱布尼茨提到的中国编年历史的重要性,则涉及 17 世纪发生在欧洲的一场非常严肃但也非常有趣的争论。按照当时的权威专家,英国主教乌舍(James Ussher)在其《旧约与新约中的纪年》(*Annales Veteris et Novi Testamenti*,伦敦,1650—1654)一书中计算,上帝在公元前 4004 年创造了世界,1656 年后即公元前 2348 年发生了全球

---

① 全集 I, 5, Nr. 9。
② 全集 I, 7, Nr. 348。

性的大洪水，人类遭到毁灭，洪水后大约 100 年，由诺亚一家发展出来的新的"全人类"开始建造巴别通天塔。在华传教士卫匡国（Martino Martini）在其《中国上古史》（*Sinicae historiae decas prima*）中把伏羲的执政年代确定为公元前 2952 年。此书 1658 年在慕尼黑发表后，正式导致了关于《圣经》纪年与中国上古史之间的矛盾的争论，从而也导致对中国文献的可靠性以及对《圣经》的批判性研究，因为假如中国的编年史是可靠的，那么《圣经》中所记载的洪水只能是局部性。按照希腊文本的《圣经》，则可把上帝创世的时间大约提前数百年，相应地把洪水发生的时间提前，以求得与中国上古史的吻合。

莱布尼茨的不满并不能丝毫降低《孔子》一书的价值，因为其原因仅仅是书中没有莱布尼茨希望得到的信息。换句话说，莱布尼茨当时以及后来很长一段时间内的兴趣主要集中在中国文字上，希望通过对中国文字的研究能够对他期望发明的"通用字符"有所启发，另外还有中国历史特别是中国上古编年史，期望能够通过对中国历史的研究帮助解决一段时间以来在欧洲出现的关于《圣经》纪年的争论，以及欧洲与中国在知识与技能方面的互利互换。对于严格意义上的中国哲学或者就像他后来所说的"自然神学"莱布尼茨这时还没有表现出太多的兴趣。

尽管如此，柏应理的《孔子》对莱布尼茨了解中国还是非常重要的，在以后的书信中莱布尼茨一再提到这本著作，因此我们甚至可以说，《孔子》对他来说相当于一本时常可以查阅的中国手册。1692 年泰弗内死后，莱布尼茨希望有人能够继续其研究[①]，在阿拉伯文献中寻找基督宗教进入中国的早期证据。在论述这一设想时，莱布尼茨特别提到柏应理撰写的《中国基督徒许太夫人贵府史》（巴黎，1687）以及柏应理"发表在《孔子》一书中的《中国编年史》"中的相关段落；在 1701 年 11 月 4 日从北京写给莱布尼茨的信中，法国传教士白晋（Joachim Bouvet）向莱布尼茨指出了后者发明的二进制与《易经》中的卦图完全吻

---

① 全集 I, 8, 第 202—203 页。

合，收到白晋的信以及随信寄来的出自邵雍的64卦排列图后①，莱布尼茨自然既高兴又惊奇，随即找出了《孔子》一书中的有关介绍，但却发现该书中的有关卦图的排列顺序与白晋寄给他的有所不同，在1703年5月18日写给白晋的信中，莱布尼茨指出：

> 我翻阅了基于柏应理神父的描绘在巴黎刊印的《孔子》中的伏羲的符号，我只发现四象与八卦的排列是正确的（插图5a），而64卦图的顺序却是很混乱（同上）。不过那里——显然是后来——附加了诸如"火"（离）、"水"（坎）等意义。人们认为或者曾认为，这些线条图画具有这些意义。是否可能您寄给我的图像中围绕圆圈的那些图画也有巴黎《孔夫子》中给出的这些意义？尊敬的神父，请允许我请求您仔细审核一下然后把结果告诉我。因为我不怀疑您在北京也有在巴黎出版的这本书②。

新近的研究表明，直到生命的末年，《孔子》一书一直陪伴着莱布尼茨。1715年，法国学者雷蒙（Remond）请求莱布尼茨用书面的形式发表一下自己对中国哲学的看法，并且为此给他邮寄了1701年在巴黎刊印的龙华民《论中国宗教的几个问题》以及利安当《论在华传教的几个重要问题》的法文翻译（同上）。应雷蒙的这一请求，莱布尼茨在1715年年底1716年年初开始撰写《中国自然神学论》。得知了这一消息的耶稣会学者德博斯（Des Bosses）在1716年3月7日写信询问莱布尼茨是否会借机论述一下"伏羲的哲学"亦即二进制与《易经》卦图。这时候，莱布尼茨再次参考了柏应理的《孔子》中的有关章节③。由于这里所给出的是64卦的另外一种排列，柏应理并未能够真正帮上莱布尼茨的忙。不过莱布尼茨最终未能完成《中国自然神学论》的至少其中的一个原因也许正在这里。

---

① 全集 I, 20, Nr. 318。
② 中国通信 I, 第431—433页。
③ 李2002，第7页。

莱布尼茨对中国关注的特点，一是其兴趣的广泛性，二是其长久性。作为善于从政治角度思考的全方位的学者，同时代的人中，没有任何一个能像他那样及早地意识到或者至少感觉到，欧洲与东方文明古国中国的相遇给欧洲带来的不仅仅是传播基督教福音的机会。因此，莱布尼茨自始至终试图把不同领域不同文化的知识综合为一个精神的、沟通文化界限的全球性的综合体，并且一再呼吁欧洲与中国之间进行知识交流，以便二者互利达到共赢。与莱布尼茨相比，在所有这些方面下面提到的几位思想家均难望其项背。

托马修斯与"夫子曰"

托马修斯：《月谈》，1690

图片来源：柏林国家图书馆。

在自己编撰出版的《月谈》杂志（*Monatsgespräche*）即《关于不同的高雅的新书之直言不讳但却合乎理性合乎法律条文的看法》1689 年 8 月号上，被后人誉为德国启蒙运动之父的克里斯蒂安·托马修斯对《中国哲学家孔子》一书进行了详细而尖刻的评论①。通过对其生活与学说的批判,孔子其人再次成为关注的焦点。按照托马修斯自己的说法,最初唤起自己对孔子学说的兴趣的,是法国学者拉莫特·勒瓦耶1642年撰写发表的《论异教徒的道德》一书②。在这本书中,作者认为数千年中国的社会正是欧洲自柏拉图以降所向往的哲人的统治,而孔子则如同"中国的苏格拉底"③。自从接触了这本书后,托马修斯便"渴望得到更多更准确的有关这位孔夫子的消息"。就是在这一渴望中,托马修斯发现了柏应理的巨著《中国哲学家孔子》。但由于自己当时无法很快得到这本书,托马修斯便怀着极大的好奇心去查阅上面提到的著名的学术杂志中的诸多书评。读过这些评论后,托马修斯觉得非常失望,因为按照这些述评来判断,受到众多赞扬的《孔子》一书充其量可算作是"哲人生活传记"一类的著作,而不是科学性的严肃作品,因此也许只可以和托马修斯两年前翻译发表的法国作家沙尔本迪(François Charpentier)的《苏格拉底传》相提并论④。出于这一原因,当柏应理的《孔子》出现在"我们这里的书店"时,托马修斯也没有认真仔细阅读,"因为我觉得众多杂志上的评论家们已经让我知道了这本书不会有任何超出希腊及拉丁哲学的新的我尚不了解的东西"⑤。

至于这里所叙述的前后过程是否确实如此还是这些都是作者的文学修辞,我们无从知道。非常明显的一点是,托马修斯绘声绘色叙述的也正是欧洲早期启蒙思想家们极力批判的:道听途说,盲从来自他人的二手判断。

---

① Freymüthiger jedoch vernunfft-und gesetzmäßiger Gedancken über allerhand, fürnemlich aber neue Bücher durch alle Zwölff Monat des 1689. Jahr Durchgeführet und allen seinen Feinden [... zugeeignet von Christain Thomas (1689年度新书自由评论集)即(月谈),哈勒1690,第599—630页。

② Franciscus de la Mothe le Vayer: De la Vertu des Payens(论异教徒的道德),巴黎1642;第二版1647。

③ 1647年第二版,第231页。

④ Das Ebenbild eines wahren und ohnpedantischen Philosophi, oder Das Leben Socratis(苏格拉底传),Thomasius(译),哈勒1693;法文版:François Charpentier(著),Les choses memorables de Socrate. Avec La Vie De Socrate,巴黎1650。

⑤ 月谈,第600页。

因此，托马修斯笔锋一转写道，一位朋友尖锐地指出他对《孔子》一书的评价并不是建立在自己的判断之上，而是人云亦云盲从他人的偏见所致①，《中国哲学家孔子》实际上是一本在"社会科学"（Scientia Civili）领域尚未有过的"没有任何一位（欧洲）哲学家能够写得出的"的著作，其中之思想"应该在欧洲的高低学堂中得到认真的讲解研究……进而传授给年轻学子"②。受到朋友的指点之后，托马修斯自言认真阅读了《中国哲学家孔子》，进而坦率承认自己根据杂志中的各种书评而得出的评价并不准确所以理应得到修正：把这里翻译为拉丁文的、据说源自孔子的几部著作与《苏格拉底传记》一类的作品相提并论是不合适的，因为孔子的这几本书更接近通俗的斯卡利格（J. J. Scaliger, 1540—1609）的《格言集》③或者——"以便大家更能明白我的意思"——宗教改革家路德博士的（庸俗粗鲁）的《席间讲话录》（Tisch-Reden）：

> 路德和斯卡利格两人无疑都是非常著名的人物，不过他们各自的名声在很大程度上并不是《格言集》即《讲话录》一类的著作造成的。同理：孔子肯定是一个判断敏锐的智者哲人，尽管摆在读者面前的这部中国哲理并不是敏锐睿智之作。斯卡利格的《格言集》中当然有许多博学之言，但也有不少相当随意的很能得到赞同的东西。路德的《席间讲话录》包括了许多敬重上帝的和有用的东西，但众所周知也有不少被教皇的追随者随意利用的地方以及一些非常可笑无聊的东西……所以，尽管无法否认这些有关中国学问的书中包含了孔夫子许多极聪明极精细的观点，我们也确实希望这些东西能够在学堂或者普通生活中得到重视，不过书中也混入了相当多的低级庸俗不值一谈的甚至几乎令人喷饭的东西④。

---

① 月谈，第602页。
② 月谈，第601页。
③ Scaligerana，初版科隆，1669年。
④ 月谈，第605—606页。

托马修斯接着写道，在孔子著作中此类不值一提的东西虽然随处可见，但这些却不是孔子本人的责任，而是他的学生弟子们造成的。因为是他们把这些孔子也许经历过的事情、也许说过的话语记录下来进而拼凑成所谓的著作的。而他们之所以这样做的原因，要么是出自对老师的过分而盲目的热爱与敬仰，要么是他们自身缺少足够的判断分析能力。因此托马修斯要求把孔子和他的追随者为他的编撰的著作区分开来，而通过这个区分，便可以把被无端拔高成榜样与权威的孔子重新还原为普通的人："不管一个人在学问和德行上如何出色，他总还是一个人，因而和普通大众有许多共同之处，和他们一样难免人的弱点。"① 为了把一个虽然有德行与学问但总还是人的人变成值得效仿的其他人的楷模，便必须遮掩其人的缺点与不足，单纯叙述描绘一些好像是奇迹的东西，就像那位聪明的画家为单眼皇帝绘像时所做得那样："他给皇帝画了一幅侧面像，从而掩盖了帝王少一只眼的缺陷。"②

因此，托马修斯认为收入《中国哲学家孔子》一书中的那些挂在孔子名下的著作大多是些东拼西凑的伪劣之作。尽管这些著作中的"许多非常漂亮的"思想说明了孔子完全是一个"善于教学育人"的正直的聪明人，但书中同样也混入了不少异常平庸的甚至可笑的本来应该涤除的东西③。非常有趣也值得引起注意的是，在被托马修斯评价为"非常漂亮"但也无须大惊小怪因为没有多大意义的"思想"中，也包括了《大学》一文的首段之中正心诚意致知格物一节④。下面要谈到的沃尔夫将在这一段上大作文章，从实践哲学出发赋予其极高极深的哲理意义，毕尔封格也将在这一段中发现中国儒家道德及政治哲学的基本法则⑤。属

---

① 月谈，第606页。
② 月谈，第607页。
③ 月谈，第608页。
④ 《中国六经》，第10—11页；《哲学家孔子》，第1—2页。
⑤ Georg Bernhard Bilfinger: Specimen doctrinae veterum Sinarum moralis et politicae; tanquam exemplum philosophiae gentium ad rempublicam applicatae; excerptum libellis sinicae genti classicis, Confucii sive dicta, sive facta complexis. Accedit de Litteratura Sinensi dissertatio Extemporalis（中国古代道德与政治学说研究），法兰克福1724，第25页。

于"甚至可笑本应涤除"的段落,则大部分是孔子生平生活中的趣闻轶事。其中的著名例子是《论语·雍也》子见南子一章("子见南子,子路不悦。夫子矢之,曰:予所否者,天厌之!天厌之!")。按照托马修斯的解释,即便收入了这一可笑的经历,得到批评的也应该是学生子路,因为他无端怀疑老师行为不检点;而两次对天发誓("天厌之!天厌之!")也许说明了孔子心虚进而并非正直之人,因此也无权指责向邻居借醋给向自己讨醋的微生高不直爽("孰谓微生高直?或乞醯焉,乞诸其邻而与之。"《论语·公冶长》)。在《论语·子路》樊迟请学稼一段中("樊迟请学稼。子曰:吾不如老农。请学为圃。曰:吾不如老圃。樊迟出。子曰:小人哉,樊须也!"),托马修斯则不理解孔老夫子为何偏偏与一位农民过不去。更甚之,即便是孔子所宣扬的"会令许多基督徒汗颜的"博爱仁道思想,在托马修斯看来同样是经不起仔细推敲的。"我们该去向谁去讨这种仁爱?官家主子?奴家臣民?有学问的人?还是没学问的人?"就连孔老圣人自己也不是一再抱怨连"道之不行也,我知之矣:知者过之,愚者不及也。道之不明也,我知之矣:贤者过之,不肖者不及也"(引文出自《中庸》)[①]。

也许孔子是一个非常正直而聪明的智慧之人,不过他的许多所谓的哲理学说人们不费力气也很容易在其他的思想家的著作中找到,譬如塞内卡(Lucius Annaeus Seneca)或者伊壁鸠鲁(Epikur)。而不论是前者还是后者他们都没有孔子所具有的权威地位!这便说明了,孔子的声誉并不是来自于自己独特的思想,而是单独建立在人们对权威的迷信之上,而"今天"的世界依然是权威统治的天下。人们在判断真理与非真理时,并不考察具体的学说以及学说的真理性,而是根据"不同的老师"作出真理与非真理的区别。即便是最无聊的事情,只要加上一句"子曰"就可以横行于世被当作金科玉律"捧上天"[②]。假如伊壁鸠鲁的主张过于注重修辞口才不利于德行,大家会一哄而上有人

---

① 月谈,第611、612页。
② 月谈,第627页。

会甚至动用逻辑三段论来论证伊氏的错误。而孔氏一句"巧言令色，鲜矣仁"（《论语·学而》）却会被奉为至理名言，迫使"所有的年轻人"当作自己的座右铭①。

克里斯蒂安·沃尔夫以及《关于中国哲学的讲话》

沃尔夫：《中国实践哲学讲话》，法兰克福 1726

图片来源：柏林国家图书馆。

1721 年 7 月 12 日，担任哈勒大学副校长的沃尔夫任职到期。按照欧洲高校当时的惯例，卸任者应该通过一个严肃的学术报告把职务正式交给自己的继承人。很久以来对中国哲学虽然感兴趣但却无暇认真研究写作的沃尔夫借这个机会，把演讲题目选为《中国实践哲学》（以下简称

---

① 月谈，第 629 页。

为《讲话》)。在这篇后来被誉为德国启蒙运动信号的《讲话》中，沃尔夫与托马修斯一样，也是把眼光投注在孔子的人格上，当然其作用及意义却完全相反。沃尔夫指出，对中国人来说，孔子的地位"如同摩西之于犹太人，穆罕默德之于土耳其（鄂斯曼）人，甚至相当于对我们来说基督的地位"，"如同我们把基督奉为上帝送给我们的先知或导师"①。因此在沃尔夫看来，"述而不作，信而好古"（论语·述而第七）、"我非生而知之者，好古，敏以求之者也"（同上）等等说明了早在中国的上古时代就有了非常伟大的哲学家。他们同时是帝王统治者，以身作则是其统治方式，上行下效是国家兴盛的秘诀之一。孔子则仅仅是中国濒于礼乐与崩溃之际应世而出的一位"老师"，孔子学说的源泉是关于古代哲人帝王的记载与传说②。

中华帝国地域辽阔人口众多但却社会稳定，因而在某种意义上与当时的欧洲形成明显的对比。在这一点上，沃尔夫与莱布尼茨没有分歧，他们都相信这一图景。不同的是，沃尔夫在他对中国的诠释中看不出孔子所代表的源自古代的儒家学说中有任何出于宗教信仰方面的动机的迹象，遑论直接受到上帝的亲自启迪。沃尔夫使用的关键词是建立在人类精神力量或者天性之中的实践哲学。按照这一理论，理性属于人的精神，理性的任务是研究包括人类行为在内的事物的原因，通过这种研究理性获得对善、恶等概念的准确认识与区分。以此为基础，意志得到进一步的巩固，进而取善弃恶。区别善恶的标准则是判断某一具体行为是否符合人的精神的天性。人的精神把恶认识为恶的时候，意志便不会再去选择恶即做恶。所有行为的目的，一方面是追求个人的完美，另一方面是他人即社会的幸福。对自身完美与他人幸福的追求叫做愉快。在这样的一个实践哲学的框架内，宗教与神学失去了自己的作用，代替它们的是沃尔夫所说的人性中的"自然力量"或者说"自然理性"，因此建立在

---

① Christian Wolff：*Oratio de Sinarum philosophia practica / Rede über die praktische Philosophie der Chinesen*（中国实践哲学讲话），Michael Albrecht（编、译），汉堡1988，第18页（拉丁）/ 19（德文翻译）。

② *Oratio*, pp. 44 – 45.

这种理性之上的道德被叫做"哲学道德",那种依靠神的命令使自己的行为符合上帝意志的道德则是"神学即基督教道德"[①]。在1721年4月脱稿的《德意志政治》(Deutsche Politik)一文中,沃尔夫便希望能够有机会"用科学的形式,把中国人的道德与国家理论表达出来,因为这样便可显示他们的学说与我的理论完全吻合"[②]。

为了使他的"范例"能够成立,能够证明他的哲学的正确性,沃尔夫必须排除来自两方面的危险:一是有神论,即认为中国人自古以来就认识了那个在基督教神学中所宣讲的上帝;二是无神论或者更准确一点讲"反神论"。如果把儒家学说归类于有神论(就像利玛窦等传教士所说的那样),范例便失去了其意义,变得没有任何说服力;假如把儒家学说归类于反神论,沃尔夫会给人一个感觉,好像他不是宣传一个建立在自然力量即理性之上的实践哲学,而是在宣传无神论。为了避免来自两方面的危险,沃尔夫在《讲话》中采取了一个非常机智的办法:他在有神论与反神论之间引入了一个中间地带,我们可以称其为"神学无知论",再进一步把它与反神论区别开来。这样,"自然力量"就有了一个自己的"自治区"。沃尔夫说,不承认上帝的人是反神论者,但不承认或者说否认上帝的前提是,否定者必须事先认识上帝,知道上帝是什么。不认识上帝的人亦不可能否认上帝,更不会故意反对上帝。这个人充其量只能是个值得惋惜的对上帝一无所知的人,但他既不是有神论者也不是反神论者[③]。对神一无所知的人,为了追求幸福,没有其他途径,只有依赖自己,依赖所谓的"自然之光"即理性:"因为古代的中国人没有认识到世界的创造者,所以他们也没有自然宗教,更没有得到任何形式的天启真理。为了促进道德的发展,他们只能使用自然的力量(即理性),而且是没有任何宗教意义的纯粹的自然的力量。"[④] 从这个角度看,

---

① Oratio, p. 138.
② Christian Wolff: *Gesammelte Werke*(沃尔夫著作集), Jean Ècole(编), Hildesheim 1962 至今, 第1集, 第5卷, 第10—11页。
③ Oratio, pp. 246-247.
④ Oratio, p. 26.

沃尔夫认为弄得沸沸扬扬的"礼仪之争"① 自始至终都是"无的放矢"："有人否认有个完美的上帝，有人根本不知道上帝的特点是什么，注意到了这个区别，就会发现耶稣会士与多明我以及方济各会士的争吵大部分只是各自使用的词汇不同，而没有事实方面的区别。"② 沃尔夫对德国启蒙运动的一个最大贡献，正是在神学与形而上学盘根错节的地方为理性的自主夺得了一块地盘，他根据《中国六经》对儒家哲学的诠释在这方面起到了非常重要的作用。

沃尔夫能够得出对儒家学说与自己的单纯强调自然理性的实践哲学完全吻合的结论，当然得益于上面简单提到的两个版本之间的差异：沃尔夫的《讲话》以卫方济的《中国六经》为基础，因为作者当时根本不知道早在24年前就有一个"更权威"的柏应理的译本③。更严重的问题出在，当沃尔夫得知这个译本后，对两个译本进行了仔细的比较，发现二者之间的距离相当大。在几年后写成的注释中，沃尔夫写道："我公开承认，在我撰写《讲话》时，我根本不知道柏应理（为《孔子》一书而写）的《引言》，更谈不上阅读过它。中国文献方面，我手边当时只有卫方济译为拉丁文的中华帝国经典著作。由于在这些著作中根本没有提到上帝以及上帝的特点，孔子以及任何一位注释家也没有明确地要求人们履行对上帝的义务，譬如热爱上帝，惧怕上帝，相信上帝等等，我便从此得出结论，认为古代的中国人没有认识世界的创造者。虽然孔子把我们称之为的'自然（道德）法则'叫做'天的法则'，但正是出于以上原因，我认为不能把他所说的'天'认为就是上帝"④；而巴黎译本的作者们却"竭尽全力地试图证明中国人从一开始就认识了真正的上帝，崇拜了真正的上帝。"⑤

这个区别确实很大，更重要的是会给沃尔夫的《讲话》带来严重的

---

① David E. Mungello（ed.）：*The Chinese rites controversy：its history and meaning*，Nettetal 1994；李天刚：《中国礼仪之争：历史、文献和意义》，上海古籍出版社1998年版。
② Oratio，p. 154.
③ Oratio，p. 214，注释128；p. 208，注释113。
④ Oratio，p. 149.
⑤ Oratio，p. 145.

后果。接受巴黎译文的解释等于推翻自己在《讲话》中提出的核心观点，从而等于推翻自己的学说（或者起码相当重要的一部分），因为《讲话》建立在中国人没有认识到上帝而只是依赖理性这一假设之上。沃尔夫说自己"更相信"卫方济似乎情有可原，但鉴于巴黎译本的影响，沃尔夫作为一个严肃的学者，不能对这个重要的资料来源视而不见。他必须研究它，也确实这么做了。由于没有中文知识，沃尔夫只能在另外一个层次上选择突破口。作为哲学家他选择了抠概念下定义：什么是"认识上帝"？在伦理道德学说及道德实践中这一认识是怎么被表达出来的？其作用与功能是什么？沃尔夫认为：

> 自然宗教的核心是崇拜真正的上帝。这种崇拜源自于依赖理性之光从上帝的特点及所为而得出的对上帝的认识。因此，在那些无法证明（人们）认识了上帝的地方（不存在自然宗教）。在那些不要求人们热爱上帝，恐惧上帝，尊敬上帝以及无条件地服从上帝的命令的地方，不存在自然宗教[①]。

他还写道：

> 自然宗教要求人们对上帝有一个非常明确的概念，因为在自然宗教中人们崇拜上帝，促使人们崇拜上帝的，是上帝的特点以及上帝的所为[②]。

按照这个定义去分析研究《孔子》一书中提到的中国古人对上帝的认识，沃尔夫得出的结论是：中国人"对神有个非常模糊的概念（即认识），但却完全没有一个明确的概念"[③]，因此中国人既不是有神论者更不是反神论者，而是纯粹依赖自然理性获得幸福生活的人。表现在数量

---

① Oratio, p. 151.
② Oratio, p. 151.
③ Oratio, p. 153.

上，沃尔夫的这一研究比较也是相当可观的：当沃尔夫5年后，即1726年，把自己的短短的讲话付梓时，只有112页的小书中带有216条脚注，部分注释长达数页。喧宾夺主，正文被分散得几乎难以卒读，不过这样读者似乎更能体验到作者的良苦用心。

尽管如此，很长一段时间内，曾经给作者带来职业与生命危险的、被研究界誉为"德国启蒙运动的信号"①的《讲话》一直是对欧洲知识界的一个巨大挑战。就连以撰写莱布尼茨及沃尔夫的传记而出名的沃尔夫哲学的追随者路德维希也被迫承认

> 我们实在不愿意过多指责当时在世界智慧方面（即实践哲学）已有非常影响的沃尔夫先生，不过我们实在觉得大师在这篇《讲话》中没有保持哲学家应有的谨慎，而这一点本来是非常容易做到的。一位异教哲学家和一位基督教哲学家，二者可以都是世界智者，二者在他们的学说中也都可以使用理性之光。尽管如此，谁能够否认后一位与前一位相比具有一个很大的优点，因为在他的学说中神启之光还可以发挥很大的作用。理性之光与神启之光之间的关系如同月亮与太阳。月亮之光并非自身之光，而太阳之光却是太阳自身所有，太阳可以把自身之光传给月亮。因此，如果理性未能受到神启的照亮，堕落了的理性便没有了光亮；更甚之，由于月亮必须从太阳那接受光亮，当太阳之光没有照射到月亮时，月亮本身便更加黑暗。因此，那些单纯把理性奉为自己的指路明星的人，实际上只能永远在黑暗中摸索。所以，假如一个基督教哲人的哲学思想没有其他特点，而仅仅是与一位异教哲人的学说完全吻合，那么这只是一个坏的哲学，尽管人们不能把理性与神启完全混为一体②。

---

① Oratio，译者导言，第XLV页。

② Carl Günther Ludovici：Ausführlicher Entwurf einer vollständigen Historie der Wolffischen Philosophie Zum Gebrauche seiner Zuhörer（沃尔夫哲学详解），三卷本，莱比锡1737—1837，II，§137，第91页。

字里行间，路德维希似乎承认，沃尔夫的《讲话》引起对手的激烈批评也不是完全没有道理的。

毕尔封格的比较研究

给沃尔夫指出巴黎译本的，可能是毕尔封格。此人是沃尔夫在哈勒大学的学生，毕业后在图灵根教授道德论；通过沃尔夫的极力推荐，毕尔封格于1725年受聘于彼得堡科学院，1737年回到德国后担任图灵根大学神学教授。这里所要讨论的，是毕尔封格在沃尔夫给自己的《讲话》进行烦琐的注释之前于1724年发表一本名为《古代中国道德与政治学说研究》①的著作。

毕尔封格是"莱布尼茨－沃尔夫学派"一词的始作俑者，确实也对捍卫与传播莱布尼茨－沃尔夫的哲学思想作出了今天的多数学者已经不太了解的贡献。上面提到的著名哲学史学家路德维希曾指出，"学界无人不佩服毕尔封格在阐述与捍卫真理时所表现出来的清晰性、彻底性与机智"②；直到柯鲁格（Krug）编著的《百科—哲学辞典》，作者对毕尔封格的评价仍然是"他是莱布尼茨－沃尔夫哲学学派中最锐利最彻底的思想家之一，以非常机智的方式捍卫与阐述了这一学派的思想，不过在这一过程中更靠近莱布尼茨，而不是他的老师（沃尔夫）的思想"③；关于他的《中国古代道德与政治学说研究》一书，莱曼（Jacob F. Reimmann）曾在1727年初版1741年再版的《中国哲学史》中给予很高的评价，认为毕尔封格第一次梳理了孔子的著作，系统地论述了中国的国家哲学，

---

① Georg Bernhard Bilfinger: Specimen doctrinae veterum Sinarum moralis et politicae; tanquam exemplum philosophiae gentium ad rempublicam applicatae: excerptum libellis sinicae genti classicis, Confucii sive dicta, sive facta complexis. Accedit de Litteratura Sinensi dissertatio Extemporalis（中国古代道德与政治学说研究），法兰克福1724。

② Ausführlicher Entwurf einer vollständigen Historie der Wolffischen Philosophie，卷I，第161节，第149页。

③ Wilhelm Traugott Krug: Allgemeines Handwörterbuch der philosophischen Wissenschaften nebst ihrer Literatur und Geschichte nach dem heutigen Standpuncte der Wissenschaft（哲学学科简明手册），第二版，莱比锡1832。

并且把中国哲学与基督教哲学及神学作了比较①。对沃尔夫的《讲话》，莱曼则简单地指出，"在公开的讲话中沃尔夫宣称自己的哲学思想与中国的孔夫子的原理相吻合，并且毫无顾忌地加入了一些对基督宗教不利的东西"②。莱曼的评价基本上与路德维希的观点一致，都是对毕尔封格大加赞赏，对沃尔夫则颇有微词，认为沃尔夫只指出了自己的哲学思想与孔子原理的契合，而毕尔封格则对二者进行了批判性的比较。

在这篇至今未受到研究界关注的《研究》中，毕尔封格对自己能够在柏应理的《孔子》中找到的资料确实进行了一番系统的甄别。按照毕尔封格的说法，他之所以使用了柏应理的翻译，是因为"不知何故③，布拉格本已很难找到"④。之所以能够这么做，当然也因为毕尔封格与沃尔夫的进路不同：柏应理译文，特别是其《前言》中的一个重要观点是中国人，至少是古代中国人在某种程度上认识到了上帝，具有对上帝一定的认识。如上所言，为了坚持自己对孔子学说的理性诠释，特别是也为了坚持沃尔夫自己建立在人性中的自然力量之上的实践哲学，沃尔夫必须面对巴黎《孔子》中的这一信息。毕尔封格避开了这一问题或者说视角。他以能够在柏应理的《孔子》以及其他地方找到的诸多资料为基础，把研究点集中在古代中国的道德与国家学说上，进而具体而系统地考察这些学说在政治生活中的具体实施。非常重要的一条便是《大学》中的正心诚意：培养智性认识与区别善恶的能力即"正心"；"诚意"即锻炼意志，使其求善避恶；控制本能情绪；按照对权利与义务的理解调节具体的行为，达到治理国家的目的。单纯从使用的概念就可看出，毕尔封格遵循的是沃尔夫实践哲学中的基本思路（有趣的是，毕尔封格在这里引用的在托马修斯那里不过是些"漂亮"的词句，充其量说明了孔

---

① Jacob Friedrich Reimmann：Historia philosophiae Sinensis nova methodo tradita（新编中国哲学史），Braunschweig，1727，第29、20页；1741年第二版，第53、33页。

② Jacob Friedrich Reimmann：Historia philosophiae Sinensis nova methodo tradita（新编中国哲学史），Braunschweig，1727年版，第8页；参见 Jacob Brucker：*Historia critica philosophiae*，Tom 6：*Appendix*（哲学批判史，第六卷，附录），莱比锡1767，第891—893页，第979—981页。

③ 礼仪之争之故。

④ Specimen，第17页。

子也许是个正直善良的好人)。

尽管如此,毕尔封格还是超越了沃尔夫对中国儒家实践哲学的接受与认可。在《讲话》中,沃尔夫对某些问题只是点到为止,未能(或者也不想)进行详细说明。特别不清楚的譬如有以下几点:"神启"即上帝亲自显示或者道成肉身被看作是认识上帝的最高形式,沃尔夫也特意指出了这一点但并未作出进一步的说明;基于自然理性的道德("virtus naturalis")与基于哲学反思的虔诚("pietas philosophica")和基于神学认识亦即基督宗教的道德("virtus theologica seu Christiana")被沃尔夫区分为三种不同的道德形式,但其中的具体分别并不明确。在自己的《研究》中,毕尔封格重新捡起沃尔夫由于时间原因或者出于顾虑本也不想完全梳理清楚的一些问题,不过与沃尔夫的做法不同。沃尔夫强调导致道德行为的不同动机或者说起因之间的共同点,认为它们的目的都是使行为适应于"自然法则";毕尔封格则把动机即起因本身放在了首位,这样就可以把各种不同的起因进行归类划分。在此基础上,毕尔封格不仅对中西哲学的长短处进行了一番专门比较①,而且对神学与哲学的一般关系进行了梳理。

毕尔封格认为至少在八个方面,神学道德远远高于哲学。值得注意的是,这里所说的哲学不仅仅指中国哲学,而是包括沃尔夫实践哲学在内的所有的"世俗社会哲学"。这八个方面是:1)只有基督宗教提供了关于人的没落的认识;2)神学意义上提出的行为规则更高尚,更值得重视,譬如"热爱自己的敌人"这一条;3)上帝的律条更明确更清楚,即便是通过使用"理性",也永远达不到这种明确与清楚程度;4)无论是中国还是沃尔的哲学都强调榜样对道德进步的重要作用。假如如此,那么更完美的榜样与道德化身不是孔子一类的哲人夫子而是耶稣;5)在宗教与哲学中,道德动机的来源完全不同;6)宗教能给人以解救,使人变得神圣;7)对于已经犯下的罪过,哲学不能提供任何治疗办法,因为只有基督宗教能够使"创伤"完全愈合,使迷惘转变为对良心的意识。

---

① Specimen,第 280 页,第 231 节。

"单纯的理性做不到这一点,中国人的智慧也做不到这一点"。8)宗教仪礼。譬如与中国的祖先与先贤崇拜相比较,对上帝的崇拜更高,也更有效。

通过这种比较,毕尔封格并不是试图重新挑起古老的争论。相反,他并不关心中国人是有神论者还是反神论者(按照他的说法,中国文献中很少提到神);他也不关心中国的礼仪是否应该遭到谴责与禁止。毕尔封格进行比较的目的是探讨基督福音到底对中国有什么益处,找到的答案是柏应理在《孔子》一书中引用过的那个中国人(徐光启)的说法:"补儒驱佛"——消除"我们的哲学(即儒学)中的缺陷,排除迷信与偶像崇拜(佛教)"[①]。这样,毕尔封格又一次显示了基督教神启教义的独特性,再一次表明了神学与哲学之间神学的优先性。在欧洲对中国的感知与接受过程中,这是一个一直时而潜伏时而明显的主题。

* * *

假如没有和中国在17世纪相遇,欧洲近现代史上的许多事情当然仍会发生;只是在描写与研究这一段欧洲历史时如果忽略了孔子其人其说的影响,这一研究与描写会是不全面的。着眼于当代,我们生活的这个世界在经济、交通及政治方面已经紧密地交错为一个整合体。我们必须学会对由不同的根源产生的文化进行相互交流,相互诠释,进而追寻更全面的理解,恰恰因为我们不愿取各种文化的个性,而使作为整个世界的精神财富保存了文化的多样性。

---

① Specimen, p. 288.

"自然神学"问题——莱布尼茨与沃尔夫*

在《中国近事》的前言中,莱布尼茨提出了一系列有趣的思想和计划,虽然也有一些"天方夜谭",但某些建议即使今天来看,仍不失其现实性和可行性,还有许多内容在等待着人们的发掘。在众多的设想中,莱布尼茨提到一点,是否可以请些"中国的传教士"到欧洲来①。在那个时代,信奉基督教的欧洲倾其所有,大量地将其精神与信仰、知识与技能、科学与技术一股脑地往外送,好像这是人世间天经地义、自然而然的伟大壮举。莱布尼茨却反其道而行之,少说也有点不同凡响吧。

莱布尼茨的用意何在?"中国的传教士"来欧洲干什么?当年的中国是五花八门的基督教团相互竞争、"拯救灵魂"的地方,如同现在被大大小小的国际公司看作是地球上潜在的最大市场一样②。中国能给欧洲带来点什么呢?莱布尼茨说:欧洲也可以向中国学点什么。他写道,希望"我们从他们那里也能学到一点对我们有益的东西"。"东西"很多。其中的一个是——这是莱布尼茨亲笔写的,他们可以教我们,怎样在实践中应用自然神学③。这句话值得推敲,从中可以引导出下面几个陈述。

第一,中国人在其生活实践中成功地运用了自然神学,欧洲可以学习他们是怎样应用的。

---

* 首次发表:莱布尼茨与中国,第280—291页。
① 中国近事,莱布尼茨致读者,第6页。
② 由于地域广大,人口众多,中国自古以来便对欧洲既有吸引力,又有威胁。参见 J. Osterhammd: China und die Weltgesellschaft, Vom 18. Jahrhundert bis in unsere Zeit(中国与国际社会,从18世纪到当代),慕尼黑1989,第23—40页。
③ 中国近事,莱布尼茨致读者,第6页。

"自然神学"问题——莱布尼茨与沃尔夫

第二,这意味着,中国人知道这一被称作"自然神学"的学问是什么,亦即他们对上帝还是有点肤浅的、但却非常基本的认识。

第三,至于这个"学问"或者说"理论"是什么,中国人不用教给我们①,我们不但有这个,而且有比这更高级的"东西",这就是基督教天启神学。

第四,这样就出现了一个问题,自然神学与上帝亲自送给人类的另一个礼物——"天启神学"的关系是什么?天启神学的内容凡人很难懂,但它是什么却是比较容易知道的事情:三位一体、天主降生、死后复活等等。那么,什么是自然神学呢?

概念

我们先来看看自然神学这个概念的含义及起源。就其概念讲,Thealogia naturalis 即自然神学是在经院哲学的高峰时期形成的。一般认为发明这个词的是个叫做莱蒙杜斯·撒蒙杜斯(Raimundus Sabundus)的西班牙人。此人写了一本书,书名就叫《Thealogia naturalis》。作者享有身后之誉,因为到了15世纪的下半叶,这本书才引起轰动,相继被译为多种文字②。这个概念的内容,可以简单地归结为两点:每个人,只要他愿意仔细地观察一下自然界及其中的运动,就均可依赖自己的天性,在某种程度上认识到上帝的存在,因为就像莱布尼茨后来写到的那样,上帝的智慧"同样表现在世界的运转与自然规律中"③。这同时意味着,在宇宙中,万物不但有其"动力因",亦有其"目的因",所有一切都是按照一定的计划互相联在一起的。这样看来,自然神学是一种非常理性的

---

① 反正莱布尼茨理论不是中国人的强项。参见中国近事,莱布尼茨致读者,第1、5页。
② 14世纪末生于巴塞罗那,死于1437年。此书1484年初版,以后几十年中多次再版。参见 W. Schmidt-Biggemann: Theodizee und Tatsachen. Das philosophische Profil der deutschen Aufklärung(神正与事实。德国启蒙运动概况),法兰克福1988,第78—79页。
③ Discours de Métaphysique(形而上学论),第21节(格本 IV, 446);参见 Chr. Wolff: Theologia naturalis(自然神学),第24节;载 Wolff: Gesammelte Werke(全集),II,卷7,ed. J. École,重印1981(以下简引为 WW)。

· 209 ·

物理神学,与当时及后来流行的"神正论"有紧密关系①。

如果不考虑概念的形成,而是考察其神学方面的内涵,我们可以说自然神学源于耶稣的使者保罗(Paulus)。他在《罗马书》1:28写道:"自从造天地以来,上帝的永能和神性是明明可知的,虽是眼不能见,但借着所造之物,就可晓得。"即使是异教徒"亦可借用理性的帮助,认识到位于被创造的万物中的那个看不见的现实"。《罗马书》2:15里说,上帝将道德律"刻在了每个人的心里"。奥古斯丁的《忏悔录》里有一段可以用来做脚注:"上帝我主!有一条是肯定的:你的法律将会惩罚每一个盗窃行为,我说的法律是那个刻在人心深处的法律。即使罪恶滔天的人也无法将这法律从自己的心中抹去,盗窃他人的人也不喜欢被盗,甚至富人也不喜欢穷人偷他的东西,尽管富人的东西用不完,穷人比他更需要。"② 我们可以说,自然神学的基石是,相信人是上帝创造的,因此人的理性中含有上帝理性的成分,如同儿子继承了父亲的基因,从作品中可以看出艺术家的水平那样。

尽管如此,这个概念还是不够清楚,我们把它与另一个概念比较一下。

自然神学与原始宗教不同。从基督教的立场出发,人们常常把诸如多神教、偶像崇拜、图腾崇拜一类的宗教活动称为原始宗教,而自然神学的两个核心却是一神论(上帝只有一个)和灵魂不死③。由于从宗教定义出发,自然神学是上帝在创造人时"刻"在人心里的,所以自然神学应该是代表了人对上帝的最早、最基本的认识,是"与生俱来"的。这种认识可能很模糊,但在时间上却是最早的,既早于上帝后来的天启,亦早于任何形式的多神论。在这个意义上,自然神学这个概念与自然宗

---

① 参见 Wolff: Deutsche Metaphysik,(德意志形而上学),第120节;WW I, 2,第1026—1028页;Wolff: Oratio de Sinarum philosophia practica/Rede über die praktische Philoso-phie der Chinesen(论中国实践哲学),汉堡1985,第100—101页,注16;第151—152页,注54(以下简引为 Oratio)。

② Augustinus: Confessiones(忏悔录),lib. 2, cap. Ⅳ, 9;Opera omnia(全集),巴黎1836,卷 I,第155页。

③ 参见格本 II, 83;格本 III, 193;格本 V, 413。

教相近①，而与所谓的理性神学不同，在讲到沃尔夫时我们再谈这一点②。在这个意义上讲，与自然神学相对应的是"天启神学"。第一种是"与生俱来"的；第二种是上帝的"恩赐"。用莱布尼茨的话说，天启神学位于"人的可能性之外"③，即天启神学超越于人的有限性之外，是上帝送给人的一个"礼物"，这个礼物只有"一部分人"得到了。"天启"意味着上帝专门选择了一批人，在这批人面前显灵了。这样一来，这样的一批人就成了"特权阶层"，但同时又得承担一定的义务。基督教认为真理在自己的手里，其理由就是自己属于"特权阶层"；基督教要将福音带到世界各地，因为这是它的义务。《马太福音》28：18："天上天下所有的权柄都赐给我了，所以你们要去，使万民作为我的门徒，奉父子圣灵的名，给他们施洗！"

自然神学在基督教接触外来文化时的作用

自然神学这个概念功用极强，不费很大力气，便可以把它与形而上学本体论调和起来，这样的话，它又可以与所谓的"永恒哲学"发生紧密联系。在与"天启神学"不相容的情况下，可以把它诠释为"天启"的前阶段，而前阶段的目的与方向当然是后阶段。后阶段在这里的意思是完美阶段。至于多神论、图腾与偶像崇拜等等，则可以被解释为由于自然神学的没落而造成的，这样便可以一方面说自然神学最早，另一方面证明"天启神学"的必要性。

在以上提到的各种情况下，自然神学均可经得起考验而保持不败之地。不过这不是我们现在想讨论的。在下面我只想探讨一下基督教在遇到外来文化时，自然神学所扮演的角色、所起的作用，因为恰恰在这一点上，自然神学的功用特别强，又特别明显。对于信奉基督教的人来说，

---

① 譬如 Reimarus：Die vornehmsten Wahrheiten der Natürlichen Religion（自然宗教的崇高真理），1754。
② Wolff, Oratio, 第151—152页，注54。
③ 参见中国近事，莱布尼茨致读者，第6页。

他们是"天启"神学的"占有者",自然神学这个概念传递给他们的是自己的优越感;另一方面,借用这个概念他们又可以,甚至说必须以开放的、善意的立场对待其他文化,因为这些文化中虽然缺少"天启",但无论如何却代表了一种自然的、天生的对上帝的认识。在这个双重意义上,"传教"可以解释为"开发",即发掘那些原始的、与生俱来的,但却不管出自何种原因被掩盖了的"自然神学"。耶稣会士在中国的传教方针基本上就是沿着这条路走的。16—17世纪盛极一时的"三教论"①——性教、书教、身教——亦建立在这个基础之上。一条线将三种形式连在一起,即永恒哲学,或者神学味浓一点:上帝创造了人。

莱布尼茨的自然神学

莱布尼茨的哲学带有很多的"永恒哲学"味,亦与其《神正论》思想紧密相联,因为《神正论》的根本目的便是调和或者说消除自然神学、天启神学以及形而上学之间的矛盾。只有在这个意义上,才有可能一方面检验中国正统文化即儒学的神学内涵,另一方面又极力主张把基督教这个"迄今为止最重要的天赐"送到中国,同时不要忘记也把第一哲学即形而上学带上。正是出于以上原因,我不同意把莱布尼茨对儒家的理解——自然神学,轻易地改头换面为"自然哲学",因为这样一来,事情就变得非常平淡,甚至有点无味了。自然神学、天启神学以及形而上学之间有种很大的"矛盾张力",不能把这种张力轻易地抽掉②。

---

① 参见罗明坚(M. Ruggieri):《天主圣教实录》,载吴湘相(编)《天主教东传文献续编》,卷 II,第 755—838 页,这里指第 810—811 页;庞迪我(Diego de Pantoja):《天主实义续编》,《天主教东传文献续编》卷 I,第 98—228 页,这里指第 99 页;P. Beurrier:Speculum christianae religionis in triplici lege naturali, mosaica evangelica(基督教三教例证,即性教、摩西十戒教、基督福音),巴黎 1663;La perpétuité de la religion chrétienne dans les trios états de la loi de nature, de la loi écrite et de la loi de grâce(基督教的三个阶段:性教,书教,恩教),巴黎 1680。

② 参见 A. Zempliner:Leibniz und die chinesische Philosophie(莱布尼茨与中国哲学),载 Studia Leibnitiana, Supplementa(莱布尼茨研究,增订本)5(1971),第 16 页。

"自然神学"问题——莱布尼茨与沃尔夫

自然神学既不是对上帝的最低程度的认识,亦不能被"天启神学"彻底取消。在欧洲思想史上,特别是对莱布尼茨来说,自然神学有双重作用。莱布尼茨强调说,理性之光与天启之光一样,同是上帝赐予的,因此天启学说与其他永恒真理之间不应该产生矛盾。属于永恒真理的譬如有逻辑真理、道德真理,当然也有自然神学中的真理。这样,自然神学便在莱布尼茨的体系中非常重要。而对天启神学来说,这种说法却并不一定有益。在《神正论》中,莱布尼茨试图调节信仰与知识之间的矛盾,其用意并不一定是为信仰辩护。莱布尼茨把上帝定义为思想家、建筑家、逻辑学家、数学家、几何学家甚至机械工程师;当然不管是什么,他都是最好的,这不是关键所在。关键问题是,这样一来,上帝便成了一个"无可救药"的理性主义者了。理性主义者擅长"计算"①,但正是由于这一点,他同样可以被"算计",成了一个"透明体"。在这样的情况下,赞扬"天启真理"位于"人的认识可能之外"便是一个很难站得住脚的陈述,成了"秘密",而上帝的"真理"严格来说是应该能够被认识的,因为上帝是一个理性主义者,因而他在计算时亦必须按照一定的数学程序,他在思维上亦必须遵守思维逻辑。结果是什么呢?上帝的所思、所想、所为肯定是正确的,是值得我们信任的。既然如此,知识与信仰之间为什么还会有矛盾?这可能有两个原因:一是我们未能正确地使用自己的理性,我们"算"错了;二是我们对信条的"描述"或者说"表达"不合乎理性,正面来说,就产生了两条要求:正确使用理性,把宗教信条表达得"合理一点"②。正是在这个意义上,莱布尼茨指责少数几个耶稣会士,特别是龙华民,试图将那些"庸俗"的神学与哲学观点强加给中国人③。

---

① 参见莱布尼茨致 Philipp Jakob Spenner, 1687 年 7 月 8 日;全集 I, 4, 641—643;又见 GP Ⅶ, 190—192。

② 参见 Schmidt-Biggemann: Erbauliche versus rationale Hermeneutik—Hermann Samuel Reimarus'Bearbeitung von Johann Adolf Hoffmanns Neue Erklärung des Buchs Hiob,(寓教于乐与理性诠释),载 Veröffentl. d. Joachim Jungius-Ges. d. Wiss. Hamburg(汉堡荣格斯学会丛书),82 (1998), 第 43—48 页。

③ Li 2002, 第 73 页:"les sentimens de l'Ecole Theologique et Philosophique vulgaire"。

借助于不"庸俗"的即"纯洁"的天启神学，特别是借助于形而上学，自然神学可以达到完美的程度。对莱布尼茨来说，这是去中国传播基督教与"第一哲学"的理论基础。关于他提到的请中国传教士到欧洲来，则与实践有关，应当从政治实践的角度去理解，是个"公开"想出来的"虚拟"。不过这又是莱布尼茨思想中非常主要的一点：高度发达的形而上学不一定导致道德的进步，亦不一定与实践生活紧密相关。占有天启神学本身并不能说明占有者也在道德上高人一等。但这一切不一定非与中国有关不可，我觉得这是《神正论》作者的经验之谈，属于认识种类中的"痛苦"型，或者说轻一点"苦涩"型：终其一生，莱布尼茨明知这个世界上天灾人祸有的是，但却苦思冥想，试图在理论上将这个世界成功地证明为所有可能存在的世界中最完美的一个；他总有数不清的设想，尽管难以实现，但却又无法坐视不动；具有很高的思辨天赋，却从来没有失去与现实的接触。世界上最大的苦难是由人自己以及人与人之间的争斗引起的，这是《中国近事》前言中的一句话。写这句话时，他眼前看到的当然是欧洲，是那个一方面在神学、形而上学、数学以及其他科学中以抽象思维而著称，但在另一方面又饱受宗教战争、动乱、道德沦没之难的欧洲。正是在这种情况下，中国被发现了，它不仅是在地理上，亦在政治及社会生活上似乎既是欧洲的对立面又是欧洲的榜样，因为它成功地将自然神学应用在生活实践之中。通过交往学习，宗教与科学将在中国得到发展，伦理与道德将在欧洲得到巩固①。莱布尼茨将这一可能视为"天作之合"②，在理论上讲并不过分。以后的发展证明了莱布尼茨对中国的认识只是一厢情愿的幻想，但是我们无法指责

---

① 全集 IV, 6, 395："suprema Providentia"；中国近事，莱布尼茨致读者，第1页："也许天意注定如此安排"。

② 可以把莱布尼茨的观点与叔本华的比较一下。参见 A. Schopenhauer: Parerga und Paralipornena, in: Schopenhauer: Sämtliche Werke（全集），ed. v. W. Frhr. von Löheysen, 2. Aufl., Frankfurt a. M. 1989, 卷 v, p. 268。叔本华反对基督教，同情与赞赏佛教及儒家学说。他认为：假如中国皇帝陛下决心投资培养自己的传教士，让他们学习欧洲语言（如同耶稣会学习汉语那样），而欧洲各国的君主又同意亚洲的传教士到欧洲来，那么，我们便会发现，二者争一高低的结果肯定是亚洲占上风。

"自然神学"问题——莱布尼茨与沃尔夫

莱布尼茨试图把理论与实践之间的结合,特别是针对莱布尼茨所处的时代——那是一个强调实践的时代①。

自然神学与沃尔夫的《中国讲话》

莱布尼茨希望中国传教士到欧洲来。假如他的这一想法有机会得以实现,那么他的学生克里斯蒂安·沃尔夫(Christian Wolff)可能会是一个最激烈的反对者。其理由并不是认为"先生"②的这个想法不好或者无法实现,而完全是另外一种。沃尔夫会说,中国人根本没有能力教我们在实践中应用自然神学,原因是,在他们那里根本没有自然神学③。"穷人虽大方,但却没有财富可以施舍",这是沃尔夫论证的特点,我们下面将会详细看到,特别是讨论"无神论"时。中华帝国地域辽阔,人口众多,但却社会稳定,因而在某种意义上与当时的欧洲形成鲜明对比。在这一点上,沃尔夫与莱布尼茨没有分歧,他们都坚持这一看法。不同的是:沃尔夫在他对中国的诠释中,看不出儒家学说有任何出于宗教信仰方面的动机。没有自然神学,当然就更没有天启神学。沃尔夫使用的关键词是建立在自然力量(Naturae viribus)之上的实践哲学(Philosophia practica)。其意思是:中国人几千年来实践的,正是沃尔夫几十年来所试图传授的④。他传授的是什么呢?用几句话概括如下。

占首要地位的是理性。理性的任务是研究事物(当然也包括行为等等)的原因。在此基础上准确地区分善与恶,进而择善弃恶⑤。善的标

---

① 参见 A. Heinekamp und R. Finster(编):Theoria cum Praxi, Zum Verhältnis von Theorie und Praxis im 17. und 18. Jahrhundert(Studia Leibnitiana, Supplementa XIX),(17、18世纪关于理论与实践的关系的看法,莱布尼茨研究,增订本)Wiesbaden 1980。
② 参见 Wolff, Oratio,第4—5页。
③ 参见 Wolff, Oratio,第236—237页,注165。
④ 特别表现在下列著作中:Philosophia practica universalis(普遍实践哲学)(1703), Ratio praeletionum(理性哲学)(1718), Deutsche Metaphysik(德意志形而上学)(1719), Deutsche Ethik(德意志伦理学)(1720)。
⑤ 参见笛卡尔(R. Descartes):Discours de la Methode(方法论), Partie III,第5节。

· 215 ·

准是，凡是"善"的东西均符合人的精神的天性①。人在将恶认识为恶的时候，便不会去作恶②。所有行为的目的，一方面是追求个人的完美，另一方面是他人即社会的幸福。对完美与他人的幸福的追求叫做愉快③。

与自然神学相比，这里的概念数量明显增多了，亦比较明确。与此相应，论证过程是另外一种样子。通过引入"自然力量"作为基点，由性教、书教、身教组成的三教论的框框被冲破了。"自然力量"导致理性，以理性为基础设计出来一个实践哲学，这个实践哲学既不需神学的帮助亦不必以形而上学思辨为后盾。也就是说，理性变成自由自主的了，与神学的联系被切断了。莱布尼茨那种对神学与形而上学之间的调和也已过时了，因为对实践哲学来说，它们是多余的。带有神学味的概念，譬如罪恶、惩罚、信条、上帝喜悦等等，被下列一组概念取消代替了：坏习惯、社会交往、良心谴责、自然权力、试验程序④等等。

由宗教信仰所导致的道德被称为"神学道德"⑤，与它相对立的是建立在理性基础之上的"哲学道德"⑥。在沃尔夫看来，后者同样有用，如果不是更好的话。沃尔夫哲学提供了理论证明，中国范例提供了实践证明。虽然沃尔夫多次指出，"天启神学"代表了最高级的对上帝的认识，

---

① Wolff, Oratio, 第 25—26 页。

② Wolff, Oratio, 第 30—31 页："假如出现了下列情况——人们选择了恶，因为恶好像不是恶，而是善，那么在这种情况下人们当然就拒绝了善，因为善看起来好像是恶。"

③ 参见 H. Poser: Die Bedeutung der Ethik Christian Wolffs für deutschen Aufklärung（沃尔夫伦理学对德国启蒙运动的作用），载：A. Heinekamp und R. Finster（编）：Theoria cum Praxi, Zum Verhältnis von Theorie und Praxis im 17. und 18. Jahrhundert（17、18世纪关于理论与实践的关系的看法，莱布尼茨研究，增订本）Wiesbaden 1980，第 206—217 页；参见 Wolff: Oratio, 第 22—23 页。

④ Wolff, Oratio, 第 248—249 页，注 182。

⑤ "出于神明的安排，上帝亲自启示了真理。依靠这些天启真理的力量，使自己的行为符合自然规律与上帝的意志。我称这种能力为神学即基督教道德"。Wolff, Oratio, 第 138—139 页，注 51. 参见 Wolff, Deutsche Ethik（德意志伦理学），第 676 节；WW I, 4。

⑥ "依赖内在的、通过自然之光而认识到的道德的力量使自己的行为服从于自然规律。我称这种能力为哲学道德。"Wolff, Oratio, 第 138—139 页，注 51。沃尔夫所说的"哲学虔诚"大约位于二者之间。见 Wolff, Oratio, 第 27 页："在按照成功的可能性判断自己的行为时，指导行动的是理性。这个人所坚持的道德标准单纯来自于自然的力量；那些依赖理性之光观察上帝的特征以及上帝的安排，并且用这些指导自己的行动的人，他们的道德标准来自于自然宗教。那些单纯用无法解释的天启真理指导自己的行动的人，他们的道德源自于上帝恩赐的力量"。

"哲学道德"则属于最低层次的道德①,但从整体结构来看,怎样才能把自然神学、天启神学以及形而上学放在一起思考,三者之间的关系又如何,在沃尔夫的哲学中并不清楚。实际上也就是说,通过将实践哲学与神学及形而上学分离开来,已无必要将三者放在一个框架内,思考它们之间的关系。在离开神学与形而上学的地方,伦理道德这门实践哲学成了一个独特的部门,可以在自己的范围内得到证明,这就是沃尔夫实践哲学的核心。

为了使他的范例能够成立,能够证明他的哲学的正确性,沃尔夫必须排除来自两方面的危险:一是有神论——中国人不管怎样应该对上帝有个概念;二是无神论——为了清晰起见,我译为"反神论"。如果将儒家归类于有神论,范例便失去了其意义,变得没有任何说服力;假如将它归类于反神论,沃尔夫给人一个感觉好像他不是在宣传建立在自然力量即理性之上的实践哲学,而是在宣传反神论哲学。为了避免来自两方面的危险,沃尔夫采取了一个非常机智的办法:他在有神论与反神论之间引入了一个中间地带,我们可以称其为"神学无知论",再进一步把它与反神论区别开来。这样"自然力量"就有了一个自己的"自治区"。沃尔夫说,不承认上帝的人是反神论者;但不承认上帝的前提是,这个人必须事先认识上帝,知道上帝是什么。不认识上帝的人亦不会不承认上帝,更不会反对上帝。这样的一个人充其量只能是个值得惋惜的、(对上帝)一无所知的人,但他既不是有神论者也不是无神论者,更不是反神论者②。对神一无所知的人,为了追求幸福③,没有其他途径,只有依赖自己,依赖所谓的"自然之光"④,即理性。这是"坏事"变"好事"的转折点。从这个角度看,沃尔夫认为闹得沸沸扬扬的"礼仪之

---

① Wolff, Oratio,第138—139页,注51。
② Wolff, Oratio,第138—139、246—247页,注182;第152—153页,注54。
③ Wolff, Oratio,第138—139、155—156页,注56。
④ Wolff, Oratio,第138—139、26页:"因为古代的中国人没有认识到世界的创造者,所以他们也没有自然宗教,更没有得到任何方面的天启真理。为了促进道德的发展,他们只能使用自然的力量,而且是没有任何宗教意义的自然的力量。"关于"幸福"概念的含义参见 Wolff, Deutsche Ethik(德意志伦理学),第44—52节;WW I, 4。

争"自始至终是"无的放矢"①。沃尔夫对德国启蒙运动的一个最大贡献,正是在神学与形而上学盘根错节的地方为理性的自主自治夺得了一块地盘。他对儒家的诠释在这方面起了非常重要的作用。

"哲学道德"依赖"自然之光"而产生。可惜的是,人的天性中自有的这些力量得靠一定的努力,甚至外部的作用才能发挥出来,也就是说,人需要"启蒙"。人一方面具有理性,另一方面需要启蒙。这是一个矛盾,首先是人员上的矛盾。因此,如同所有的"运动"与"计划"甚至"革命"② 一样,启蒙运动亦要将人分为两类:一类是启蒙者,一类是被启蒙者。口号是:一部分人处于愚蒙之中而不知,需要开导。这一点很重要,因为这样一来,儒家那些遭到摈斥、在现代的人权讨论中仍然争论很大的说教均可得到正面的诠释:儒家伦理、儒家礼仪、权威崇拜、等级社会、个人服从集体、义务高于权力,还有那个以道德实用为中心的育人理想等等。启蒙运动从一开始就带有辩证性质,带有一定的强制性。沃尔夫的《讲话》是启蒙运动的信号③。

对上帝的"模糊"认识与"清晰"认识

以后的十多年里或者说直到生命的最后时刻,莱布尼茨一直关注中国的情况,尽力收集一切可能得到的有关材料,然后对它们颇费神思地从"永恒哲学"的角度给予善意的解释,期望将儒家的思想放入一个大大超越了基督教教条的框架中。沃尔夫则拒绝莱布尼茨的立场,因为按照他的说法,中国人根本不知道上帝是什么,因此亦不可能对上帝有任何认识。中国人生活幸福,堪称楷模,只是因为他们善于运用自然之光。

他们两人谁"正确"地理解了儒家学说?这是一个很难说清楚、在

---

① Wolff, Oratio, 第154—155页,注54:"有人否认有个非常完美的上帝,有人不知道上帝的具体特征是什么。注意到了这个区别,就会发现耶稣会士与多米尼加及方济各会士的争吵大部分只是各自使用的词汇不同,而没有事实方面的区别。"

② 参见 W. Schmidt-Biggemann: Theodizee und Tatsachen. Das philosophische Profil der deutschen Aufklärung(神正与事实。德国启蒙运动概况),法兰克福1988,第7页。

③ 参见沃尔夫,Oratio 德文译本的前言,第 XLV 页。

某种意义上也没有什么意思的问题，因为就在儒家内部，亦很难说哪个代表人物的"理解"正确。因此，我不想讨论这个问题，而是想指出另外一个现象：沃尔夫对儒家的解释也是个"天意之作"，其中不乏戏剧性场面。我先做个简单的回顾。

从客观的角度来看，耶稣会士在中国的传教活动可以被称为"文化交流"。除了瓷器之类的工艺品外，他们亦将严格意义上的中国文化带到了欧洲。在这方面值得大书特书的是儒家经典的拉丁文翻译①：1687年，柏应理（Ph. Couplet）的《孔子——中国哲学家》② 在巴黎问世；1711年，卫方济（Francois Noel）的《中国六经》③ 在布拉格出版。柏应理的译文与卫方济的译文中间相隔24年，时间不算长，但变化却似乎很大。柏应理的译文基本上是沿着利玛窦的老路走，卫方济却似乎发现了中国的儒家思想还有点"特"。从他们各自对"天"、"上帝"等词的解释与翻译中可以看出这一点④。

现在就发生了那个有趣的、我在上面称为"天意之作"的那件事：1721年，沃尔夫在哈勒大学任校长期满。交接仪式上照例应该发表个带有学术性的讲演。他选择了中国作为讲演的题目，但他当时只能以卫方济的译文为基础，因为他根本不知道还有一个更早的柏应理的版本⑤。

---

① 参见李文潮："La verité est plus repandue qu'on en pense" Leibniz'Abhandlung über die chinesische Philosophie im Kontext der europäi-Schen China-Rezeption（从欧洲对中国的理解出发观察莱布尼茨的《中国自然神学论》）载：Leibniz und Europa，Ⅵ. Intemationaler Leibniz-Kongre B. Hannover 1994，Vorträge I. Teil（莱布尼茨与欧洲——第六届莱布尼茨国际大会论文集），卷1，第436—442页。

② Confucius Sinarum Philosophus, sive Scientia Sinensis latine exposita. Studio & Opera Prosperi-Intorcetta, Christiani Herdtrich, Francisci Rougemont, Philippi Couplet, Patrum Societatis Jesu... Adjecta est Tabula Chronologica Sinicae Monarchiae ab hujus Exordio ad haec usque Tempora. 巴黎1687。

③ Sinensis Imperii libri classic sex, nimirum Adultorum Schola, Immutabile Medium, Liber Sententiarum, Memcius, Filialis Observantia, Parvulorum Schola, e Sinico idiomate in latinum traducti a P. Francisco Noel Societatis Jesu missionario，布拉格1711。

④ Confucius，导言，第 XCI 页；Wolff，Oratio，第146—147页，注54。

⑤ Wolff，Oratio，第214页，注128；第208—211页，注113。沃尔夫是数学教授，也许开始时对这些不感兴趣。沃尔夫1711年第一次提到Noël（卫方济）的名字。也许是通过他的学生毕尔封格（Bilfinger）沃尔夫才知道了柏应理的译本。有关毕尔封格见上文《儒家》。

这一知识"缺陷"本来不算什么，千篇一律的书多得是。问题在于这一次却不是这样，因为沃尔夫自己后来发现巴黎译文与布拉格译文之间的差距相当相当大[1]。两个版本的区别很多，但对沃尔夫的《讲话》来说，最大的区别在于，巴黎译文的作者们——我引用沃尔夫的原话——"竭尽全力地"试图"说明中国人从一开始就认识了真正的上帝，崇拜了真正的上帝，而且显然几百年间依然如此"[2]。这对沃尔夫来说会带来严重的后果。接受巴黎译文的观点等于推翻自己的讲话，也会推翻自己哲学的一部分。那么沃尔夫该怎么办呢？沃尔夫认真研究了巴黎译文[3]，他认为中国人根本没有认识上帝，因此中国没有自然宗教。他说："自然宗教要求人们对上帝有一个非常明确的概念。"[4] "自然宗教的核心是崇拜真正的上帝。这种崇拜源自于依赖理性之光从上帝的特点及所为而得到的对上帝的认识。因此，在那些无法证明认识上帝的地方（不存在自然宗教），在那些不要求热爱上帝、恐惧上帝、尊敬上帝、呼唤上帝以及无条件地服从上帝的地方，不存在自然宗教。"[5]

简单地归纳一下，这里提出了三条标准：

第一，对上帝的认识意味着对"真正"的上帝有一个"非常明确"的概念。

第二，这一真正的认识是从上帝的所为引申出来的。

第三，在伦理道德中他们是所有行为的"惟一的"起动因。

定义有了，而且标尺相当高。从这里出发，应该说能够比较容易地评价柏应理的译文了。沃尔夫研究的结果是：中国人"对神有个非常模糊的概念，但却完全没有明确的概念"[6]。

---

[1] Wolff, Oratio, 第 210—211 页, 注 113。

[2] Wolff, Oratio, 第 145—147 页, 注 54。这一看法当时在耶稣会士中非常流行，他们通常认为是佛教败坏了儒教，当然也有讨儒家人物喜欢的成分在内。

[3] 研究结果可以从数量上看出来：在 1726 年印行时沃尔夫加了整整 216 条注释，几乎每读一句正文，就有一条长达半页的注释。

[4] Wolff, Oratio, 第 145—147 页, 注 54。

[5] Wolff, Oratio, 第 154—155 页, 注 54。

[6] Wolff, Oratio, pp. 154-155；参见 pp. 246-247, 注 182。

对这个结论，莱布尼茨也许会表示同意，甚至会认为沃尔夫的结论能够佐证他自己（莱布尼茨）的看法是对的，莱布尼茨会接着研究下去，力争将这个对上帝的"模糊"概念发展为非常明确的"清晰"概念，只是沃尔夫对这个概念已经不感兴趣了。沃尔夫的"幽默"之处在于："正由于中国人对上帝的概念非常模糊，所以他们对实践生活的理性才十分清晰。我补充四个字：'感谢上帝！'"

龙华民及其《论中国宗教的几个问题》[*]

在对明清之际由耶稣会传教士引起的中西文化交流和冲突的研究中，中外学者们一般都非常关注利玛窦的贡献，后来被康熙皇帝确定为"利玛窦规矩"的"适应策略"确实也为基督宗教在中国的传播提供了一种更容易让中国人接受的途径。相对而言，在目前的研究中，中外学者们对与利玛窦的"适应策略"相左的声音关注较少。在这篇短文中，作者意在以龙华民在其《论中国宗教的几个问题》[①]一文中对利玛窦方针的反思与批判为例，重点探讨一下"非适应策略"在文化交流中的意义与作用。作者的基本观点是，以利玛窦为代表的"适应派"虽然迎合了相当一批中国学人的心理需求，从而也为基督宗教（天主教）在中国的传播起到了难以低估的历史作用，但无论是从教义还是学理的角度看，通过把儒教学说简化为"古代经典"，适应派有意地忽略甚至割裂了儒教学说在中国的历史演变。以龙华民为代表的"非适应派"从基督宗教的立场出发，虽然整体上否定了儒家学理与天主教义的可通融性，但却比较现实地把宋明理学看作儒家传统的发展，从而不仅把儒家学说解释为独立的（尽管从基督宗教的角度来看属于异教的）文化，而且关注到了基督宗教文化与中国文化之间存在的根本性差异。

---

[*] 首次发表：《汉语基督教学术论评》2006年第一期，第159至184页。
[①] 下面依据的是1700年巴黎外方传教会翻译出版的 *Traité sur quelques points de la religion des Chinois*。连同德国哲学家莱布尼茨的批注，此文被收入李2002；龙华民的论文下引为：Longobardo, *Traité*，页数依据李2002。

龙华民及其《论中国宗教的几个问题》

龙华民其人

龙华民（Niccolò Longobardo）出生在意大利西西里地区的一个没落贵族家庭，对于其具体的出生年月，现有的资料中有不同的说法[①]。可靠的是，龙华民在1582年加入耶稣会，在麦西纳停留一段时间后于1584年到巴勒莫的耶稣会学校学习，但未完成规定的学业[②]。后来当某些耶稣会成员试图把龙华民在其《论中国宗教的几个问题》中提出的观点相对化时，常常指出，不管是在神学还是在哲学方面，龙华民均无很深的修养，因为他并没有完成这段学业，也没有得到相应的学位[③]。

1596年4月10日，龙华民与其他18位传教士离开里斯本前往亚洲。他所乘的船只于当年10月25日到达印度海港城市果阿（Goa）。半年之后，1597年4月23日，龙华民在视察员范礼安（Alessandro Valignano）的陪同下前往日本，7月21日到达澳门后计划被改变：龙华民被派往中国。这一决定也许与利玛窦准备首次进入北京（1598）的计划有关[④]，利玛窦急需一个人镇守韶州的阵地。这样，龙华民在一位华人信徒的陪同下于1597年12月19日从澳门前往广州，9天后到达韶州。

利玛窦逝世前，指定龙华民为自己的继承人，负责耶稣会在中国的

[①] 按照费赖之（Louis Pfister）的说法应是1559年，参见费赖之《在华耶稣会士列传及书目》卷1，冯承钧译，中华书局1995年版，第64页。荣振华（Joseph Dehergne）认为应是1556年，参见荣振华《在华耶稣会士列传及书目补编》第1册，耿升译，中华书局1995年版，第377页。德礼贤（Pasquale M. D'Elia）提出了1565年的说法，参见 Pasquale M. D'Elia（ed.），*Fonti Ricciane, Documenti originali concernenti Matteo Ricci e la storia delle prime relazioni tra l'Europa e la Cina* <1579–1615>，罗马1942—1949年，卷1，第385—386页。聂仲迁（Adrien Greslon）认为龙华民96岁（96 ans）高龄仙逝。Adrien Greslon, *Histoire de la Chine sous la domination des Tartares*，巴黎1671，第13—14页。莱布尼茨在《中国自然神学论》一文中则写到龙华民活了90岁（其数据来源不详，也许是参考聂仲迁时出现的笔误，把原文中的"6"写成了"0"，参见李2002，第25页。

[②] 据说未发耶稣会规定的第四愿（无条件服从教皇）。见下注。

[③] 参见德博斯致莱布尼茨，1716年3月7日（格本 II，512；中国通信 II，375—385）。德博斯援引法国耶稣会士德茨（Jean Dez）1700年发表的《就尊孔及祖先崇拜问题致某贵人》（Ad Virum Nobilem de Cultu Confucii Philosophi et progenitorum apud Sinas）。

[④] 《利玛窦中国札记》，何高济、王遵仲、李申译，何兆武校，中华书局1983年版，上册，第310页。

传教事务。直到 1622 年，龙华民一直担任着这个职务，随后成为在北京的耶稣会负责人（直至 1640 年）。继承了利玛窦的衣钵后，龙华民所做的一件重要的事情是 1613 年委派金尼阁（Nicolas Trigault）赴欧洲（1621 年返回）。除了为耶稣会的图书馆募捐书籍外，金尼阁的一个主要任务是争取在一系列的问题上在罗马方面求得最终的回答，其中包括中国教区的独立问题以及配备相应的人员与资金①。

1636—1637 年，龙华民建立了在山东的传教基地，此后每年去山东一次。由于后来需要在北京协助汤若望（Adam Schall von Bell）的工作，山东的传教工作基本上由李方西（Jean-François Ronuside Ferrariis）承担。后者 1657 年离开山东后，此地的事务便交给了方济会的传教士利安当（Antoinede Sainte Marie）②。龙华民的《论中国宗教的几个问题》能够流

---

① 金尼阁 1613 年 2 月从澳门出发，1614 年 10 月到达罗马。1615 年 2 月 21 日，耶稣会长阿克维瓦（Claudius Acquaviva）逝世，维特勒斯其（Mutius Vitelleschi）成为新会长。在罗马期间，金尼阁向新会长提出了 50 个问题请求指示。其中有请求允许神父们在中国举行弥撒时不必脱帽，允许在宗教仪礼中使用中国语言等等。据说在离开中国前，龙华民就有关问题对金尼阁进行了书面指示。参见 Edmond Lamalle S. J.，*La propagande du P. Nicolas Trigault en faveur des missions de Chine* (1616)，in *Archivum Historicum Societatis Iesu* Romae: Instituturn Scriptorum de Historia S. I.，1940，卷 9，pp. 49 – 120。

② 利安当（1602—1669）于 1633 年 7 月 2 日到达福建，经过诸多周折后于 1650 年 7 月到达北京，试图从这里进入朝鲜传教。汤若望则请他放弃去朝鲜的计划，建议利安当去山东。这样，在汤若望以及龙华民的大力帮助下，利安当于 1650 年 11 月在济南建立了方济会在中国的第一个传教基地。1649 年陪同利安当返回中国的伊班内斯（Buenaventua Ibanez）曾在一篇报告中记载了这个过程："利安当来到皇宫……拜访汤若望神父，向他陈述了自己这次旅行的动机。汤若望神父（当时与自己的副区长阳玛诺，Emmanuel Diaz Junior 关系紧张）建议他应该去被耶稣会神父们遗弃的山东省"。这里显然带有对李方西的不满与批评。随后，汤若望为利安当写了一封推荐信，让他到济南后交给一名官员（"汤若望的朋友"）。Buenaventua Ibanez，*Brevis Relatio d oppsitionibus in Sinis toleratis*，in，*Relationes et epistolas Fratrum Minorum Hispanorum in Sinis qui a. 1672 – 81 missionem ingressi sunt*，ed. Georges Mensaert（Roma: Scuola tip. "Pax et bonum"，1965 = Sinica Franciscana; 7，Part 1，pp. 50 – 51；该报告的法文翻译见 Antoine Arnauld，*Œuvres*（Bruxelles: Culture et civilisation，1964 – 67），卷 34，590 – 560。在这份《报告》中，作者没有具体提到利安当试图进入朝鲜传教，而只是概括地提到利安当准备"寻找一个远离耶稣会传教士的地方"（d'y trouver un lieu éloigné des Jésuites，590）。关于利安当的北京之行参见其 1649 年撰写的报告 *Relacion del P. Antonio de S. Maria O. F. M. sobre su viaje y llegada a la China en 1649*，载 Otto Maas，*Die Wiedereröffnung der Franziskanermission in China in der Neuzeit*（明斯特 1926），28 – 31；关于其试图进入朝鲜传教的打算可参见 Fr. Ioannes Martí Climent 于 1702 年 4 月 10 日撰写的 *Magna Relatio seraphicae missionis in Sinis*，被收入 *Relationes et epistolas Fratrum Minorum Hispanorum in Sinis qui a. 1672 – 81 missionem ingressi sunt*，ed. Georges Mensaert，第 5—6 页；关于在济南的活动参见 *Carta del P. Antonio de S. Maria O. F. M. al Provincial, Cinanfu, 4 de Enero de 1652*，被收入 *Cartas de China: documentos inéditos sobre misiones franciscanas de los siglos 17 y 18*，ed. Otto Maas，Sevilla: Santigosa，1917，卷 1，pp. 52 – 57，利安当在这里叙述了他打算去朝鲜的意图，自己在北京与汤若望的交谈以及龙华民在济南的一些情况。

传下来并且在欧洲起到巨大的作用，利安当扮演了一个非常关键的角色。

毫无疑问，龙华民是继利玛窦之后最有影响的在华传教士之一。邓恩称其："有永远旺盛的热情，在道德方面也是一位榜样性的人物，是中国传教团中真正的巨人之一。"① 聂仲迁在其《鞑靼统治下的中国历史》中写道顺治皇帝"素重其人"，龙华民96岁高龄逝世后，顺治曾"赐葬银三百两，遣官祭奠，并且命人画其图像，悬挂宫中"②。

龙华民的《论中国宗教的几个问题》

从利玛窦手里接过中国的传教事务后，龙华民收到当时的视察员巴范济（Francesco Pasio）的一封信。在这封信中，巴范济指出，按照一些在日本传教的耶稣会士③的看法，在某些在华传教士撰写的汉文著作中带有"与异教徒们的错误非常相似的内容"④，因此希望龙华民能够注意这一现象并且对提出的问题进行调查。按照龙华民自己的说法⑤，早在韶州的时候他就对某些教友迎合中国儒家学说的做法的正确性产生了怀疑，而视察员的这封信无疑证明了自己的怀疑是有道理的。为了澄清这些问题，龙华民在北京进行了一次调查或者说访谈，访谈的对象除了传教士外还有一些中国的文人以及信徒⑥。

1613年，维埃拉（Francisco Viera）取代巴范济成为观察员。当他获知在北京的庞迪我（Diego de Pantoja）和高一志（Alfonso Vagnone，又名

---

① 邓恩（George H. Dunne）：《从利玛窦到汤若望》，余三乐、石蓉译，上海古籍出版社2003年版，第94页。

② Greslon, *Histoire de la Chine sous la domination des Tartares*, 第13—14页。

③ 关于耶稣会在日本的传教活动可参见戚印平《日本早期耶稣会史研究》，商务印书馆2003年版；Georg Schurhammer, *Das kirchliche Sprachproblem in der Japanischen Jesuitenmission des 16. u. 17. Jahrhunderts*, 东京1928。

④ Longobardo, *Traité*, 李2002，第115页："... il y avoit des erreurs semblables à celles des Gentils"。

⑤ Longobardo, *Traité*, 李2002，第115页："Il y a plus de vingt-cinq ans, que le Xangti de la Chine (terme qui signifie le Roi d'enhaut) commença à me faire quelque peine..."。

⑥ 在龙华民论文的第17节中，龙华民记载了访谈时的一些情况以及对话。李2002，第141—146页。

王丰肃）持不同意见后，于 1614 年指示庞迪我、高一志及熊三拔（Sabatino De Ursis）专门就"上帝"Xangti）、"天神"（Tien-Xin）、"灵魂"（Ling-Hoen）① 三个问题以书面的形式提出自己的看法。这样一来，争论的范围就相当明确了，主要集中在这三个核心概念上，后来变得非常重要的礼仪问题当时尚不在争论之列。按照龙华民的转述，庞迪我和高一志认为，中国人对"神，天神以及灵魂"有"某种程度上的认识"，熊三拔在自己的《论上帝一词》（*Tractatus de verbo Xam-Ti*，1614）中得出的研究结论是：中国人丝毫没有关于"独立于物质的精神实体"的认识，因此，他们既没有认识到上帝，也不可能知道天神与灵魂是什么。

在讨论正在进行之时，陆若汉（Joao Rodrigues）② 于 1614/1615 年从日本来到大陆随后返回澳门③。在自己的《论中国宗教的几个问题》的前言中，龙华民曾把陆若汉的到来称作是天赐良机，甚至认为是神的旨意④。从大陆回到澳门后，陆若汉写信给日本—中国省的负责人卡瓦略（Valentim Carvalho）；后者要求龙华民重新进行一次调查，并给龙华民寄去了一份有争议的术语清单。

根据以上讨论，龙华民于 1617 年撰写了一份《备忘录》（*Res memorabiles pro dirigenda re christiana*）上交给观察员。但就在此时，一位名叫康斯坦丁的神父（Camillo Constantio）也向观察员指出，在中国及日本传教的耶稣会传教士们撰写的书籍中有一个非常明显的错误，这就是它们

---

① Longobardo, *Traité*, 李 2002, 第 120 页。

② 陆若汉对（日本的）佛教持批判态度。为了进一步研究（日本）佛教的起源，陆若汉于 1612 年来到中国，1615 年离开。在此期间，陆若汉发现利玛窦以及耶稣会在中国所推行的传教政策是错误的，因为在他看来利玛窦误解了儒家的学说。1616 年 1 月 22 日，陆若汉在澳门写信给当时的耶稣会长阿克维瓦（Claudius Acquaviva），指出了这一问题，并要求进行调查。陆若汉的批评主要是针对利玛窦的，其中的一份材料的题目就叫做 *Tractatus copiosissimus contra praxes Matthaei Ricci et sociorum Si-nensium*（1618）。参见 Robert Streit and Johannes Dindinger, *Bibliotheca missionum*，罗马 1964，卷 5，第 729 页；Paul A. Rule, *K'ung-tzu or Confucius*? 伦敦 1986，第 75 页。

③ 参见 Michael Cooper, *Rodrigues the Interpreter. An Early Jesuit in Japan and China*，纽约 1974；Rule, *K'ung-tzu or Confucius*? pp. 75–76。

④ 由于传教士在日本受到迫害，部分传教士在 1614—1615 年左右前往澳门避难。戚印平：《日本早期耶稣会史研究》，第 121—125 页。

的前提都是假定了这两个国家的异教徒认识"上帝",并且对天神以及灵魂不死等教义有所了解。1618年,观察员要求康斯坦丁、陆若汉、熊三拔为此提出自己的书面意见。康斯坦丁的论文随后转到了北京进行审查,龙华民表示同意文中提出的观点。陆若汉则把矛头直接指向利玛窦,其书面意见的题目就叫做《反对利玛窦的传教实践》(*Tractatus copiosissimus contra praxes Matthaei Ricci et Sociorum Sinensium*)①,熊三拔写了一个《说明》(*Adnotationes*) 和题为《论中国学者对上帝的真正认识》(*De vera cognitione Dei apud litteratos Sinenses*) 一文。针对以上文章或者说鉴定,特别是针对康斯坦丁的观点,高一志和庞迪我再次提出了自己的看法。作为响应,康斯坦丁撰写了第二份材料为自己辩护②。

1621年,在新视察员路易斯(Hieronymus Ruis)的召集下举办了澳门会议,会上再一次肯定了利玛窦的观点③。不过对龙华民来说,事情并未结束:在仔细阅读了庞迪我、高一志、熊三拔和陆若汉撰写的四份材料后④,龙华民于1623年撰写了自己的《简单回答》(*Respuesta Breve*)⑤,即

---

① 参见 Streit and Dindinger, *Bibliotheca missionum*, 卷 5, 第 729 页。陆若汉这篇论文的意义并不在于作者对中国文献的研究,也不在于作者通过采访所得到的材料,而在于陆若汉提出的非常大胆的神学解释。通过陆若汉提供的模式,部分传教士们似乎为中国的宗教找到了一种在神学上说得通的而又非常简单明了的解释。在这个意义上,传教士从日本到达澳门,不仅加快了在中国的耶稣会士们之间的争论,而且为这场争论起到了方向性的决定作用。

② 参见 Streit and Dindinger, *Bibliotheca missionum*, 卷 5, 第 727 页, 康斯坦丁致本会会长的信,1618 年 12 月 25 日;亦见:Schurhammer, *Das kirchliche Sprachproblem in der Japanischen Jesuitenmission*, 第 128—132 页。

③ Streit and Dindinger, *Bibliotheca missionum*, 卷 5, 第 730 页。

④ 龙华民阅读的并不是全文,而是各个论文的摘要。

⑤ 巴黎国家图书馆,编号:Esp. 409, 82 - 101v。原题目是:*De Confucio ejusque Doctrina Tractatus* 即 *Responsio brevis super controversias de Xamti, hoc est de altissimo Domino, de Tien-chin, id est de spiritibus coelestibus, de Lim-hoen, id est de anima rationali de aliisque nominibus ac terminis sinicis ad determinandum, qualia eorum uti possint vel non in hac Christianitate*; Streit and Dindinger, *Bibliotheca missionum*, 卷 5, 第 750 页还提到一份用西班牙文写成的手稿:*Traslado ad litteram de hum tratado del Venerable P. Nicolas Longobardo Soc. Jesu, missionario de los mas antiquo y versados en la Gran China, sobre la secta de los letrados y philosophos (a su modo) antiguos y modernos deste regno, ilamado sinice Ju-Kiao*; 巴黎外方传教会档案馆藏有一份无题目的葡萄牙文手稿(t. 474, 1—46)以及一份拉丁文手稿(t. 474, 47—152)。针对龙华民的 *Respuesta Breve*, 高一志(即王丰肃)于 1626 年 10 月 8 日撰写了致 Hieronymum Rodriguez 视察员的一封信(Streit and Dindinger, *Bibliotheca missionum*, 卷 5, 第 751 页), 曾德昭(Alvarus Semedo)于 1628 年撰写了《对龙华民神父的论据的反驳》(*Refutatio argumentorum P. Longobardi*), 见 Streit and Dindinger, *Bibliotheca missionum*, 卷 5, 第 751 页。参见《莱布尼茨与中国》一书中孟德卫的文章。

· 227 ·

后来的《论中国宗教的几个问题》，其使用的数据除了以上几份材料外，主要是《性理大全》中的卷26（理气一）、卷27（理气二）、卷28（鬼神），另外还有非常重要的与中国学人的谈话记录或者说采访①。

在从1627年12月到1628年1月召开的嘉定会议上②，为了求得内部的统一，会议决定禁止使用"天"及"上帝"两个术语来表示基督宗教中的神；不过由于中国本土的基督信徒的极力反对，这个决议被证明在实践中是无法得到执行的③。在1630年写给耶稣会总长维特勒斯其（Mutius Vitelleschi）的一封信中，主持嘉定会议的李玛诺（Emmanuel Diaz Senior）曾指出，中国学者认为"上帝"（Scianti）一词可以用来表示基督宗教中所说的真正的"上帝"；对于某些后来的神父们轻易地相信一些年轻的、不太重要的（中国）学者，进而怀疑使用"上帝"一词是否正确的做法，李之藻曾表示愤怒；归奉基督信仰的中国官员及文人们也对这些（新来的）神父们的做法表示震惊与不解，认为他们不应该对老一辈表示怀疑。李玛诺还写道，李之藻以及孙元化博士都对这些神父们的做法提出了强烈的反对，徐光启也认为可以使用"上帝"这个术语；没有皈依基督宗教的叶向高阁老也是这个意见，他们认为利玛窦选择使用这个词是一个非常正确的决定，而龙华民的看法却是错误的④。

值得注意的是：如同中国学者的赞同不能说明利玛窦对儒家经典的诠释符合天主教教义一样，中国学者的愤怒与反抗也不能"证明"龙华民的看法在神学上是错误的，充其量只能说明龙华民的看法在实践中是无法被实施的。"适应策略"只是找到了一种能够使中国学者在心理上接受基督宗教的方式，因为"适应策略"意在求同，而且是最低限度的

---

① ——查证龙华民访问过的中国学者的人名与地位及职务尚是一件有待完成的任务。
② 参见 Arnauld, Œuvres, 卷34, 第358页。
③ 闵明我（Domingo Fernández Navarrete）以及阿诺德（Antoine Arnauld）后来都指责耶稣会士们试图掩盖这些"谴责偶像崇拜与迷信的"的决议。Domingo Fernández Navarrete, Tratados Historicos, Politicos, Ethicos Y Religiosos De La Monarchia De China, 马德里1676, 第110—116页；Arnauld, Œuvres, 卷34, 第306—310、316、332、268页。
④ Streit and Dindinger, Bibliotheca missionum, 卷5, 第762—763页; Daniello Bartoli, Dell'istoria della compagnia di Gesù：La Cina, 佛罗伦萨1829, 第281—283页。

同；求同导致适应，更容易导致误解。龙华民则强调差异。差异的前提是承认各自的独立性，求异并不排除误解，但差异一旦被发现，则更有价值。

龙华民《论中国宗教的几个问题》一文的传播与影响

龙华民的《论中国宗教的几个问题》一文本来是供在中国以及在日本进行活动的耶稣会内部进行讨论的。但随着道明会和方济会的到来，这份文献在耶稣会内部被看作是危险有害的，进而是秘密的。譬如傅泛济（François Furtado，拉丁文文献中常写做 Hurtado）曾在 1645 年下令销毁这份文献[1]。尽管如此，当上面提到的方济会士利安当在山东认识了属于耶稣会的汪儒望（Jean Valat，文献中时而也写做 Balat）后，一份不完整的手抄件还是落到了利安当的手里。利安当把这份原为葡萄牙文写成的文献翻译为拉丁文，并且做了复制与认证，随后分头寄给了许多人，其中有西班牙传教士闵明我，原件则被寄往罗马的传信部档案馆。闵明我在收到这份文献后，复制了一份同样寄往罗马，后来还说自己在罗马时看到了一份复制的原件[2]。在后来发表的巨著《中国之历史、伦理、宗教与政体大观》中，闵明我发表了该文献的西班牙译文[3]，并且加入了不少自己的注释。在许多地方，闵明我还引用了龙华民的观点[4]（随

---

[1] 参见 *Historia cultus Sinensium, seu Varia Scripta De Cultibus Sinarum, inter Vicarios Apostolicos Gallos aliosque Missionarios, & Patres Societatis Jesu controversis*，科隆 1700，第 123 页，§ 204；*Apologie des Dominicains Missionnaires de la Chine ou Réponse au Livre du Pere Le Tellier Jesuite intitulé Défense des Nouveaux chrétiens; Et à l'éclaircissement du P. Le Gobien de la même Compagnie, Sur les honneurs que les Chinois rendent à Confucius & aux Morts. Par un Religieux Docteur & Professeur en Theologie de l'ordre de S. Dominique*，科隆 1699，第 99 页。

[2] Navarrete，*Tratados*，第 109 页；参见 Arnauld，*Œuvres*，卷 34，第 306 页。在 267 页阿诺德写道"这篇论文的原件在罗马传信部的档案馆里"。阿诺德还提到了保存在巴黎耶稣会学校图书馆的一份复印件（虽经一再努力，本文作者至今无缘看到上面提到的葡萄牙文本以及拉丁文本）。

[3] 西班牙文的标题是：*Respuesta Breve, sobre las Controversias de el Xang Ti, Tien Xin, y Ling Hoen, y otros nombres y terminos Chinicos*。Navarrete，*Tratados*，第 246—289 页。

[4] 参见 Navarrete，*Tratados*，第 138 页；Arnauld，*Œuvres*，卷 34，第 343 页。

着闵明我的著作在 18 世纪初被译为英文出版，龙华民的论文开始得到更广泛传播①）。

1649 年至 1657 年一直在山东传教的耶稣会士李方西在一封信中曾回忆到这件事。他写道："这份论文受到了上司们的批评与反对。我曾经按照他们的安排，在山东烧毁了一份在那里找到的翻译件，龙华民神父当时还生活在北京。龙华民死后（1654 年），一位新来的神父②被宫廷任命为龙华民的继承人，陪伴汤若望神父。在这座房子（汤若望的住处）的一个角落里，这位神父偶然地发现了一份这个 *Prolegomena*（这是这份文献的本来题目，而且仅有开头部分）③。回到山东后，他把这份材料交给了利安当神父。这位可爱的神父臆造了一个可耻的题目，做了许多翻译件，分别寄给了在福建的道明会的神父们，还寄到了马尼拉、新西班牙、欧洲等地"④。

所谓的"礼仪之争"（Chinese Rites Controversy）在欧洲升温之际，巴黎外方传教会于 1701 年以《不同作者论中国礼仪》⑤为名，把龙华民的论文与利安当的《论在中国传教的几个重要问题》⑥译为法语结集出版。15 年后，莱布尼茨以这个集子为数据来源撰写了自己的《中国自然

---

① *An Account of the Empire of China, Historical, Political, Moral and Religious. A short Description of that Empire, and Notable Examples of its Emperors and Ministers... Written in Spanish by the R. F. F. Dominick Fernandez Navarrete*，无出版时间及地点（应是伦敦 1704），第 165—202 页是龙华民的论文，标题为 *A Short Answer Concerning the Controversies about Xang Ti, Tien Xin, and Ling Hoen and Other Chinese Names and Terms*。此译文后来收入 *A Collection of Voyages and Travels* 第一卷，多次再版。

② 应指 1651 年来到中国的汪儒望（Jean Valat）。龙华民死后（1654 年）汪儒望被召到北京协助汤若望，1660 年回到济南。

③ 现存的龙华民的论文除前言（Avant-propos）外包括 17 章（section）。最后一章（第 17 章）是龙华民与中国学者的谈话，作者在末尾写道："我将在下一章中提出我对这些谈话的思考与看法"。Longobardo, *Traité*，李 2002，第 146 页。

④ 此信写于 1670 年 2 月 20 日，原文为葡萄牙文，保存在罗马耶稣会档案馆（ARSJ FG 730, 103—05v）。这里引自 *Relationes et epistolas Fratrum Minorum Hispanorum in Sinis qui annis 1697 - 98 missionem ingressi sunt / collegit et ad fidem codicum redegit et adnotavit Fortunatus Margiotti*（即 *Sinica Franciscana*, 9, part 2），马德里 1995，第 987 页，注 11。

⑤ *Anciens Traitez de divers Auteurs sur les Ceremonies de la Chine*，巴黎 1701；李 2002。

⑥ 法语标题为 *Traité sur quelques points importans de la Mission de la Chine*。此文由利安当 1668 年在广州写成的两封信组成。参见李 2002 年，第 159—223 页。

龙华民及其《论中国宗教的几个问题》

神学论》①。尽管如此，在17、18世纪的欧洲，学者们主要是通过闵明我的西班牙文翻译了解到龙华民的观点的。极力反对耶稣会的阿诺德在其《耶稣会士的道德实践》（*La Morale Pratique Des Jésuites*）一书中，曾整篇地抄袭闵明我的著作并且详细地引用了其中龙华民的文章②。对龙华民的文章，阿诺德的评语是："为了了解中国人的宗教，没有比龙华民的论文更好更有用的材料了"③。著名的东方学者拉克罗茨从里斯本的一位好朋友那里得到过一本闵明我的《中国之历史、伦理、宗教与政体大观》。当有人告诉他莱布尼茨曾经根据龙华民的文章④对中国的自然神学进行辩护，并且提出了与龙华民完全相反的结论时，拉克罗茨干脆认为莱布尼茨不可能读过龙华民的文章，因为"不管是古代还是现代，中国人都是有神论的反对者，龙华民为此提出的证据太清楚了，任何为耶稣会士辩护的努力都是徒劳的"，所以假如莱布尼茨真的阅读了龙华民的文章，便不会为中国人的自然神学辩护⑤；巴耶尔（Gottlieb Siegfried Bayer）在彼得堡时曾与在北京的法国耶稣会传教士保持着书信联系。他承认自己基本上赞同耶稣会士们的适应政策，但就是这个龙华民的权威让他一再对耶稣会士们的做法感到怀疑⑥。

语言困境与论述霸权

在现代流行的（语言）分析哲学的意义上，我们可以把"文化"描

---

① 见本文附录。
② 参见 Arnauld, *Œuvres*, 卷34, 第303—305页；Navarrete, *Tratados*, 第270页。应该注意的是西班牙文本与后来的法文翻译之间有不少出入，譬如参见 Arnauld, *Œuvres*, 卷34, 第305页；Longobardo, *Traité*, 李2002，第132—133页。
③ Arnauld, *Œuvres*, 卷34, 第305页。
④ 莱布尼茨使用的则是1700年法国外方传教会编译发表的法文本。
⑤ 参见下文《科尔托特》。
⑥ 巴耶尔致宋君荣（Antoine Gaubil），1733年11月。转引自 Knud Lundbaek, *T. S. Bayer* (1694–1738), *Pioneer Sinologist*, 伦敦1986，第158页；参见致宋君荣，1735年1月11日，Lundbaek: "I must admit that when I examined (Longobardo's text in) Navarrete's book in Berlin some years ago it disturbed me, and it will continue to disturb me until I read it again. This will enable me to see more clearly what is right and wrong; that is only fair", *T. S. Bayer*, 第165页。

写为一定的语言言说系统。理解一种文化便是理解其语言，使用其言说；传教活动则意味着把自己的话语或者概念以及其言说输入到另一种语言之中，因此传教活动实际上也是一种翻译活动，翻译的过程当然同时也是诠释的过程。

为了把一个文化中的精神财富传播到另外一个文化圈中，首先碰到的就是采用什么语言进行翻译的问题。把佛教翻译传统中形成的"五不翻"简化一下，可以基本上得到三种可能：音译、同化、创造新词。每一种解决模式均有利弊，在实践中并不相互排斥。语音模拟的音译相当于佛教翻译理论中的"不翻"，能够带来一定的"异化"与好奇效果，避免翻译过程中可能带来的"走样"，弊处在于这相当于没有翻译，因此读者与听者（特别是其中的外行）往往是不知所云①。罗明坚（Michel Ruggieri）以及后来的龙华民主张的就是这种办法。利玛窦等人所实践的主要是第二种同化的模式。这种模式消除了语音模拟所带来的缺憾，但却会造成待翻译的概念与现成概念之间的混淆。第三种可能的模式即创造新词，譬如汉语中的"圣灵"，使用比较多，但由于汉语中几乎每个字都带有自身的特定含义，所以与第二种模式之间的界限并不是非常清晰。

总体来讲，利玛窦基本上倾向于第二种可能，即使用中国古典文献中已有的"天"、"上帝"、"天主"等术语直接表示基督宗教中的"神"②。之所以强调"古典"，是因为利玛窦认为后来的学者们（主要是宋明理学家）曲解了这些文献的原意，把在这些文献中通过"上帝"等

---

① 在拉丁美洲进行传教活动的西班牙人直接用西班牙语中的 Dios 表示自己信奉的上帝，"由于印第安人不知道是什么意思，会觉得非常困惑，进而询问这个词在他们的语言中可能指的是什么"。Mariano Delgado, *Gott Yaya, Gott Churi und Gott Heiliger Geist*, 载于 *Gottesnamen*, eds. Lutz-Bachmann and Hölscher, Hildesheim 1992, 第 156 页。

② 杜鼎克（Adrian Dudink）通过对《天主教要》一文的研究，认为利玛窦在"所有重要术语"（all important terms or names）的翻译中更喜欢使用音译（transliteration）的办法。具体到龙华民所关注的最能引起误会的三大术语（Dieu — 上帝、les Anges — 天神、l'Ame raisonnable — 灵魂），我认为这是一个有待进一步探讨的问题。参见 Adrian Dundink, *Tianzhu jiaoyao, the Catechism* (1605) *published by Matteo Ricci*, 载于 *Sino-Western Cultural Relations Journal* 24, (2002), 第 38—50 页，特别是第 49—50 页。

概念表达出来的人格神的思想变成了一个普遍的非人格性的"原理"。通过这种方法,传教士们试图给中国古典文献的某些概念注入基督宗教中对神的理解,固守注释传统的中国学者自然会指责利玛窦误解了中国的文献。此类例子颇多:当许多佛教学者听到传教士使用"天主"一词时,他们首先联想到并不是这个概念中含有的陌生的思想,而是自己熟悉的"三十三天",而各天应有一主。在他们看来,基督宗教中的一神论或者说一主论思想便就是对佛教教义的误解;当传教士们在汉语中把基督宗教学说称为"天学"时,实际上也就把对这个概念的解释权即论述权交给了中国的学者。龙华民在《论中国宗教的几个问题》中列举了一个非常有趣的例子①:当传教士们给中国学者讲解上帝是宇宙的创造者时,中国人坚持认为"按照他们的学派的理论",上帝即是天或者说天的性质,因而只能与天或者说宇宙同时出现,不可能先于宇宙。"当我们与他们进行辩论,试图证明建筑师当然先于自己所造的房屋时,他们马上打断我们的谈话,严厉地告诉我们:好!由于你们所说的上帝就是我们的上帝,那么就让我们给你们解释这是什么意思,因为我们比你们更清楚上帝是什么"。在此之前,沙勿略(Franz Xavier)已经经历了这一困境。通过把基督宗教中神的概念直接翻译为"大日如来",当地人便觉得沙氏等外国人所说的上帝与他们自己信奉的佛没有两样,因此"你们与我们之间的唯一区别只是使用的语言的不同"②。

在这一背景下,考察龙华民对利玛窦传教方针的反思便非常有意义,可以把这一反思看作是讨论的进一步加深。而在这方面,龙华民的贡献无疑是非常巨大的。

龙华民提出的异议

受中国学者的影响,传教士们习惯于把中国文献分为两类,即所谓

---

① Longobardo, Traité, 李 2002, 第 120 页。
② 参见戚印平《日本早期耶稣会史研究》,第 214—221 页。

的"经"与后来的"对经的诠释"(特别是宋儒们的注释)。尽管这种分法本身存在很多问题,但大体上得到了认同。从基督宗教的角度看,与"经"相比,这些"对经的诠释"整体上呈现出一种反对有神论的世界观,不管是拥护利玛窦的人还是反对他的人在这一点没有任何分歧。争论之处在于:正是鉴于这一点,利玛窦及其追随者主张应该深入地专门学习与使用所谓的古典文献,彻底地反对与拒绝所谓的宋明理学家对经典文献的解释。龙华民及其追随者却坚持按照后来的中国学者们的解释和理解来诠释这类文献。

龙华民也认为后来的注释者们曲解了经典文献的本来意思,但却同时接受这类注释,并且以此否定原始文本的意义,其论据当然是非常有趣而荒唐的:原始文献不仅多义而且难懂,因此也没有必要像利玛窦那样从基督宗教的角度出发对早期儒家的文献进行专门的研究。在《论中国宗教的几个问题》中,龙华民写道:

1. "文献中提到或者说好像提到有一个被叫做上帝的最高统治者存在着,他居住在自己的宫殿里,统治着世界,赏善惩恶;但注疏这些文献的人却认为,这都是他们称之为'理'的天或者说自然的本性所导致的"①。

2. "文献中提到各种不同的神灵,被称作鬼、神或者连在一起鬼神,它们居住在山涧,河流或者大地上的其它事物之中;注释这些文献的学者们却把这些解释为自然之原因,认为是这些原因所产生的某些作用"②。

3. "在讲到我们所说的魂时,文献中提到灵魂,并且认为身体死后灵魂继续存在……注释这些文献的学者们却一直坚持认为灵魂只是气或者火的本体,死后与身体分离,上升到天上与清净之体重新和为一体"③。

对于利玛窦等人提出的佛教的进入导致了早期儒家学说变质的论据,

---

① Longobardo, *Traité*, 李 2002, 第 118 页。
② Longobardo, *Traité*, 李 2002, 第 118 页。
③ Longobardo, *Traité*, 李 2002, 第 118 页。

龙华民同样表示难以成立：因为"我们所讨论的古典注释不仅仅是那些偶像之教即佛教进入中国之后的作者们撰写的……所有这些作者在他们的注释中都一直公开承认自己遵循的是纯正的儒家学说"①。

利玛窦的支持者丝毫不怀疑中国经典文献具有的歧义性与不准确性。譬如在关于对"上帝"的认识上，文献中提到的仅仅只能被看作是某些意义上的"自然神学"所遗留下来的一些痕迹，充其量只能被看作是进入真正信仰的一个初步阶梯②；不过在利玛窦等人看来，正是这种不准确性与多义性为传教活动提供了很大的优势，因为正是这种歧义性使传教士们能够一方面顾及到中国学者的文化优越感，另一方面以一种中国人也能够接受的方式传播基督宗教教义。

龙华民也认为这些文献"晦涩难懂"，不过他质疑按照利玛窦的办法对这些文献进行基督宗教意义上的诠释有什么用处。假如中国人阅读与理解这些文献时都有相当大的困难，那么作为"外人"，传教士们怎么可能更正确地理解这些文献？他说："古代文献普遍晦涩，在文本中的许多地方存在着错误，要么有些词语是多余累赘的，要么是本来必须有的却没有，就像学者们共同承认的那样。更甚之，为了掩盖自己学说的秘密，古代作者们经常习惯于使用一个符号与比喻。"而这些正是为什么在黑暗中需要向导与灯光的原因，"中国人自己承认，需要以可靠的注疏为向导才能理解这些晦涩的文献，那么外国人不是更需要它们吗？"③

按照龙华民的看法，尽管对中国的经典文献做出基督宗教意义上的解释不是不可能的，但却是相当困难的。更重要的是，假设传教士们能够完成这一艰巨的任务，中国人是否会同意与接受这样的解释呢？作为利玛窦的继承人，龙华民被迫看到实际情况并非如此："当我们不是按照中国传统学者们的意思，而是从另外的意义上解释他们的文献时，中国

---

① Longobardo, *Traité*, 李 2002, 第 120—121 页。
② 参见本书中《"自然神学问题"》一文。
③ Longobardo, *Traité*, 李 2002, 第 119 页。龙华民在之后援引了莲池大师在其《竹窗随笔》中对利玛窦《天主实义》的批判，另外还提到瞿太素撰写了一份更正利玛窦书中错误的文章，见 Longobardo, *Traité*, 李 202, 第 119 页。

人要么认为我们没有研究过他们的书籍,要么认为我们没有弄懂其真正的意思"①。

因此,在龙华民看来,对中国的经典文献做出与传统的注释完全相反的解释是没有任何意义的。假如真要这么做,只会很快陷入一场"旷日持久"(unprocés infini)的争论之中,而且引起的只能是中国人的不满。原因是,不管后来学者的注释多么无用多么错误,中国人自己很注重它们并且认为是正确的②。在这种状况下只有承认这一事实,按照中国人对自己的经典文献的注释去理解与解释这些文献。因此,尽管这对基督宗教的传播是不利的,但还是应该认为中国文化自古到今都是一脉相承的,具有统一性和同一性。

简言之,似乎可以通过下面几点概括耶稣会传教士们在这场讨论中所出现的意见分歧:

适应策略:利玛窦	非适应策略:龙华民
1. 古代中国人认识了(基督宗教意义上的)上帝,尽管这种认识不是特别清楚或者说明显	无论是过去还是现在,中国人没有任何关于上帝的知识;
2. 在所谓的经典文献中能够发现这种对上帝的认识	这些文献的内容并不清楚,往往有不少歧义或者说多种含义,因此从中找到的证据也没有任何说服力;
3. 正是因为文本有多种含义,所以可以也应该利用它们,从基督宗教的角度出发赋予它们一定的确切含义	这是不可能的,因为中国人不会承认更不会接受这样的一种解释;
4. 后来的儒家学者是有神论的反对者,因此他们对古典文献做出的注释违背了文本的本来意思	儒家学者是有神论的反对者,但他们的注释是否违背了文本的本来含义是一个很难确定的事情;

---

① Longobardo, *Traité*, 李 202, 第 119 页。
② Longobardo, *Traité*, 李 202, 第 119—120 页。

适应策略：利玛窦	非适应策略：龙华民
5. 所以才应该回归到古典文献，而把后来的注释放置一旁	这一点几乎是无法做到的，因为中国人非常信奉这类注释。
6. 中国人有非常巨大的文化优越感。假如没有一定程度上的善意的"适应"，传教工作几乎是无法进行的	正是因为中国人对自己的文化与民族所感到的自豪与优越，所以他们将拒绝基督宗教所作出的"适应"，进而把传授给他们的那种经过"适应"的基督宗教教义仅仅看作是对自己的文化的优越性的证明。

在龙华民看来，假如不是按照利玛窦的方法，而是严格按照中国人信奉的传统注释去理解所谓的经典文献，便会必然得出与利玛窦完全相反的结论。这就是：中国的文人学者，不管是古代的还是现代的，都是无神论者[1]（准确一点讲：应该是"反神论者"）[2]。通过把伏羲确认为中华帝国的奠基者以及儒家学说的创始人，并且把其生活的年代确定为《圣经》中所说的"语言大混乱前后"，龙华民把伏羲等同于琐罗亚斯德[3]，从而把中国文化看作是西方异教的变种，中国哲学家是彻头彻尾

---

[1] Longobardo, *Traité*, 李 202，第 141 页："当论述到（中国的）古代哲学家们时，他（利玛窦）在同一地方（《札记》第一章第 10 节）指出，他们曾承认并且崇拜一位าม做上帝的最高存在，也承认与崇拜低于这个存在的神灵，因此他们认识到了真正的神。但对我来说——请这位善良的神父以及所有追随他的神父们原谅我的冒昧——，我的观点完全相反：我认为中国古代的哲学家们同样是无神论者"（... je croy que les Anciens ont été aussi Athées）；Longobardo, *Traité*, 李 202，第 141 页："为了证明（中国）古代的人是无神论者，只要指出他们的现代哲学家是无神论者就足够了"。应该注意的是，这里所说的"神"是非常狭隘意义上的——即天主教意义上的"上帝"。

[2] 德国哲学家沃尔夫（Christian Wolff）在其《关于中国实践哲学的演说》（*Oratio de Sinarum philosophia practica*, 1721）中曾经非常机智地对这两个概念进行了区分。在他看来，不承认上帝的人是反神论者，但为了否定上帝，否定者必须事先认识上帝，知道上帝是什么。不认识上帝的人（譬如中国人）充其量只能说他们对上帝一无所知，而不能说他们否定上帝的存在，也不能批评他们反对上帝。从这个角度出发，沃尔夫认为闹得沸沸扬扬的"礼仪之争"自始至终是"无的放矢"。参见本书中《自然神学问题》一文。

[3] 龙华民注意到了中国上古编年与《圣经》纪年之间的矛盾，但通过非常武断的办法回避了这一矛盾，简单地认为与《圣经》纪年的矛盾说明了中国上古编年的错误。Longbardo, *Traité*, 李 2002，第 118 页。

的"古代异教哲学"(les anciens Philosophes Gentils)①,其哲学则必然带有其它"异教"哲学的特征——大量使用秘密的符号、认为世界源自于混乱、万物一体等等。在龙华民看来,其中最关键的一点是:理学中所说的"理"无异于经院哲学中所说的"原始第一物质",因为在中国哲学家看来,"理"不能独立于"气"而自立。而最后这一点,恰恰也是利玛窦的观点:"理也者,则大异(于天主)焉。是乃依赖之类,自不能立,何能包含灵觉为自立之类乎?理为物,而非物为理也。"②

结论

龙华民的《论中国宗教的几个问题》还不是本来意义上的对儒家学说特别是宋明理学的研究,而更多的是传教方法层面上的讨论,是对利玛窦以来所实行的"适应政策"的批判性反思与总结。传教士们所感受到的摇摆性是相当明显的。大家所努力寻求的是一种共同且有效的传教手段,这是一个与后来进行的"礼仪之争"的非常重要的区别。

对传教实践来说,这种不同的方法上的进路会导致不同的后果:遵循利玛窦的思路,传教工作能够得到比较顺利的进展。譬如部分儒家学者会比较容易地皈依基督信仰,因为按照他们的看法,这一信仰与儒家经典中记载的上帝并不矛盾。对于刚刚开始起步还未站住脚跟的传教活动来说,这种"让步"具有至关重要的生存意义。利玛窦思路的缺点同样相当明显:中国信徒在基督宗教的上帝概念中看到的是儒家学说,为此,他们会拒绝基督宗教中某些非常关键但却与儒家经典不合的东西。"适应"的后果可能是基督宗教的自我放弃。龙华民的思考在一定程度上保持了基督信仰在神学方面的纯洁性,从一开始便排除了可能出现的误解,其导致的可能是与本土文化的直接冲突。但由于这种方法拒绝任何弯路与让步,所以在传教实践上是难以实现的。

---

① Longobardo, *Traité*, 李 2002, 第 121 页。
② 利玛窦:《天主实义》,载于朱维铮编《利玛窦中文著译集》,复旦大学出版社 2001 年版,第 20 页。

不管是利玛窦的支持者还是拥护龙华民的人，其基本出发点都是基督宗教信仰的正确性与真理性[①]。因此这场争论的对象既不是纯粹的基督宗教也不是中国文化，而是二者之间的关系。由于未能达到统一的看法，在17世纪实际上是两种思路与方法并行。基督宗教在中国受到的来自儒家学者的激烈批判说明了利玛窦的策略并未取得理想的效果，从而说明了龙华民的担心并不是没有道理的；18世纪中国帝王们的一系列决定则说明了，龙华民的设想同样是行不通的。

龙华民的质问与怀疑并不是针对利玛窦个人的。二人之间的区别在很大程度上是方法与进路上的不同，而不是对待中国文化中的具体的神学与哲学问题上的分歧。与龙华民相比，利玛窦更善于把对自己所信奉的真理与具体的传教实践结合起来，龙华民则敏锐地发现了这种传教方法可能对教义带来的危害。两人均激烈反对他们称之为"新儒家"的宋明理学，因此，利玛窦很可能完全同意龙华民的解释，但同时会建议他避免与正统儒家学者的正面对抗；龙华民也会完全赞同利玛窦的做法，假如他坚信这种做法会导致传教事业成功的话。作为利玛窦的继承人，他看到的事实却是：除了一系列的误解之外，受到康熙皇帝赞赏的"利玛窦规矩"带来的收效微乎其微。

因此，通过援引龙华民的观点或以他为权威来反对利玛窦甚至整个耶稣会，是对事实的歪曲，就像后来的闵明我以及利安当所做的那样；但不可否认的是，龙华民在《论中国宗教的几个问题》中提出的观点为从基督宗教的角度出发诠释中国文化，特别是儒家哲学，提供了一系列新的可能性与视角，因为正是从龙华民的《论中国宗教的几个问题》开始，儒家哲学（宋明理学）才被看作是一个独立的、异教的（与基督宗教完全不同的）、自身带有不同的问题、范畴与前提的思辨体系。所以从这个时候起，人们力求寻找的不再是相似甚或相同，而是对立与不同。这样，被利玛窦所忽视或者轻视的许多中国传统思维特有的视角与观点才能够被揭示出来。

---

① 莱布尼茨在其《中国自然神学论》中曾经指出包括龙华民神父在内的某些传教士代表的仅仅是一些在欧洲"流行的因而也难以脱俗的神学以及哲学学派的观点"（les sentimens de l'Ecole Theologique et Philosophique vulgaire）。李2002，第73页。

从传教实践的角度看，这场讨论是必要的、无法避免的，同时又是一场考验，其后果也是非常严重的，毕竟它是如火如荼的"礼仪之争"的开始。从精神史的角度看，这场争论又是非常富有成果的，因为随着这场争论，传教士们才开始真正严肃地对待中国本土的宗教与哲学，特别是宋明理学。当然，和利玛窦一样，龙华民所作出的也是一个从基督宗教出发的、充满了偏见的、单方面的评价，而不是学理意义上的智性的讨论与对话。

附录：莱布尼茨《中国自然神学论》[①]

1713 年 6 月 2 日，法国奥尔良公爵的首席顾问、哲学爱好者雷蒙[②]开始与莱布尼茨通信。在不到一年的时间内，便促使莱布尼茨以书信的方式阐述总结了自己的主要哲学思想[③]。在 1714 年 10 月 12 日的信函中，雷蒙告诉莱布尼茨自己阅读了耶稣会中国传教士龙华民的一篇小文[④]并感到满意，期望莱布尼茨能详细谈谈自己的看法。接着，雷蒙还提到了马勒布朗士的一篇短小对话（petit dialogue）即《一位基督教哲学家与一位中国哲学家有关神的存在和性质的对话》[⑤]。

半年之后，1715 年 4 月 1 日，雷蒙致信莱布尼茨，对其寄来的几份对自己的哲学思想的解释与说明表示感谢，接着又再次回到中国话题，给莱布尼茨详细介绍了龙华民一文的出版信息，并且指出马勒布朗士在《对话》中引用了龙华民的论文：

---

① 此附录主要部分译自：李 2000，第 5—13 页。

② 在这封来信上，莱布尼茨写道："有人告诉我雷蒙先生是奥尔良公爵的首席顾问"，格本 III, 630; 通信 LBr 768。

③ 1714 年 1 月 10 日莱布尼茨致信论述普遍科学与通用字符（格本 III, 605—608）；同年 3 月 14 日阐述本体、连续行、无限、空间与时间（格本 III, 611—613）；7 月阐述单子论（格本 III, 622—624）；8 月 26 日论自然与神恩原理（参见格本 III, 624—626）。

④ 详见前文。

⑤ Entretien d'un philosophe chrétien & d'un philosophie Chinois sur l'existence & la nature de Dieu，巴黎，Michel David 出版社，1708。见马勒伯朗士等著《有关神的存在和性质的对话》，陈乐民试译并序，生活·读书·新知三联书店 1998 年版；李 2000, 225—256 页。

龙华民及其《论中国宗教的几个问题》

我曾斗胆询问您对自己的哲学体系的介绍，您做了清楚而深刻的解释。对此我深表谢意。如果您收到了我通过阿斯贝格（Asberg）① 先生给您的信的话②，那您肯定也会对中国人的哲学提出自己的看法。我对此思考了很多，很想知道您的看法以便使自己的所思所想更明确。我看到的最好的文章，是外方传教会 1701 年刊印的龙华民神父的短文。尊敬的马勒伯朗士神父在其中国人和基督徒的《对话》中曾使用了这篇实在奇特的文章③。您为《中国近事》所写的前言高屋建瓴，不过您在那里④没有进一步讨论我觉得非常充满思辨的中国学人的哲学体系。不过那里也确实不是进行这一讨论的地方。就我根据耶稣会士们提供的孔夫子的残篇⑤来判断，我觉得能找到柏拉图的体系，至少就伦理和形而上学而言⑥。

也许是信中提到了马勒伯朗士曾经研究了龙华民的文章，提到了自己的《中国近事》以及柏拉图激起了莱布尼茨的好奇与兴趣。在 1715 年 6 月 22 日写给雷蒙的信中⑦，莱布尼茨告诉对方，他尚未看到龙华民及马勒伯朗士对中国哲学的论述⑧，进而请提供进一步的信息。

---

① 德国沃尔分比特尔侯爵乌尔利希（Anton Ulrich）的顾问。具体不详。
② 此信未找到。
③ 马勒伯朗士实际上只在《对话》出版后发表的《告读者》的末尾所附加的《众多耶稣会神父论中国无神论》中提到龙华民一次，引用其文中第 16 节中的一句话（不知何故还是拉丁文）。陈乐民先生的译本中似乎没有这一段。马勒伯朗士的主要信息来自于教廷传信部传教士梁宏仁（Artus de Lionne，陈译：利奥纳）。
④ 全集 IV, 6, 400—401。莱布尼茨仅提到："鉴于我们目前面对的空前的道德没落状况，似乎有必要请中国的传教士到欧洲给我们传授如何应用与实践自然神学"。亦即只是一个如何实践的问题，因为自然神学欧洲当然亦有。中国近事，第 6 页。
⑤ 应该是指柏应理等 1687 年在巴黎出版的《中国哲学家孔子》。见上。
⑥ 格本 III, 640。
⑦ 格本 III, 644—645。
⑧ 应该是指手头没有两人的文章。早在 1709 年莱布尼茨就告诉德博斯他大约在一年前再次看到了《学者通讯》上 1701 年 4 月 11 日、4 月 18 日以及 5 月 2 日刊登的对龙华民、萨尔培特利（Sarpetri，中文名不详）、利安当三人的文章的书评（李 2000，第 257—264 页），并撰写了《对中国礼仪与宗教的说明》（李 2000，第 265—270 页）。雷朗则在 1707 年 7 月 4 日以及 1708 年年底的两封信中告诉莱布尼茨马勒伯朗士在撰文反对中国人对第一物质的看法。见李 2000，第 11 页；格本 III, 644—645.

1715年9月4日，雷蒙给莱布尼茨寄去了一个包裹①，其中有巴黎外方传教会1710年在巴黎结集出版的《不同作者论中国礼仪》②。除了龙华民的文章外，这本集子还收录了利安当的《论在中国传教的几个重要问题》③。莱布尼茨收到的这本书保存在柏林国家图书馆（Sign.：libri impr. c. not. Ms. oct. 497）；除此之外，包裹中还有马勒布朗士的《对话》。这本书现存汉诺威莱布尼茨图书馆（Leibn. Marg. 16）。

1715年11月4日莱布尼茨写信，感谢雷蒙惠赠的这些"颇为奇异的文章"（des pieces curieuses）④。不过，中国还不是这封信的主题。在信的末尾，莱布尼茨答应，为此将致专信。在这封信中莱布尼茨一改前信中的"中国人的哲学"的说法，而是使用"自然神学"这一概念，也把马勒布朗士的对话称为试图把中国人引入"我们的神学"⑤。

1715年12月23日，雷蒙致信催促，还未收到前段时间答应的《中国人》（"Je ne vous quitte pas des Chinois"）⑥。在这个时候，莱布尼茨应该已经动笔或者至少阅读过龙栗的文章了。在12月24日写给德博斯的信中，莱布尼茨提到，不久前，一位朋友给我寄来了贵会的龙华民神父以及托钵会的利安当神父当年反对中国人的学说的文章。两人在文章中都引用了中国的文献书籍，不过我觉得这些引文完全可以得到健康的诠释；众多的中国学者今天怎么说并不重要，特别是皇帝本人显然坚持的是未经篡改的古人的看法⑦。

大约1716年一月中旬，莱布尼茨应该完成了第一稿。在1月17日

---

① 格本 III，650。

② Anciens Traitez de divers Auteurs sur les Ceremonies de la Chine，巴黎，Guerin 出版社，1701。

③ Traité sur quelques points importans de la Mission de la Chine。李2000，157—223页。此文原是利安当1668年在广州写给耶稣会中国与日本省视察员 Louis de Gama 的一封长信，原始信件为西班牙语。

④ "Je viens de recevoir votre paquet, et je vous remercie des pieces curieuses dont vous m'avés fait part"。格本 III，656。

⑤ 格本 III，660。

⑥ 格本 III，664。

⑦ 格本 II，507。中国通信 II，307。

写给雷蒙的信中，莱布尼茨特意提到他在维也纳逗留期间做所的一个报告①，其中已涉及中国人的神学：不用担心，我根本没有忘记中国，相反我曾就他们的神学中的上帝、神灵、灵魂等问题专门做过一个讲话。我觉得，对于他们的古代作家，完全可以赋予一个合乎理性的解释；马勒布朗士神父所作的一个基督教哲学家和一个中国哲学家的对话，似乎未能足够地满足对话中两个人的角色②。

十天后，1716年1月27日，莱布尼茨致信雷蒙，称他完成了论述中国人自然神学的文章，相当于一篇小论文，差不多和马勒布朗士神父的论文一样长③。

不过雷蒙并不是第一个知道莱布尼茨通知其完成了文章的人。早在1月13日，莱布尼茨就在一封写给德博斯的信中告诉对方：

> 收到您的信时，我已完成了一篇《论中国人的自然神学》的文章。我是用法语为一位法国朋友写的，他是一个非常重要的、远离任何党派偏见的人物。在文章中，我探讨了中国人有关上帝、神灵以及人的灵魂，根据的是贵会的龙华民和方济各会的利安当在他们的文章中引用过的文献。在他们的文章中，龙华民和利安当试图由此证明中国古人是无神论者；不过他们并没有成果，在我看来相反的结果倒更显然。中国古人似乎比希腊人更接近真理，因为他们认为物质为上帝所造。

可以看出，莱布尼茨指出他的论中国人的自然神学的论文涉及三个主题：上帝（神）、天神、灵魂（"Dieu, les Esprits et l'Ame"）。这里没有提到《易经》与二进制。

---

① 1714年7月1日，莱布尼茨在维也纳停留期间做了一个报告，主题是希腊哲学中有不少希腊人从野蛮民族（埃及……）等文化中学来的东西，其中提到伏羲，认为中国的哲人同样认识到了上帝的独一性等等。
② 格本III, 665。
③ 格本III, 670。

在1716年3月7日回复上面提到的莱布尼茨的信时，德博斯提出了一个期望①："等您的关于中国人的自然神学的论文完成后，我会即刻怀着极大兴趣拜读；不管怎样，这会是您关于伏羲的哲学（Philosophia Fohiana）②的姊妹篇，无疑会得到学者们的掌声，如果他们不死抱某一党派成见不放的话。"

也许是为了替耶稣会辩护，德博斯在信中提到16年前法国耶稣会士德茨（Jean Dez）就中国礼仪之争发表的一篇短文③，文中对龙华民及利安当的神学修养提出质疑，其大意是，龙华民虽然非常虔诚且抱有极大热情，但其哲学和神学知识却显得不足，未能达到耶稣会发第四愿要求；另外，当龙华民撰写文章时，礼仪之争正在沸沸扬扬，况且他的文章不是为刊登发表而作，而只是权衡反对与支持的论据，为做出尽可能合适的判断提供依据。基此，（多明我会的）闵明我在把龙华民的小文译为西班牙文发表时改变了题目、增添与删节也就不足为奇了。利安当是一个虔诚的基督信仰者，但也异常固执。

莱布尼茨什么时间收到德博斯的信，已经无法确定。明显的一点是，莱布尼茨从此不再称他的论文已经完成（achevé）。1716年3月15日雷蒙再次致信莱布尼茨，称他非常焦虑地期待着莱布尼茨关于中国人的文章，请求在第一个机会便寄给他④。针对雷蒙的焦虑，莱布尼茨在1716年3月27日的信中，称他尚需要一点时间，以便彻底完成自己的关于中国自然神学的文章⑤。

雷蒙耐心地等着，不过没有等着。1716年10月24日，雷蒙最后一

---

① 格本 II, 512。中国通信 II, 375。
② 早在7年前，1709年8月12日，莱布尼茨就向德博斯叙述了他对《易经》挂图的思考，从那时起，中国、特别是针对中国的礼仪之争一直为通信中的一个不断出现的话题。
③ Ad virum nobilem de cultu Confucii philosophi, et progenitorum apud Sinas, Leodii, & Venetiis 1700。实际上莱布尼茨应该知道这本书。1700年5月10日郭弼恩写信给莱布尼茨，告诉他已委托汉诺威住巴黎代表布罗瑟欧（Christoph Brosseau）给莱布尼茨寄去几份资料，其中包括德茨的书。中国通信 II, 268/269页；全集 I, 18 N.367。参见郭弼恩致莱布尼茨，1701年2月15日，中国通信 II, 294/295—298/299页；全集 I, 19 N.205。至于莱布尼茨是否收到则无法证实。
④ 格本 III, 672。
⑤ 格本 III, 675。

次写信到汉诺威：我怀着极大的耐心期待着您的就中国自然神学的论文，因为对您的精神所创造的一切，我均感到无限满意①。

20天后，1716年11月14日莱布尼茨与世长辞。留下了一封长达32页的手稿，虽经多次修改，而最终未能完成。两年后，雷蒙在伦敦逗留时，曾通过女王卡罗琳得到莱布尼茨专门为他撰写的这封信，似乎没有结果②。这部手稿现在保存在汉诺威莱布尼茨图书馆（Signatur：MS XXX-VII，1810，Nr.1，16 Bl.）。

如同莱布尼茨的许多文章甚至大部头的《神义论》一样，《中国自然神学论》亦是随机而作（信函）。在雷蒙寄给他的龙华民及利安当的集子中，莱布尼茨在扉页以及正文部分做了批注，包括加重号等等；借此可以还原莱布尼茨阅读时的感受与随想，批注连接起来，则构成了论文的基本框架。文章内容可分为四大部分：上帝、神灵、灵魂、《易经》深意与二进制。至于最后一部分本来就是文章的结尾部分还是收到德博斯的信后加进去的，则是在研究中尚有争议的一个问题。本人倾向于后一种解释。莱布尼茨使用的中国典籍中的引文，全部出自龙华民的文章，只是得出了与龙华民完全不同的结论。与利玛窦等适应派的论述相比，莱布尼茨的历史背景更为深广，最终意在以善意理性的方法打通中西之间的相互诠释。由于自己不懂中文，无法核实龙华民等人的文章中引用的人名、出处、历史背景，因而出现了几处"低级错误"亦情有可原。在论文中莱布尼茨申明主要论述神学思想，而不涉及礼仪问题，因此只在为数甚少的几处引用了利安当的文章③。对马勒布朗士的《对话》，莱布尼茨虽然在阅读时做了不少标注，在自己的论文中则未提及，显然也不甚满意。

此文除法文版本外，已被翻译为德文、葡萄牙文、西班牙文、荷兰文等。中文则有庞景仁先生的译本④。

---

① J'attends aussi avec grande impatience vostre dissertation sur la Theologie Chinoise, car je mets un prix infini à tout ce que votre esprit produit。通信，编号LBr 768，第65张。

② 详见下文。

③ 李2002，第20页："Je ne parle icy que de la doctrine, et je n'examine point les ceremonies, ou le culte, qui demande une plus grande discussion"。

④ 《致德雷蒙先生的信：论中国哲学》，《中国哲学史研究》1981年第3、4期，1982年第1期。

科里斯蒂安·科托尔特与莱布尼茨的《中国自然神学论》[*]

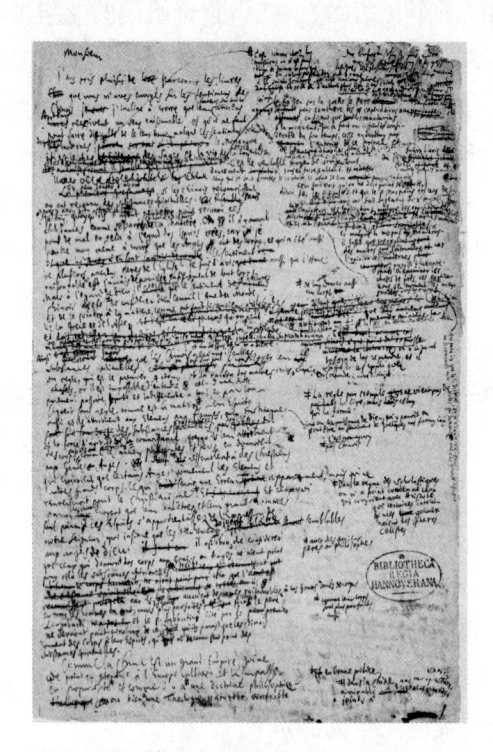

莱布尼茨《中国自然神学论》手稿第一张

图片来源:汉诺威莱布尼茨图书馆,MS XXXVII, 1810, Nr. 1。

---

[*] 首次发表于李雪涛、柳若梅、顾钧编《跨越东西方的思考——世界语境下的中国文化研究》,外语教学与研究出版社 2010 年版,第 443—456 页。

科里斯蒂安·科托尔特与莱布尼茨的《中国自然神学论》

1735年，德国学者科里斯蒂安·科托尔特（Christian Kortholt）在莱比锡出版了自己编著的《莱布尼茨书信选集》（*Leibnitii Epistolae ad diversos*）①第二卷。这一卷首次收入了莱布尼茨的《中国自然神学论》②，使用的标题是《莱布尼茨致雷蒙先生论中国哲学》。这一卷有一个特点：编者的前言很长，共42页54节，而其中的洋洋洒洒36节（即第VI—XLI节）是针对该卷中有关中国的文章的。即便是粗略地翻阅一遍，细心的读者也会觉得编辑者似乎有点底气不足，所以此地无银三百两似地要为自己的劳作辩护一番：在用"三言两语"简单介绍了热心人为自己提供的从未发表过的资料后，编者开始详细地论述自己之所以编辑这部文集的原因与必要性（第VII节）。考虑到当时要弄到莱布尼茨的手迹是件非常困难的事情，读者会认为这一辩护有点多余；但如果再看到编者在《中国自然神学论》之前收入了带有莱布尼茨批注的龙华民的《论中国宗教的几个问题》（第165—266页）以及利安当的《论中国传教活动的几个重要问题》（第267—412页），之后又收入了柏林皇家图书馆管理员、柏林科学院院士、从法国逃难到普鲁士的著名学者拉克洛茨（Mathurin Veyssière de La Croze，1661—1739）早年写给编者的父亲塞巴斯提安·科托尔特（Sebastian Kortholt）的一封信（第502—504页），读者便能体会到编者的良苦用心，会发现这卷书的背后应该有一段"故事"。

塞巴斯提安·科托尔特与莱布尼茨致雷蒙的信

莱布尼茨死后不久，便有诸多的朋友与热心人打算收集出版莱布尼茨的手稿，其中包括科里斯蒂安·科托尔特的父亲塞巴斯提安·科托尔特。此人当时是基尔大学的道德哲学教授，曾经与莱布尼茨有通

---

① 第一卷则在一年前问世（下简引为 *Epistolae*）。
② 该卷之413—494页。最新版本是李2002。

信来往①。莱布尼茨写给雷蒙的论中国哲学的信,则是塞巴斯提安·科托尔特从接替莱布尼茨在汉诺威管理皇家图书的约翰·格里高·埃哈特(Johann Georg Eckhart)②的手里得到的。早在大约1717年8月,塞巴斯提安·科托尔特就写信给埃哈特③。在1718年2月11日的一封信中,埃哈特建议塞巴斯提安·科托尔特,"如果您愿意出版他(莱布尼茨)的一些东西的话","我可以给您提供他的最后一篇有关中国神学的文章","这份资料中含有许多有趣的东西,尽管他(莱布尼茨)没有写完"④。1718年5月20日,埃哈特把莱布尼茨论中国神学的"亲笔信"⑤寄给了在基尔的塞巴斯提安·科托尔特,当然肯定是应后者的请求与愿望。在自己的信中,埃哈特指出,这封信本来是写给雷蒙的。就像在以前的信中已经提到的那样,埃哈特请求塞巴斯提安·科托尔特在"使用后"⑥把原件寄回。在此之后,塞巴斯提安·科托尔特也许还写信给埃哈特,希望得到莱布尼茨有关中国的其他一些书信,因为在当年11月29日写给塞巴斯提安·科托尔特的信中,埃哈特向塞巴斯提安·科托尔特保证,"即刻寻找收集莱布尼茨的中国通信",并且提供给塞巴斯提安·科托尔特⑦。也许通过这种途径,塞巴斯提安·科托尔特后来得到了莱布尼茨写给白晋的一些信件,这些信件后来发表在《书信集》第三卷中。

---

① "我的父亲,基尔科学院教授塞巴斯提安·科托尔特多年前就想编辑出版他自己细心收集的莱布尼茨先生的手稿"。科里斯蒂安·科托尔特(编):*Recueil de diverses pièces sur la Philosophie, les Mathematiques, l'Histoire &c. par M. de Leibniz. Avec II. Lettres où il est traité de Philosophie & de la Mission Chinoise, envoyées à Mr. de Leibniz par le P. Bouvet, Jesuite à Pekin...*(莱布尼茨哲学、数学及历史书信选编,另附莱布尼茨致在华传教士白晋的两封论中国哲学及在华传教的信件),汉堡,1734,前言(下简引为 *Recueil*);参见 *Epistolae*, T. 1, 前言, p. II.

② 此人是莱布尼茨从事历史研究方面的助手,1706年后担任赫尔姆斯泰特大学(Helmstedt)历史学教授。

③ 在1717年8月26日写给塞巴斯提安的信中,埃哈特提到自己刚从外地回来,所以现在才能回信。塞巴斯提安在自己的信中可能请求能否得到莱布尼茨留下来的一些手稿,因为埃哈特接着写道:"关于莱布尼茨的通信,还有很多可讲……"。*Epistolae*, IV, 第119—120页。

④ *Epistolae*, IV, 第121页。

⑤ 早在1718年2月11日的信中,埃哈特就提到自己"由于没有时间"所以只好寄去原件,因此希望塞巴斯提安使用后把"原件"寄回。*Epistolae*, IV, 第121页。

⑥ *Epistolae*, IV, 第121—122页。

⑦ *Epistolae*, IV, 第124页。

科里斯蒂安·科托尔特与莱布尼茨的《中国自然神学论》

几乎整整两年后,埃哈特非常"恭顺地"请求塞巴斯提安·科托尔特给他寄回莱布尼茨论中国哲学的文章,因为远在英国的皇位继承人、出自汉诺威王室的"公主殿下希望得到一份复印件,她喜欢阅读以及收集哲学方面的东西"[1]。在1720年12月31日写给塞巴斯提安的信中,埃哈特表示已经收到。更重要的是,从这封信中,人们可以看到,本来的收信人雷蒙在此之前曾在伦敦逗留,并且请求公主殿下以委婉的方式给他帮忙弄到这份本来就是写给他的信。另外也可看出,塞巴斯提安曾经在一封没有流传下来的信中,希望从埃哈特处得到有关这份文献的一些细节详情,因为在自己的回信中,埃哈特写到,"我已收到阁下的信函以及同信寄来的莱布尼茨先生论述中国哲学的手稿;至于您提到的问题,我想告诉您,已故的尊敬的莱布尼茨先生是在逝世前不久,甚至可以说是用已经死亡的手写成这篇文章的[2],起因是为了满足雷蒙先生的一个请求。此人现在是(法国)使节的翻译,不久前在英国时曾请求公主殿下帮助他得到这份本来是写给他的文章"。至于雷蒙写给莱布尼茨的信件,埃哈特则表示无能为力帮忙,因为他自己手中"没有这些信件,它们和莱布尼茨的其它手稿一样仍然被封锁扣押着,也许没有任何人能够奢望使用这些资料"。至于提供给塞巴斯提安的其它一些"中国通信",埃哈特认为"根据我的记忆,似乎还没有出版过,把它们收入进去倒不是一件坏事"[3]。

塞巴斯提安与拉克洛茨的通信

恰恰是莱布尼茨论"中国哲学"的这封信,使塞巴斯提安·科托尔

---

[1] 埃哈特致塞巴斯提安·科托尔特,1720年11月22日,*Epistolae*,IV,第129页。

[2] 也许是埃哈特的这一不准确的说法,使后来为莱布尼茨立传的路德维希认为《中国自然神学论》是莱布尼茨的最后一篇,"也就是说用要死去的手写到纸上"的文章。参见 Ludovici, Carl Günther: *Ausführlicher Entwurf einer vollständigen Historie der Leibnizischen Philosophie zum Gebrauch seiner Zuhörer*(为读者撰写的莱布尼茨哲学全史详细纲要),莱比锡1737,第1卷,第514页(第525节);参见第2卷,第314页(第409节);第2卷,第177页(第240节)。实际上的写作时间应该是1715年年底到1716年年初。

[3] *Epistolae*,IV,第129—130页。

特非常为难,其原因是作为编辑者,他觉得在一些关键问题上,特别是对中国哲学的诠释上,莱布尼茨在这封信中表达的观点明显地与普遍的公众舆论相左。在这种情况下,塞巴斯提安·科托尔特想到了远在柏林的拉克洛茨。拉克洛茨曾在莱布尼茨晚年时与其经常通信,长期以来被看作是东方学的专家①,不过同时也以其狂热的反对耶稣会的态度而出名②。1720年10月31日,塞巴斯提安·科托尔特写信给拉克洛茨,告诉他自己非常荣幸地从埃哈特那里得到了一份莱布尼茨的手迹③:"这是一封写给雷蒙的长信,信的内容是论述中国哲学",从而反对龙华民的观点,也就是说反对"您肯定非常熟悉的""1701年在巴黎以小12开本发表的龙华民的《论中国宗教的几个问题》"④。在用拉丁文(写信时的语言)以及法文(莱布尼茨原文)介绍了莱布尼茨的主要观点后,塞巴斯提安·科托尔特指出了一连串的似乎与莱布尼茨的观点相左的"权威"。鉴于自己"对中国的事情完全不了解",塞巴斯提安·科托尔特请求拉克洛茨指教他,应该如何看待莱布尼茨对中国哲学的诠释。

塞巴斯提安·科托尔特提到的其中的一个"权威",是法国东方学家、法兰西学院院长雷诺多(Eusèbe Renaudot),此人在两年前发表了颇有影响的《九世纪两位回教旅行家印度及中国游记》⑤。塞巴斯提安·科托尔特写道:莱布尼茨坚信中国是世界上最大的一个帝国,"其疆域不亚于文明的欧洲,其人口数量以及社会秩序甚至超过欧洲"⑥;雷诺多(页

---

① 莱布尼茨在晚年曾经力劝拉克洛茨研究中国文化,特别是中国的语言与文字。

② 参见拉克洛茨:*Dissertations historiques sur divers sujets*(历史论文杂记),Rotterdam 1707,第321页;*Histoire du Christianisme des Indes*(印度基督教史),La Haye 1724。

③ *Thesauri epistolici Lacroziani, ex bibliotheca Jordaniana*(拉克洛茨书信集),Jo. Ludovicus Uhlius 编,Leipzig 1742—1746, T. 1, pp. 216-221。

④ 参见本集中的《龙华民》一文。

⑤ *Anciennes relations des Indes et la Chine de deux Voyageurs Mahometans, qui y allerent dans le neuviéme siecle, traduites d'Arabe, avec des remarques sur les principaux endroits de ces relations*,巴黎1718。参见《中国印度见闻录》,穆根来等译,中华书局2001年版,第6—7页。17世纪90年代,莱布尼茨曾希望雷诺多能够在法国著名学者泰弗内死后继续特维诺对某些阿拉伯及波斯语文献的研究,以便为基督教早期在中国的活动提供佐证,甚至证明《大秦景教碑》的真实性。参见全集I, 9, 574。

⑥ 参见陈乐民编著《莱布尼茨读本》,江苏教育出版社2006年版,第245页。

45）却认为印度是最大的帝国之一，其疆土超出中国的一半。莱布尼茨认为中国哲学"或者说中国的自然神学"开始于"大约 3000 年前，也就是说远远早于希腊哲学"，沃西攸斯①以及卫匡国②等人认为中华帝国的历史开始于摩西之前，柏应理写到他引用的两份文献是摩西之前的很早的一个时代写成的；雷诺多院长却多次警告人们过高地赞扬中国历史的古老性所可能带来的后果，并且坚信许多传教士从一开始就认为中国的历史早于摩西的记载。"我想请教您，该怎么回答这些问题？"

比此更困难的，是在当时仍然非常有争议的内容方面的一些问题。塞巴斯提安提到：莱布尼茨认为，中国人崇拜的是真正的上帝，雷诺多却认为在中国文献中找不到"任何真理"。雷诺多写到："保罗在传播福音时，并没有试图证明异教徒认识到了真正的上帝，他只是告诉他们，他们没有认识到上帝，上帝也没有显现给他们。"③

大约一个月后，拉克洛茨写了回信，信中提出的一个观点可能使塞巴斯提安大感不解：拉克洛茨显然根本没有注意塞巴斯提安在信中写到的非常具体的出版地点与时间"巴黎，1701 年，12 开本"，而是直接明了地指出，他怀疑莱布尼茨根本就没有读过龙华民以及利安当的论文④。拉克洛茨接着写到，即便莱布尼茨试图为中国人辩护，那也是徒劳的，因为"孔子以及其它的中国文人都是无神论者，这已经是一个公开的、不争的事实"。在拉克洛茨列举出来的持这种意见的传教士中，除了因此而出名的法国传教士刘应（Claude de Visdelou, 1656—1737）外，还有聂仲迁（Adrian Greslon）以及刘迪我（Jacques Le Favre）：聂仲迁曾在自己的《报道》（*Relationis*）的 82 页写道"所有的中国教派都是错误荒谬的，因为它们都违背上帝的律法，尽管三个教派都得到（官方的）承认；儒家得到帝国法律的保护，它谴责偶像崇拜，但准确来讲仍然不过是个无神宗派"；

---

① *De Vera Ætate Mundi*: *Quâ ostenditur Natale Mundi Tempus Annis minimum* 1440 *vulgarem Æram anticipare*（论世界的寿命），1659。

② *Sinicae Historiae Decas prima Res à gentis origine ad Christum natum in extrema Asiâ, sive Magno Sinarum Imperio gestas complexa*（中国上古史），慕尼黑 1658；阿姆斯特丹 1659。

③ 参见雷诺多，第 394 页。

④ *Thesauri Epistolici Lacroziani*，卷三，第 193—197 页；*Epistolae*，卷三，第 495 页。

刘迪我在自己的文章中（"tract. p. 93"）同样认为中国的文人信奉的不是别的，无非是"无神论，在某些方面甚至是偶像崇拜"。

接下来，拉克洛茨论述了龙华民的文章，依据的是西班牙传教士闵明我（Domingo Fernández Navarrete）1676 年在马德里发表的《中国之历史、伦理、宗教与政体大观》(*Tratados historicos, politicos, ethicos, y religiosos de la monarchia de China*)①。按照拉克洛茨的看法，龙华民令人信服地证明了，中国文人都是无神论者，都没有认识到真正的上帝。作为眼光敏锐的学者，拉克洛茨与莱布尼茨一样，也发现了"理"是中国哲学中的一个核心概念，因而也是问题的关键所在。区别在于，受龙华民的影响，拉克洛茨认为"理"不是别的，仅仅是"混乱，第一物质，其它所有事物的原理"。为了证明自己的观点，拉克洛茨引用了西班牙版本第 260 及 261 页②，同时引用了很受争论的"著名的中国原则：万物一体"。至于证明孔夫子是无神论者的其它论据，可以说是"不胜枚举"（Infinita sund alia argumenta quibus probari possit Confucium Atheum fuisse）③。具体到中国哲学的古老性问题，拉克洛茨援引雷诺多的观点，认为中国智慧的源头来自于埃及（ab Aegyptiacis fontibus fluxisse）。

至少在莱布尼茨是否看到过龙华民的文章这个问题上，拉克洛茨提出的怀疑显然是没有根据的。因此在 1721 年 2 月 5 日写给拉克洛茨的回信中，塞巴斯提安就此重复了他在上封信中已经提到的事实，并且提出了更详细的证据：莱布尼茨使用并且做了批注的版本的题目是《论中国宗教的几个问题》，耶稣会中国传教团原团长（尼古拉斯）④ 龙格巴尔迪（即龙华民）著，巴黎，1701 年，13 开本；此本小书共有 100 页，最后一章即第 17 章不全，结尾一句是"我将在下一章中提出我的思考"；在这个地方，巴黎的编辑者补充到："这一章遗缺。它本应是有很大用处

---

① 参见本集中《龙华民》一文。
② *Epistolae*，卷二，第 497 页。
③ *Epistolae*，卷二，第 498 页。
④ "尼古拉斯"（Nicolaus）是莱布尼茨在自己使用的版本中所作的补充。这本带有大量莱布尼茨批注的珍贵版本现保存在柏林国家图书馆中。参见李 2002。

的，因为这篇不完整的论文对于那些研究这一问题的人来说是不够的。完"①。

由于拉克洛茨提到了一个西班牙文版本，而且似乎手中就有这个版本，塞巴斯提安在这封信中便希望从拉克洛茨那里知道，西班牙文版本中是否有巴黎版本遗缺的第 17 章后面的那一章，假如有的话，其内容是什么。不过塞巴斯安并不排除莱布尼茨认识这个版本的可能性，尽管有足够证据说明他使用的是在巴黎出版的法语版本；塞巴斯提安估计，因为莱布尼茨不懂西班牙语，所以他极有可能没有看懂闵明我的注释。为了进一步为莱布尼茨辩护，塞巴斯提安指出对龙华民的观点提出异议的并不是莱布尼茨一人，在他之前一位叫做萨尔培特利②的多明各会传教士就撰文公开反对过龙华民。

1721 年 6 月 22 日，拉克洛茨回信给塞巴斯提安③。拉克洛茨承认他之前并不知道塞巴斯提安提到的巴黎法文版本，同时证明这个版本应该是从闵明我的西班牙版本翻译成法文的，因为与巴黎本一样，自己拥有的西班牙版本也是只有 17 章，且末尾的几句相同。不过，尽管如此，拉克洛茨坚持认为这一切并不能改变自己原有的观点，因为闵明我的注释非常重要，而在巴黎出版的法文翻译中显然没有包括这些注释；而假如有了这些注释的话，莱布尼茨就不会得出自己的正面结论。拉克洛茨认为，就事论事，闵明我无疑是一个权威，因为他在中国生活了 12 年，通晓中国的语言，而塞巴斯提安在信中提到的"那个多明各会员"则是个对中国语言一无所知的无用之徒（nebulo）。简言之：孔夫子是个泛神论者（Pantheistam），已是公认的铁案④。

---

① 李 2002，第 146 页。
② Domingo Sarpetri（de San Pedro al. de Santo Domingo，1623—1683）。中文名字不详。此人 1640 年加入多明各会，1658 年赴菲律宾，1659 年到达中国。这里指萨尔培特利 1668 年 7 月 20 日针对龙华民的观点而写的一篇论文（此文 1700 年在巴黎发表，题目是 De Sinensium Ritibus Politicis Acta）。莱布尼茨 1708 年撰写《关于中国的礼仪与宗教的几点说明》时（Annotationes de cultu religioneque Sinensium）曾参考了 1701 年发表在法国《学者杂志》上的对这篇论文的书评。参见李 2002。
③ *Thesauri epistolici Lacroziani*，卷三，第 197—199 页；*Epistolae*，卷二，第 502—504 页。
④ *Epistolae*，卷三，第 503 页。

科里斯蒂安·科托尔特为莱布尼茨辩护

当科利斯蒂安·科托尔特继承父业①，着手编辑出版多方搜集到的莱布尼茨手稿时，仍然面对着来自东方学家拉克洛茨以及其它一些学者的质疑与批评，这就是他之所以节选了拉克洛茨写给自己的父亲的信附在莱布尼茨《中国自然神学论》之后的历史原因。而塞巴斯提安·科托尔特从埃哈特手中得到的其它的几份莱布尼茨中国通信，则直接导致了儿子科里斯蒂安对《中国自然神学论》手稿的研究：在一年前出版的 Recueil 中，科里斯蒂安收录了这些"中国信件"②，至于《中国自然神学论》，编者仅仅收录了这篇手稿的最后一部分，将其定名为《莱布尼茨针对白晋对中国哲学的看法所作的说明》(Remarques de M. Leibniz sur le sentiment du P. Bouvet de la Philosophie Chinoise)。编者的用意显然是想表示白晋的观点与莱布尼茨的看法一致，从而也为后者的《中国自然神学论》辩护。在这本书的前言中，科里斯蒂安简单说明了自己的想法，告诉读者他将编辑出版《中国自然神学论》，并且会附上自己的一些"观察"："我准备把莱布尼茨的一些手稿公布于世，并且加上自己的一些说明；我已经决定认真研究这些资料，到时对其进行更加详细的讨论。"③

这些"观察"首先是针对拉克洛茨的，因为一开始，科里斯蒂安便强调指出龙华民论中国宗教的论文已有拉克洛茨使用过的"西班牙版本"存世，在这个版本中还有闵明我做出的详细注释。对于自己以莱布尼茨使用过的法文版本为基础，加上莱布尼茨的批注，再次出版这个论文以及利安当的《论在中国传教的几个问题》，科里斯蒂安的说明是，这样读者便有可能对二者进行比较，从而得出自己的结论（第 VI 节）。

---

① "家父允许我参与他自己的收藏工作，以便能够将其一起公布于众"。Recueil，前言，第 VI 页。

② 共三件：法国学者郭弼恩致莱布尼茨，1701 年 11 月 17 日（第 68—70 页）；白晋致郭弼恩，1700 年 11 月 3 日（第 70—77 页）；白晋致莱布尼茨，1702 年 11 月 8 日（第 78—83 页）。这三封信后来都被收入到 Epistolae 第 3 卷中（第 3—22 页）。

③ Recueil，前言，第 XIII 页。

科里斯蒂安·科托尔特与莱布尼茨的《中国自然神学论》

　　科里斯蒂安让读者自己进行比较，这一举动显示出他坚信莱布尼茨对中国哲学做出的解释是正确的。他认为，莱布尼茨的出发点完全与利玛窦在《天主实义》中使用的诠释方法相吻合（第 IX 节）①，而这一方法同时得到了一些非耶稣会传教士的赞同。简单追述了龙华民一文的写作背景后（第 X 节），科里斯蒂安提出了自己的观察。与龙华民及莱布尼茨一样，科里斯蒂安也把中国哲学的发展分为三个历史阶段。最古老的是所谓的四书五经，五经之中占据首位的又是伏羲所作"不是由字母而是由断线与不断线组成"（ex lineolis interruptis & non interruptis）的《易经》。接受柏应理在《中国哲学家孔子》中的说法，科里斯蒂安认为伏羲的执政时间开始于"耶稣诞生前 2952 年"。对以上经典文献的注释则是数千年之后形成的，即在宋朝的神宗皇帝时代。其著名的代表人物是周子（周敦颐）、二程兄弟和朱子（朱熹）；明永乐年间，这些注释被汇集在一本叫做《性理大全》的书中（第 XV 节）。基于此，科里斯蒂安建议，为了能够正确地理解莱布尼茨提出的论据，应该按照莱布尼茨的设想严格区分古典、中期及现代三个历史时期（inter veteris, medii & recentis aeui philosophos Sinenses，第 XIX 节）。

　　通过援引柏应理的《中国哲学家孔子》，科里斯蒂安回到了自利玛窦以来大部分耶稣会传教士所走的老路。尽管如此，还是能够发现重点的转移：在龙华民以及利安当的论文中，当时非常受传教士崇拜的《易经》并不重要，莱布尼茨也只是在《中国自然神学论》的末尾论述了《易经》中的卦图与二进制之间的可能联系。而科里斯蒂安却把《易经》放在了首位。把伏羲的执政时间放在耶稣降生前 2952 年，是当时相信中国历史纪年的欧洲学者们的基本常识，科里斯蒂安则用来回答拉克洛茨在与自己的父亲的通信中提出的对中国历史可靠性的怀疑。针对拉克洛茨援引的雷诺多的《阿拉伯中国游记》，科里斯蒂安则指出是自己援引的法国传教士傅圣泽（Jean-François Foucquet）1729 年发表的《中国历

---

① 科里斯蒂安依据的是柏应理《中国哲学家孔子》一书的前言部分。

史纪年表》①以及同年在《哲学汇刊》上发表的英语翻译②。

简述了龙华民及利安当的主要观点后（第 XVI，XVII 节），科里斯蒂安逐一介绍了莱布尼茨提出的针锋相对的反论证：科里斯蒂安认为，莱布尼茨在自己的《中国自然神学论》中证明了，中国人在古代认识了上帝、精神实体以及灵魂不死（第 XX 节），而在进行这一论证时，莱布尼茨依据的恰恰是龙华民在自己的文章中引用的相关资料；龙华民认为古典文献晦涩而难以理解，莱布尼茨的注释却说明了这些文献非常清晰地说明了中国人依据"自然之光"（ex lumine naturae，第 XXI 节）发现了基督教中的基本真理。为了为莱布尼茨的以上观点辩护，科里斯蒂安从柏应理的《中国哲学家孔子》以及卫方济的《中国古典六经》中搜集了大量的引语（第 XX—XXVII 节）。这样，通过援引利玛窦以及一些老一辈传教士们的论证方式以及使用的资料，科里斯蒂安虽然能够成功地支持莱布尼茨的看法，但却并没有抓住莱布尼茨的论证精髓——莱布尼茨在《中国自然神学论》中的论证，主要建立在对概念"理"的诠释之上。龙华民不能理解，"理"是原始第一物质，中国人怎么能够认为其有精神特性；莱布尼茨则论证说，无论如何这些精神特性不可能是物质具有的，所以必须把中国人所说的"理"看作是"理性"，"规则"，甚至是"我们所说的神明"③。科里斯蒂安当然清楚，"理"是宋儒们使用的概念，而不是《四书》《五经》的核心。这样，科里斯蒂安虽然"默默"地纠正了莱布尼茨的错误，但却恰恰去掉了莱布尼茨《中国自然神学论》的锋芒。

具体到在 12 到 15 世纪出现的所谓的"中世纪中国哲学"（De mediae

---

① Tabula chronologica historiae Sinicae connexa cum cyclo qui vulgo kia tse dicitur.

② An Explanation of the new Chronological Table of the Chinese History, translated into Latin from the Original Chinese, by Father Johannes Franciscus Foucquet... and pulished at Rome in the Year 1730. Collected from two Accounts thereof, written in French, one sent from Rome by Sir Tho. Dereham, Bar^t. to the Royal Society, the other sent from Father Foucquet to Father Eustache Guillemeau... and by him transmitted to Sir Hans Sloane, Bar^t. Pr. R. S., 载：Philosophical Transactions, XXXVI, 1729 - 1730, p. 397 - 424。

③ 李 2002，第 21 页，第 5 行。第 34 页，第 13—14 行："我认为中国人还不至于如此愚蠢与荒唐"。

aetatis philosophis Sinicis），科里斯蒂安没有其它途径，只好引用龙华民以及利安当使用过的资料，然后对莱布尼茨对这些资料的诠释做出进一步的说明，把它们与利安当，特别是龙华民的观点对立起来，以便读者能够进行比较。与龙华民的看法相同，科里斯蒂安也认为，中古时代中国哲学的基石是那个"中国叫做理"的第一原理（第 XXIX 节）。但与龙华民以及利安当的解释相反，莱布尼茨不认为这个"理"就是经院哲学家们所说的那个"第一物质"（materia illa prima Scholasticorum，第 XXX 节），而是充分地证明了，中国人所说的"理"是一个"有意识的，智慧的，全能的实体存在"（ens intelligens, sapiens atque omnipotens，第 XXXII 节）。对于当时的中国文人的观点，科里斯蒂安没有深入讨论，而是简单地指出了两本著作供读者参考。一是巴耶尔（Bayer）的《中国博物志》（*MuseumSinicum*）①，另一个是莱布尼茨收入《中国近事》第二版的法国传教士白晋所著的《康熙皇帝传》②。

结论

科里斯蒂安的《前言》可以说是研究莱布尼茨《中国自然神学论》的第一篇论文。通过对拉克洛茨的批评的回应，科里斯蒂安同时为父亲和他本人的编辑提出了辩护。莱布尼茨论文的核心是，中国人在古代就有了对上帝、天使、灵魂不死等等在基督教以及西方哲学中非常重要的认识，但与利玛窦等人不同，莱布尼茨的论证完全建立在对"理"这个概念的诠释之上，并且错误地认为"理"是孔子就使用过的一个核心概念。通过大量援引莱布尼茨本人没有使用过的、源自于柏应理以及卫方济的资料，科里斯蒂安虽然支持了莱布尼茨的观点，但通过"正确地"把"理"重新划入"中世纪的中国哲学"，科里斯蒂安抽掉了莱布尼茨论证的智性锋芒。莱布尼茨所依据的龙华民以及利安当的论文本来是写

---

① Theophili Sigefridi Bayeri... *Museum Sinicum*, in quo Sinicae Linguae et Literatturae ratio explicatur，彼得堡 1730.

② 参见中国近事，第 50—101 页。

给在中国的而且对中国哲学的背景有所了解的传教士的,文章被翻译为西班牙语以及法语在欧洲发表时,翻译者没有说明这一背景,这样便导致了包括法国学者马勒布朗士以及莱布尼茨在内的诸多学者错误地认为"理"也是孔子时代的中国思想家们使用的一个重要概念,后来的宋儒们只是对这个概念提出了不同的解释。因此,莱布尼茨与龙华民等人的区别在于,认为恰恰是这个"理"说明了中国古代人认识了上帝。莱布尼茨对"理"的诠释主要建立在朱熹等人对"理"的诠释之上。这样,莱布尼茨对中国哲学的诠释便大大超越了自利玛窦以来的诸多传教士们的立场与观点,尽管莱布尼茨自己并没有意识到这一点。以理性为导向,有选择地接受宋明理学中的某些论证与观点,同时也说明了莱布尼茨与许多传教士在基督教神学方面的不同。莱布尼茨坚持的也许是一个启蒙运动初期经过了理性检验的神学观。这一立场使他能够接近宋儒的一些形而上学方面的论证,而在他看来,龙华民等人在中国代表的则是一些在欧洲流行的"庸俗"的哲学与神学教条。应该说,这一批评也适用于利玛窦所代表的大部分的神学观点。

尽管如此,科里斯蒂安对莱布尼茨的《中国自然神学论》的编辑以及研究仍然是有其历史价值的。这是父子两代人研究莱布尼茨、研究中国哲学的结果;在很大程度上,这个工作的动机并不是源自于当时欧洲对中国和中国哲学的兴趣,其产生的时代是 18 世纪中期。在这个时候,新的历史一页已经翻开了;这是对莱布尼茨的中国观非常不利的一页。

莱布尼茨与欧洲对中国历史纪年的争论[*]

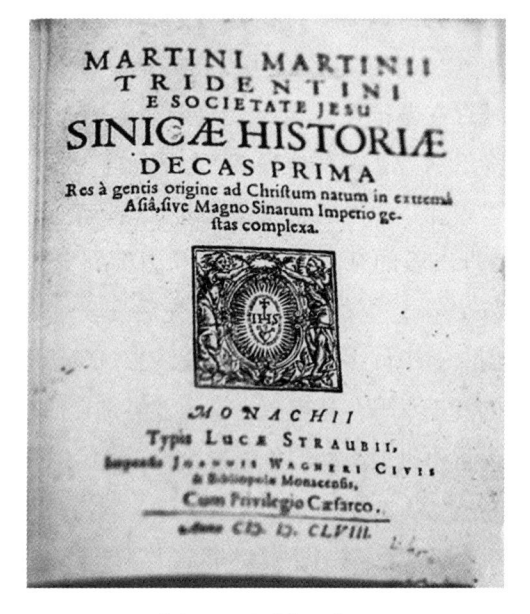

卫匡国：《中国上古史》，慕尼黑，1658

图片来源：李文潮。

17 世纪，欧洲对古老的中国历史纪年的发现，在多层次上导致了学者们对上帝创世的时间、世界的寿命、希伯来文《圣经》纪年的可靠性以

---

[*] 首次发表于张西平、李文潮、鲁道夫主编《莱布尼茨思想中的中国元素》，大象出版社 2010 年版，第 148—176 页。

及犹太民族的地位等问题的激烈争论,从而也对西方近代历史学的形成产生了一定的影响,使其逐渐摆脱了基督教对人类早期历史的神学诠释。

在这一过程中,某些学者甚至有意无意地通过抬高中国文化来挑战犹太民族在上帝面前的"选民"地位。法国传教士李明(Louis Le Comte)认为,中国人"两千多年以来"一直保持着对上帝的真正认识,并且有一个非常古老的历史。从这一"事实"出发,李明得出结论,上帝的恩赐并不只是照亮了世界的某个单独的地区,也并不是只给予了某个特定的、被上帝特别拣选的种族[1]。李明得出的这一结论可以用来剥夺犹太民族自古以来的"选民"特权[2]。

英国主教维伯(John Webb)认为,在挪亚方舟渡过大洪水之后,中华民族一直持续地存在着;在其他民族建造通天塔时[3],中国人没有去参加,当上帝因为巴别塔惩罚其他民族,变乱他们的语言时,中国人的语言并没有改变。因此,中国的自然语言即汉语一直保持着其原始的纯真[4]。在阿姆斯特丹出版的杂志《学者共和国批判史》(Histoire critique de la république des lettres)上,有位学者曾先后发表过数篇论文[5],他企图证明,借用中国文字中许多词的读音与意义,可以解释希伯来语言中不少有争论的词的真正意思,其理由是汉语曾经是希伯来语的一种方言。

过程最长、最重要也最激烈的争论围绕着"世界的寿命"展开,毕

---

[1] 参见李明《中国近事报道》,郭强等译,大象出版社2004年版,第258—260页。

[2] Histoire des Ouvrages des Savants,1701年5月号,第203页。

[3] 《圣经》和合本,创世记11:1—9:"那时,天下人的口音、言语都是一样的。他们往东边迁移的时候,在示拿地遇见一片平原,就住在那里。他们彼此商量说,来吧,我们要做砖,把砖烧透了。"他们就拿砖当石头,又拿石漆当灰泥。他们说:"来吧,我们要建造一座城和一座塔,塔顶通天,为要传扬我们的名,免得我们分散在全地上。"耶和华降临,要看看世人所建造的城和塔。耶和华说:"看哪,他们成为一样的人民,都是一样的言语,如今既作起这事来,以后他们所要做的事就没有不成就的。我们下去,在那里变乱他们的口音,使众人分散在全地上,所以那城名叫巴别(就是变乱的意思)"。

[4] An Historical Essay Endeavouring A Probability, That the Language of China is the Primitive Language,伦敦1699;转引自:Philosophical Transactions of the Royal Society of London,1669年,第817—819页。

[5] Histoire critique de la république des lettres,1713年,第2卷,第95—153页;1713年第3卷,第29—106页;第4卷,第29—69页;1714年,第5卷,第140—147页。

竟这涉及到了《圣经》（尤其是希伯来圣经）的权威性。但是正如《学者共和国新消息》（*Nouvelles de la république des lettres*）刊登的关于佩泽伦匿名发表的《已得到证实的古代历史——对犹太人以及某些新的历史纪年学者的批判》①的评论②中所指出的那样，这是一个充满了"困难与黑暗"的"科学"，在解决这个领域出现的问题时，学者们很少甚至几乎没有达成过共同的意见。

17世纪欧洲对中国上古编年史的争论

在17世纪，欧洲对人类早期历史的描述主要以《圣经》中记载的三大事件为坐标：上帝创世的时间、《创世纪》第6、第7章中所记载的意在"灭绝人类"③的大洪水以及人类随后在巴比伦平原所进行的巴别塔的建造。在这个框架内，第二个事件是枢纽：假如那场灾难性的洪水是全球性的，那么便等于在此之前的人类历史全部被毁灭掉了。在诺亚方舟中幸存下来的八个人便是人类历史的再生。按照英国神学家乌舍（James Ussher，1650—1654）根据希伯来文《圣经》计算而得出的结果，上帝在耶稣诞生前4004年的10月23日创造了世界。创世1656年之后，即公元前2348年，发生了全球性的大洪水，巴别塔则是在大洪水后约一百年建造的④。

通过对中国历史的研究，这一得到教会及大部分神学家公认的历史纪年框架受到了威胁⑤。1658年卫匡国（Martino Martini）的《中国上古史》在德国慕尼黑首版刊印，一年之后，著名的荷兰出版商布劳（Joan

---

① *L'Antiquité des tems rétablie & défenduë, contre les Juifs & les nouveaux Chronologistes*, Amsterdam 1687。
② *Nouvelles de la république des lettres*，1687年6月，第639页。
③ 现代中文译本《圣经》，香港圣经工会出版，1981年，第8页。
④ 参见James Ussher, *Annales Veteris et Novi Testamenti*, London, 1650。
⑤ 参见维吉尔·毕诺《中国对法国哲学思想形成的影响》，耿升译，商务印书馆2000年版；Edwin J. Van Kley: *Europe's, discovery of China and the writing of world history*, in: *American Historical Review* 76（1971），pp. 358 – 385。

Blaeu）在阿姆斯特丹刊印了一个更精美的版本①。虽然最晚从门多萨的著作问世以来②，欧洲学者实际上已经意识到了中国历史的古老性，门多萨之后，金尼阁、曾德昭等人③的著作中都对中国历史有所介绍，但给这一切提供了真正历史依据的，是卫匡国《中国上古史》——通过其枯燥的编年史体例，证明了上面几本著作中提到的中国历史的古老性是可靠的。这本书的内容是介绍"从人类起源到耶稣诞生"（"à gentis origine ad Christum natum"）这一时间段内的中国历史。以当时在欧洲已经为人所知的六十甲子纪年法④为依据，卫匡国把伏羲开始统治的时间确定为耶稣诞生前2952年。针对《圣经》中记载的诺亚方舟的故事，卫匡国指出中国史书中也提到一次洪水，但时间为耶稣诞生前第三个世纪⑤。列举历史年号的同时，卫匡国从中国史书中收入了一些佐证，譬如中国史书中记载的天文现象观察，从而提高了中国历史纪年的可靠性。卫匡国还指出，中国人自己明确承认，伏羲之前的历史记载充满了神话，因此是不可考的；但伏羲之后的纪年却没有任何中断，包括伏羲在内的后来的帝王都是历史上确实出现过的真实人物。伏羲不仅仅被视为中华帝国的奠基者，他还是一位发明家与天文学家。

29年之后，《中国哲学家孔子》一书1687年在巴黎问世⑥。除了把儒家四书中的《论语》、《大学》、《中庸》译为拉丁文外，该书的末尾附有柏应理（Philippe Couplet）撰写的《中国古代帝国年表》（Tabula genealogica）及《中国历史编年》（Tabula chronologica）。从当时的不同学

---

① *Sinicae Historiae Decas prima Res à gentis origine ad Christum natum in extrema Asiâ, sive Magno Sinarum Imperio gestas complexa*，慕尼黑1658；阿姆斯特丹1659。法文翻译：巴黎1692。下面引自阿姆斯特丹版本。

② Juan González de Mendoza, *Historia de las cosas más notables, ritos y costumbres del gran reyno de la China*，初版罗马，1585。参见门多萨《中华大帝国史》，何高济译，中华书局1998年版。

③ 利玛窦、金尼格：《利玛窦中国札记》，何高济等译，中华书局1983年版；曾德昭：《大中国志》，何高济译，上海古籍出版社1998年版。

④ Martini, *Sinicae Historiae Decas prima*, 第3页。

⑤ Martini, *Sinicae Historiae Decas prima*, 第3页。

⑥ *Confucius Sinarum Philosophus, sive Scientia Sinensis latine exposita*，巴黎，1687。

术杂志对该书的评论来看,恰恰是附录中的这两篇文献受到了欧洲学者的极大关注。法国的《学者通讯》(*Le Journal des Sçavans*) 在 1688 年的一篇评论中指出:

> 在该书的末尾,作者柏应理附上了一本中国帝王世家编年表,使用的计算方法是干支纪年法(由中国的第三位统治者黄帝下令创造的六十一甲子循环纪年)。根据这一年表来看,统治过这一庞大帝国的君主们似乎出自 22 个家族,共包括 229 位皇帝,统治时间共 4639 年,即从主前的 2952 年到主后 1687 年。如果是这样的话,那么我们在计算世界的年龄时,最好使用希腊文的七十子译本《圣经》,而不是希伯来文本圣经,因为按照这个文本,上帝创世的时间较晚。果真如此的话,那么中华帝国的历史便开始于洪水爆发前的 600 多年。请看下面的计算:
>
> 按照希伯来纪年,1688 年是上帝创世以来的第 5636 年,基于此,减去基督降生至今的 1688 年,基督降生前的世界经过了大约 3948 年;上帝创世 1656 年后爆发了大洪水。减去这个时间,从大洪水爆发到基督降生的时间仅仅只有 2292 年。按照中国人的纪年,他们的第一位帝王伏羲的统治开始于主前 2952 年。减去从大洪水爆发到基督降生之间的 2292 年,那么中华帝国的历史记载开始于大洪水前大约 660 年。(假若按照七十子《圣经》希腊译本计算的话,就会避免这个问题)。按照七十子《圣经》希腊译本,世界的年龄要长得多。中华帝国的历史开始的时间应该大约是在洪水爆发后的 668 年。这样便与《圣经》完全相符[①]。

类似的计算方式相当枯燥,由此引起的争论却相当激烈。这里涉及的,不仅仅是中国或者其他一个民族的历史,而是一些最根本的问题:有了对其他民族的历史的发现,那么《圣经》,特别是希伯来《圣经》中记载的

---

① *Le Journal des Sçavans*, 1688, 第 99—107 页。

上帝创世的时间、上帝创造的世界的年龄是否可靠？英国学者沃西攸斯（Isaac Vossius，1618—1689）在卫匡国的《中国上古史》问世一年后，发表了一本《论世界的真实寿命》的著作。作者并不直接从中国开始，而是首先提出了一些挑战《圣经》权威的一般问题。譬如，世界到底是永恒的、本来就存在的，还是由上帝在某个时间点创造的？前者是大胆的假设，无法回答；后者的答案在《创世纪》中。但希伯来文本却似乎含有一系列的矛盾[1]。沃西攸斯认为，其中的一个矛盾是洪水暴发和建造巴别塔之间的时间距离太短——按照《圣经》中的记载，仅仅有8个人在大洪水中活下来了，然而此后不到100年，人类便开始在巴比伦平原建造巴别塔。沃西攸斯认为，在短短不到100年的时间内，人类从8个人繁衍成数百万人根本是不可能的[2]。作者指出，希伯来文本中出现的这些难以自圆其说的地方，迫使人们放弃希伯来文本，而接受希腊七十子译本。卫匡国提供的中国历史记载为此提供了一个非常有力的证明。

沃西攸斯是个典型的"中国迷"，他认为几乎在所有的技术与艺术领域，中国均超过欧洲[3]。因此他同样坚信中国历史纪年的原创性与准确性，从来没有产生过怀疑中国纪年是否可靠的念头。因此，沃西攸斯对当时的历史纪年的争论的贡献，并不是枯燥的数据，而是把卫匡国著作中的源自中国历史的"史实"与数据直接用来检查圣经中的记载是否可信，从而毫不掩饰地说出了卫匡国没有明确提出的问题。对欧洲的神学家以及历史学家提出公开挑战的，不是卫匡国，而是沃西攸斯。自他之后，神学家以及历史学家们必须面对一系列棘手的问题：要么承认中国历史纪年的古老性与可靠性，并且使其与圣经纪年相吻合；要么证明中国纪年是不可靠的，从而捍卫圣经纪年的权威地位。

---

[1] *Dissertatio De Vera Ætate Mundi: Quâ ostenditur Natale Mundi Tempus Annis minimum* 1440 *vulgarem Æram anticipare*, Hagae Comitis, 1659。

[2] *Dissertatio De Vera Ætate Mundi: Quâ ostenditur Natale Mundi Tempus Annis minimum* 1440 *vulgarem Æram anticipare*, Hagae Comitis, 1659, 第18页。

[3] 参见 *Variarum Observationum Liber, cui annexa est Ejusdem Responsio ad objectiones Criticæ Sacræ Simonianæ, ut & ad iteratas P. Simonii objectiones Responsio*（沃西攸斯的各种观察），伦敦1685, 第14章以及第13章。

在对二者进行调和时，一种常见但比较随意的方法是撇开枯燥的数字，直接对历史人物进行比较。譬如门采尔（Christian Mentzel）[①] 认为伏羲与女娲就是人类始祖夏当与夏娃；霍恩（Georg Horn）在其《诺亚方舟》[②] 以及后来的马尔提阿内（Jean Martianay）在其《捍卫希伯来文本圣经》[③] 中，都认为伏羲即亚当，神农就是圣经中的该隐（二者都是土地的耕种者），黄帝就是以诺，尧帝即诺亚等等。等同的方法主要是寻找人物所具有的共同性格或者特征，而不严格考虑其生活的具体年代[④]；依据学者们从基督教立场出发对中国文化做出的不同评价，人们可以把中国人看作是偶像崇拜者即诺亚的次子含（Ham）的后代，或者是服务于上帝的诺亚长子闪（Sem）的后人[⑤]。根据《创世纪》第9章第18条的记载，"诺亚这三个儿子的子孙散布在全世界"。

另一位坚信中国历史古老性的学者是意大利的里奇奥利（J.-B. Riccioli）。根据卫匡国及金尼阁的著作、巴托利（Daniello Bartoli）的《耶稣会史》（亚洲卷）[⑥] 以及熊三拔（Sabatinode Ursis）[⑦] 写自北京的一封信

[①] *Kurtze chinesische Chronologia oder Zeit-Register, aller chinesischen Käyser, von ihrem also vermeinten Anfang der Welt bis hieher zu unseren Zeiten, des nach Christi unsers Seligmachers Geburt 1696sten Jahres...*，柏林1696。

[②] *Georgii Hornii Arca Noae Sive Historia Imperiorum Et Regnorum a condito orbe ad nostra tempora*，莱顿1666，第16页。

[③] *Defense du texte hebreux et de la chronologie de la Vulgate contre le livre de l'antiquité des tems retablié*（捍卫希伯来文本圣经和拉丁文本圣经中的纪年，批判《捍卫已得到证实的古代历史》一书），巴黎1689，第439页。此著是对佩泽伦（Paul-Yves Pezron）的《捍卫已得到证实的古代历史》的反驳，佩泽伦则针对这一反驳，撰写了下注提到的《捍卫》。

[④] 譬如针对马尔提阿内的看法，佩泽伦指出："伏羲只活了118年，诺亚的寿命却是950年"。参见其 *Défense de L'Antiquité des Tems*（《捍卫已得到证实的古代历史》），巴黎1691，第531页。

[⑤] 参见 Robert Cary: *Palaelogia Chronica: A Chronological Account of Ancient time in Three parts: Didactical, Apodeictical, Chronical*，伦敦1677。

[⑥] *Dell'Historia della Campagnia di Gesu. La Cina, terza parte dell' Asia*，罗马1663。

[⑦] 在这封信中熊三拔写道，自己在中国的历史记载中发现了帝尧时代的一个天文观察。当在北京的耶稣会士们1612年对此进行计算时，得到的结果是这个观察到的天文现象发生在耶稣降生前2358年。此信最初发表在金尼格撰写的《中国耶稣会1610、1611年年度报告》上（*Litterae Societatis Iesv e Regno Sinarvm annorum 1610 & 1611, ad R. P. Clavdivm Aquauiuam... auctore P. Nicolao Trigautio*，奥格斯堡1615。

为资料，里奇奥利编写了一份《经改革后的纪年及其结论》①，后来被舍夫洛（Urbain Chevreau，1613—1701）作为附录收入到自己的《世界史》中②，并且对其进行了注释。里奇奥利同样认为伏羲在位的时间115年，开始于公元前2952年。鉴于与希伯来文圣经纪年之间的冲突，沃西攸斯提出应该把圣经中记载的洪水看作是一个局部性灾难，里奇奥利则主张把希伯来文本中记载的世界的年龄延长数百年，从而可以把大洪水发生的时间确定为耶稣诞生前的2973年，这样便可以解决与中国纪年之间的矛盾。只是这样一来，最终还是等于放弃希伯来文本，而采取了七十子希腊译本。

17世纪中，七十子译本的最著名但也最有争议的捍卫者无疑是上面提到的佩泽伦。佩泽伦非常敏锐地看到了对其他民族的古老历史的发现给基督教信仰及圣经的权威性可能带来的危险。佩泽伦认为，从上帝创世到耶稣诞生最少经过了5500多年，但提出这一观点的论据是，这样的话不仅可以批驳所谓的"前亚当理论"③，而且可以应对那些试图借助埃及人、卡尔代人特别是中国人的历史质疑大洪水的普世性、语言混乱、民族分散迁移等有害于圣经权威的做法。不仅如此，佩泽伦认为"人们应该接受七十子译本，其原因不仅仅是这样便可调和圣经纪年与中国以及其他一些民族的历史之间的矛盾，更重要的是犹太人在耶路撒冷被毁坏④后"有意篡改"了《圣经》中的某些章节。法国《学者通讯》在评论佩泽伦的著作时，强调指出了作者的这一观点⑤。这是在对历史纪年的争论中出现的一个新的视角，在对开封犹太人的讨论中，这将是非常重要的一点。

在对自己的著作进行的辩护中，佩泽伦进一步明确地论述了自己的以上观点。他警告说，有些人以希伯来文圣经与某些民族的世俗历史相矛盾这一现象为借口，反对"神圣历史"的真理性；假如拒绝承认七十

---

① *Chronologiae reformatae et ad certas conclusions redactae*，无出版地点，1669。
② *Histoire du Monde par M. Chevreau*，巴黎1686。
③ 即《圣经》上所说的人类始祖亚当之前已有人类存在。源自佩雷勒（Isaac de la Peyrèrc）1655年发表的一部书的书名：Praeadamitae。
④ 公元70年。
⑤ *Le Journal des Sçavans*，1687，巴黎版（阿姆斯特丹亦出版），第65页。

子译本，那么便会中了这类人的圈套；另一方面，佩泽伦同时指出，接受七十子译本将对在亚洲人特别是中国人中间传播基督福音非常有力，因为为了使中国历史与圣经纪年相吻合，人们只能使用希腊文《圣经》①。从这两种考虑出发，佩泽伦对中国纪年提出了自己的独特解释：伏羲是中华帝国的"第一位皇帝"，而亚当仅仅是所有死亡的人中的"第一个"，所以不能把伏羲等同于亚当②。这样便必须把伏羲开始统治的元前2952年看作是人类进入文明的时间③，这样，从上帝创世到耶稣诞生之间的时间至少应该在6000年左右④。

到了17世纪晚期，欧洲学者开始大胆怀疑中国历史纪年的可靠性。法国天文学家卡西尼（Jean-Dominique Cassini，1625—1712）在《中国纪年考》（*Réflexions sur la chronologie chinoise*）一文中指出，卫匡国在自己的著作中列举的许多天文观察几乎全是不正确的，譬如所谓的"五星会于室宿"⑤ 不可能发生在耶稣诞生前2513，而是2012年，也就是说比卫匡国给出的时间晚了整整500年⑥。另外，卡西尼认为中国历史中记载的天文现象之间的时间距离经常是要么很短要么很长，中国人的天文图表实际上是在中国传教的耶稣会士们的计算结果，因为这个图表与第谷的图表完全一致⑦。曾经出使暹罗的法国使节拉卢贝（Simon de La

---

① *Défense de L'Antiquité des Tems*，前言，无页数。
② 按照佩泽伦的看法，把伏羲等同于亚当恰恰会陷入"前亚当理论"的错误："假如伏羲是亚当，那么在伏羲之前中国就有人居住，因为伏羲是帝王，必然有由他统治的臣民存在。这样的话，那么我们不是必然得出主张前亚当论的那些人提出的危险的错误结论吗？" *Défense de L'Antiquité des Tems*, p. 530；p. 531："地球上所有人的人都来自于亚当，伏羲却统治着一个人数繁荣中的帝国"。
③ *Défense de L'Antiquité des Tems*，第533页。
④ *Défense de L'Antiquité des Tems*，第536页。
⑤ Martini, *Sinicae historicae decas prima*，第33—34页。见《晋书》一七，志第七，律历中。
⑥ Cassini, *Réflexions sur la chronologie chinoise*，发表在拉卢贝：*Du Royaume de Siam*, par Mr. de La Loubere, Envoyé extraordinaire du Roi après du Roi de Siam en 1687 & 1688（1687、1688年出使暹罗记），巴黎1700，卷2，第309页。
⑦ Cassini, *Réflexions sur la chronologie chinoise*，发表在拉卢贝：*Du Royaume de Siam*, par Mr. de La Loubere, Envoyé extraordinaire du Roi après du Roi de Siam en 1687 & 1688（1687、1688年出使暹罗记），巴黎1700，卷2，第390页。

Loubère）在发表自己的《出使暹罗记》（Description du royaume de Siam）中，收入了卡西尼的《中国纪年考》一文。拉卢贝自己则指出了传教士们经常提到的发生在公元前 200 年的焚书事件①，只是尽管如此，中国人还是置这一历史事实于不顾，还要喋喋不休地撰写自己民族的连续不断的历史，甚至撰写人类自始以来的历史②。

指出焚书所可能带来的后果的，还有哈杜因（Jean Hardouin, 1646—1729）。在其《旧约纪年》③一文中，哈杜因提出了另外一个论据说明中国历史的不可靠性：自古以来，中国是一个与外界隔绝的帝国，对自己的历史想怎么写就怎么写，反正其他民族没有可能去考证是否正确。有了这种可能性，卡西尼等人却发现就连他们的天文观察也是不可信的。

除了历史资料的可靠性之外，还有一个问题是使用这些资料进行研究的学者们是否可靠；在这些学者们的人格可靠的情况下，还有一个问题是，他们是否有可能使用原始资料。法国学者瓦雷蒙（Pierre Le Lorrain de Vallemont, 1649—1721）在其《历史的因素》中提出，不能单独以中国的历史纪年为基础反对特利恩特宗教会议（1546—1563）以来得到认可的圣经的拉丁文译本④，因为人们毕竟只能通过耶稣会士们的介绍认识中国，而没有任何可能检验这些介绍是否正确⑤。早在 1692 年，

---

① Cassini, *Réflexions sur la chronologie chinoise*，发表在拉卢贝：*Du Royaume de Siam, par Mr. de La Loubere, Envoyé extraordinaire du Roi après du Roi de Siam en 1687 & 1688*（1687、1688 年出使暹罗记），巴黎 1700，卷 2，第 376—377 页。

② Cassini, *Réflexions sur la chronologie chinoise*，发表在拉卢贝：*Du Royaume de Siam, par Mr. de La Loubere, Envoyé extraordinaire du Roi après du Roi de Siam en 1687 & 1688*（1687、1688 年出使暹罗记），巴黎 1700，卷 2，第 377 页。

③ *Chronologia veteris Testamenti ad vulgatam versionem exacta et nummis antiquis illustrata : Chronologiae ex nummis antiquis restitutae specimen alterum*，巴黎 1697，第 21—22 页。

④ *Les elemens de l'histoire: ou ce qu'il faut savoir de chronologie, de geographie, de blazon, de l'histoire universelle, de l'eglise de l'ancien testament, des monarchies anciennes, de l'eglise du nouveau testament, & des monarchies nouvelles, avant que de lire l'histoire particuliere*，巴黎 1696，第 2 卷，第 260 页。

⑤ *Les elemens de l'histoire: ou ce qu'il faut savoir de chronologie, de geographie, de blazon, de l'histoire universelle, de l'eglise de l'ancien testament, des monarchies anciennes, de l'eglise du nouveau testament, & des monarchies nouvelles, avant que de lire l'histoire particuliere*，巴黎 1696，第 2 卷，第 264 页。

一位名叫查茨奥（Samuel Chappuzeau）的学者就在写给莱布尼茨的一封信中，表达了他对卫匡国研究的可靠性的怀疑，并且提出了令人信服的论据。他写道①：

> 至于我所提到的卫匡国（的《中国上古史》），早在40年前我就在某个上午与作者本人谈到过（这本书），地点是（阿姆斯特丹出版商）布劳的书店里。作者从中国回来后曾在那里短暂停留。我认为他对这个民族（中国）的报道，无非是取自于北京或南京所存的档案，以及他与中国学者们的交谈，而他是相信这些学者的说法的。就如同我们今天要想知道以前时代的事情，只能依赖于我们当代的历史学家和地理学家一样，而他们对以前时代的报道却并非总是完全正确的。

以两本著作为例，可以非常清楚地看出关于中国纪年的争论在18世纪初出现的新趋向。一本是法国历史学家杜鹏（Louis Ellies Du Pin）1714年发表的《世俗世界史》（*L'Histoire profane*）②；另一本是法国东方学家雷诺多（Renaudot）于1718编辑翻译的《中国印度见闻录》。

《世俗世界史》的作者详细地讨论了柏应理的中国帝王编年，但把包括伏羲之后的中国上古历史看作是"黑暗与神话时代的历史"（"l'histoire des temps obscurs ou fabuleux"）。作者认为，中国人相信伏羲之前的历史包括49000年，对这段历史的记载中充满了无数错误而可笑的事情；据说伏羲之后的历史没有中断地被记载下来了，但这些记载中同样是错误而可笑的，因而并不比此前的历史更可靠。另外，在诺亚的儿子之后形成的民数记中并没有提到中国人，"中国怎么可能在伏羲之前就有人居住呢"？作者还提出了其他的一系列论据：现代的中国人一方面声称自己拥有大量的相当古老的经典著作，另一方面却说耶稣诞生前200年秦始皇帝下令烧毁了

---

① 全集 I, 8, 447。
② *L'Histoire profane depuis son commencement jusqu'à present*，第一卷：从神话时代到亚历山大大帝，巴黎1714。

· 269 ·

这些书籍；最早的中国文字只是些简单的笔划，怎么可以用来书写一部连续不断的历史？并且，这些纪年中记录的天文观察几乎全是错误的；"黄帝"发明的60甲子轮回在古代并不陌生，一句话："没有什么用处"①。

彻底清算耶稣会传播的正面的中国形象的，还有雷诺多搜集翻译的《中国印度见闻录》(Anciens Relations des Indes et de la Chine)。这部著作有一个长达57页的《关于中国人的科学的说明》。在这里，雷诺多详细论述了自卫匡国的著作问世以来欧洲关于中国编年史的争论。不过在该书的《前言》中读者就可看到雷诺多的基本意图：

> 传教士们认识到了，可以利用中国哲学的权威使中国人接受福音之光。这种想法是值得赞赏的。但另外一些人，特别是所谓的"自由思想者"，滥用人们对中国历史的古老性的过度赞扬，借此攻击圣经的权威性以及建立在此之上的基督宗教，拒绝承认洪水的全球性，甚至企图证明世界要比人们相信的古老得多②。

作者在这里特别指出了沃西攸斯，另外，还有《前亚当学说》的作者佩雷勒。

莱布尼茨对中国历史纪年的兴趣及态度

最晚从在欧洲开始进行的"礼仪之争"开始，耶稣会传播给欧洲的"中国形象"开始倒向其反面；大约在1700年左右，对中国历史纪年的争论已经倾向于对中国不利。尽管如此，莱布尼茨在其最后一部论述中国的长文即《中国自然神学论》中还是在数个地方指出"有人认为中华帝国的历史可以追溯到（《圣经》中提到的）教父时代，所以中国人很

---

① 参见 Le Journal des Sçavans, 1714年，第689—693页。
② Anciens Relations des Indes et de la Chine, de deux Voyageurs Mahometans qui y allerent dans le neuviéme siecle; traduites d'arabe avec des Remarques sur les principaux endroits de ces relations, 巴黎 1718，第38页。

可能从他们那里听到过有关上帝创世的消息"①。不仅仅是由于他对中国怀有极大而全面的兴趣,莱布尼茨始终坚信中国历史的古老性与真实性;但另一方面他又有意识地不愿参与有关其古老性的种种猜测;尽管他对中国文化怀有好感,但这些却不影响他严肃对待那些对中国纪年提出的批评与质疑,但同时又坚持认为这些质疑者与批评者提出的论据与理由是不充分的——鉴于欧洲对中国原始资料的肤浅的认识,做出充分理由的论证也是不可能的。

柏应理的《孔子》问世之前,对中国一直感兴趣的莱布尼茨就已经得到了有关消息。柏应理的《孔子》一书集耶稣会士几十年学习研究儒家经典之大成,可以说是当时有关中国文化的最全面亦最好的资料选辑。除了《论语》、《大学》、《中庸》的翻译外,亦涉及了中国历史、中国的宗教与习俗,特别是儒家哲学及其流派等等;尽管如此,《孔子》一书未能满足莱布尼茨对中国文化的兴趣与好奇,书中翻译过来的儒家原著并没有受到莱布尼茨的特别关注,也没有促成他对严格意义上的中国哲学的研究,这一点非常值得重视。除了强调孔子学说的古老外②,引起莱布尼茨兴趣的是附录中的《中国古代君主世系》。他接着写道:"附在书尾的《中国编年史》非常值得重视,因为按照这一计算,中国的最初几位帝王,如伏羲以及黄帝等,在位执政的年代非常接近大洪水发生的时间。毫无疑问,这一点将迫使我们放弃《圣经》的希伯来译文,而接受希腊七十子译本"③。

1691年,莱布尼茨收到了拉卢贝从巴黎寄给他的《暹罗游记》④。莱布尼茨了解拉卢贝对中国文化特别是中国历史的批判态度,但却不把这种态度看作是对中国文化的拒绝,而是笔锋一转,表扬作者善于思考:

---

① 参见李2002,第53页。
② 在以后的"礼仪之争"中为中国文化辩护时,这将是莱布尼茨经常使用的一个论据。譬如在其《论中国哲学》(即《中国自然神学论》)中,莱布尼茨开门见山便写道:"中国的版图很大,在人口与治国方面还远超欧洲。中国具有(在某些方面令人钦佩的)的公共道德,并与哲学理论尤其是自然哲学相贯通,又因历史悠久而令人羡慕。它很早就成立,大约已有三千年之久,比希腊罗马的哲学都早……我们只是后来者,才脱离野蛮状态"。引自陈乐民编著《莱布尼茨读本》,江苏教育出版社2006年版,第245页。
③ 全集I, 5, Nr.9。
④ 参见全集I, 6, 第504—505页。

其他的旅行家刻意寻找神奇的东西，拉卢贝却时时有意缩小它们，"这才叫做思考，因为人们对那些不了解的东西才会表现出惊奇"[①]。尽管如此，莱布尼茨非常认真地对待拉卢贝对中国史书提出的怀疑，特别是后者指出的焚书事件，因为假如确实发生过这个事情，而且其涉及的范围相当广，那么便必然提出中国文献是如何流传下来的问题，从而也就会导致对现有文献的可信性提出质疑。在 1692 年 3 月 21 日写给闵明我（Grimaldi）的信中，莱布尼茨特意提到了拉卢贝在其《游记》中报道的暹罗使用的天文计算法，并且把卡西尼对这一方法的解释与说明称作是不同民族之间进行知识交流的典范，但他还（有意无意地）提到了卡西尼对中国编年史的可靠性的质疑与论证。在谈到柏应理的《中华帝王年表》时，莱布尼茨再次强调，中国历史编年对于解决圣经纪年的争论问题可能做出贡献，不过，假如人们可以相信中国在秦代发生的焚书事件的话，那么中国的史书出现的年代应该是比较晚的，从而，其关于上古时代的记载是难以令人相服的。莱布尼茨写道：

> 您的同会兄弟柏应理……让我们初步尝试了原原本本的中国历史，不过与其说是他满足了我们需求，还不如说他激起了我们的更多的渴望……长期以来，欧洲为（圣经中记载的）教父时代的历史争论不休。与其他版本相比，希腊七十子译本里的世界起源应该更早。中国的历史纪年似乎有利于这一观点。在这一问题上的意见分歧无疑会削弱人们的信仰，因此批判性地考察研究（圣经中的历史记载的）可信性就是一件非常重要的事情。要进行这样的一项研究，当然得等待我们对中国人书写的历史有了更多的了解。因为只有这时，我们才能判断哪些人是他们最古老的历史学家，这些学者们使用的原始资料是什么，特别是因为有些人认为，一个敌视文学的帝王命令的焚书事件影响了后来才出现的历史书籍的可靠性。[②]

---

① 1692 年 2 月 4 日：全集 I，7，553。
② 全集 I，7，617—622；中国通信 I，35—47。

莱布尼茨与欧洲对中国历史纪年的争论

柏应理的《中华帝王年表》问世后，有人把其看作是杜撰，有人对其可靠性坚信不疑，莱布尼茨却认为这个年表仅仅是研究的开始，应该导致对中国历史的进一步研究与探讨。这样，莱布尼茨便把对中国历史的研究纳入了自己一再呼吁的欧洲与中国之间进行全方位的知识交流的总体框架之中，他指出，正是在这方面出现的对中国文献的可信性的质疑，要求欧洲学者们有必要对中国文化进行系统的学习与研究。对此，莱布尼茨写道："也许应该派遣一些博学的（中国）人到欧洲来，为我们解释（中国的）语言与其他事物。这样的话，中国语言就会在欧洲如同阿拉伯语一样地为人所知，我们便有可能从那些我们至今无法知晓的书籍宝藏中得到好处"①。

毫无疑问的是，欧洲在当时还没有达到这种可能，欧洲对中国的了解还是非常肤浅的。但只要还是这样，那么人们便无法准确地判断，中国的文献中都包含了哪些内容。当然，按照莱布尼茨自己的看法，这类近似现代科学性的研究只会促进欧洲对中国历史的了解，从而获得好处，而不会导致对中国历史的古老性的怀疑，因为有一点是无可置疑的。这就是在莱布尼茨看来，除了犹太人以外，在历史记载的可靠性与准确性方面，中国超过世界上的多数民族。针对上面提到的查布茨奥（Samuel Chappuzeau）对卫匡国的《中国上古史》的质疑，莱布尼茨写道②：

> 您似乎怀疑卫匡国的中国史是否可信，特别是中国帝王统治的长久的连续性。按照您的说法，卫匡国提出的年表非常大胆。我承认自己非常敬重这位神父，他的著作可以证明他的贡献，在中国他也是一位受人尊重的人。当然，中国是一个离我们非常遥远的民族，其语言与文字还很少为人所知。一位欧洲人敢于讨论这个民族的事情，便难免会出现错误。……不过具体到他们的帝王的顺序与年表，人们必须承认，除了犹太人以外，中国人的历史的古老性以及历史

---

① 全集 I, 7, 617—622；中国通信 I, 35—47。
② 全集 I, 8, 429。

记载的准确性超过了所有其他民族，因为这些帝王的统治一直存在而没有中断过。

莱布尼茨对中国怀有极大的兴趣，对中国文化表示赞赏，对中国的经验及书本知识抱有极大期望，甚至把中国文明的古老性本身看作是其古老智慧的证明。从以上几点出发，他不可能对中国的编年史提出否定性的怀疑。他虽然一再呼吁应该对原始的中国文献进行彻底的批判性的透彻研究，但这些呼吁或者说有待进行的研究的前提设想，是坚信中国历史的古老性，中国历史纪年的准确性与可靠性，"证伪"并不是这一研究的目的，虽然不排除会得出"证伪"的结果。单纯从这一角度观察，莱布尼茨也必然会把与七十子译本（以及中国历史纪年）相左的希伯来圣经文本看作是不可靠的，失去原样的。不过莱布尼茨并不认为这是犹太人为了有意与基督宗教作对，出于仇恨而有意篡改的结果。当听说佩泽伦指责犹太人篡改了圣经文本时，莱布尼茨即刻回应说，他本人"不属于那些认为犹太人出于恶意，为了损害基督教而篡改了希伯来文本的人"，完全有可能是其他一些原因导致了文本的损坏①。

从莱布尼茨写给拉洛克（Larroque）的一封信中，我们也许可以得知他所说的导致文本损坏的其他原因是什么。在这封信中，莱布尼茨告诉拉洛克，柏应理在自己的一部著作（《许太夫人传》）中提到"某个波斯人或者阿拉伯人"的手稿②，依此为佐证，也许可以证明基尔歇（Athanasius Kircher）在其《中国图说》（*China Illustrata*）中发表的"在中国发现的基督教碑文"。紧接着，莱布尼茨便把这种相互印证的思路套用到犹太人的经文的可靠性上："与现在的犹太人不同，过去的犹太人并不总是自己的经文的严厉捍卫者。即便是七十子文本也能提供这方面的证明"③。

在莱布尼茨看来，希伯来文圣经的"不可靠性"是在历史过程中形

---

① 全集 I, 9, 487。

② *Histoire d'une dame chrétienne de la Chine, où par occasion les usages de ces peuples... sont expliquez*, 巴黎 1688, 第 94 页。

③ 1693 年 9 月中旬, 全集 I, 9, 574。

成的。面对这种状况，莱布尼茨一再呼吁研究中国历史，认为借用中国的历史记载，可以帮助欧洲人解决有关争论，证明到底是希伯来文本还是希腊译本更为可靠。当然，莱布尼茨从自己信仰出发，明显地主张使用希腊文本。针对法国历史学家琫柔（Guillaume Bonjour）对佩泽伦的批评，莱布尼茨写道：

> 琫柔神父反对七十子译本。不过如果他按照拉丁通俗本的计算是正确的，那也是对宗教信仰非常不利的。我的一贯看法是，佩泽伦神父的做法是有道理的。在他看来，除去其他论据不计，中国人的历史纪年就足够迫使我们必须（在计算世界的寿命时）把其起源推向更远①。

中国犹太人

虽然莱布尼茨说："我不属于那些认为犹太人出于恶意，为了损害基督教而篡改了希伯来文本的人"。但是，我们还是找到了一个方面的证据，说明莱布尼茨的态度并非总是如此。这便涉及到了中国犹太人的问题。

在写于1605年7月16日的一封信中②，利玛窦叙述了自己几天前的一个奇特经历：从河南省开封府来的一个人拜访了他。此人的整个外貌，鼻，眼和脸型一点不像中国人。当利玛窦把他带到教堂，给他看神坛上的一张圣母和耶稣以及先驱者约翰跪在他们面前祈祷的画像时，此人以为画像上描绘的是（《旧约》创世纪第24章中报道的）利百加（Rebekka）和她的两个孩子雅各（Jakob）与以扫（Esau）。随之，客人恭恭敬敬地在画像前屈膝行礼，并解释说他不能不对自己民族的祖先致敬，虽然他没有向画像行礼的习惯。当这个人看到圣坛两侧的四位福音书作者的画像时，他问利玛窦这四个人是否是圣坛上的那个人的十二个孩子中

---

① 格本 II，590；全集 II，3，588—589。
② 参见 Donald Daniel Leslie：*The Survival of the Chinese Jews*，莱顿1972，第31—32页。

的四个。利玛窦以为客人指的是（新约中耶稣的）十二使徒，便点头称是。等到把客人带回住处继续谈话时，利玛窦才发现站在他面前的，并不是一个什么时候流浪到中国的基督徒，而是一位犹太人，不过他不把自己叫做"犹太人"，而是"以色列人"。

接下来的谈话说明了，这位客人非常熟悉《旧约》中的记载，譬如他知道亚伯拉罕（Abraham），犹蒂丝（Judith），玛多查依（Mardochai），摩西（Moses），哈南（Haman），以斯帖（Esther）等名字，只是他对这些以及其他一些人名地名的发音与欧洲人不同，譬如他把"耶路撒冷"（Jerusalem）读成"耶路撒赖姆"（Jerusolaim），把"弥赛亚"（Messias）读成"莫斯亚"（Moscia）。当他看到一本非常精美的《圣经》时，虽然读不了这本书，但却认识其中的希伯来字母。另外，这位客人还告诉利玛窦，在他老家的城里还有十至十二户以色列人家，以及一座很宏伟的犹太教堂，在这座教堂里极为珍重地保存着"五、六百年以前传下来的卷轴形式的摩西五书，即《旧约》的头五卷。

> 大约三年以后（1608）……利玛窦神父派遣了一位耶稣会的中国世俗兄弟到所提及的省会即开封府去调查那位以色列客人所说的是否属实。根据这位兄弟的报道，情况完全和他所说的一样。此外，利玛窦神父要求这位兄弟把犹太教堂中所有书籍（即《旧约》）的开头和结尾部分抄录下来，结果发现和我们的旧约头五卷完全相同，所用的字体也一样，除了古人不用标点而已（"save for the points, which the ancients did not use"）"[①]。

利玛窦神父后来又派这位兄弟再次去到哪里，这次携有一封信去见犹太教堂的主持人，（在信中）告诉他利玛窦在北京的家中有全套的

[①] 利玛窦、金尼格：《利玛窦中国札记》，何高济等译，中华书局1983年版，第115—118页；按照Leslie（*The Survival of the Chinese Jews*，第33页）的研究，在利玛窦的日记里非常关键的最后一句是"他们（犹太人）在那里生活居住了500 或者 600 年"（They [the Jews] lived there for 500 or 600 years）。

《旧约全书》以及一部《新约》，《新约》的内容是叙述弥赛亚的生平和活动，因为（《旧约》中预言的）弥赛亚已经降生。犹太教堂的主持人对这最后一点表示异议，并回答说弥赛亚要再过一万年才会降临。但他补充说，因为他们久仰利玛窦的盛名与学问，他们愿意授予他犹太教堂高级神职人员的荣誉，如果他肯皈依他们的信仰并且戒吃猪肉的话。

把以上发现介绍给欧洲读者的，是1615年发表的金尼格根据利玛窦回忆录整理的《基督教远征中国史》即《利玛窦中国札记》（*De Christiana expeditione apud Sinas suscepta ad Societate Jesu*）。与利玛窦的回忆录一样，在很大程度上，金尼格也是从基督教传教的角度报道与评价这一发现的。譬如金尼格写道，后来到北京拜访耶稣会传教士的三位开封犹太人曾表示非常乐意接受（基督）福音，皈依基督宗教信仰；当他们听说救世主已经降生时，马上跪在耶稣像前祈祷，好像自己是基督徒似的。另外，"他们很纳闷为什么他们民族的豪华教堂里或家里或私人的小教堂里并没有画像或塑像。他们认为如果在他们的教堂里有一座救世主基督（！）的塑像，会大大提高他们的热情和虔诚"；"对于他们同胞的教规，他们的抱怨之一是，凡不是自己宰杀的动物就不准吃它们的肉"；"小孩子生下来第八天就要割去包皮的办法是很残忍和野蛮的"。这些人不知道"犹太人"这个词，而是把自己叫做"以色列人"。这个事实似乎说明了"当年那十个部族的分散已深入到东方来了"，但不管是利玛窦还是金尼格都没有从这一事实引申出任何其他结论。

直到耶稣会士骆保禄（Jean Paul Gozani，1647—1732）关于开封犹太人的那封信，在1707年发表于《传教信札》上之前，金尼格的《利玛窦中国札记》是这方面最重要的、同时也是唯一一份原始资料。包括莱布尼茨在内的许多欧洲学者援引的曾德昭（Alvaro Semedo）的《大中国志》（*Imperiodela China*）使用的主要还是利玛窦即金尼格提供的资料。尽管如此，曾德昭的著作的影响不可低估，因为在自己的著作中，曾德昭提出了一个在利玛窦的《札记》中找不到的大胆设想：那部在开封保存的《圣经》甚为重要，"或许他们（中国的犹太人）

不像我们的（欧洲的）犹太人那样歪曲它，以掩盖我们（的）救世主的光辉"①。

莱布尼茨与开封犹太人

尽管金尼格的《利玛窦中国札记》在欧洲传播很广，尽管17世纪的欧洲对中国的兴趣很大，开封犹太人的消息并未在学界引起多大关注。提到这个发现的，起初似乎只有两个人。一位是法国学者泰弗内（Melchisedec Thevenot），据说他曾写信给多次游历东亚国家的贝尼尔（Françoir Bernier）询问有关犹太人在亚洲的有关消息②；另一位是英国学者瓦尔东（Brian Waltons），此人在自己的《多语圣经导论》(*Prolegomenis Bibl. Polyglott*) 一书中提到曾德昭在这方面的简短报道③。这一提示引起了德国学者亚布隆斯基（Daniel E. Jablonski）的注意。这样便又涉及莱布尼茨。

亚布隆斯基是位当时非常著名的希伯来文学者。为了编辑希伯来圣经，亚布隆斯基搜寻有关这方面的手稿与资料。在阅读瓦尔东的著作时，亚布隆斯基发现了曾德昭的名字。由于莱布尼茨自从《中国近事》发表后（1697年）在欧洲学界是个毛遂自荐的"中国办事处"④，亚布隆斯基便把这一消息告诉了莱布尼茨，并且希望通过这个渠道在中国搜寻希伯来圣经方面的手稿。在1699年9月19日写给莱布尼茨的信中，亚布隆斯基写道⑤：

---

① 曾德昭：《大中国志》第1卷，第30章。
② 根据贝尼尔的报道，泰维诺提出的第一个问题是：是否有犹太人很久以来居住在卡什米尔？他们是否有自己的《圣经》？假如有的话，与"我们"的《旧约》的区别是什么？参见贝尼尔：*Suite des Memoires sur l'Empire du Grand Mogol*，海牙1672，第140—144页。
③ *Biblicus apparatus, chronologicotopographico-philologicaus, prout ille tomo praeliminari operis... poliglotti*，伦敦1658。
④ 全集 I，14，869。
⑤ 全集 I，17，515—516。

莱布尼茨与欧洲对中国历史纪年的争论

瓦尔东在其《多语圣经导论》第三章第41节中引用了耶稣会士曾德昭（的著作中的）第3部第13章：人们发现了犹太人的某些教堂，还有一本600多年以前流传下来的、用希伯来文写成的、没有标点符号的律书。这些犹太人还从来没有听说过基督的名字（因此很明显，他们是在基督降临之前到达那里的）；他们连犹太人这个字也不知道，而是称自己是以色列人。这样，他们便显然是当年那十个分散了的部族的后裔。我的具体请求是：第一，假如不是非常昂贵的话，能否购买这样一部没有标点的古老律书寄回欧洲，垫出的费用我将非常感激地偿还；第二，能否努力地找到一些有标点的律书，特别是古老的，并购买之等等。这一切将帮助我排除某些语言方面的疑点。假如通过尊贵的枢密顾问您的亲自斡旋能够办成此事的话，我们欧洲的基督教将非常感激您的努力。

整整一个月后，1699年10月19日，莱布尼茨回信给亚布隆斯基，告诉对方自己已写信给巴黎，请求帮忙①；在接下来的段落中，莱布尼茨更正了亚布隆斯基信中的错误之处，并请对方注意"贝尼尔的《游记》"中的有关段落。莱布尼茨写道：

关于据说在中国有犹太人生活的事情，我已经写信给巴黎。我在信中不仅附上了摘自曾德昭的一个段落（我查阅了此书），而且还附上了贝尼尔《蒙古游记》中的一段，内容是特维诺先生的一封短信。特维诺似乎是根据曾德昭的报道提出自己的问题的。贝尼尔的回答则是根据一位在中国的耶稣会士②发给印度的一封信的内容写成的。另外，在我查阅的曾德昭的书中，瓦尔东引用的那段话的出处不是第三部第13章，而是第一部第30章③。

---

① 亚布隆斯基1699年11月14日写信给莱布尼茨表示感谢。全集 I, 17, 659。
② 按照雷诺多的说法，写信人是汤若望（Adam Schall von Bell），收信人则是在印度德里的耶稣会士布瑟（P. Busée），参见：Renaudot, *Anciennes Relations*, 第326页。
③ 全集 I, 17, Nr. 352。莱布尼茨的纠正是对的。

莱布尼茨写给巴黎的这封信件至今未被找到。但从莱布尼茨1700年1月18日写给维尔纽（Antoine Verjus）的信中，可以看出这封信的大体内容。莱布尼茨写道：

> 我记得曾经请求过非常尊敬的郭弼恩（Charlesle Gobien）神父能否写信到中国打听一下，是否有可能看到在中国的犹太人的旧约圣经，以便对其与欧洲的希伯来文本进行比较①；在曾德昭神父的《大中国志》以及贝尼尔先生对贵会一位成员的信的报道中（贝尼尔《卡什米尔游记》，第140页，1672年海牙版）②，我们可以看到某些消息。由于长期以来，在中国的犹太人似乎与那些在欧洲的同胞没有任何联系，所以人们也许能在他们那里找到某些在欧洲的犹太人出于对基督徒的仇恨而篡改或者删去的书籍或片段（的原本）。因此，非常重要的一点是，至少能得到他们的《圣经》中的创世纪的开始部分，以便考察他们使用的版本是否与七十子译本或者至少撒玛利亚人使用的版本相同③。

如果假设莱布尼茨那封没有找到的写给巴黎的信件与这封在内容上没有重要的不同，那么与亚布隆斯基的本来的请求相比，这里出现了一个明显的区别：亚布隆斯基的描述比较含糊，关注的主要是"词语方面的疑点"；莱布尼茨却提出了一个非常明确的猜测：出于对基督教的仇恨，在欧洲的犹太人篡改了圣经的某些篇章或者删去了某些段落，在中国的那些犹太人中也许能找到"真本"。与亚布隆斯基不同，莱布尼茨在这里明显地表达了当时诸多基督教学者对犹太人的仇恨情绪。在自从

---

① 在1700年5月10日写给莱布尼茨的回信中，格比安声称在中国传教士们就《旧约》方面的问题进行了考察询问，但"到现在还没有发现任何新的东西"。《全集》，I, 18，第368封信。鉴于两份信之间的时间间隔很短，格比安的这种说法显得不怎么可靠。
② 莱布尼茨就贝尼尔《游记》所写的摘录见中国通信 I, 590—593。
③ 全集 I, 18, Nr. 168；中国通信 I, 244 – 257；全集 IV, 394 – 398。

16世纪初兴起的基督教学者对"希伯来《圣经》"（Bibles hébraïques）的研究中，这是一个不容忽视的动机，也是后来欧洲学者对开封犹太人感兴趣的一个重要原因。如同下面将要看到的，收信人郭弼恩的态度就是如此，并且起到了推波助澜的作用。通过指出长期以来在欧洲进行的对上古编年史的争论，莱布尼茨则把亚布隆斯基关心的重点引导到了自己长期以来所感兴趣的历史纪年问题①。

莱布尼茨阅读贝尼尔的《游记》以及曾德昭的《大中国志》时所作的摘录被保留下来了。有趣的是，莱布尼茨虽然在写给亚布隆斯基的信中说自己"查阅了曾德昭"，但却没有注意到亚布隆斯基（以及瓦尔东）提到的资料来源不可能是正确的，因为曾德昭的《大中国志》既没有提到摩西五经的古老程度，也没有提到开封有一本没有标点符号的经文。就像莱布尼茨自己亲手摘录的，曾德昭的著作中仅有下面一段与犹太人有关：

> （在中国的犹太人）多数住在河南省，其首府叫做开封府，他们骄傲地声称有一本用希伯来文写成的古老的《圣经》。我会的艾儒略神父（Giulio Aleni，1582—1649）曾在他们那里停留了一个时期。但他们不愿拉开帘子让他看那部圣经，而只让他看了看他们的教堂。利玛窦神父肯定地说②，在北京的犹太人告诉他这本圣经与我们的相似。他们没有任何关于上帝之子（已经）降生的知识，因此人们猜测他们是在上帝之子降生前来到中国的，或者他们早已忘记这些了，假如他们真的听说过他的话。因此，看看那本圣经便很重要。犹太人为了掩盖我们的救世主的光辉篡改了经文，而这本圣经也许还没有被篡改③。

---

① 亚布隆斯基的信是否通过郭弼恩转到了在中国的耶稣会士的手中，进而推动了在华传教士对开封犹太人的考察，则是一个尚难回答的问题。

② 参见《利玛窦中国札记》，第一卷，第十一章。

③ 全集 I，17，589—590，参见全集 IV，8，393—394，中国通信 I，590—593。参见曾德昭《大中国志》，何高济译，上海古籍出版社1988年版，第185页。

莱布尼茨的两份读书摘录，应该是在收到亚布隆斯基的信之后写成的。在写给郭弼恩的信中提到的"（欧洲犹太人）对基督教徒的仇恨"的意思也许是取自于上面摘录的曾德昭的猜测；而在中国的犹太人长期以来与外界没有任何接触，则是可以从两本书中轻易得出的结果。贝尼尔也在自己的《游记》中写道，中国的犹太人既没有听说基督耶稣的降生也对耶稣的死亡一无所知①。

尽管如此，莱布尼茨在这里提出的猜测将是后来欧洲研究中国犹太人的一个重要的动机。把这一研究导向这一方向的，则是在巴黎负责中国传教事务的郭弼恩神父。作为《传教信札》的主编，当郭弼恩在1707年在《信札》上发表骆保禄（J. P. Gozani）1704年11月5日写自开封的那份著名的信时，在主编撰写的前言中，郭弼恩已经大胆地提出了自己的推测：

> 这一发现绝不会使那些对宗教和《圣经》之纯洁性都非常虔诚的人无动于衷，漠不关心。人们借助于保存在这些中国犹太人手中的《圣经》诸书，便可以更容易地理解下述情况：某些学者确实相信，自从基督教诞生以来，与基督教为敌的犹太人曾篡改过《圣经》，或者是通过故意遗漏与颠倒整章的经文，或者是仅仅篡改几句话或几个字，或者删去那些于他们不利的章句，或者是在多处根据他们的观点而断句和加以突出强调，这就是说根据其教派的偏见而确定《圣经》诸书的意思②。

由于中国的犹太人有一个与世隔绝的教堂，由于不仅仅是基督徒，就连欧洲的犹太同胞们也不知道有这么一个宗教团体存在着，所以按照郭弼恩的想法，完全可能在他们那里找到"非常纯洁的圣经版本"或者是没有任何错误的片段，以便证实"我们的学者和神学家"在被篡改的

---

① 全集 I, 17, 589—590，参见全集 IV, 8, 393—394，中国通信 I, 590—593。
② 引自荣振华、李渡南《中国的犹太人》（*Juifs de Chine*），耿升译，大象出版社2005年版，第39页（引用时个别词句有所改动）。

文本中发现的错误①。

相比之下，莱布尼茨在骆保禄的信在《传教信札》上发表之后于1707年12月13日收到亚布隆斯基有关中国犹太人的《问题清单》②时所做出的举动则显得异常冷静，甚至让人觉得有点冷落。连同布尔格提出的有关问题一起，莱布尼茨把亚布隆斯基的《清单》寄到巴黎，请求郭弼恩转送给远在北京的白晋。在写给郭弼恩的信中，莱布尼茨只是简单地提到自己的两位朋友请他把这些问题送到白晋手里，其中的一些问题涉及到人们根据"某些报道"而猜测到的可能生活在中国的犹太人③；在写给白晋的信中，莱布尼茨写道：

> 随信附上亚布隆斯基先生列举的一些关于中国犹太人的问题。亚布隆斯基是一位在希伯来语言方面很有学问的人，前几年编辑出版了一本很好的希伯来文圣经④。通过一些发表过的报道，他认为很久以来就有犹太人生活在中国。果真如此的话，研究他们的教义与宗教礼仪便很重要。⑤

---

① 引自荣振华、李渡南《中国的犹太人》（*Juifs de Chine*），耿升译，大象出版社2005年版，第39页（引用时个别词句有所改动）。

② 阅读了关于俄国商队访问北京的报道后，亚布隆斯基于1704年撰写了一份包括28个问题的"中国备忘录"寄给了住在莫斯科的名叫布鲁克豪森（Jost Heinrich Brochhausen）的德国人（柏林—勃兰登堡科学院档案，编号：I, V, 3 Bl. 65—66）。布鲁克豪森于1705年3月6日就此专门访问了布兰特（柏林—勃兰登堡科学院档案，编号：I, V, 3 Bl. 58—64），并且把谈话记录寄给了亚布隆斯基。这次成功的交流促使亚布隆斯基在1705年年底草拟了一份关于中国犹太人的备忘录寄给了布鲁克豪森，希望1706年2月去中国的商队（2月是比较有利的季节）能把这些问题带到中国（柏林—勃兰登堡科学院档案，编号：I, V, 3 Bl. 76），由于布鲁克豪森不久就离开了莫斯科，所以这次的询问没有了下文。1707年3月，瑞士商人兼学者布尔格（Bourguet）请求亚布隆斯基把自己的一封信"通过巴达维亚"转给在北京的白晋，并且把信的内容，"如果可能的话"，转述给莱布尼茨（汉诺威莱布尼茨档案馆，档案编号：LBr 103，第83—86页）；收到这封信后，亚布隆斯基把自己几年前用德语写成的有关开封犹太人的备忘录翻译成拉丁文，连同布尔格的信一起寄给了莱布尼茨。

③ 1707年12月13日；中国通信 I, 594—597。

④ *Biblia Hebraica cum notis Hebraicis et Lemmatibus Latinis ex recensione Danielis Ernesti Jablonski*，柏林1699。

⑤ 中国通信 I, 598—604。

结语

当时的国人并不知道欧洲学者们为中国古代编年史的可靠性争论得不可开交。但他们是怎么评论《圣经》中记载的纪年呢？这方面的资料似乎不多。原因也许很简单：在某些中国学者看来，上帝创世的理论就够荒唐的了，何必再费神思去探究创世的具体过程与时间起点。倒是以反对耶稣会传教士出名的杨光先注意到了这一问题。在1660年写成的著名的《不得已》中，杨光先写道：

> 天主欲救亚当，胡不下生于造天之初，乃生于汉之元寿庚申？元寿距今上顺治己亥，才一千六百六十年尔。开辟甲子至明天启癸亥，以暨于今，合计一千九百三十七万九千四百九十六年。此皇帝《太乙》所纪。从来之历元，非无根据之说。太古洪荒都不具论，而天皇氏有干支之名，伏羲纪元癸未，则伏羲之前，已有甲子明矣。孔子删《诗》、《书》，断自唐虞，而尧以甲辰纪元。尧甲辰距汉庚申，计二千三百五十年。

"天主欲救亚当，胡不下生于造天之初"是个异常复杂的神学问题。"合计一千九百三十七万九千四百九十六年"怎么讲？利类思（Louis Buglio，1606—1682）在《不得已辩》中回应到①：

> 中国自伏羲以后，书史载有实据，自此之前，尚数万年多难信者。盖羲轩尧舜之时，生人至少，岂有数万年之久乎？伏羲尧舜之民，性信纯善，制文艺，肇宫室，始耕凿，正惟此时，推知其去原初，不相甚远……今吾据经载，自帝尧殂顺治元年，正四千年，此与六经义不远，而于天主经相合。由此而知，"天皇氏有干支之名，

---

① 杨光先等：《不得已》，陈占山校注，黄山书社2000年版，第106—107页。

伏羲纪元癸未",皆外纪荒唐不经之语也。

　　至于开封犹太人,欧洲学者则寄予了过高的期望,且无论出自什么样的动机。其实骆保禄(Gozani)在1704年的那封信中已经写得很明确了,但也许正因为如此,这封信才激起了人们更多的好奇:难道真的没有任何惊人的"新"发现?骆保禄已经指出了,关于从亚当后裔到诺亚之间的年代,开封犹太人的《圣经》中的记载与"我那本《圣经》"完全相符;他还指出,"明朝时的费乐德(Rodrigo de Figueredo,1594—1642)神父以及清朝的恩理格(Christiano Enriquez,1624—1684)神父"曾多次到开封的教堂里与那里的犹太人交谈,"然而,这两位博学的人却不屑于要一本他们的圣经。这使我觉得,他们认为这些经文已被犹太教法典信奉者所曲解,因此已不像耶稣基督降生以前那样准确可靠了"[①]。

[①] 杜赫德编:《耶稣会士中国书简集》(第2卷),郑德弟译,大象出版社2001年版,第14页。

代跋：莱布尼茨的启发：
如何带着理性宽容彼此交流*

  学术和人生的轨迹同样，有时充满着拐弯的偶然性。刚过耳顺年，回想1990年在柏林自由大学留学时对托马斯·曼的文学魔力的迷恋，如今成为国际莱布尼茨研究领域权威学者李文潮，还有些许遗憾。因为契机，他进入了17和18世纪中西文化交流史研究，锁定了研究莱布尼茨这位300年前的天才通才。

  经历了三年自然灾害，在陕西大荔县农村成长的他，儿时总在母亲怜爱的目光里：这么孱弱的身体，只要有力气能拿起书读下去就好，好在上天给予了他语言的天赋：中英德法直至拉丁文，似乎是为让他更好读懂莱布尼茨这样的跨国跨学科大家而做准备。

  浸染长久，研究者往往与研究对象风格相染。在李文潮看来，莱布尼茨是不可多得的天才，但更是勤奋，一生仅书信就写了8000封，有的就是30多页的论文。李文潮亦是分外勤奋且有成就，他是第一个主持德国《莱布尼茨全集》编辑出版的外国学者。而受益于莱布尼茨提出的"理性的宽容"文化交流原则，李文潮在开展系列国际交流中更具前瞻和亲和力。

  1997年，李文潮曾翻译德国哲学家魏施德的哲学入门书《通向哲学的后楼梯》，作者意在从生平习性引介哲学家观点。借此思路，如果把钻

---

 * "倾听世界哲人，亲近当代哲学——祝贺第24届世界哲学大会在北京召开·24位世界哲学家访谈录"，访谈人：文汇报社记者李念，以下简称"文汇"。后收入李念（主编）《在这里，中国哲学与世界相遇．24位世界哲学家访谈录》，人民出版社2018年版，第115—130页。

研中国哲学比作前楼梯,那么从比较视野理解中国哲学或许是"后楼梯",由此,不妨借用该书的序,李文潮以莱布尼茨研究和中西交流来促动中国哲学的发展,就是"后楼梯没有装饰,更能直接把我们带到哲学家那里"。

哲学之缘与轨迹

文汇:感谢您百忙中接受采访,此前,我们对在美国求学并执教的中国哲学专家知晓和报道得比较多,这次能采访在德国的国际莱布尼茨学会前任秘书长,我知道您2017年年底才卸任,心里充满期待和兴奋,我想我的心情也是很多读者的心情。

(1) 研究哲学并非必然,同时掌握英、德、法、拉丁文是优势

我们知道您是1990年在柏林自由大学攻读博士后时才转到该校哲学系的,那年您33岁,风华正茂。此前,作为恢复高考后77级大学生,您从西安外国语学院毕业后,经短暂培训,1982年秋去了海德堡大学攻读日耳曼文学、哲学、语言学,在文学领域奋战了整整八年,也留下了《托马斯·曼》《通向哲学的后楼梯》等优秀的德语翻译作品。如果不是博士答辩时遇到比格曼这位天主教的哲学史专家,您会选择什么作为学术志业,文学还是哲学?文学转到哲学有否优势,还是您个人的语言天赋增加了砝码?

李文潮:如果没有家庭的支持,没有后来的一些机遇,人生和学术道路也许会是完全不同的景象。假如没有认识比格曼先生,没有生活困难的话,我想我会继续从事文学研究,但会偏重那些以哲理见长而不是情节取胜的作品。大体而言总会是文史哲不分。我个人对语言感兴趣,三十多年间,除德语、英语之外,还逐步地掌握了拉丁语、法语,基本上是依靠大量阅读加深理解。我也做一点翻译,知道其中的甘苦,因此对翻译作品常有放不下心的感觉。遇到看不懂的地方,还是习惯找来原文核对一下。既然在外面安身立命,语言便是一个非常重要的工具。我觉得这是我的一个强项,否则也不敢衔命主持一个对拉丁文、法语、德语均有极高要求的学术机构。就中国传统文化以及佛教而言,我不是专科出身,但我能够把自己思考的和别人研究的成果用德语说出来讲明白。

(2)《传教史》被誉为十年一遇的创新著作,原因是提供了传教史之外的视角

文汇:语言天赋,让人钦慕,高度整合和表达能力,也令人向往。您 2000 年发表的巨著《17 世纪基督教的中国传教史》,被德国学术界誉为"十年才能一遇"的创新著作。您详尽描述了基督教在中国传教失败的原因。您觉得这本著作被肯定是因为什么?从上海这个城市 17 世纪时徐光启和利玛窦的合作来看,徐光启受利玛窦引导进入西学,并成为天主教徒,是否算一个反例?

李文潮:徐光启、李之藻等不是反例,是个案。对于这个课题,需要作出多层次的区别。西学不等于基督教,接受西学不等于接受基督信仰,接受西学同时成为教徒也不矛盾。基督教中又有必要区分神学思想与个人所求。这本书从开题到出版花费了至少十年光阴。看到"十年一遇"的书评,确实联想到了贾岛的《侠客》。20 多年前年轻气盛,现在不会这么想的。那个时候国内对该课题研究不多,国外的研究者绝大部分或多或少是天主教信徒(现在大体上还是如此)。我想受到关注的一个主要原因是提供了一个传教史之上的视角,利用中西资料从政治、历史、哲学、文化、宗教、习俗等方面探讨了西方基督教文化遇到中国社会时的复杂性、多面性、几大教义之间的不通融性以及在整合时所需要的长期性。

文汇:通过您的解释,我可否理解,此前类似西方研究是局限于"以我为主的传教史"角度,而您提供了更立体视角,让西方研究者眼前一亮,由衷给予了"十年一遇"的肯定。

李文潮:此书虽然名叫"传教史",其实副标题才是关键,大概意思是:理解、不理解、误解:基督教、佛教、儒家精神史研究。

（3）《全集》历战乱而不断耗时150年，连续负责第四、第五系列需毅力与牺牲

文汇：您从1996年进入柏林理工大学"中国科技史和科技哲学研究中心"，并担任当时德国哲学学会主席汉斯·波赛尔的助手，他同时是国际莱布尼茨学会的副主席。从那时至今，您就一直在莱布尼茨研究的漫长道路上，而且频频取得成效。您直接从法文手稿编辑了莱布尼茨的《中国自然神学论》，因此2007年担任了柏林—勃兰登堡科学院波茨坦《莱布尼茨全集》的编辑部主任，2010年又同时兼任汉诺威大学莱布尼茨研究中心的首任主任。在波茨坦，负责出版了《全集》第四系列政治类第6到第9卷，今年，德国科学院联盟又授命您启动第五系列（语言与历史文集）。据悉，编撰《莱布尼茨全集》的提案是在1901年国际科学院联席会议上提出的。1907年委托德法三家科学院正式编辑《全集》，从10万张手稿中整理出的内容分八大系列，预计2055年完成，共计120册，目前已经出版了60册。您是这个世纪编撰工作中重要的一个环节，对这项150年的计划有何感受？德国或者说西方对保存经典的态度对东方国家有何启示？

李文潮：一个研究项目100多年还没有完成是个不正常的现象。项目再大，应该力争在最多50年，即在一个人的学术生命期内结束。因此莱布尼茨《全集》的特别之处并不是这么长，而是经过20世纪的两次战乱以及随后的德国分裂，这个项目竟然一直没有中断，而是奇迹般地一代一代延续下来。这个事实说明了莱布尼茨的重要性，也体现了德国研究传统中对经典、文本、资料的重视。这是奠基工作也是为后人修栈道，研究者定一字之正误，求一名之原始，需要一定的毅力与自我牺牲，政策规划者需要长远的眼光与战略思考。

能够衔命启动尚未开始的第五系列（语言与历史文集）确实是个很大荣誉也是信任。我能做的，只是初步的准备工作，譬如编目、人员遴选、技术选择（电子化发展给传统的文本编辑提出了很大的挑战）等等。由于是一个新的系列，所以期望值很高。我想会不负众望的。

（4）学术管理有益研究：有幸提供专业鉴定，促成莱氏信件成为世界文化遗产名录

文汇：您如今不仅是国际莱布尼茨研究的领军人物，也是一位多面手学者。您在2007年曾让莱布尼茨部分信件成为联合国科教文组织的世界文化遗产名录。1997年，您协助组织了"纪念莱布尼茨《中国近事》发表300周年国际研讨会"；2014年，组织了《单子论》发表300周年国际会议。尤其是您在2016年暑假在汉诺威举办了第十届国际莱布尼茨大会。您也接受了上百次的媒体采访。复旦大学哲学学院的洪堡学者邓安庆教授这样描述："我们亲耳聆听州长对这位来自中国的德国教授的高度赞美，亲耳听到李文潮教授在各种场合充满激情和幽默、专业和得体的发言。在这个素来以哲学傲视世界的德国哲学界，能有这样一位来自中国的领导者，我们确实感到由衷的感佩。"我想请教，中国学者对于学术管理和协作多持谨慎的态度，担忧会影响自己的学术研究。您是如何看待的？并如何做到兼顾皆优？

李文潮：邓老师过奖了。2007年联合国科教文组织在讨论莱布尼茨信件是否能够被列入世界文化遗产名录时，出现了争议，在这种情况下，有人建议再次专家外审，我受推荐有幸提供了一份鉴定，可以说在关键时刻起到了一锤定音的作用。在没有非学术因素干扰，不需要做和学术研究无关的"杂事"的情况下，学术管理并不复杂，而是一个推动研究深入的机会。当然得有一点组织才能。作为莱布尼茨研究者，我深知自己能涵盖的只是很小的一部分，但也知道还有哪些问题有待研究。这种意义上的学术管理与自己的研究并不矛盾。相反，我觉得组织一个学术活动，组织者自己学到的东西最多，如同开一堂课老师收获最大一样。譬如一个学术会议，准备时间至少需要一年，领头者需要阅读尽量多的有关研究成果（包括几世纪之前的），了解每个与会者的研究情况，主持有关讨论，事后审核校订会议文献。经过这一过程，能学到不少东西，进而对自己的研究不无裨益。

（5）莱氏研究国际化是亮点与趋势：《全集》证明了莱氏和牛顿不同时发明微积分

文汇：作为国际莱布尼茨学会副主席、学术委员会主席、《莱布尼茨研究》主编，莱布尼茨研究未来将走向一种怎样的前景，对当代的学术有一种怎样的意义？您的学术生涯会伴随终身吗？

李文潮：莱布尼茨研究是一个超越了国界、政治分歧、宗教信仰的大家庭。2016年第十届国际莱布尼茨大会的与会者来自五大洲30多个国家。《莱布尼茨研究》是世界上唯一一个刊登用德语、英语或者法语写作的论文的学术期刊。国际化是这一研究的亮点与趋向。随着《莱布尼茨全集》的陆续出版，会有更多的研究资料供问世，因此总有新的课题出现。莱布尼茨和牛顿独立而不同时发明了微积分就是从前几年出版的书信文集中提供的资料才得到证实的。近几年受到研究界关注的政治哲学、自然科学、宗教哲学、文化交流等等则是第四系列中编辑出版的文献中的主题，而这些题目都是与当代社会与学术紧密相关。

第二个问题不好回答。人生难免无奈，终身是多长，就是一个无法预测的事情。孩提时代，身体羸弱（实际上是营养不良）。邻居发愁这个孩子以后怎么干农活，母亲总是疼爱地说，只要有拿起书本的劲就够了。知儿者莫母吧，现在只会看书，其他本领都退化了。

（6）国内的莱氏研究：步子可更快一点，水准可更高一点，年轻人可更多一点

文汇：知儿莫如母，知母亦莫如儿。您除了促进国际莱布尼茨的研究，也促动了中国的莱布尼茨研究。接受了很多人才进行国际交流外，在制度合作上屡有建树，在您的推动下，武汉大学和北京师范大学的莱布尼茨研究中心都有声有色，2017年，您还帮助山东大学和山东师范大学成立"国际莱布尼茨研究中心"，山东省试图让儒学大省和莱布尼茨所在的下萨克森州有更多的合作。您如何评价之类合作的前景？

李文潮：三十多年，坐镇柏林，有幸结识全国各地不同领域的同事朋友，学术上的合作是从朋友角度开始的。制度化是水到渠成的事情，也是国内的一个特色。前景总是看好吧。有时候也只能只管耕耘不管收获，明其道不计其功。这样说，是觉得进展还是可以更快一点，水准更高更专业化一点，特别希望能够留住更多的年轻人专门至少重点从事莱布尼茨研究。原因是多方面的，但也不能因此而不为之，不能因为干旱就不下种。

哲学特色与贡献

文汇：因为采访，我对莱布尼茨这位 17 世纪的百科全书式天才有了更多的了解。其主要贡献在数学和哲学上。和牛顿共同促进了微积分的发展，发明了二进制；在哲学上，是 17 世纪和笛卡尔、斯宾诺莎齐名的理性主义哲学家，他有"单子论"之说。

（1）极具天分的莱氏处在数学家辈出的转向近代的中世纪，数学传递的是理性精神

您曾对他那个时代人的生活和处事做过专题研究，您是否觉得莱布尼茨这样的天分是独一无二的，是什么造就了他的博学？据说他去巴黎完成政治游说前，数学只是一般，后来在巴黎拜惠更斯为师后，就有了从几何学上发展微积分的成就？

李文潮：莱布尼茨应该说是极具天分，但也非常勤奋，是特别注重讨论交流的一个人。50 年间写了 8000 多封信，其中相当一部分长达 30 多页，实际上就是论文了。他曾说一早醒来，躺在床上就有那么多的想法，担心用一天的时间也不够记录下来。我们也有想法，但往往懒得笔录下来做进一步的思考。我们也读书，但往往懒得做摘录。莱布尼茨愿意借来一份瑞典使团访问俄罗斯的笔记把俄国的物产和价格记录下来，我们只关心自己研究范围内的东西。欧洲的 17 世纪是数学的世纪，是数学家辈出的时代，其中的一个原因是，在中世纪和近现代的转型时代，人们认识到了只有数学能够提供可靠的知识。我自己对数学没有多少研究，因此在莱布尼茨身上看到的更多的是数学精神。作为纯粹的精神学

科,数学传授给我们的,并不仅仅是计算和求证,而是以理性的方式解决冲突,从明确的定义出发按照严格的推演方法分析与解决问题。莱布尼茨提出的"通用字符"夺今日人文精神学科数字化的先声,其基础还是数学,企图把思维数学化,进而可以演算。他发明的"二进制"之所以能够成为计算机的基础也是同样的道理。

(2)《单子论》是天才之作,对当代的全息论、自组织论、潜意识论都有启发

文汇:您如何评价"单子论"的意义,莱布尼茨继承了亚里士多德的实体观,认为人的心灵是一特殊大单子,有记忆、过去、未来,在《牛津大学西方哲学史》第三册里,莱布尼茨被放在"身体与心灵"一节里,讲述了与同时代斯宾诺莎的不同,和承上启下中与亚里士多德和康德的关系。从哲学史的角度,如何来看莱布尼茨对当代哲学的贡献?

李文潮:"单子论"听起来有点玄,要吃透它确实也需要数学、生物学、神学,特别是哲学史方面的功力。但其基本思想还是比较容易理解的。"单子论"不是真理,只是一个比较圆满的解释宇宙人生现实未来的理论。机械的因果律可以帮助我们观察世界,指导我们的日常活动,但单纯用它解释世界与人生至少是不全面的,因为在现象界背后还有一个精神的力的世界。构成这个世界的基本点是"单子"。这是一个精神实体,无生无灭,每个"单子"独一无二,不受其他"单子"影响,以折射的方式感知其他"单子"即宇宙。"单子"与"单子"之间构成等级或者说秩序,秩序即美即和谐。每个"单子"皆追求自我实现,从而构成了整个宇宙的活力。

《单子论》确实是一篇天才之作。这是普鲁士皇帝弗德烈二世(1712—1786)说的,黑格尔却不无讽刺地说"这是一本小说"。不过确实也很有诗意。为了说明自己的观点,莱布尼茨使用了很多比喻:世间没有两片完全相同的树叶,"单子"没有窗户,宇宙之中充满生命没有荒芜,一水映大千,一镜射宇宙,此刻是前刻的延续同时孕育着未来。这么一篇短文(90节,大约40页)对后来的哲学发展起到了很大的推动作用。在 19 世纪末 20 世纪初，法国、英国和德国就先后出现了各种形式的"新单子论"，都是立足于莱布尼茨的母本。值得一提的是对哲学之外的学科理论的影响，譬如全息论、自组织论、（弗洛伊德的）潜意识心理学、社会学、艺术与诗歌理论等等。

（3）17 世纪欧洲发现诸多"非欧"文化，莱氏提出跨文化诠释：理性上的宽容

文汇：刚才提到，您编辑了莱布尼茨的手稿《中国自然神学论》，这部作品是他去世前的 1716 年撰写。1688 年到 1689 年，他在罗马结识了意大利传教士闵明我，以后又认识了白晋，白晋向他介绍了《周易》等中国文化，他也就此对中国抱有好感。您能否介绍一下，莱布尼茨眼里，他是怎样肯定中国，和法国启蒙学派的伏尔泰等人是否有不同？不少研究表明，17 世纪至 18 世纪，中国曾在西欧掀起"中国风"，不仅器物如扇子、瓷器、布匹风靡上流社会，就是中国的儒家思想也颇受欢迎。您从莱布尼茨的研究中，是否也得出了同样的结论？当时对中国的了解是否带着"他者"欣赏眼光的主观性而有所美化？

李文潮：在莱布尼茨生活的 17、18 世纪，欧洲发现了包括中国在内的诸多"非欧"文化与社会形态，由此引发了不少"文化"冲突，著名的"礼仪之争"便是比较明显的一个例子。莱布尼茨关注这些发现以及由此导致的争论，并且提出了自己的跨文化诠释构想：建立在理性之上的宽容。人是会思考的动物，理性的其中一个重要内涵则是思维是按照一定的思维规律而进行的精神活动，这是保证人与人、文化与文化之间能够沟通对话的先决条件，同时预设了每个文化中皆有合乎理性的思想；以此为基础而提出的宽容不仅是对"他者"的尊重，而更是对自己的观点以及自身文化的怀疑。他所说的"自然神学"就是哲学中的形而上学。因此，莱布尼茨在这方面的贡献，并不仅仅是为自己和后人收集了一些珍贵的资料。与所有的对中国感"兴趣"的欧洲思想家相比，他的兴趣最广泛，亦更深入。不少人看到的往往只是一个问题，一个方面，只有莱布尼茨一人试图全面了解这个古老的国度与文化，同时又力争将

了解到的信息作为背景与欧洲进行比较，进而从概念上把二者融会贯通。在这一过程中，莱布尼茨试图坚持以下原则：友善、普遍、求同求通求一、多样性、交流与相对。莱布尼茨生活在300多年前的欧洲，但其在政治、哲学、法律、逻辑、语言学等领域内提出的观点、思路与设想却显示了惊人的超前性或者说现实性。这应该说是近年来在世界范围内莱布尼茨研究能够持续展开，引起各个国家学者的兴趣，受到学界及政界普遍重视的一个重要原因。《中国自然神学论》已经有中文、德文、法文、葡文、西班牙文、日文、荷兰文译本，意大利文本即将出版。

美化的地方也有，原因是信息不足或者不实。莱布尼茨使用的是有限的翻译，同时希望把所有的中文书籍翻译为欧洲语言。批评的地方几乎没有，原因是他有一个处世原则：宁可错误地表扬"他者"，也不错误地批评对方。善意忠恕。我个人认为莱布尼茨给我们提出了一个有待完成的任务——这就是如何在更高的层次上进行文化之间的互解，进而贯通。

（4）"正义"对后世启发：属于永恒真理，而律条是人为的，严格区分正义和权力

文汇：莱布尼茨在17世纪末提出的"正义论"与当今非常走红的政治哲学中的正义论有何不同和关联？

李文潮：莱布尼茨是法学博士，后来一直担任政治顾问一类的职务。其"正义论"的特色在于严格区分正义与权力，正义与法规或者律条，二者属于不同的范畴。他认为正义属于永恒或者客观真理。如同三角形内角和为180度一样，既不是上帝的恩赐，也不是权力决定的，更不是民主投票得出的结果。权力可以帮助正义得以实现，但正义本身不是权力意志的体现。法无不义，但法规律条却是人为的，难免有错甚至与正义背道而驰。"恶法非法"就是这个意思。很显然，莱布尼茨的这一思想摆脱了欧洲中世纪把正义看作是上帝意志的观点，也区别于譬如霍布斯的权力论，也与契约法不同。20世纪以来，由于受到实证主义的影响，法与律之间的张力消失了。律被奉为圣典，背律即是犯法。与此同时，对不义的反抗权相对减弱。我想这也是莱布尼茨正义论，能够引起关注的一个重要原因。

（5）面对当代科技活动及其潜在性问题，哲学提供的概念工具和分析方法面临困境

文汇：您也从事科技伦理和科技哲学研究，是否受到研究者莱布尼茨的影响？

李文潮：不全是。起初把科技伦理和科技哲学看作是利用哲学上的范畴与方法，研究传统上不受哲学重视的科学特别是技术活动，所以比较注重一些基本问题，譬如亚里士多德哲学中理论与实践的范畴区分。后来觉得科学技术的发展早已不是昔日的工匠劳作，发明也不是像牛顿那样等苹果掉到地上。借用传统哲学提供的概念工具与分析方法无法把握现代化的科学技术活动，这样才进而思考这类活动的特点以及哲学手段的尴尬之处。这样视野就豁亮了一些了。科学研究的自由性问题、现代技术活动的特点、技术后果的潜在性问题、责任性问题就出现了。不过我最终看到的还是面对新的问题哲学理论所面临的困境。谢谢您提出这个问题，这几年来已经没精力思考这类问题了。

（6）18 年陆续完成 17 至 18 世纪欧洲主要期刊 61 年间对中国评论一手资料 600 余份

文汇：在《莱布尼茨全集》的整理中，是否也有与时俱进的其他手稿整理新创？能否介绍一下？

李文潮：2003 年，我在一个很有名但比较偏僻的图书馆住了半年时间，从早到晚阅读 1665 年到 1726 年欧洲主要学术期刊中对中国的报道与书评。这个项目断断续续做了 18 年了，收集到 600 多份一手资料。如果不出意外，有望明年出版。

这一项目同时说明了，我的研究实际上在向治史的方向走。除了机遇之外，可能也是由于困惑。"知识增时转益疑"。所知的范围越大，圆周越大，圆周之外无知的领域随着增长。写了不少书，倒觉得不敢轻易下笔了。譬如我对比较哲学之类的题目就有点胆怯,要比较就首先得划界,那些界外的东西怎么办?说这是某个文化的特殊之处,则必须事先把另一个文化彻底吃透,轻易做不到,便担心坠入独断之学。

(7) 给后学建议:成熟的常人要有哲学反思性,把哲学专业当作学问,而非智慧

文汇:如果一个后学(西方或东方)要在今天从事哲学研究,您会给他什么建议?

李文潮:对于短期进修的学生,我不要求他(她)们怎么读书,希望他们多交流多到外面看看。关起门来书斋都是一样的。对于要完成博士学业的学生,则要求他们扎实一点。对于德国的学生,我则是提醒他们这是一个以后很难就业的学问,最好同时选择一个至少能够维持生计的专业,因为社会(至少在德国社会)对哲学研究者的需求量并不大。

无论是对社会国家还是针对个人的人生而言,需要的是哲学性的思维或者反思,而不是对哲学的研究。成熟的人多是有点哲学头脑的人。人生中会有精神与心灵困惑,至少生老病死是无法避免的,也是需要面对的。康德提出的三大疑难(上帝是否存在?灵魂是否不死?意志是否自由?)是每个人一生中或多或少会问到自己的。哲学原本是一种很基础、很平常,在基本解决了温饱之难之后产生的精神活动。即便在大学兴起后,哲学在最初也只是一门公共课,其目的并不是培养哲学研究者,更不是培养哲学家,而是要求从事专业学习的人,具有一定的包括逻辑和伦理在内的哲学修养。随着哲学的专业化、学院化、教授化,哲学才变成了一个有待研究的专业,哲学研究成了一个学术性的事业,渐渐远离社会与人生。简言之,从事哲学研究不等于就是哲学家。在这个意义上,我对学生的建议大约是,不要期望得到智慧,把哲学当学问做。

我看世界哲学大会和中国哲学

文汇:作为德国古典哲学的研究者,您如何看待哲学与世界的关系?

（1）随着学科细化，德国古典哲学的高峰影响不再，而哲学跨学科交流可促进精神活动

李文潮：德国古典哲学无疑是哲学的一个特殊高峰期。为后来的发展提供了丰富的理论构建，为社会发展与变化起到了不可低估的影响，同时又是那个时代的结晶。到了今天，哲学家们，至少研究哲学的人，已经意识到了无法（或者说自认没有能力）构建庞大的的哲学体系，因而转向了对具体问题的讨论。哲学活动的方式不仅仅体现在个人的苦思冥想，而是对话，既有同行之间的磋商，更有与其他学科和文化的交流。

当今社会，学科分类已经很小很细了。哲学还是一个相对而言比较开放，没有具体对象规定的学科，能够涵盖其他学科未能覆盖的范围。对具体问题的探讨能够起到一定的现实作用。对人类精神活动以及社会活动中的基本概念的批判性分析，有一定批判性，有益于促进社会群体以及文化之间的对话与理解。比如：问我现在几点了，看一下手表或者手机就行了。问我"时间"是什么，就不那么容易回答了。诸如此类的有待分析批判的基本概念甚多。

（2）学以成人：人类存在追问永新，"改天换地"之后明天将是怎样的可能？

文汇：这次在北京举办的世界哲学大会，主题是"学以成人"，您如何解读？

李文潮：讨论和确定这个主题时，我的第一感觉是有点悲哀。人类历史少说也有几千年了，自己到了花甲岁月，竟然还没有成人？世界上还有那么多的人没有机会学习，他们也没有成人？因而有点疑惑。但斟酌一番之后觉得这个主题还蛮有意思的。哲学中的问题都是些古老的问题，不是答案，因此哲学史便是哲学思维与研究中不可或缺的一个重要组成部分。什么是进步，什么是幸福？人生的意义是什么，这些问题只要人类存在就不会过时。

但从大的框架看，学或思则是一个重要途径：人类社会到了今天，人与自然的关系已经倒置，借用科技的力量，人类从靠天吃饭发展到了改天换地。这个担子不轻，挑得起吗？面临新的问题，需要对人生特别是人类的历史地位做出新的反思。这些也许是哲人忧天，但也确实是一个哲学问题，即可能性问题。星起云落，时光总在流逝，不管愿意不愿意，未来都以明天的方式变为现实。长远来看，什么样的现实就不那么容易把握了。

（3）中国哲学是用西方的网在中国知识海洋里捞出来的鱼，与西方哲学的真正碰撞还待努力

文汇：作为研究西方哲学的华裔学者，您如何看待中国哲学的现状和未来？

李文潮：汉语中哲学这个词是黄宗宪 1877 年从日本引进的，日语中哲学一词是 1874 才有的。最早把孔子称为哲学家的是早期的耶稣会传教士，而且是在把儒家学说介绍给欧洲时所说的。在他们的汉语著作中，找不到这个说法，因为汉语中没有这个词。我们今天所说的传统中国哲学，是按照西方的学科分类方法或者知识范畴构建发明出来的，是打碎经史子集之后拼凑出来的，形象一点说，是用西方的网在中国知识海洋中打捞出来的鱼。最初进行这一构建工作的大体上是两类人：一是带着西学背景的传教士，二是受过西方哲学训练的中国学者。

打鱼这个比喻出自于科学哲学。把它用到这里，主要是想说明两个问题，一是学科分类有一定的任意性，如同网眼的大小是人为的一样，而任意性成立之后便有一定的强制规范性，用直径为五厘米的网眼打捞上来的鱼均大于五厘米，所有小于五厘米的鱼都会落网。说中国没有哲学是鱼网的问题，而国学一词的提出，其中的一个原因则是意识到了这个分类法无法全面覆盖传统文化，或多或少有点"以西方之眼光看待中国之问题"。

基于以上背景构建出来的中国哲学范围就很博大精深了。应该包括古典的诸子百家中的哲学思想，汉代以来对佛教吸收以及与此紧密相关的宋明理学，当然甚至更主要的是近现代以来对西方哲学的研究及其他山之石的功能。从这个视角看,中国哲学理应包括西方哲学。

　　面临的一个关键问题是怎么形成国际对话与交流。和我们接轨的基本上是国外大学的东亚系或者中文系,而不是研究意义上的哲学系因而也未能形成直接的碰撞。其最终目的并不是分文野,争高下,而是把在不同文化不同语言中形成的哲学思想看作是不同视角下,对同一的思考与表达。众含一,一摄众。达到这一步,尚任重道远矣!

附录1 外国人名简介

（括号中注出外文写法，以便查阅；其他信息大而化之仅供参考；
按拼音排序；国别根据现代之划分，敬请注意）

阿布达勒（Abd-Allah ibn Omar, Abdalla Beidavaeus, Al-Baidawi），波斯历史学家，13世纪

阿尔伯特·库提乌斯（Albert Curtius, Kurz），耶稣会士，1600—1671

阿尔伯提（化名Antonio Alberti，实名Amable de Tourreil），法国詹森派，逃亡罗马、佛罗伦萨，1719死于罗马宗教法庭狱中

阿夫里尔（Philippe Avril），法国耶稣会传教士，试图从陆路进入中国未果，1654—1698

阿基米德（Archimedes），古希腊数学家

阿克维瓦（Claudius Acquaviva），1581—1615耶稣会会长

阿莱斯金（Robert Areskin），1706沙皇御医，1718逝世

阿玛利特（Valentino Amartina），葡萄牙耶稣会士，1654—1712

阿诺德（Antoine Arnauld），法国哲学家、神学家，詹森派代表人物，1612—1694

埃贝洛（Barthelemy d'Herbelot），法国东方学家，1625—1695

埃本（Huldreich von Eyben），德国法学教授，维也纳皇家顾问，1629—1699

埃德曼（Johann Ed. Erdmann），德国哲学家，编辑出版莱布尼茨著作

埃哈特（Johann Georg Eckhart），历史学家，莱布尼茨助手，1674—1730

埃蒙（Jean Aymon），法国学者，图书管理员，1661—约1734）

埃斯赫尔茨（Johanbn Sigismund Elsholz），柏林选帝侯医生，东方学家米勒的朋友，1623—1688

艾儒略（Giulio Aleni），意大利耶稣会传教士，1582—1649

艾逊爵（艾若瑟，Giuseppe Provana），意大利耶稣会传教士，1662—1720

爱德华·金（Eduard Gee），英国新教神学家，1657—1730

安德烈·施密特（Johann Andreas Schmidt），德国历史学、逻辑学、教会史教授，1652—1726

安多（Antoine Thomas），比利时耶稣会传教士，1644—1709

安文思（Antonio de Magalhaens，Magalhães），葡萄牙耶稣会传教士，1677—1735）

安西隆（Charles Ancillon），法国律师，1685流亡柏林，1707柏林科学院成员，1659—1715

奥登堡（Henry Oldenburg），德国学者，伦敦皇家科学院秘书，1618—1677

奥尔良公爵夫人（Liselotte von der Pfalz），德国普法尔茨公主，1671与年法国奥尔良公爵菲利普（路易十四之弟）成婚，1652—1722

奥格弼（John Ogilby），英国（苏格兰）学者，翻译荷兰使团报告，1600—1676

奥利樊特（Thomas Oliphant），英国医生，1699年随船去舟山，不详

奥涅金王子（Eugen Franz, Prinz von Savoyen-Carignan），将军，1663—1736

巴范济（Francesco Pasio），意大利耶稣会传教士，视察员，1551—1612

巴拉提（Luigi Ballati），意大利人，汉诺威赴巴黎使节，1636—1696

巴朴布罗赫（Daniel Papebroch），阿姆斯特丹耶稣会士，1628—1714

巴士良（Henri Basnage de Bauval），法国律师，1687流亡荷兰，主办杂志，1656—1710

巴托利（Daniello Bartoli），意大利耶稣会士，耶稣会历史学家，1608—1685

附录1 外国人名简介

巴耶尔（Gottlieb Siegfried Bayer），德国东方学家，曾供职彼得堡科学院，1694—1738

巴伊科夫（Baikow, Bajkov），俄国使节，1654年出使中国，约1612—1663

白晋（Joachim Bouvet），法国耶稣会传教士，1656—1730

白乃心（Jean Gruber, Grueber），奥地利耶稣会传教士，1623—1680

白万乐（Alvaro de Benavente），奥古斯汀会传教士，江西宗座代牧，1646—1709

柏拉图，希腊哲学家，约公元前428—348

柏应理（Philippe Couplet），比利时耶稣会传教士，1624—1692

班齐里（Antoinion Banchieri），教皇国务秘书，1667—1733

班齐里（Antoinion Banchieri），罗马教皇国务秘书，1667—1733

鲍德朗（Michel Antoine Baudrand），法国地理学家，后赴罗马，1633—1700

鲍利尼（Christian Franz Paullini），德国医生兼学者，1643—1712

贝尔纳（Edward Bernard），英国数学家、东方学家，牛津天文学教授，伦敦皇家学会成员，1638—1697

贝克（Beek），德国汉诺威人，不详

贝雷斯（Conrad Barthold Behrens），德国医生，1708柏林科学院成员，1660—1736

贝尼尔（François Bernier），法国旅行家，游历印度，1620—1688

贝耶灵（Fr. Wilh. Bierling），德国哲学、神学教授，1728逝世

本特雷（Richard Bentley），英国神父，皇家科学院成员，皇家图书馆管理员，1662—1742

彼得大帝（Pjotr I.），俄国沙皇，1672—1725

毕尔封格（G. Bernhard Bilfinger），德国哲学家，神学家，1693—1750

毕嘉（Jean-Dominique Gabiani），意大利耶稣会传教士，1623—1696

毕雍（Jean-Paul Bignon），法国学者，1696法兰西科学院负责人，1662—1743

· 303 ·

波尔尼茨（Henriette Charlotte von Pöllnitz），普鲁士女王索菲·莎罗蒂宫女，作家，1670—1722

伯努利（Johann Bernoulli），瑞士医生、数学家，巴黎、柏林科学院、伦敦皇家学会成员，1667—1748

博登豪森（Rudolf Christian von Bodenhausen），意大利佛罗伦萨王子太傅，1698年逝世

博舍特（Jean Bouchet），法国耶稣会传教士，1655—1732

博贤士（Antoine de Beauvollier），法国耶稣会传教士，1656—1708

卜弥格（Michael Boym），波兰耶稣会传教士，1612—1659

布尔盖特（Louis Bourguet），瑞士新教学者，1678—1742

布兰特（Adam Brand），德国吕贝克城商人，1692—1695随俄国使团赴中国，1714年后逝世

布劳（Joan Blaeu），著名荷兰出版商，1596—1673

布劳恩（Brown），英国人，三次去中国，不详

布鲁克豪森（Jost Heinrich Brochhausen），德国人，居莫斯科，逝世不晚于1730

布罗瑟欧（Christoph Brosseau），汉诺威住法国代表，1630—1717

布瑟（P. Busée），耶稣会印度传教士，生卒不详

布特鲁（Emile Boutroux），法国哲学家，1849—1921

曾德昭（Alvare de Semedo），葡萄牙耶稣会传教士，1585—1658

查普茨奥（Samuel Chappuzeau），法国人，在德国担任王子太傅等职，1625—1701

丹尼尔·施密特（Gustav Daniel Schmidt），汉诺威驻瑞典、荷兰、德累斯顿等宫廷使节，1646—1720

德博斯（Barthélemy Des Bosses），德国耶稣会士，1668—1738

德茨（Jean Dez），法国耶稣会士，1643—1712

德玛诺（Roman Hinderer），法国耶稣会传教士，1669—1744

德孟绍（René-Henride Cruxde Monceaux），法国人，流亡德国，供职于汉诺威，上校，少将，1725年逝世

附录1 外国人名简介

邓玉函（Johannes Schreck Terrentius），德国耶稣会传教士人，1576—1630

狄德罗（Denis Diderot），法国哲学家，1713—1784

狄尔泰（Wilhelm Dilthey），德国神学家、哲学家，1833—1911

迪尔茨（Hermann Diels），德国哲学史家，1848—1922

迪唐（Louis Dutens），法国作家，编辑出版莱布尼茨《文集》，1730—1812

笛卡尔（René Descartes），法国哲学家，1596—1650

第谷（Tycho Brahe），丹麦天文学家，1546—1601

杜德美（Pierre Jartoux），法国耶稣会传教士，1668—1720

杜鹏（Louis Ellies Du Pin）法国历史学家，神学家，1657—1719

铎罗（Carlo Tommaso Maillard de Tournon），教皇赴华使节，1668—1710

恩理格（Christian Herdtricht, Enriquee），奥地利耶稣会传教士，1624—1684）

恩斯特·奥古斯特公爵（Herzog Ernst August），汉诺威大公，后选帝侯，莱布尼茨雇主，1629—1698

恩斯特伯爵（Landgraf Ernst von Hessen-Rheinfels），德国，致力于天主教与新教重合，后皈依天主教，1623—1693

法布莱提（Raffaele Fabretti），罗马彼特大教堂教士，罗马档案管理员，约1620—1700

法布利茨（Johann Fabricius），德国神学教授，柏林科学院成员，1644—1729

法莱斯奥（Pierre de Falaiseau），法国人，流亡英国，供职于柏林，出使伦敦、斯德哥尔摩、哥本哈根，1646—1929

法伦（Theodor Vahlen），德国数学家，1939普鲁士科学院院长，1869—1945

樊守义（Louis），中国人，耶稣会士，1682—1753

樊图尼（Tommaso Fantoni），意大利耶稣会士，语法教授，1690—1693 罗马神学家，神学伦理教授，1661—1711

菲理普一世（Philipp I.），德国黑森侯爵，1504—1567

菲利普·奥涅金将军（Jean-Philippe-Eugène），比利时侯爵，后供职于维也纳皇家，1717年授予元帅衔，1674—1732

菲利普·米勒（Philipp Müller），德国神学、修辞学教授，柏林科学院成员，1640—1713

费迪南德二世（Ferdinand II.），托斯卡纳大公，1610—1670

费尔（Nicolas de Fer），法国地理学家，制图专家，1646—1720

费乐德（Rodrigo de Figueredo），葡萄牙耶稣会传教士，1594—1642）

封丹耐（Andrew Fountaine），英国艺术收藏家，1701出使汉诺威，柏林科学院外籍成员，1676—1753

封丹内尔（Bernhard Le Bovier de Fontenelle），法国作家，法国科学院秘书，1657—1757

封塞喀（Francisco Duarte da Fonseca），耶稣会神父，1668—1738

弗德烈公爵（Johann Friedrich），汉诺威大公，后皈依天主教，莱布尼茨雇主，1625—1679

弗德烈四世（Frederik IV），1699—1730 丹麦—挪威国王

弗德烈一世（Friedrich I），德国选帝侯，普鲁士国王，1657—1713

弗兰克瑙（Georg Franck von Franckenau），德国植物学家，医学教授，丹麦宫廷御医，1644—1704

弗朗克（August Hermann Francke），德国新教虔诚派代表人物，哈勒孤儿院发起人，1663—1727

福斯特（Nicolai Förster），德国汉诺威出版商，1657—1732

福斯滕堡的费迪南德（Ferdinand von Fürstenberg），德国明斯特主教，1682年资助传教活动 1626—1683

傅泛济（François Furtado, Hurtado），葡萄牙耶稣会传教士，1587—1653

傅圣泽（Jean-François Foucquet），法国耶稣会传教士，1665—1741

噶肯赫尔茨（Alexander Christian Gakenholz），德国解剖学、植物学、外科教授，1672—1717

高尔（Jacob Golius），荷兰学者，与卫匡国相识，1596—1667

戈尔兰德（Ernst Gerland），德国学者，编辑出版莱布尼茨《技术文集》

戈洛文（Fjodor Alekseevič Golowin），俄国政治家，外交家，1650—1706

格哈特（Carl Immanuel Gerhardt），普鲁士科学院通讯院士，编辑出版莱布尼茨《哲学文集》及《数学文集》

格莱芬克兰茨（Christoph Joachim Nicolai von Greiffencrantz），1682—1690驻维也纳代表，柏林科学院成员，1649—1715

格利玛莱斯特（de Grimarest），法国巴黎，语言学家，其余不详

贡查罗斯（Tirso González），耶稣会会长，1687—1705

古宁翰（Alexander Cunningham），英国学者，出使意大利、巴黎、汉诺威、荷兰、威尼斯，1654—1737

古叶（Thomas Gouye），法国耶稣会士，科学家，1650—1725

郭弼恩（Charles Le Gobien），法国耶稣会士，1653—1708

哈杜因（Jean Hardouin），法国耶稣会士，诗学、修辞学、历史、神学教授，图书管理员，1646—1729

哈克曼（Friedrich August Hackmann），莱布尼茨助手，后诗学教授，1670—约1745

哈姆拉特（Friedrich von Hamrath），普鲁士政治家，1665—1726

哈纳克（Adolf von Harnack），德国神学家，教会史家，撰写普鲁士科学院历史，1851—1930

哈斯（Carl Haas），德国学者，编辑与翻译莱布尼茨著作

哈斯（Joh. Matthias Haas），德国赫尔姆斯塔特（Helmstedt）大学哲学系学生（博士生?），不详

哈特（Hermann von der Hardt），德国东方学、教会史教授，图书管理员，1660—1746

哈特曼（Nicolai Hartmann），德国哲学家，1882—1950

豪斯皮塔尔（Guillaume François de l'Hospital），侯爵，数学家，法国科学院成员、副院长，1661—1704

昊伊士（Johann Wilhelm Heusch），1696—1719汉诺威住柏林使节

何大化（Antoine de Gouvea），葡萄牙耶稣会传教士，1592—1677

赫尔特（Lorenz Hertel），德国汉堡人，供职于沃尔芬布特尔侯爵，出使斯德哥尔摩、、哥本哈根、德累斯顿，图书管理员，1659—1737

赫斯（Johann Sebastian Haes），德国卡塞尔宫廷档案管理，内阁秘书，1641—1697

洪若翰（Jean de Fontaney），法国耶稣会传教士，1643—1710

慧伊森（Heinrich van Huyssen），1703 俄国王储太傅，1705—1707 俄国驻维也纳使节，1710 柏林科学院成员，1666—1739

霍恩（Georg Horn），德国历史学家，1620—1670

基伯特·布内特（Gilbert Burnett），英国主教，政治家，1643—1715

基尔布尔格（Johann Philipp Kilburger），1674 年随瑞典使团赴俄国，1721 年逝世

基尔歇（Atanasius Kircher），德国耶稣会士，后居罗马，学者，1601—1680

纪理安（Kiliam Stumpf），耶稣会传教士，1655—1720

加罗瓦（Jean Galloy），法国科学院成员，皇家图书馆管理员，希腊语教授，1632—1707

金弥格（Miguel do Amaral），葡萄牙耶稣会传教士，1691—1696

居劳尔（Gottschalk Eduard Guhrauer），犹太人，后皈依基督教，习哲学、神学，编辑出版莱布尼茨著作，1809—1854

卡尔十二世（Karl XII.），1697—1718 瑞典国王

卡雷尔（A. Foucherde Careil），法国外交家，政治家，编辑出版莱布尼茨著作，1826—1891

卡萨罗提（Angelo Casarotti），意大利人，汉诺威宫廷仆人，生卒不详

卡瓦略（Valentim Carvalho），耶稣会日本—中国省负责人，17 世纪初

开普勒（Johannes Kepler），德国天文学家，1571—1630

凯泽（César Caze），法国新教信徒，1683 流亡海牙，后居阿姆斯特丹，热心于技术发明，1711 年计算机发明权，1641—1720

康斯坦丁的神父（Camillo Constantio），耶稣会传教士，不详

柯鲁格（Wilhelm Traugott Krug），德国哲学家，1770—1842

柯希迈耶（Georg Caspar Kirchmayer），德国修辞学教授，亦研究矿山开发，1635—1700

科尔伯（Caspar Cörber），德国修辞学教授，1658—1700

科托尔特（Christian Kortholt），Sebastian 之子，编辑出版莱布尼茨文集，1709—1751

科翰斯基（Adam Adamandus Kochánski），波兰耶稣会士，数学家，1631—1700

科赫海姆（Ernst von Cochenheim），明斯特大主教的顾问，1719逝世

科勒（Heinrich Koehler），德国哲学家，翻译莱布尼茨著作

科斯马，印度航行者（Kosmás Indikopleústēs），6世纪

科托尔托（Heinrich Christian Kortholt），德国医生，1668—约1723

科托尔托（Sebastian Kortholt），德国基尔大学诗学教授，1675—1760

克拉夫特（Johann Daniel Crafft），德国人，习医学、植物学、化学（炼金术），1624—1697

克莱尔（Andreas Cleyer），医生，供职于荷兰东印度公司，1634—1697/98

克雷夫（Johannes Clerff），德国耶稣会士，1700逝世

克雷门十一世（Clemens XI.），1700—1721罗马教皇

克雷塞特（James Cressett），英国外交使节，1710年逝世

克鲁普（Onno Klopp），德国历史学家，编辑出版莱布尼茨著作，1822—1903

克斯奈尔（Pasquier Quesnel），法国詹森派神学家，1634—1719

库柏（Gisbert Cuper）莱顿拉丁语、希腊语、古代史教授，后任市长，1644—1716

库努（Johann Jacob Julius Chuno），柏林宫廷档案管理员，柏林科学院成员，1661—1715

库特·米勒（Kurt Müller），德国莱布尼茨研究者，1907—1983

库图拉（Louis Couturat），法国逻辑学家，1868—1914

拉贝内尔（Johann Gebhard Rabener），勃兰登堡宫廷法律顾问，柏林科学

院成员，1632—1701

拉克罗兹（Maturin Veyssière de La Croze），法国东方学家，后流亡柏林，1661—1739

拉卢贝（Simon de la Loubère），法国赴暹罗外交使节，1642—1729

拉洛克（Daniel Larroque），法国学者，习神学，流亡英国、丹麦、荷兰，1690年返回法国，1660—1731

拉玛茨尼（Bernardino Ramazzini），意大利医生教授，数个科学院成员，1633—1714

拉斯普（Rudolf Erich Raspe），德国图书管理员，学者，编辑出版莱布尼茨著作，1736—1794

拉雪兹（François d'Aix de La Chaise），法国耶稣会士，巴黎中国传教事务负责人，1624—1709

莱奥波德一世（Leopold I），维也纳，1658—1705 神圣罗马帝国皇帝，1640—1705

莱尔（Johann Reyer），普鲁士驻俄国使节，1641—1718

莱曼（Jacob Friedrich Reimmann），德国神学家，哲学史家，1668—1743

莱蒙杜斯·撒蒙杜斯（Raimundus Sabundus），西班牙哲学家，1385—1436

莱桑（Michel Raisson），法国人，汉诺威奥古斯特选帝侯仆人，自充医生，约1629—1715（自杀）

雷夫（François Lefort），瑞士人，俄国将军，政治家，1656—1699

雷朗（Jaques Lelong），法国神甫，图书目录专家，1665—1721

雷蒙（Nicolas Remond），法国学者，哲学爱好者，生卒不详

雷南（Adriaan Reland），荷兰东方学家，1676—1718

雷诺多（Eusèbe Renaudot），法国东方学家，1646—1720

雷维斯（Augustinus Levesy），法国人，多明我会，生卒不详，1704年在罗马

雷维斯（Augustinus Levesy），法国多明我会神甫，游历瑞典皇家、波兰、罗马，生卒不详

李方西（Jean François Ronusi de Ferrariis），意大利耶稣会传教士，1608—1671

李玛诺（Emmanuel Diaz Senior），葡萄牙耶稣会传教士，1559—1639

李明（Louis Le Comte），法国耶稣会传教士，1655—1782

里奇奥利（Giovanni Battista Riccioli），意大利耶稣会士，天文学家，1598—1671

里特（Paul Ritter），德国历史学家，莱布尼茨全集早期主持人，1872—1954

里特迈耶（Christoph Heinrich Ritmeier），德国神学家，哲学教授，古希腊语教授，1671—1719

利国安（GiovanniLaureatus），意大利耶稣会传教士，1666—1727

利类思（Louis Buglio，1606—1682），意大利耶稣会传教士，1606—1682

利安当（Antoine Caballero de Santa Maria），方济各会传教士，1602—1669

梁弘仁（Artus de Lionne），法国外方传教会传教士，

刘迪我（Jacques Le Favre），法国耶稣会传教士，1610—1676

刘应（Claude de Visdelou），法国耶稣会传教士，1656—1737

龙安国（António de Barros），葡萄牙耶稣会传教士，1664—1706

龙华民（Nicoolò Longobardi），意大利耶稣会传教士，1565—1655

鲁布鲁克（Wilhelm von Rubruk），方济各会传教士，以其《游记》出名，约1220—1270/1293

鲁道夫（H. Ludolf），德国东方语言学家，1624—1704

鲁道夫（Heinrich Wihlem Ludolf），语言学家，H. 鲁道夫之侄，1655—1712

鲁日满（François de Rougemont），比利时耶稣会传教士，1624—1676

陆若汉（Joao Rodrigues），葡萄牙耶稣会传教士，1561—1634

陆若瑟（José Raimundo de Arxo），西班牙耶稣会传教士，1659—1711

路德维希（Carl Günther Ludovici），德国哲学史家，百科全书编撰者，1707—1778

路易斯（Hieronymus Ruis），耶稣会视察院，1621 年在澳门

罗伯尔（Johann Joachim Röber），生于波兰，习法学，王子太傅，各种外交使团秘书，1662—1732

罗德根（Rödeken），柏林学者，不详

罗克（Magnus Gabriel Block），瑞典学者（物理、哲学、历史、法律、语言等），医生，1695—1698 在佛罗伦萨，1669—1722

罗力山（Alexandre Ciceri），意大利耶稣会传教士，1637—1704

罗明坚（Michel Ruggieri），意大利耶稣会传教士，1543—1607

罗姆尔（Ole Römer, Rømer），哥本哈根数学教授、后任市长，法国科学院、柏林科学院成员，1644—1710

罗素（Bertrand Russell），英国哲学家，1872—1970

洛克（John Locke），英国哲学家，1632—1704

骆保禄（Giampaolo Gozani），意大利耶稣会传教士，1659—1732

吕夫勒（Friedrich Simon Löffler），牧师，习神学及东方语言，莱布尼茨侄儿，财产继承人，1669—1748

马尔提阿内（Jean Martianay），本笃会成员，法国哲学家，1647—1717

马尔歇提（Annibale Marchetti），佛罗伦萨耶稣会士，哲学老师，1638—1709

马勒布朗士（Nicolas Malebranche），法国奥拉托利会神父，哲学家，1638—1715

马利亚贝基（Antonio Magliabechi），学者，佛罗伦萨大公图书馆管理员，1633—1714

马歇斯尼（Camillo Marchesini），系谱学家，历史学家，意大利摩德纳城外交使节，逝世不晚于 1706 年 6 月 17 日

玛格罗提（Lorenzo Magalotti），政治家，佛罗伦萨政府成员，伦敦皇家科学院成员，1637—1712

玛桑（Philippe Masson），法国—荷兰语言学家，约 1680—1750

迈耶（Gerhard Meier），德国布来梅数学教授，早年学习神学及东方语言，柏林科学院成员，1646—1703

梅内格提（Franz Menegatti），维也纳耶稣会士，哲学、神学、法学教授，1691年后皇帝莱奥波德一世告解神父，1631—1710

梅若翰（Giovanni Battista Messari），奥地利耶稣会传教士，1673—1723

门采尔（Christian Mentzel），德国医生，皇家图书管理员早期汉学，1622—1701

门采尔（Johann Christian Mentzel），上提门采尔之子，医生，管理柏林皇家中国藏书，1661—1718

门多萨（Juan González de Mendoza），西班牙主教，作家，以其对中国的报告著名，1545—1618

蒙克（Otto Mencke），莱比锡伦理学、政治学教授，《Acta Eruditorum》杂志主编，1644—1707

蒙坦努（Arnold Montanus, Arnold van den Berghe），荷兰神学家，历史学家，翻译者，1625—1683

米勒（Andreas Müller），德国（波兰）神甫，东方学家，早期汉学家，1630—1694

闵明我（Claudio Filippe Grimaldi），意大利耶稣会传教士，1638—1712

闵明我（Domingo Fernandez Navarrete），多明我会传教士，1618—1686

莫莱尔（Andreas Morell），瑞士古钱币专家，供职巴黎，后回瑞士，1644—1703

姆拉努斯（Gerhard Wolter Molanus），德国数学教授，哲学教授，高级神职人员，1633—1722

南怀仁（Ferdinand Verbiest），比利时耶稣会传教士，1623—1688

内由霍夫（Johann Nieuhof, Neuhoff, Niewhoff），荷兰使团总管，以其游记报道著名，1618—1672

尼尔·施密特（Gustav Daniel Schmidt），汉诺威外交使节，驻海牙、德累斯顿、斯德哥尔摩，1646—1720

尼果赉（Nicolao Gabrielowy），俄国赴华使节

尼凯瑟（Claude Nicaise），法国神甫，古物专家，1623—1702

聂仲迁（Adrian Greslon），法国耶稣会传教士，1614—1695

纽威尔（Foy de la Neuville），1688—1690 波兰国王特使，生卒不详

努米斯男爵（Benedict Andreas Caspar Baron de Nomis），意大利人，1695 年起供职于汉诺威宫廷，生卒不详

欧贝尔格（Bodo von Oberg），汉诺威驻维也纳使节，1657—1713

帕特库尔（Reinhold von Patkul），瑞典人，1701 年供职于莫斯科，1703 年俄国赴德累斯顿使节，1660—1707（被引渡瑞典后判处死刑）

派力松（Paul Pellisson-Fontanier），法国学者，皈依天主教，路易十四大臣，1624—1693

潘国光（François Brancati），意大利耶稣会传教士，1607—1671

庞德（James Pound），英国医生与数学家，1699 年随船去舟山，1724 年逝世

庞迪我（Diego de Pantoja），西班牙耶稣会传教士，1571—1618

庞嘉宾（Gaspart Castner），德国耶稣会传教士，1665—1709

庞松（François Pinsson），巴黎议会律师，文学家，1645—1707

佩尔茨（Heinrich Pertz），德国历史学家，编辑出版莱布尼茨文集，1795—1876

佩雷勒（Isaac de la Peyrère），法国神学家，提出"前亚当人类"观点，1596—1676

佩泽伦（Paul-Yves Pezron），法国神学家，历史学家，1640—1706

彭加勒（Henri Poincaré），法国数学家，1854—1912

皮克（Louis Picques），巴黎图书管理员，1688—1695

普佛丰尔（Johann Friedrich Pfeffinger），习神学、哲学、法学，德国沃尔芬比特儿骑士学院教授，1667—1730

普拉茨修斯（Vincent Placcius），德国法学家，哲学家，1642—1699

普莱斯（Joseph Preiss），耶稣会巴伐利亚省负责人，1657—1737

普朗克（Max Planck），德国物理学家，1858—1947

普林策（Marquard Ludwig von Printzen），普鲁士政治家，1675—1725

齐尔豪斯（Ehrenfried Walther von Tschirnahaus），德国数学家，游历英国、法国、意大利，法国科学院成员，发明瓷器工艺，1651—1708

萨尔培特利（Domingo Sarpetri de San Pedro, de Santo Domingo, 1623—1683），多明我会传教士，不详

萨科利班特（Giuseppe Sacripante），罗马传信部负责人，1642—1727

萨克托夫人（Catherine de Sacetot），柏林皇家公主管家，1644—1713

萨塔拉（Manfredo Settala），意大利米兰人，研制瓷器，1600—1680

塞内卡（Lucius Annaeus Seneca），罗马哲学家，政治家，约1—65

沙尔本迪（François Charpentier），法国历史学家，作家，1620—1702

沙尔蒙（Nicolas Charmot），法国外方传教会传教士，中文名不详，1655—1714

沙勿略（Francisco Xavier），西班牙耶稣会传教士，1506—1552

沙勿略（Jerónimo Xavier），西班牙耶稣会波斯传教士，1549—1617

山遥瞻（Guillaume Bonjour Fabre），古代语言学家，奥古斯丁会传教士，1669—1714

绍文（Etienne Chauvin），法国学者，流亡柏林，哲学教授，柏林科学院成员，1640—1725

舍尔（Günter Scheel），德国历史学家，1924—2011

舍夫洛（Urbain Chevreau），法国作家，1613—1701）

沈福宗（Michael Sinensis），中国基督徒，1658—1691

施贝内尔（Phil. Jakob Spener），德国神学家，著名虔诚主义者，1635—1705

施拉德（Christoph Schrader），汉诺威外交使节，1641—1713

施利特（Johann Schliter），斯特拉斯堡法律顾问，法学教授，1632—1705

施略克（Lucas Schrökh），奥格斯堡著名医生、哈勒科学院院长

施帕文费尔德（Johann Gabriel Sparvenfeld），瑞典东方学家，斯拉夫语言学家，游历俄国、欧洲、北非，1655—1727

施瓦赫海姆（Jakob Schwachheim），德国牧师，1644—1726

舒棱堡伯爵（Matthias Johann Graf von der Schulenburg），军人，1693上校，1698少将，1715元帅，1661—1747

斯宾诺莎（Baruch de Spinoza），荷兰哲学家，1632—1677

斯卡利格（J. J. Scaliger, 1540—1609）

斯库利特夫人（Madeleine de Scudéry），法国作家，巴黎沙龙主人，1607—1701

斯洛安（Hans Sloane），英国医生，伦敦皇家科学院秘书，柏林科学院成员，1660—1753

斯帕法里（Nicolaie Spathary Milescu），1675—1678 俄国赴华使节，1708/09 逝世

斯潘海姆（Ezechiel Spanheim），普鲁士政治家，外交使节，1629—1710

斯彭郎格（Eduard Spranger），德国哲学家，1882—1963

斯皮诺拉（Franciscus Maria Spinola），耶稣会传教士，既定南京主教，1693 年途中遇难

斯皮则（Theophil Gottlieb Spitzel, Spizel），德国神学家，早期汉学研究者，1639—1691

斯托鲁斯（Johannes Stroux），二战后东德科学院院长

斯托仁（Justus Henrik Storren），德国人，瑞典外交使节，1716 年逝世

苏霖（Jose Suarez），葡萄牙耶稣会传教士，1656—1736

索菲（Sophie），汉诺威选帝侯夫人，1630—1714

索菲·莎罗蒂（Sophie Charlotte），汉诺威公主，柏林选帝侯夫人，普鲁士女王，1684—1705

索菲窦罗悌（Sophie Dorothe），汉诺威公主，普鲁士皇储公主，1687—1757

索那曼（Johann Theodor Gottfried Sonnemann），画家，神职人员，供职于汉诺威宫廷，赴意大利，1656—1729

琐罗亚斯德（Zarathustra），公元前 1000 年/2000 年

塔布里尼（Michelangelo Tamburini），1706—1730 耶稣会会长

塔布里尼（Michelangelo Tamburini），1706 年起耶稣会会长，1648—1730

塔维纳（Jean-Baptiste Tavernier），法国旅行家，1605—1689

塔夏尔（Guy Tachard），法国耶稣会传教士，随法国使团赴暹罗，1648—1712

泰弗内（Melchisédech Thévenot），法国学者，以编辑出版各种游记闻名，1620—1693

泰利尔（Michel Le Tellier），法国著名耶稣会士，路易十四告解神甫，1643—1719

汤若望（Adam Schall von Bell），德国耶稣会传教士，1591—1666

藤策尔（Wilhelm Ernst Tentzel），德国学者，1659—1707

图尔米内（René Joseph de Tournemine），法国耶稣会士，1661—1739

托兰德（John Toland），英国著名自由思想家，自然神论者，1670—1722

托雷尔（Le Thorel），不详

托罗梅（Giovanni Battista Tolomei），耶稣会罗马总干事，1653—1726

托马斯·布奈特（Thomas Burnet of Kemney），外交家，曾游历德国意大利诸国，1656—1729

托马斯·海德（Thomas Hyde），英国东方学家，1636—1703

托马斯·斯密（Thomas Smith），英国神学家，东方学家，图书管理员，神甫，1638—1710

托马修斯（Christian Thomasius），德国启蒙运动早期哲学家，1655—1728

托马修斯（Jacob Thomassius），德国哲学家，Christian之父，莱布尼茨大学老师，1622—1684

托伊纳（Nicolas Toinard），法国著名古钱币学者，1629—1706

瓦尔东（Brian Waltons），英国神学家，东方学家，主教，编辑出版多语种《圣经》，1600—1611

瓦尔特（Friedrich von Walter），丹麦王子太傅，皇室总管，1619—1718

瓦雷蒙（Pierre Le Lorrain de Vallemont），法国科学家，文学家，古币学者，1649—1721

瓦利斯（John Wallis），英国数学家，皇家神甫，伦敦皇家科学院成员，1616—1703

瓦特堡（Johann Casimir Kolbe von Wartenberg），德国政治家，供职于柏林即普鲁士皇家，1643—1722

汪儒望（Jean Valat），法国耶稣会士，在华传教士，1599—1696（济南）

威弼尔（Andreas Waibl），耶稣会士，供职于该会罗马总部，1642—1716

威尔金斯（John Wilkins），英国主教，语言学家，伦敦皇家学院成员，1614—1672

威尔曼（Philipp Willemann），德国苇茨拉尔耶稣会负责人，1716逝世

威尔施（Georg Hieronymus Welsch），德国医生、语言学家，1624—1677

威格尔（Erhard Weigel），德国逻辑学家、数学家，莱布尼茨在莱比锡的老师，1625—1699

威廉（Johann Wilhelm），1658年生，1690—1716德国普法尔茨选帝侯，资助艾逊爵，1658—1716

威普（John Webb），本为英国建筑师，认为中国语言可能是最古老的语言，1611—1672

威森（Nicolaas Witsen），阿姆斯特丹市市长，曾出使莫斯科，1641—1717

维尔纽（Antoine Verjus），法国耶稣会士，在巴黎负责在中国的传教事务，1632—1706

维特勒斯其（Mutius Vitelleschi），1615—1645耶稣会会长，

卫方济（François Noël），比利时耶稣会传教士，1651—1729

卫匡国（Martino Martini），意大利耶稣会传教士，1614—1661

温纽斯（Andreas Winius, Andrej Andreevič Vinius），俄国邮政长官，1641—1717

温特利（Edouard de Vitry），法国耶稣会士，数学、天文学、圣经课教授，1666—1730

沃尔夫（Christian Wolff），德国哲学家，数学家，哈勒大学教授，1690—1753

沃塔（Carlo Maurizio Vota），波兰耶稣会士，国王告解神甫，外交家，1629—1715

沃西攸斯（Isaac Vossius），荷兰古典语言学家，1618—1689

乌尔班八世（Urban VIII.），1623—1644罗马教皇

乌尔毕希（Johann Christoph von Urbich），1707—1712俄国住维也纳、汉

诺威使节，1663—1715

乌尔利西公爵（Anton Ulrich），沃尔芬毕特尔大公，政治家，作家，1633—1714

乌舍（James Ussher），英国神学家，主教，1650—1654

希玛（Nicola Agostino Cima），奥古斯丁会传教士，1650—1722

熊三拔（Sabatinode Ursis），意大利耶稣会传教士，1575—1620

徐日升（Thomas Pereira），葡萄牙耶稣会传教士，1645—1708

雅布隆斯基（Daniel Ernst Jablonski），柏林皇家布道师，新教神学家，与莱布尼茨合作组建科学院，1660—1733

雅布隆斯基（Johann Theodor Jablonski），柏林科学院秘书，1654—1731

雅格布·赫布（Jacob Hop），荷兰政治家，外交使节，1654—1725

亚里士多德，古希腊哲学家，公元前384—322

亚历山大（Noël Alexandre），多明我会修士，法国神学家，1639—1724

亚历山大七世（Alexander VII.），1655—1667 罗马教皇

阎当（Charles Maigrot），法国外方传教会传教士，福建代牧，1652—1730

阳玛诺（Emmanuel Diaz Junior），葡萄牙耶稣会传教士，1574—1659

伊班内斯（Buenaventua Ibanez），方济各会传教士，1650—1690

伊壁鸠鲁（Epikur），哲学家，公元前341—270

伊德斯（即：伊斯布兰特）

伊尔根（Heinrich Rüdiger von Ilgen），德国普鲁士大臣，政治家，1654—1728

伊门侯夫（Jakob Wilhelm Imhof），德国纽伦堡学者，曾游历意大利、法国、荷兰、英国，1651—1728

伊森瑟尔（Theobald Isensehe），德国耶稣会士，后在罗马，1674—1733

伊斯布兰特（伊德斯）（Isbrand Ides, Evert Ysbrants Ides），约1657生于德国北部（原属丹麦），1692—1695率俄国使团赴中国，1708/1709逝世

殷铎泽（Prosper Intorcetta），意大利耶稣会传教士，1625—1696

尤斯泰尔（Henri Justel），英国皇家图书馆

张伯莱（John Chamberlayne），英国作家，语言学家，约1668—1723

张诚（Jean-François Gerbillon），法国耶稣会传教士，1654—1707

附录 2　引用文献缩写表

全集 = 莱布尼茨书信全集（Sämtliche Schriften und Briefe），科学院编，达姆斯塔特、莱比锡、柏林，1923 年至今；引用方式：集、卷、页数或文献号（Nr.）。

Pertz = 莱布尼茨著作集（Leibnizens gesammelte Werke），Georg Heinrich Pertz 编，第一集（历史），四卷，汉诺威 1843—1847；引用方式：集、卷、页数。

Dutens = 莱布尼茨著作集（Opera omnia, unc primum collecta），Ludovici Dutens 编，6 本，日内瓦，1768。

格本 = 莱布尼茨哲学文集（Die philosophischen Schriften von Leibniz），C. I. Gerhardt 编，7 本，柏林，1875—1890；重印：Hildesheim，1978。

数学文集 = 莱布尼茨数学文集（Die mathematischen Schriften von Leibniz），C. I. Gerhardt 编，7 本，柏林、哈勒，1849—1863；重印：Hildesheim，1962。

通信 = 汉诺威皇家图书馆馆藏莱布尼茨书信。未标明档案张数处，引自目录：Der Briefwechsel des Gottfried Wilhelm Leibniz in der Königlichen Öffentlichen Bibliothek zu Hannover, Ed. Bodemann 编，汉诺威，1895；重印：Hildesheim 1966。

手稿 = 汉诺威皇家图书馆馆藏莱布尼茨著作手稿。未标明档案张数处，引自目录：Die Leibniz-Handschriften in der Königlichen Bibliothek zu Hannover, Ed. Bodemann 编，汉诺威，1895，重印：Hildesheim 1966。

中国通信 I = 1689 年至 1714 年莱布尼茨与耶稣会传教士通信集（Leibniz korrespondiert mit China. Der Briefwechsel mit den Jesuitenmissionaren），Rita WidmaierMalte-Ludolf Babin 编译，汉堡，2006。

中国通信 II = 莱布尼茨 1694 年至 1716 年关于中国的通信（Leibniz: Briefe über China（1694—1716），Rita Widmaier/Malte-Ludolf Babin 编译，汉堡，2017。

中国近事 = 莱布尼茨：中国近事。李文潮、张西平主编，梅谦立、杨保筠译，大象出版社 2005 年版。

莱布尼茨与中国 = 李文潮（编译），《莱布尼茨与中国》，科学出版社 2002 年版。

Harnack = 普鲁士皇家科学院史（Adolf von Harnack, Geschichte der Königlichen Preußischen Akademie der Wissenschaften zu Berlin，三卷本，柏林，1900。

李 2002 = 李文潮（主编），莱布尼茨《中国自然神学论及其附件》Gottfried Wilhelm Leibniz: Discours sur la Théologie Naturelle des Chinois, mit einem Anhang: Nicolas Longobardi, Traité sur quelques points de la religion des Chinois; Antoine de Sainte Marie, Traité sur quelques points importans de la Mission de la Chine; Nicolas Malebranche, Entretien d'un Philosophe Chrétien et d'un Philosophe Chinois sur l'Existence et la Nature de Dieu; Leibniz, Marginalien; Rezensionen aus dem Journal des Sçavans; Leibniz, Annotationes de cultu religioneque Sinensium（= Veröffentlichungen des Leibniz-Archivs 13），Frankfurt a. M. 2002。在附录中收入了下列文献：龙华民，关于中国宗教的几个问题及莱布尼茨批注；利安当，关于中国传教活动中的几个重要问题及莱布尼茨批注；马勒布朗士，一位基督教哲学家与中国哲学家关于上帝的存在及性质的对话及莱布尼茨批注；法国《学者杂志》的几份书评；莱布尼茨，关于中国礼仪及宗教的几点说明。